张宪文 张玉法 主编

中华民国专题史

第十八卷

革命、战争与澳门

吴志良 娄胜华 何伟杰 著

南京大学出版社

图书在版编目(CIP)数据

革命、战争与澳门/吴志良,娄胜华,何伟杰著.
—南京:南京大学出版社,2015.3 (2020.3重印)
(中华民国专题史/张宪文,张玉法主编)
ISBN 978 - 7 - 305 - 14747 - 0

Ⅰ.①革…　Ⅱ.①吴…　②娄…　③何…　Ⅲ.①澳门—
地方史—民国　Ⅳ.①K296.59

中国版本图书馆 CIP 数据核字(2015)第 029902 号

中华民国专题史

张宪文　张玉法　主编
第十八卷　革命、战争与澳门
吴志良　娄胜华　何伟杰　著

出版发行　南京大学出版社
社　　　址　南京市汉口路 22 号　　　　邮　编　210093
出 版 人　金鑫荣

责任编辑　陆蕊含　　　　编辑热线　025 - 83592401

照　　排　南京紫藤制版印务中心
印　　刷　南京爱德印刷有限公司
开　　本　718×1000　1/16　印张 18.75　字数 288 千
版　　次　2015 年 3 月第 1 版　2020 年 3 月第 2 次印刷
ISBN　978 - 7 - 305 - 14747 - 0
定　　价　85.00 元

网址:http://www.njupco.com
官方微博:http://weibo.com/njupco
官方微信号:njupress
销售咨询热线:(025)83594756

总　序

　　两岸四地中国大陆、台湾、香港、澳门的 40 所大学和研究机构的 70 位历史学教授与研究员合作撰著的《中华民国专题史》，共 18 卷，800 多万字，由南京大学出版社和台北思行文化传播有限公司，分别以简体字和繁体字两种版本在两地出版。这套书的撰写和出版，是两岸四地学者经过五年共同努力而结出的丰硕成果。这是两岸史学界第一次大型的学术合作，无疑是两岸学术界的盛举，对推动两岸学术事业的进步和两岸关系的发展，将起到积极的作用。

　　中华民国是以孙中山为首的革命志士，发动辛亥革命，经过艰苦卓绝的奋斗，前仆后继，推翻清王朝，建立起来的亚洲第一个民主共和国。孙中山高举民主共和的旗帜，坚持建设现代国家的政治理念，制定建国大纲、实业计划，以实现天下为公、世界大同为理想，奋斗终生。1925 年孙中山逝世以后，国共两党由于政治理念的不同，在革命道路和革命方法方面存在差异，二十多年间经历了合作、矛盾、分裂，又合作、又矛盾、又分裂的过程，最终通过军事斗争，国民党失去中国大陆，移往台湾。

　　1949 年以后，差不多有三十多年时间，国共两党依然处于政治、军事对峙状态，民间没有往来，官方更无接触。由于双方对历史资料采取封锁政策，并以"特藏"对待对方史料，广大民众对真实历史无以了解，加上受意识形态的影响，有一些人的历史观念和认知，往往是片面的甚至是错误的，经常是戴着有色眼镜看待对方。

　　20 世纪 70—80 年代，终于迎来曙光。在中国大陆，邓小平改革开放思想深入各个领域，学术界的精神枷锁被打破，学者们开始以实事求是的态度进行学术研究,重新认识各种历史问题、历史事件和历史人物。学术研究逐步走向繁荣。而在蒋经国开放大陆探亲等政策推动下,台湾许多老兵、学者等,重返大陆探亲、访友、旅游、经商和交流学术。1990年,台湾学者以30余人的规模第一次赴广东翠亨村出席"孙中山与亚洲"国际学术研讨会,其后多次赴南京、溪口、北京、上海等地出席民国史方面的研讨会。台湾学者赴南京中国第二历史档案馆查阅民国史档案,更是络绎不绝。而中国大陆学者于1994年、1995年曾组成10人至30人的学术团队,赴台北参加"中国历史上的分与合"学术研讨会和"纪念抗日战争胜利五十周年"学术研讨会。大陆学者也深入台湾的学术机构、档案馆、图书馆,寻找各类珍稀史料。开始时,双方在学术思想、学术观点、学术研究方法等方面,也有分歧和争论。譬如,"辛亥革命的性质是资产阶级革命还是全民革命?""孙中山是否提出过'联俄、联共、扶助农工'三大政策?""如何看待南京国民政府建立初期的经济政策和成就?""如何看待抗日战争时期国共两党、两军、两个战场的地位和作用?"诸多问题,都有多角度的讨论。

三十年来,两岸人文社会科学学者,不断往返交流,相互出席对方的学术研讨会,相互踏上彼岸查阅各类史料和档案文献,相互切磋,取长补短,各自梳理、更新以往不当的历史观念和学术认知,学者们的观点和对众多历史问题的看法日益接近或形成了共同的认识,其中包括对许多重大历史问题的认识,有政治的、军事的、外交的、经济的、社会的、文化的,也包括许多重要历史事件、历史人物等。这是两岸实施开放、交流以来取得的重大成就。它体现了历史学家高尚的职业道德和学术品质,对两岸共同构筑新型的历史学科有积极的意义。我们应该向发扬传统美德和为中华民族学术事业作出贡献的两岸历史学者表示最崇高的敬意。

为了向国人展示两岸四地历史学者共同研究和重构民国历史所作的努力,也为了使国人了解那段曾被曲解过、现已有所改变并恢复了其真实面貌的民国历史,我们按照历史顺序设计了18个专题,以两岸四地学者合著《中华民国专题史》的方式,开展共同研究。这一做法在两岸分隔以来是无先例的。我们期望这一合作对民国历史研究和两岸关系的发展,作出有益的贡献。

《中华民国专题史》的 18 个专题目录如下：

1.《从帝制到共和：中华民国的创立》

2.《文化、观念与社会思潮》

3.《北京政府时期的政治与外交》

4.《国民革命与北伐战争》

5.《国民政府执政与对美关系》

6.《南京国民政府十年经济建设》

7.《中共农村道路探索》

8.《地方政治与乡村变迁》

9.《城市化进程研究》

10.《教育的变革与发展》

11.《抗日战争与战时体制》

12.《抗战时期的沦陷区与伪政权》

13.《边疆与少数民族》

14.《华侨与国家建设》

15.《台湾光复研究》

16.《国共内战》

17.《香港与内地关系研究》

18.《革命、战争与澳门》

参与《中华民国专题史》合作研究的两岸四地的学者（排名不分先后）为：

大陆地区

张宪文（南京大学荣誉资深教授）

朱庆葆（南京大学中华民国史研究中心教授）

马俊亚（南京大学中华民国史研究中心教授）

曹大臣（南京大学中华民国史研究中心教授）

姜良芹（南京大学中华民国史研究中心教授）

欧阳哲生（北京大学历史系教授）

江　沛（南开大学历史学院教授）

赵兴胜（山东大学历史文化学院教授）

徐　畅（山东大学历史文化学院教授）

叶美兰（南京邮电大学教授）

陈红民（浙江大学历史系教授）

赵立彬（中山大学历史系教授）

朱汉国（北京师范大学历史学院教授）

张同乐（河北师范大学历史学院教授）

齐春风（南京师范大学教授）

王　川（四川师范大学历史文化学院教授）

黄正林（陕西师范大学教授）

张玉龙（赣南师范学院教授）

刘慧宇（福建江夏学院教授）

张俊义（中国社科院近代史研究所研究员）

田　玄（中共中央党史研究室研究员）

任贵祥（中共中央党史研究室研究员）

张太原（中共中央党史研究室研究员）

马振犊（中国第二历史档案馆研究馆员）

蒋　耘（中国第二历史档案馆研究馆员）

谷小水（中山大学历史系副教授）

林辉锋（北京师范大学历史学院副教授）

张　艳（河南大学历史文化学院副教授）

杨乔萍（扬州大学副教授）

刘大禹（湖南科技大学副教授）

徐保安（齐鲁工业大学副教授）

刘　晖（中共河南省委党校副研究员）

秦　熠（中南民族大学博士）

牛　力（南京大学博士）

吕　晶（南京大学中华民国史研究中心博士）

台湾地区

张玉法（中研院院士、近代史研究所研究员）

张启雄（中研院近代史研究所研究员）

潘光哲（中研院近代史研究所副研究员）

钟淑敏（中研院台湾史研究所副研究员）

吴启讷（中研院近代史研究所助研究员）

唐启华（东海大学历史系教授）

刘维开（政治大学历史系教授）

蓝美华（政治大学民族系副教授）

张瑞德（中国文化大学史学系教授）

陈立文（中国文化大学史学系教授）

卓遵宏（前东吴大学历史系兼任教授）

孙若怡（稻江科技暨管理学院教授）

林桶法（辅仁大学历史系教授）

高纯淑（辅仁大学兼任副教授）

刘文宾（辅仁大学历史系助理教授）

李盈慧（暨南国际大学历史系教授）

杨维真（中正大学历史系教授）

吴翎君（东华大学历史系教授）

陈进金（东华大学历史系副教授）

蒋竹山（东华大学历史系副教授）

吴淑凤（台湾科技大学兼任副教授）

杨明哲（长庚大学通识教育中心副教授）

李君山（中兴大学历史系副教授）

管美蓉（大学入学考试中心学科研究员）

陈英杰（德霖技术学院通识教育中心副教授）

欧素瑛（台湾大学兼任副教授）

王文隆（中国国民党文化传播委员会党史馆主任）

林正慧（台湾大学历史系博士）

简明海（政治大学历史系博士）

陈佑慎（政治大学历史系博士候选人）

香港澳门地区

李金强（香港浸会大学教授）

刘智鹏（香港岭南大学历史系副教授）

吴志良（澳门基金会主席、澳门大学客座教授）

娄胜华（澳门理工学院教授）

何伟杰（澳门大学历史系助理教授）

《中华民国专题史》的撰写与出版，得到两岸四地有关方面和人士的大力支持和帮助，一批著名的历史学家对本专题史各部书稿进行了匿名评阅，提出了许多宝贵的修改意见，南京大学出版社领导与编辑们对本书的编辑出版费尽辛劳。特别是一些部门和人士对本课题组给予了经济支持。他们是：

南京大学改革项目

南京大学人文基金

南京大学出版社

江苏省教育厅

澳门基金会

台北联电公司荣誉董事长曹兴诚先生

对各方面给予的帮助和支持，我们表示最诚挚的感谢！

由于两岸四地历史学者是第一次进行大型的学术合作，其中不当或不完善之处，尚请各方朋友给予批评指正。

张宪文　张玉法

目　录

第五章

国、共在澳门的活动及其影响 / 203

结　语

风云变幻中尴尬图存 / 248

图表目录

[①]　原文如此,"回国"应为"回乡",余下同。

绪　论

自开埠以来,澳门的政局变幻和历史发展无不受中葡两国乃至更广阔的国际格局的共同影响。20世纪初,作为欧洲海外商业帝国先驱的葡萄牙和绵延千年的中华封建帝国,几乎在同一时刻发生了推动历史剧变的民主革命,这给澳门带来了持续的动荡和深刻的影响,保守与革新、内忧与外患、生存与救亡在这块弹丸之地上绵密地交织,激烈地争夺,使1911—1949年成为澳门历史上极为特殊且意义重大的一个时代。

第一节　葡萄牙、中国的民主革命及其对澳门的影响

自英国在鸦片战争中击败清政府并通过《南京条约》占据了香港,葡萄牙方面便试图改变澳门此前只有局部自治权而无主权的政治地位。1844年,葡萄牙女王唐娜·玛丽亚二世(D. Maria Ⅱ)敕令澳门成为葡萄牙的远东省会,并通过由王室委任的总督干预澳门事务,使澳门处于葡萄牙中央集权的直接统治之下,也使澳门葡人政府的政治变化与葡萄牙本国处于联动状态。

一、葡萄牙政局的变化及其对澳门的影响

1910年10月3日,葡萄牙爆发民主革命,卷入这场革命的有陆军、海军及共和党的各个革命组织。10月5日,葡萄牙宣布成立共和国,葡萄牙布拉干萨(Bragança)王室被驱逐出境,君主制被推翻。新政权由特奥斐洛·布拉

加(Teófilo Braga)执掌。① 共和政府一经建立，葡萄牙海事及殖民地部部长阿泽维多·戈麦斯(Azevedo Gomes)即致电澳葡总督马奎斯(Eduardo Augusto Marques)：

> 昨日庆祝共和成立。陆军、海军及民众踊跃参加，欢欣鼓舞，治安良好。临时政府总统特奥斐洛·布拉加、军事部长炮兵上校沙维尔·巴雷托(Xavier Barreto)、内政部长安东尼奥·若泽·达·阿尔梅达(António José da Almeida)、财政部长巴西利奥·斯特雷斯(Basilio Stelles)、公共工程部长安东尼奥·卢伊斯·戈麦斯(António Luiz Gomez)、海事及殖民地部长阿泽维多·戈麦斯(Azevedo Gomes)、司法部长阿丰索·科斯塔(Afonso Costa)、外交部长贝尔纳尔蒂多·马查多(Bernardino Machado)。请将此事通告您辖下之民政及军事当局。

消息传至澳门后，澳门葡人社会对这一历史转折表现出极大关注，但也出现态度分化：一方面是以"富裕阶级"为主体的顽固的君主政体支持者，另一方面是以普通澳门葡人、军人与海员为主体的共和主义者，双方针对共和制的建立逐步展开激烈交锋。10月11日，澳门市政厅庆祝葡萄牙共和制的建立，4天后，葡萄牙共和国旗帜首次飘扬在市政厅大楼之上。② 尽管澳葡总督马奎斯赞同革命，但是他却不肯颁布驱逐传教士的法令，因而导致11月8日的兵变。为了平息兵变，马奎斯于11月19日颁布命令，将除主教之外的澳门耶稣会教士与方济各会教士驱逐出境。嗣后，马奎斯本人也因对新政策的不满而辞职。此事在香港和北京新闻界都引起关注，也被反映到里斯本，但共和政府却对其在澳门引起的乱象毫无反应。③ 而大多数澳门葡人则对革命持有认同的态度，为了庆祝葡萄牙民主共和国的建立，他们将澳门最为

---

① ［美］查·爱·诺埃尔(Charles E. Nowell)：《葡萄牙史》下册，南京师范学院教育系翻译组译，南京，江苏人民出版社，1974年，第374页。［葡］施白蒂(Beatriz Basto da Silva)：《澳门编年史：二十世纪(1900—1949)》，金国平译，澳门，澳门基金会，1999年，第44页。

② ［葡］施白蒂：《澳门编年史：二十世纪(1900—1949)》，金国平译，第45页。

③ 《澳门兵变详记》，《申报》，1910年12月10日；*The Times*, Dec. 1st, 1910；均转引自吴志良、汤开建、金国平主编《澳门编年史》，第4卷，广州，广东人民出版社，2010年，第2186—2188页。Manuel Teixeira, *Macau e a Sua Diocese*, Vol.3, Tipografia Soi Sang, 1956, pp.398‑399.

繁华的咽孟街改名为十月初五街(Rua Cinco de Outubro),西湾至妈阁庙之间的新建路段命名为民国大马路(Avenida da Republica)。

葡萄牙共和政府的建立及其海外政策给澳门带来多方面的影响,尤其是伴随葡萄牙共和国而诞生的《大西洋民国宪法》,它是革命的产物,坚持共和国的民主性,坚持政教分离原则,突出主权机关的立法权。然而,海外属地的一般立法地位得到保留,因此,它宣称澳门是适用该宪法的葡萄牙"领土"。同时,这部宪法力主维护中央集权,赋予宗主国议会在海外省事务中的支配地位,削弱海外省的自治地位,新政权的这些倾向使得澳门自治化受到阻碍,①并给澳门社会经济发展带来消极影响。

其时,署理澳葡总督马楂度(Álvaro de Melo Machado)在其完成于1913年的《澳门面面观》一书中指出,"当澳门一如既往受制于中央集权统治时,千万别想进步","我们应该清楚,一个殖民地的所有资本、商业、工业和生活,不能受制于千里之外那几个政务缠身之士的喜怒及其对环境的一无所知、幻想和政策,他们想象不到,那些需要解决的事项若略有耽搁,所造成的影响和损失有多大"。他对葡萄牙政府没有对澳门制定出任何行之有效的特殊政策和管理措施表示不满,认为"我们的殖民管制桎梏重重,充满对华人不友好、于环境荒谬绝伦、对类似情况下的经济生活有害无益的法律"②。尽管澳门在1913年进行了共和国成立以来的首次市政选举,③但葡萄牙的政治变动和其对澳政策成了困扰澳门政治、经济和社会发展的主要因素,其负面影响主要体现在港口工程受阻、行政组织亟待非集权化、赌博和鸦片收入的减少导致收入来源不稳定以及散居东方及世界各地葡人的国籍归化等方面。④ 葡萄牙共和国政府也根据整体殖民政策的变化进行了一些调适,以适应澳门的实际需要,但澳门状况毫无起色。

至1914年,葡萄牙政府学习英国殖民管理经验,制定出《海外省民政组

---

①　何志辉:《从殖民宪制到高度自治》,澳门理工学院一国两制研究中心,2009年,第43—44页。

②　Álvaro de Mello Machado, *Coisas de Macau*. Livraria Ferreira, 1913, pp. 56 - 60,转引自吴志良《澳门政治制度史》,广州,广东人民出版社,2010年,第166—167页。

③　[葡]施白蒂:《澳门编年史:二十世纪(1900—1949)》,金国平译,第75页。

④　Álvaro de Mello Machado, *Coisas de Macau*, pp.49,转引自吴志良《澳门政治制度史》,第166—167页。

织法》,确立海外省的财政及管理自治原则,后以此为法律基础于 1917 年通过《澳门省组织章程》,对殖民地的政治、行政、财政和市政组织及运作做出详尽的规定。根据章程,澳门开始享有(受中央政府领导和监督的)行政、财政自主权,本地利益开始获得照顾。而在 1920 年葡萄牙的《宪法》修改中,澳门获得了高度的自治权,殖民地管理条例此后又在 1926 年葡萄牙当局通过的《澳门殖民地组织章程》中得到系统化。也就是说,葡萄牙中央政府先后制定 4 部法规,以消弭对澳门的不良影响。葡萄牙对澳门制定的制度性政策无疑是合理的,尤其是其中适应现实的法例,若有合适的人选来执行,效果更相得益彰。

由于澳门与里斯本距离遥远,葡萄牙政局变化对澳门时局的影响并非立竿见影,法律的修订与执行、共和之意义与其对海外属地的实际影响之间产生了巨大的差距。澳门本地葡人淡然面对姗姗来迟的共和国成立的消息,远没有出现 90 年前葡萄牙建立君主立宪制度之际澳门葡人的欢庆场面,这似乎显示出澳门本地葡人对故国政治更加冷漠。反而是葡萄牙本国人在共和之后大量涌来澳门,将葡萄牙党争政治延伸至澳门,在这里形成共和、保皇两派之争,对澳门政局造成消极影响。[①]

共和党作为革命主力,在推翻布拉干萨王室的革命中得到了陆军和海军的支持,但在革命成功后,共和党无法维持团结一致,分裂为主张彻底改革的民主党和主张让步调和的进化党、联合党等派别,它们在是否参与第一次世界大战的论战之中又再次经历分化,给葡萄牙政坛带来持续的动荡,仅 1920 年一年内便更换了 8 次内阁。而在一战前后的 10 多年时间里,在国内经济、财政和社会问题与战争的多重打击下,葡萄牙国内政治乱象丛生,澳门便成为各路政客回避政治风险或捞取政治资本的海外福地。例如,曾任戈斯达(Afonso Costa)政府内政部部长的罗德礼(Rodrigo José Rodrigues),他在里斯本失势后,来到澳门出任总督,并将其民主党的革命精神带到遥远的东方,而跟随他来澳的政府秘书长罗萨(Manuel Ferreira Rocha),不久便回到葡萄牙担任殖民部部长。而另一位革命理想截然不同的海军上尉瓦尔德斯(Henrique Travassos Valdez),则远征澳门,利用不同政见联合本地保守势

---

① 吴志良:《东西交汇看澳门》,澳门,澳门基金会,1996 年,第 111—113、92—97 页。

力与罗德礼针锋相对,最后当选为葡萄牙国会澳门区的议员,重获政治生命。当选后,瓦尔德斯马上回到了里斯本继续他的革命斗争。原本无足轻重的澳门区议员头衔成了兵家必争之物,但这种权力争斗直接影响了澳葡政府的施政,如罗德礼为发展澳门经济贸易与外国公司签订的改良港口工程合约,便成为党争的焦点,一直闹到里斯本。澳门葡人在政治上的争斗,甚至渗透到驻军中,并曾造成一次不大不小的内讧,差点将澳葡政府推翻。

不仅如此,由于公务员依法在澳门领取与在葡萄牙国内相同数目的薪资,但却以币值高出葡盾 20 倍的澳门元结算,所以,在澳门任职也赋予了他们相当大的经济利益。[①] 大量葡人前来澳门工作,给澳门财政造成沉重负担。此间,葡萄牙政府也试图在澳门施行一些传统的殖民措施,例如,1924年将路环由流放地变为流放犯殖民地,专门收留来自帝汶和其他葡萄牙殖民地的犯人以及由本地区法院判处流刑 15 天以上的犯人,其中,凡服刑 2 年以上者,若表现良好,总督为其在路环提供一块耕地,使路环成为垦殖地,并在有需要的情况下可得到物质支援。[②]

直到葡萄牙共和国右翼军人戈麦斯元帅(Gomes da Costa,曾在澳门修道院读小学和中学)于 1926 年 5 月 28 日发动军事政变,解散国会,宣布政治党派为非法,并建立第二共和国后,葡萄牙局势才略为稳定,但这也开启了长达 8 年的葡萄牙军事独裁时代(1926—1933)。第二共和国新任财政部长萨拉查(António Oliveira Salazar)很快在政府内部发挥巨大作用,又从 1930 年以殖民部部长的身份开始加强中央政府对殖民地的控制。萨拉查在 1932 年出任首相,增强了政治警察的权利,开始了专制统治。[③] 期间,由于许多来澳暂避的葡人返回里斯本,澳门的政治风气才有所改善。

曾于 1918—1919 年度出任澳门总督的巴波沙(Artur Tamagnini de Sousa Barbosa)于 1926 年 12 月再度出任总督,其政府对华人采取"诚心

---

① [葡]徐萨斯(Montalto de Jesus):《历史上的澳门》,黄鸿钊、李保平译,澳门,澳门基金会,2000 年,第 301 页。

② [葡]施白蒂:《澳门编年史:二十世纪(1900—1949)》,金国平译,第 177 页。

③ [葡]马尔格斯(A. H. de Oliveira Marques):《葡萄牙历史》,李均报译,北京,中国文联出版公司,1995 年,第 166—167 页。[澳]杰弗里·C.冈恩(Geoffrey C. Gunn):《澳门史:1557—1999》,秦传安译,北京,中央编译出版社,2009 年,第 162 页。

相孚"的政策,其行政"皆本友善之精神,务以适合华人性质及风俗习惯为宗旨",平息了此前由于葡人治理不当、民族矛盾及中国内地紧张局势所导致的澳门社会内部的反葡、仇葡情绪。巴波沙不仅善于鼓励本地华商投资,还关注到发展周边睦邻友好关系,一改多年来中葡之间的紧张关系。粤澳两地政府高层恢复并加强了友好往来,边界纠纷亦趋于平息。巴波沙当政期间部分实现了马楂度总督 10 多年前提出的计划,澳门的工业、旅游业和房地产业快速恢复后进而稳定发展,且在电讯、邮政、交通方面打下了较好的基础。澳门至石岐的公路也于 1928 年 3 月 18 日正式开通。此外,港澳关系亦越来越密切,跨海水上交通日趋完善和发达。经济的发展,从而带动了教育文化的蓬勃,澳门逐渐步入缓慢但较稳定的近代化进程。巴波沙此次总督任期长达 5 年,对促进澳门经济、社会稳定发展起了积极的作用。[1]

但是,在 1930 年萨拉查担任殖民部部长后,葡萄牙政府通过了《殖民地条例》,代表着对海外殖民地进行新政改革的开始,致力于加强中央集权,减低海外殖民地的自治程度,提出"葡萄牙国家组织的核心工作是履行历史职责,拥有海外地方,使之成为殖民地,并使当地居民成为文明人",致力于促进宗主国与所谓"葡萄牙殖民地帝国"之间的团结。[2] 1933 年,作为首相,萨拉查又推出《海外行政改革法》,冀以单一的《葡萄牙殖民帝国组织章程》对殖民地内部的各方面管理做出全面规定,殖民地部部长成为殖民政策的主要指导者和领导人,代表中央政府对殖民地行使除议会保留立法权之外的所有权力,俨然"总督的总督",极大地制约地方行政权限,形成澳门市政区制度的基本框架。[3] 在这种框架下,信奉萨拉查主义的国民同盟作为各殖民地唯一获

① 《关于澳门新总督就任件》,张海鹏主编《中葡关系史资料集》(下册),成都,四川人民出版社,1999 年,第 2083 页。《葡人治澳之政绩》,《澳门年鉴:1927 年》,澳门历史档案馆铅印本,1927 年,第 104 页。陈席儒:《澳门年鉴书后》,《澳门年鉴:1927 年》,澳门历史档案馆铅印本,1927 年,第 105 页。《(广州)民国日报》,1926 年 12 月 8 日;João Guedes, *Laboratorio Constitucional*, pp.147 - 155,转引自吴志良《澳门政治制度史》,第 172 页。Jaime do Inso, *Macau: A Mais Antiga Colonia Europeia no Extremo Oriente*, Escola Tipográfica do Orfanato, 1929, p.96, p.100, p.102.
② 〔葡〕萧伟华(Jorge Noronha e Silveria):《澳门宪法历史研究资料(1820—1974)》,沈振耀、黄显辉译,澳门,法律翻译办公室、澳门法律公共行政翻译学会,1997 年,第 54—56 页。
③ 〔葡〕萧伟华:《澳门宪法历史研究资料(1820—1974)》,沈振耀、黄显辉译,第 56—62 页。

得许可的政党,在澳门占有相当大的代表比例,一直维持到二战后。①

　　尽管政治动荡起伏,但澳门经济在葡萄牙第一共和国期间仍有所发展,其成果于 1926 年 11 月以博览会形式展出。该次展览会历时一个月,共有 597 个参展单位,其中本地 540 个,涉及的行业包括中国酒、洋酒、纺织加工、橄榄油、木像制作、金饰、捕鱼、鞣革、制鞋、火柴与爆竹、造纸、制烟等,吸引观众近 30 万,是澳门历史上最大规模的实业展览会,成功地促进了澳门的实业和进出口贸易发展。② 在葡萄牙第二共和国期间,澳门开始大力发展旅游业。1930 年 5 月,澳门政府宣布在经济局内设立游历经理处,负责研究及提议有关游历澳门的一切事务,以便招揽游客,并将澳门经济及实业成就暨政策介绍给游客加以宣传。③ 尽管市道萧条,澳门政府认为只有旅游业能确保澳门繁荣,而确保旅游业的唯一途径,就是改造赌博业,虽然要限定赌博公司的数量,但不能因此损害特许权获得者(番摊公司)的利益。这些公司每年向澳门政府交纳 14 万美元的租金。当时澳门总督美兰德(António José Bernardes de Miranda)建议在现代化的酒店中修建高级豪华娱乐场,把澳门转变成蒙地卡罗,吸引那些腰缠万贯的欧洲人以及来自邻近城市的中国人。④ 当年 12 月,澳门财政总局于 10 月间挂出招标的番摊生意被澳门商人黄叔平、范洁朋、李汉池、马斗南、伍于汉等人的联合公司投得,开始在总统酒店经营"豪兴"番摊馆。但从 1935 年开始,澳门停止了博彩专营,允许任何条件齐备的公司经营博彩业,⑤太平洋战争的爆发给澳门带来人气,澳门博彩业日益兴旺,其承办者傅老榕、高可宁等华人也由此成为澳门主要商人和华人代表。⑥

　　与此同时,烟薮毒窟的形象困扰着澳门,"在澳门,鸦片的生产和销售始

　　① 〔澳〕杰弗里·C.冈恩:《澳门史:1557—1999》,秦传安译,第 162 页。

　　② 吴志良、汤开建、金国平主编:《澳门编年史》第 5 卷,广州,广东人民出版社,2010 年,第 2441—2442 页。

　　③ 《指导游历规则》,《1933 年商业名录》(1932 年 1 月 6 日),第 183—184 页。吴志良、汤开建、金国平主编:《澳门编年史》第 5 卷,第 2846 页。

　　④ 澳门历史档案馆馆藏民政厅档案:AH/GGM/4,总督致殖民地大臣,1933 年 3 月 30 日。

　　⑤ 《澳门政府宪报》,1935 年 4 月 9 日第 14 号。

　　⑥ 吴志良、汤开建、金国平主编:《澳门编年史》第 5 卷,第 2556 页。

终是个经济问题,也是个政治问题,……它是一项政府垄断,长期以来充当着财政收入的主来源之一。说它是政治问题,乃是因为鸦片贸易,就像鸦片的食用一样,必将受到国际舆论的谴责。……澳门在某种程度上赢得了国际鸦片走私中心的名声"①。1930 年,国联任命"吸用鸦片耗用控制调查委员会"抵达澳门,专门调查澳门"吸食鸦片"问题,发现当时澳门公开吸食鸦片的营业场所有 50 间,公开贩卖鸦片的商店有 86 间。在国联及世界舆论的压力下,葡萄牙殖民地部下令澳门政府立法彻底禁烟,澳门政府随后组织了一次取缔烟馆行动,又取消了鸦片专理和烟膏配置的机构。到 1933 年,澳门政府的鸦片收入降到历史最低点,但鸦片问题不久后又死灰复燃。② 1935 年,葡萄牙殖民地部部长敕令澳门修订《澳门鸦片烟总章程》,意在压制澳门烟业。然而,该章程虽然对鸦片经营做出严格规定,澳门政府亦于 1936 年停止发放开办烟馆的许可,但却是一个有利于澳门政府加强鸦片专营和垄断的章程,因此,澳门政府鸦片收入急剧上升。③ 直到 1946 年,澳门政府才正式宣布澳门"彻底根除鸦片",封闭所有烟馆,并对吸毒、贩毒采取严刑处分。④

二、中国政局的变化及其对澳门的影响

尽管葡萄牙的革命与共和政府对澳门产生了巨大影响,然而,由于澳门与中国内地的密切关系,因此,中国爆发的辛亥革命及随后建立中华民国等重大历史事件同样深刻影响并改变着澳门。

1911 年 10 月 10 日,武昌起义爆发,中国各省纷纷宣告独立。11 月 9 日,广东各团体在咨议局举行会议,共推胡汉民为都督,蒋尊簋为军政部部长,陈景华为民政部部长。胡未到任,以蒋为临时都督。

对于中国的革命和变局,澳葡政府保持警惕和防范的态度。时任葡国驻广州总领馆临时公使的宋次生(Carlos Augusto Rocha de Assumpção)立即

---

① [澳]杰弗里·C.冈恩:《澳门史:1557—1999》,秦传安译,第 124 页。

② 金丰居士:《鸦片专理局旧地处犁头之楔难以生发》,载《新报》,2008 年 9 月 25 日,M03。

③ Ano de 1936 - *Boletim Oficial de Macau* - No. 41 - 10 de Outubro, pp.835 - 840;英国档案局:CO129,465,转引自[澳]杰弗里·C.冈恩《澳门史:1557—1999》,秦传安译,第 129 页。

④ 梅里尔(Frederick T. Merrill):《日本与鸦片的威胁》,转引自[澳]杰弗里·C.冈恩《澳门史:1557—1999》,秦传安译,第 130 页;《建国时报》(1948 年 1 月 5 日)。

向澳葡政府、葡萄牙外交部汇报广东和平宣告独立的消息,并请求派遣"澳门"号炮船与部分炮兵前往广东停泊,以及时回应形势的变动。① 10月22日,澳葡政府开始采取紧急防范措施,澳门步兵司令席尔瓦·罗萨(Augusto Carlos Cabral da Silva Rosa)转达了澳门总督的机密命令,密令规定详细,以防范中国军队武力收复澳门之可能。② 对于全澳华人举办的欢庆活动,澳葡政府也感到紧张并开始部署措施,严防由此滋事。12月9日,澳葡政府颁布训令,不准在澳门境内举行为中国革命运动募捐的宣传活动。同日,以中华民国尚未得到葡萄牙政府的正式承认为由,署理澳督马楂度(Álvaro de Melo Machado)驳回在清平戏院为中国新政府募捐而召开政治集会的申请。③

1912年1月1日,孙中山在南京宣誓就任临时大总统,正式宣告中华民国临时政府成立。与此同时,在辛亥革命后,由于对政治领导权和军事权力的争夺,广东一直处于再次爆发革命和战争的边缘,为此,孙中山曾亲临广东主导局面。为平复以孙眉为旗号、蛰伏澳门伺机针对广州政府起事的"扶正同盟会"势力,孙中山于当年5月22日抵达澳门,下榻卢廉若家的春草堂,准备调停谈判。虽然此时澳葡政府一方面对广州新近政治形势感到紧张,另一方面对革命党人或许会要求废除不平等条约而满怀忧惧,④但是,孙中山的来临依然受到澳门各界的热烈欢迎。以署理总督马楂度为首的澳葡政府及主教、澳门各界绅商名流在卢园(又名娱园)热烈欢迎孙中山,还举行了一系列其他形式的欢迎活动。⑤

---

① 葡萄牙外事部外交历史档案文件1《1911年11月17日驻广州葡萄牙总领事馆临时大臣致外事部国务秘书及大臣公文332》、文件2《1911年11月24日葡萄牙驻北京大臣致外事大臣公文A》,参见[葡]卡洛斯·高美士·贝萨(Carlos Gomes Bessa)《澳门与共和体制在中国的建立》,崔维孝等译,澳门,澳门基金会,1999年,第59—62页。

② [葡]卡洛斯·高美士·贝萨:《澳门与共和体制在中国的建立》,附件十《澳门司令部、军事处、澳门省总督阁下对警报问题下达的指示》,第95页。

③ [葡]施白蒂:《澳门编年史:二十世纪(1900—1949)》,金国平译,第58页。

④ 澳门历史档案馆:MNL12.2.F,转引自[澳]杰弗里·C.冈恩《澳门史:1557—1999》,秦传安译,第146页。

⑤ 《中华民国元年拱北口华洋贸易情形论略》(1913年3月28日),莫世祥等编译:《近代拱北海关报告汇编(1887—1946)》,澳门,澳门基金会,1998年,第283页。《(上海)民立报》1912年5月28日。黄健敏编著:《孙眉年谱》,北京,文物出版社,2006年,第96—99页。[葡]若昂·哥德斯(João Guedes):《孙逸仙与澳门和革命》,北风译,《文化杂志》第17期,1993年。

　　不过,在革命之后的乱局中,广东政府与澳门政府时生龃龉,例如,1912年12月,广东政府欲对氹仔及路环公局在路环征收地租一事进行抗议,但是,澳门总督美兰德答复称,他将继续对路环行使管辖权、支出行政费用并征收法定税收。① 次年4月,原中华民国首任内阁总理、时任广东省议会参议员的唐绍仪被委任办理澳门界务,周尔南为之佐理。② 1913年8月,袁世凯系部队攻入广州,孙中山领导的"二次革命"失败,袁控制下的广东政府照会葡萄牙驻广州领事馆,要求引渡潜匿于澳门的革命党人,但是,澳葡政府的华政厅不予配合,署理总督责成华政厅继续调查,又召卢廉若商议此事。在卢的作用下,澳葡政府做出与广东政府合作的姿态,称被追缉的主要人物并不在澳门,其他谋反分子处于澳门政府的严密监视之下,不会做出有损中国安定的举动,由此保护了当时在澳门的包括孙眉在内的同盟会领袖及成员。③

　　1913年11月21日,中国外交部照会葡萄牙驻北京公使,指责澳葡政府直接卷入白狼起义。④ 为维护双方关系,华政厅对此案进行正式调查,负责军火库的安东尼奥·维迪加(António Vidigal)上尉向华政厅保证,1912年4月以后运出的简装火药全部是为了满足武装保护渔船之所需。但是,中方对澳葡的答复并未满意。紧接着,刚刚到任的新总督嘉路·米那(José Carlos da Maia)就收到广东政府新的抗议书。抗议书称"白狼"不仅从澳门获取了大量的武器弹药,而且从这里招募了不少士兵,使其队伍不断壮大。抗议书甚至列举出招募士兵的具体地点。在这种情况下,华政厅再次进行调查,最终,查清招募地点原来在水坑尾巷(Travessa dos Santos)的一栋房子里(以前"四大寇"聚会的地方)。不过,嘉路·米那接获这一消息后,认为水坑尾巷所谓招募事情只不过是向中国运出劳工而进行的招募活动,因此,他命令此事以财务司向有关招募者课以税款而告结案。关于中国政府所说"白狼"分子在澳门活动一事,嘉路·米那向葡萄牙驻北京公使递交一份报告,称中国政

---

① 澳门历史档案馆藏民政管理档,第438号卷宗,第S-T号文件,[葡]施白蒂:《澳门编年史:二十世纪(1900—1949)》,金国平译,第58页。
② 《申报》,1913年4月10日,吴志良、汤开建、金国平主编《澳门编年史》第5卷,第2243页。
③ [葡]若昂·哥德斯:《孙逸仙与澳门和革命》,北风译,《文化杂志》第17期,1993年。
④ 白狼起义是指发生于民国初年由河南宝丰人白狼(本名白朗,1873—1914)领导的反对袁世凯政权之农民起义运动。

府所说的"白狼"一事只不过是革命党曾派人来港澳活动,劝说在南中国海和珠江劫掠船只并滋扰沿岸居民的盗匪参加革命。为此,嘉路·米那建议葡萄牙公使告知中国政府,一旦发现欲从澳门逃亡内地或从内地逃亡澳门的"白狼"分子,澳葡政府即与中国政府在澳门周围联合采取行动。[①]

1914年7月,广州政府再次就"白狼"分子问题与澳葡政府进行交涉,要求澳葡政府将这些暴乱分子驱逐出境。澳葡当局答复是,南方的麻烦,更多地源于海盗在西江一带的活动,而不是阴谋者的行动。[②] 11月22日,北京政府通过葡国使馆要求澳葡政府采取措施,禁止从澳门向中国内地为叛军输送军用物资,并要求禁止秘密集会。[③] 目前尚未见到关于澳葡政府回应此次要求的资料。12月20日,因革命党人逃至澳门,广东都督龙济光致函澳葡政府署理总督,要求引渡藏匿于澳门的那些到处播撒"动乱种子"、密谋反对中华民国的逃亡者。而澳葡方面的复函称:关于您所提到的这些华人,我敢保证,在澳门,他们没有密谋反对中华民国,也没有发动鼓吹任何反对中华民国理想的宣传。并进一步申明,会把任何反对中国的革命者从澳门赶走。[④]

尽管亲袁的广东总督龙济光与澳葡政府关系良好,而且袁世凯在当年10月当上中华民国总统后立刻得到葡萄牙民主共和国的承认,此后一段时间,葡萄牙政府有关澳门划界事宜的沟通也是与北洋政府之间展开的,[⑤]但是,当时的澳门仍是反袁世凯的国民革命中心,1914年至1916年间,孙中山曾多次委派朱执信到澳门筹办军火和印刷传单,致力于反袁、反复辟的斗争。澳门在"二次革命"中担当着革命基地的重要角色。[⑥]

"二次革命"失败后,反袁活动并未完全消失。1915年6月2日,袁世凯对日签订"二十一条",引发各地集会抗议,号召"抵制日货,勿忘国耻"。当日,澳门华侨800多人在下环街育贤学社召开国耻大会,抗议"二十一条",教育界人士梁彦明等也在澳门组织"抵制日货救国会",并于每周日往中山各乡

---

① ［葡］若昂·哥德斯:《孙逸仙与澳门和革命》,北风译,《文化杂志》第17期,1993年。

② 澳门历史档案馆:CX 91-4508,1914年7月22日,转引自［澳］杰弗里·C.冈恩《澳门史:1557—1999》,秦传安译,第147页。

③ ［葡］施白蒂:《澳门编年史:二十世纪(1900—1949)》,金国平译,第75页。

④ ［澳］杰弗里·C.冈恩:《澳门史:1557—1999》,秦传安译,第146—147页。

⑤ ［葡］卡洛斯·高美士·贝萨:《澳门与共和体制在中国的建立》文件八,第83—84页。

⑥ "Extradição Pedida pelo Governo de Cantão de Chu-Chap-Son, Tang Kin, Chea-Ying-Pak e Sham Hok Lu", 1914/3/27-1914/3/30,AH/AC/P-4388,p.2.

宣传抗日救国。[①] 当年夏季,袁世凯开始鼓吹君主制,为自己称帝制造舆论基础。10 月 10 日,澳门华侨集会抗议恢复帝制,并讨论维持中华民主共和国的方法。[②] 当年 12 月,袁世凯称帝复辟,一批拥护共和的革命者担心受到迫害,纷纷逃到澳门寻求庇护。澳督嘉路·米那在致信里斯本时称,由于中国政局动荡,帝制与共和的拥护者互相对抗,所以当时在澳门,"禁止双方的拥护者试图在澳门进行任何集会,不准成立社团举行革命宣传政治"。为了维持澳门与各方面的关系及其自身的存续,当共和革命领袖在澳门被捕遭北京要求引渡之际,葡澳当局设法以证据不足为由拖延时间,以避免和北京发生矛盾。然而,考虑到可能引致的军事威胁,嘉路·米那要求增派两个非洲连队,增强本地防御能力。[③]

1915 年 12 月,在"二次革命"中活跃于澳门的朱执信加入中华革命党,被孙中山任命为中华革命军广东司令长官,邓铿为副司令长官,负责广东方面军事,并得到孙拨给的大批经费,由古应芬、李朗如、张发奎、薛岳等人协助,在澳门秘密设立讨伐龙济光之军事指挥机关,同时,积极扩展中华革命党组织,重新部署起义计划。[④]

与此同时,北洋政府也调集兵力南下,对珠三角的革命者进行打击。袁世凯派北洋军舰"肇和"号由上海到广东,准备驻防黄埔港,支援龙济光。此前,上海中华革命党曾在陈其美的领导下组织过一次抢劫"肇和"号的行动,可惜最终行动失败。而参与劫舰的杨虎、马伯麟、孙祥夫等革命党人亦再次向陈其美请缨,要求跟踪军舰来粤,伺机进行第二次劫夺行动。据称,这次行动的敢死队共 30 人,于 3 月 3 日抵达澳门,设总部于澳门监牢斜巷,其中,18

---

① 《澳门政府宪报》,1915 年 5 月 31 日,第 23 号,第 367 页。

② 《申报》,1915 年 10 月 11 日。

③ 葡萄牙外事部外交历史档案文件 14《外事部外交及政治事务部殖民地事务司 1915 年 12 月 4 日 2602 号公文》,参见[葡]卡洛斯·高美士·贝萨《澳门与共和体制在中国的建立》文件八,第 137—138 页。弗里·C.冈恩:《澳门史:1557—1999》,秦传安译,第 147 页。

④ 《朱执信先生殉国十二周年纪念专刊》,全国图书馆文献缩微复制中心编:《民国珍稀短刊断刊》之《广东卷》15。《朱执信革命事迹述略》,第 449 页。朱执信:《朱执信集》上册《讨龙之役报告书》。费成康:《澳门四百年》,第 399—400 页;均出自吴志良等编《澳门编年史》,第 5 卷,第 2280 页。陈卓平的《爱竹斋全集》之《诗钞续集》第 1 页《赠刘公裕同志》第 4 首自注云,"民国四五年,余与朱执信先生设机关于澳门,运动军队,驱逐龙济光",陈卓平著、陈鹏超编:《爱竹斋全稿·爱竹斋诗钞初编》,台北,文海出版社,1972 年。

人提前赴黄埔,策动该处炮台为内应,以图水陆并用,袭取省城广州。其时,在澳门主持中华革命党广东军务的朱执信决定派 10 余名华侨组成由革命党人李玉山领导的敢死队参加劫舰行动。1916 年 3 月 7 日,中华革命党从澳门出发,企图劫持北洋军舰"肇和"号,陈策、杨虎、马伯麟、孙祥夫、李玉山等率敢死队由澳门假装乘客搭乘小商轮"永固"号来广州,至黄埔海面时,逼迫驾驶者靠近"肇和"号军舰,并向军舰投掷炸弹,希望计划得手后,控制军舰、驶入珠江并炮轰观音山和制造局。结果,军舰船体并无重大伤害,舰上士兵开枪回击,革命军随即逃离,轮船行至车陂附近时被军舰追上,拖回天子码头接受检查,马伯麟、李玉山等人被俘。[①]

此外,梁彦明、梁绮神、陆煞尘等同盟会会员秘密组织"讨袁会",地点设于澳门主教巷。时有同盟会中叛徒麦某,为龙济光爪牙,梁彦明遂与梁绮神、陆煞尘将其用酒灌醉,载至湾仔杀之。[②]

由于澳门在护国运动中发挥的积极作用及产生的重要影响,孙中山于该年 6 月 28 日,从上海致信澳督嘉路·米那,对其"能够在很多场合把极度的善意给予我政治上的朋友,特别是对最近发生在离澳门不远的一系列事件中"的支持表示感激之情,并认为此种感激之情"会被中国所有共和主义者所共有",也希望"中国能尽快恢复秩序与和平,好让我们能够与葡萄牙共和国合作,以葡萄牙共和国为榜样,在我们国家践履一个愿意实现民族抱负的政府所应当奉行的那些原则,奠定其赖以立足的根基"。[③] 也因为嘉路·米那在复杂的局势下在一定程度上保护了护国运动,并对澳门市政做出诸多贡献,在他 9 月离职返葡时,以卢廉若为首的华人绅商和众多市民前往码头为其送行。[④]

[①] 《申报》(1916 年 3 月 11 日、15 日)。罗翼群:《有关中华革命党活动之回忆》,《广东文史资料》第 25 辑《孙中山史料专辑》,1979 年。《澳门华侨与革命运动》,冯自由:《革命逸史》第 4 集,北京,中华书局,1981 年,第 75—76 页。

[②] 郭辉堂:《梁彦明烈士年谱》,《梁彦明烈士纪念集》,第 14 页。吴志良、汤开建、金国平主编:《澳门编年史》第 5 卷,第 2289 页。

[③] 葡萄牙外事部外交历史档案文件 17《孙逸仙致澳门总督米那之信》,参见[葡]卡洛斯·高美士·贝萨《澳门与共和体制在中国的建立》,第 151 页;英国档案局,CO129/403,"政治难民",总督府,1913 年 8 月 9 日,转引自[澳]杰弗里·C.冈恩《澳门史:1557—1999》,秦传安译,第 148 页。

[④] [葡]卡洛斯·高美士·贝萨:《澳门与共和体制在中国的建立》,第 24—25、28 页。

1916 年,蔡锷等发起的护国运动成功迫使袁世凯取消帝制,此后黎元洪出任总统。而在黎元洪与段祺瑞之间的"府院之争"中,时任督军团团长的张勋乘虚而入,在北京促成 1917 年 7 月溥仪复辟。复辟旋即遭段祺瑞镇压,然而,此时国会已散,法统不存。为此,孙中山率革命党人发起了维护临时约法、恢复国会的护法运动,由于这次运动主要依靠控制粤、滇、黔的桂、滇系军阀力量与北洋军阀抗衡,而军阀割据利益与孙中山的护法共和的目的南辕北辙,孙中山于 1918 年 5 月离开广州,第一次护法运动以失败告终。

1919 年 5 月 28 日,孙中山在上海发表《护法宣言》,发起第二次护法运动。这次运动主要依靠孙中山扶植的陈炯明粤军力量。1920 年,孙中山返回广州,组织军政府。同时,派其子孙科为特派员,在澳门鹅眉街 10 号设立办事处,继续策动护法斗争,号召在粤海、陆军起义响应,驱逐桂系军阀陆荣廷、莫荣新。该办事处的主要工作是筹款、购买军火与联络同志。[1] 受孙中山命,陈庆云于 1920 年 3 月到澳门向卢廉若等筹款购入两架水上飞机,在三灶岛海面进行训练,并由此创办空军,支持粤军驱逐桂军。[2] 同年 10 月,中华革命党改组为中国国民党,其广东省支部命蔡香林、区建邦、林浮生等组织澳门分会筹备处。

在护法运动爆发当年,澳门政府利用中国南北议和未定之际,在青洲堤岸附近疏浚海道并且开始布防,当时广东省长张锦芳在多次向澳督抗议无效后,恳请军政府"酌派兵队或兵舰前往驻扎",以资震慑。[3] 经过交涉,北京认为,广东方面可酌情派兵迫使澳门政府就范。[4] 次年 1 月,广东督军莫荣新任命广东陆军第一师旅长到前山与澳门交涉,并加派 1 500 人及两三艘军舰前往澳门。鉴于广东政府的强硬态度,澳门政府转而通过葡萄牙驻北京公使与北洋政府交涉,北京方面则认为必须待南北统一后,双方同时派员亲勘,以解决划界问题。[5] 在广东政府的军事压力之下,中葡会谈于 1920 年 4 月在广州再次开启,梁澜勋为特派广东交涉员,澳门政府则以金美时(J. Cunha

---

① 金英杰:《乐儿咖啡,轮盘扑克吸引西洋人》,《新报》,2009 年 4 月 24 日。
② 《申报》,1920 年 9 月 29 日。
③ 《广东军政府外交部收广东省省长张锦芳,北京外交部特派广东交涉员梁澜勋咨文》,《澳门专档》第 4 册,第 324 页。
④ 《军政府外交部收广东省特派交涉员梁澜勋呈》,《澳门专档》第 4 册,第 328、333 页。
⑤ 《外交部收部长四日会晤葡特使收问答澳门事》,《澳门专档》第 4 册,第 368 页。

Gomes)和美仙地·佐治(Vicente Jorge)为主要代表,于5月、7月举行历次会谈。① 经过多轮谈判后,双方于1920年9月在广州签订《兴筑澳门港口工程合约》、《修改港口章程》、《澳门交解华犯章程》等条约,中葡双方各有所得。②

但是,第二年粤、澳又在内港水域发生被称为"九一六"事件的小规模军事冲突,事件由葡萄牙驻澳海军越过澳门内港水域到湾仔干涉广州国民政府军队缉盗引起,导致双方关系再度紧张。广东政府对澳门采取强硬态度,葡方亦不肯退让,并请求英舰援助。③ 香山县各界民众举行集会声讨葡澳政府,并决议停止向澳门供水供粮。10月2日,孙中山敕令海军派舰前往澳门近海警戒。④ 此后,在英国驻粤领事、广东省长公署等共同协调下进行调查。从1922年起,由于中国南北分裂的状态,各方对澳门问题在"澳门殖民地与广东省之交涉"的地方层次上进行交涉。⑤

自辛亥革命之后,华人的民族意识和工人阶级的团结精神同时崛起,澳门各行业工会及其他形式的会社次第成立,成为工人和各界华人积聚力量、组织运动的组织机制,尤其是在1922年"五二九"事件引致华洋对立的社会情境下,工会和会社组织了全面罢市、罢工,抗议澳葡政府的戒严、暂停人民集会权利等政策,配合广东政府制裁澳门的措施以及广州国民外交后援会的集会抗议。澳门工会代表在广州受到孙中山及广东省长伍廷芳的接见并得到支持。⑥ 在广东政府与葡驻广州领事就"五二九"事件的交涉过程中,广东省议会一度提出"不得已而至开战"的主张,继而广州的中华民国政府外交部

① 邓开颂、吴志良、陆晓敏主编:《粤澳关系史(1840—1984)》,北京,中国书店,1999年,第394页。
② 《广东军政府外交部发政务会议咨》、《广东特派交涉员梁澜勋呈港口工程合约、澳门港口章程、提犯章程》,《澳门专档》第4册,第407、411—416页;邓开颂、吴志良、陆晓敏主编:《粤澳关系史(1840—1984)》,第394—396页。
③ 吴志良、汤开建、金国平主编:《澳门编年史》第5卷,第2358页。
④ 盛永华、赵文房、张磊编:《孙中山与澳门》,北京,文物出版社,1991年,附录《孙中山与澳门大事件年表》。
⑤ 《收葡馆问答》,《澳门专档》第4册,第464页。
⑥ (广州)《民国日报》,1922年6月2日。

再次照会葡领事,提出五项严正要求。① 但由于粤军司令陈炯明叛变,逼迫孙中山乘舰避走上海,广州政府随即四分五裂,第二次护法运动破产。国内局势骤变,使得粤政权与葡澳政府就"五二九"事件的交涉便无从继续,最终由卢廉若等华商领袖出面谈判,达成妥善解决方案,中国工人得以无条件复职,社团得以重新登记并开始活动。②

实际上,在1920年前后,澳葡政府对孙中山领导的中国革命之态度出现转变,他们的政策越来越强硬。1921年4月7日,国会参、众两院非常会议在广州举行,孙中山当选为中华民国大总统。各国派驻北京的外交使团都不承认这次选举,但澳葡政府则不得不与广州政府周旋。一份澳督内部备忘录称:

> 孙中山是广州沙文主义的典型;许多年前,澳葡政府在来自欧洲医生的压力下,决定禁止他在澳门执业行医。有人相信,由于这一经历,他不想站在我们这边;此外,众所周知,他所结交的那些人都是对我们抱有深刻反感的人;很有可能,澳门大西洋银行所接洽的贷款谈判会很危险——这样一次失败肯定让施利华总督深感失望。③

澳葡政府的强硬措施并不表示双方已经失去回旋余地。1922年有关资料中记载了孙中山于当年曾在澳门活动,说明孙中山从澳葡当局那里得到许可,允许在澳门居住。④

1923年1月19日,广州《时报》(The Times)刊载陈炯明事变后孙中山再次返回广州,重掌当地政治、军事的消息,澳葡政府再次面临广州革命政府

---

① (上海)《民国日报》,1922年6月15日、18日。《澳门事件与中国要求》,《澳门专档》第4册,第465—466页。

② 日本外交史料馆藏:《关于澳门情况的报告》(1926年4月10日),张海鹏主编《中葡关系史料集》(下册),第2087页。〔葡〕施白蒂:《澳门编年史:20世纪(1900—1949)》,金国平译,第164页。

③ 陈锡祺主编:《孙中山年谱长编》(下册),第1344页,以及 R. Beltrão R. Coelho, *Macau Retalhos:Passado,Presente,Futuro*.Macao:Livros do Oriente,1990,p.42,转引自吴志良、汤开建、金国平主编《澳门编年史》第5卷,第2355页。

④ 〔澳〕杰弗里·C.冈恩:《澳门史:1557—1999》,秦传安译,第149页。

的威胁,引起远在欧洲的葡萄牙政府的强烈关注。为此,葡萄牙外交部部长雷特·佩雷拉(Domingos Leite Pereira)立即发送电报给葡萄牙驻中国公使,要求评估孙中山重返广州建立政府后,对澳门的安全会否带来威胁。葡萄牙驻北京公使馆搜集中国的英文报章来分析当时局势,发现广州的政治形势刚刚稳定下来,所以暂时未有能力再次威胁葡萄牙在澳门的统治。澳督罗德礼(Rodrigo José Rodrigues)也因此判断,反对葡萄牙的活动已减弱,不过应从"五二九"事件中吸取教训,尤其是加强葡萄牙外交活动,包括和香港政府应加强联系。同时,还要求葡萄牙派遣一艘战舰到澳门海域驻防,以免中国炮舰从内港威胁澳门。然而葡萄牙殖民部以尚未定巡洋舰"共和国"号起航到澳门的时间表为由拒绝,却建议澳督可以选择一位适合的人选开始葡中谈判,用以暂时和缓广州和澳门的紧张关系。其时陈炯明势力尚存,广东政局不稳,加之澳门市面平静如常,也没有合适人选,澳督罗德礼认为不必要与广州谈判。但澳门处于葡萄牙和中国两国的压力之下,葡萄牙中央政府强调他们对北洋政府的重视,所以必然保持葡萄牙驻北京公使的领导性,绝对不会改为承认广州政府。但是,在这种基调之下,澳督罗德礼仍然需要前往广州表示友好,建立一种国与国之间的关系,以确保葡萄牙在澳门的利益。不过,这种行动无异于承认两个中国政府的地位,于是,葡萄牙需要向北京方面知会。故于3月14日,葡萄牙驻北京公使符礼德(Batalha de Freitas)会晤北洋政府总理张绍曾,探讨葡萄牙方面在澳门与孙中山接触的可能性,并获得北京政府的默许。最终,在葡萄牙政府多次催促下,澳督罗德礼北上与孙中山进行一次秘密会谈。中文档案文献对这次秘密会谈并无记载,而葡萄牙档案反映孙中山要求葡萄牙提供贷款。为防止孙中山的革命政府因不满澳门拒绝提供借款而有所行动,澳门方面开始向邻近的香港联络要求建立更密切的联系。罗德礼派遣戈美斯·科斯达(Gomes da Costa)将军到香港讨论澳门的处境,并达成与香港的合作。

3月17日,外交部和殖民部再次敦促澳门当局与广州会谈,可惜双方就鸦片专营权问题未能达成共识,结果澳门暂时终止与"中国当局"的谈判。葡萄牙外交部部长雷特·佩雷拉则表示由于谈判未能取得成果,仍然需要继续进行会谈,于是,再次致电报给葡萄牙驻北京公使,强调澳门当局必须继续进行葡中谈判。① 3天后,罗德礼回复海外部部长,终于达成广州当局保证澳门安定的协议,并且双方保持良好关系。② 取得广州保证澳门安全之后不到两个星期,罗德礼通知海外部部长,香港总督访问澳门,答应如果澳门再次受广州的威胁,香港方面愿意提供协助。③ 澳门最终在外交上取得北京的默许、广州孙中山方面的承诺和香港英国总督应许协助之下,达到政治上的稳定。④ 从澳葡政府对以孙中山为首之革命党的态度来看,他们采取了一种策略——维持势力平衡——以求澳葡的利益最大化。

在20世纪的中国政治舞台上,1921年出现的中国共产党是继中国国民党之后的又一支重要政治力量,如何处理与中共及其影响下的政治力量的关系同样是澳葡政府必须面对的问题。

与对待孙中山革命党的态度相比,澳葡政府对待共产党的态度明显不同。澳门作为葡萄牙右翼意识形态的推行者,时刻维持着对左翼的监督。1923年1月11日,据葡萄牙驻北京公使馆情报称,苏联驻中国外交使团重要成员越飞(Adolf Joffe)提议,希望把澳门用作那些劳累不堪的布尔什维克党人的休养地。澳葡政府当时并未就这一事件做出反应,但就在次年10月,澳葡总督罗德礼接到葡萄牙里斯本政府函件:要警惕国际共产主义的威胁,不仅在里斯本和巴塞罗那,而且还在远东,发起国际革命将取决于中国革命的结果。特别是,由于那些经由中国与俄国保持交流的布尔什维克党秘密组织的存在,葡萄牙的澳门殖民地被认为极其危险。⑤

---

① António Vasconcelos de Saldanha, eds., *Colecção de Fontes Documentais para a História das Relações entre Portugal e a China : Documentos Relativos às Greves de Hong Kong e Cantão e a sua Influência em Macau*, 1922 - 1927, p.326.

② António Vasconcelos de Saldanha, eds., *Colecção de Fontes Documentais para a História das Relações entre Portugal e a China : Documentos Relativos às Greves de Hong Kong e Cantão e a sua Influência em Macau*, 1922 - 1927, p.327.

③ António Vasconcelos de Saldanha, eds., *Colecção de Fontes Documentais para a História das Relações entre Portugal e a China : Documentos Relativos às Greves de Hong Kong e Cantão e a sua Influência em Macau*, 1922 - 1927, p.333.

④ António Vasconcelos de Saldanha, eds., *Colecção de Fontes Documentais para a História das Relações entre Portugal e a China : Documentos Relativos às Greves de Hong Kong e Cantão e a sua Influência em Macau*, 1922 - 1927, pp.334 - 335.

⑤ AH/GGC/M19,1924年10月,里斯本,转引自[澳]杰弗里·C.冈恩《澳门史:1557—1999》,秦传安译,第163页。

1927 年 5 月 5 日,港督金文泰的报告称:澳门有一个共产党的活动中心,也就是皇冠酒店。这个中心跟印度南部、法属印度支那、荷属东印度群岛及菲律宾群岛的共产党人的活动有着重要联系。还称,某些葡萄牙官员拿了苏联共产党的钱,对外国煽动者的活动睁一只眼闭一只眼。这些"煽动分子"被认为有马林、沃纳(化名沃兹涅先斯基)、弗里曼和马蒂森,此外,还有大约30 个欧洲人和亚洲人。澳门不仅被认为给外国阴谋者提供了理想的庇护所,而且还以它便利的交通和通讯而著称,澳门港口为武器转运提供方便,澳门的电报服务被用来与苏联通讯。澳门的地理位置是广州、印度与荷属东印度群岛之间情报联系的中心。①

1929 年 10 月 3 日,澳葡政府报告葡萄牙秘密警察揭露了澳门两个共产党人身份的事件,这两名共产党人名为方云生和陈方凯,受雇于清平街一家印刷公司。警方在该二人处发现大量已经印刷好的敌视民国政府的文件和一些亲共的带有煽动性的材料。广州警方强烈要求澳门警方将此二人监禁起来。②

1936 年 8 月 22 日,澳葡政府更是颁布第 27003 号法令,要求所有国家及独立机构的公务员在担任临时或正式职务前进行"反共"宣誓。它明确规定,公民必须遵守 1933 年《政治宪法》规定的社会秩序,对共产主义及任何"颠覆思潮"进行积极的抵制。③ 在这个动乱的年代,共产党人将澳门作为一个基地或藏身之处。尽管他们的目标并不是针对澳门葡人,但是澳葡政府仍对其严加监视,乃至最后以法律形式规定禁止其存在。

①　金文泰报告第 8 函,摘自一份关于传闻中的澳门共产党人活动中心的备忘录,1927 年 5 月 5 日,转引自［澳］杰弗里·C.冈恩《澳门史:1557—1999》,秦传安译,第 164 页。
②　澳门历史档案馆馆藏民政厅档案:AH/GGM/16,1929 年 10 月 3 日的报告,转引自［澳］杰弗里·C.冈恩《澳门史:1557—1999》,秦传安译,第 165 页。
③　［葡］施白蒂:《澳门编年史:20 世纪(1900—1949)》,金国平译,第 272 页。

第二节　周边战事与澳门的被动应对

一、抗日战争时期之"中立"政策

　　日本从 19 世纪中期明治维新后开始走上资本主义道路,并逐步形成军国主义,频频发动对朝鲜、中国及东南亚地区的侵略战争。20 世纪 20 年代中后期,资本主义世界经济危机逐渐恶化,日本国内矛盾也日益尖锐。为了转移民众视线,日本大肆鼓吹"大东亚共荣圈",伺机占领整个东亚地区,当然也包括中国在内。20 世纪 30 年代初,中国国内混乱的局面为日本发动侵华战争提供了有利的条件。1931 年 9 月 18 日,日本发动侵华战争,随之吞并东三省。中国国内抗战呼声一浪高过一浪。面对中日之间一触即发的战争形势,葡萄牙外长费尔南多·阿乌古斯托·布朗克(Fernando Augusto Branco)根据海牙第 13 号公约的规定于 1932 年 3 月 5 日在日内瓦国联总部正式发表对中日冲突事件持中立立场的声明,宣称葡萄牙是中日世代的朋友,由此在第二次世界大战中取得了中立国的法律地位。澳门作为葡萄牙殖民地,亦在国际法层面取得不受占领的法律地位。①

　　1937 年 7 月 7 日,日军发动全面侵华战争,制造了震惊中外的卢沟桥事变,中国政府随即对日宣战,标志着反法西斯的第二次世界大战在亚洲地区的开始。1939 年 9 月,德国以闪电战入侵波兰,二战全面爆发。后英国立即对德宣战,但没有要求葡萄牙援助,因此,葡萄牙政府宣布,只要葡萄牙的权利受到尊重,它就保持中立。② 然而,澳葡政府这种所谓的"中立"并非严格意义上的中立,而是在澳门(也可以说是葡萄牙)在没有军事实力对抗日本的骚扰和进攻时,采取的一种对日妥协和积极努力地与日本保持良好关系的"自保"策略。故而,有学者称其为"随风倒"政策。③

---

　　① *Arquivo Histórico Diplomático do Ministério dos Negócios Estrangeiros*, *Arquivo Consulado de Cantão*, M116.

　　② ［美］查·爱·诺埃尔:《葡萄牙史》,南京师范学院教育系翻译组译,南京,江苏人民出版社,第 395 页。

　　③ 黄庆华:《中葡关系史 1513—1999》下册,合肥,黄山书社,2006 年,第 1031 页。

1938 年 10 月,日本开始入侵华南地区。由于港英政府对日本采取了不合作态度,而澳门却允许人员和物资自由移动,并对日本持友好态度,于是,日本就把澳门作为其战略物资中转站,日本商社利用澳门进行的进出口贸易随之增加。10 月 21 日,广州沦陷。香港与广州、江门及西江各埠交通断绝,大批货物自香港运往澳门,然后通过民船、舢板及汽车转运内地,自此,战时澳门地位日益重要起来。① 12 月 29 日,面对广州沦陷的事实,为保存澳门,澳门警察厅长葛古诺(Carlos de Sousa Gorgulho)上尉乘"澳门"号炮舰前往广州造访时任日本占领军总司令的日本陆军大将安藤利吉(あんどうりきち)。② 也就在同一天,日本在广州建立的伪临时政府派其空军少校为使者代表安藤利吉拜访澳葡总督巴波沙(Artur Tamagnini de Sousa Barbosa),由此而开始了葡日间的接触。③

1939 年 2 月中旬,葛古诺受澳督巴波沙差遣前往东京,访问日本军事当局,就与澳门有重大关系的若干问题试探日本当局的态度,包括:

(1) 释放几艘在日军占领广州时扣留的葡萄牙船只,其时珠江遭遇封锁,无法出来;

(2) 要求对上年 1 月 30 日日本人轰炸肇庆天主教会造成的损失进行赔偿;

(3) 关闭两三个位于葡萄牙领水内的中国税厂;

(4) 澳门界址及有争议的边线,争取占领对面山及大小横琴。

鉴于葛古诺曾在澳门对日本施以援手,日方安藤司令许下诺言,会设法使中国政府接受葡萄牙的观点。日方回应称:一旦对面山的中国非正规军溃散,日本军方将下令将目前驻扎在该岛的日本正规军撤退,同时要求葡萄牙

---

① 《民国二十七年海关中外贸易统计年刊·拱北关部分》(1938),莫世祥等编译《近代拱北海关报告汇编(1887—1946)》,第 383 页。日本驻澳门领事馆编:《澳门情况》,张海鹏主编:《中葡关系史资料集》(下册),第 2096 页。

② 〔葡〕莫嘉度(Vasco Martins Morgado)著,〔葡〕萨安东(António Vasconcelos de Saldanha)编:《从广州透视战争:葡萄牙驻广州领事莫嘉度关于中日战争的报告》,舒建平、菲德尔译,上海,上海社会科学院出版社,2000 年,第 212—213 页。

③ 〔葡〕廉辉南(Fernando Lima):《澳门:她的两个过渡》,曾永秀译,澳门,澳门基金会,2000 年,第 51 页。

及澳葡政府：

（1）不要以再出口中国货物的方式为日本的敌人提供协助；

（2）澳葡政府对拱北海关施加压力，令其接受一名日本关长，且整个华南的海关均由日本人出任关长；

（3）禁止在澳门境内的华人报纸上刊登反对南京政府的文章。

事后，葡萄牙及澳葡政府对日本方面做出正式答复：

（1）葡萄牙政府在中日冲突间保持最严格的中立，双方之间无需向（像）其他国家那样需要同日本签订特别条例；

（2）葡萄牙政府下令澳门当局禁止向中国再出口军用物资，铁路、飞机、卡车器材或汽油，且上述物资从未经过葡萄牙领水；

（3）澳葡政府决定对当地刊物进行最严格的新闻检查，无不愉快事情发生；

（4）至于拱北中国海关之事，亟待日本当局与其关长直接谈判，以寻求解决办法，葡萄牙政府目前以不介入为宜。①

在东京期间，日方谈判团皆为清一色高级大臣，包括海军部大臣、外交部次长、参谋部副总长和海军部次长山本五十六。日方对葛古诺提出的有关澳门问题不感兴趣，反而提出葡萄牙提供帝汶岛作为日军军事基地的要求，立即遭到葛古诺上尉的断然拒绝。不过，日方还是为了扭转其因侵占满洲而遭到国际社会和国联疏离、谴责的被动局面，故意制造谎言，称葡萄牙承认伪满洲国并答应日本在澳门开设领事馆。② 葛古诺访日虽未能签署正式协议，却引起日本乃至国际报界的巨大反响，纷纷谣传澳日之间已签订一项合作协议，通过协议，葡萄牙将以承认伪满洲国为条件来换取日本政府为澳葡政府

---

① Arquivo Histórico Diplomático do Ministério dos Negócios Estrangeiros, 2° PA48, M217, 《葛古诺访日报告》，转引自金国平、吴志良《抗战时期澳门未沦陷之谜》，《镜海飘渺》，澳门，澳门成人教育学会，2001 年，第 160—161、167—168 页。

② 理卡多·平托：《中立区的炮火》，《澳门杂志》，1997 年第 2 期。

提供某些优惠。为此,葡萄牙驻华公使莱布雷·利马(Lebre e Lima)于 1939 年 5 月 10 日正式照会国民政府外交部,否认与日本签订协议之事。① 尽管澳葡政府大肆进行辟谣,但始终未能完全消除外间的传言与误解。据日本驻广州总领事冈崎 9 月 16 日给外务省电文中称:"考虑到今后澳门有被中国方面各机构各团体利用作为抗日反汪策动的倾向,建议在澳门设置驻在员。"23 日,冈崎又发电文称:"在澳门发生任何问题都与我军的军事行动有密切关系。"② 尽管澳葡政府极力否认与日签订合作协议,但是,1941 年日本在澳门设立领事馆,表明澳日协议可能秘密存在。而且,在 1939 年 9 月中旬,日本南支陆军派遣军司令部代表安藤利吉及南支最高特务机关部代表和知与澳门署理总督毛殿弩(José Carlos Rodrigues Coelho)签订《日葡澳门协定》,同年 10 月 1 日起生效。该协定共 28 款,另附文 120 项。协定主要内容是日军维持澳门中立现状,条件是澳门远离重庆政府,并与汪伪政权合作,综合各条款有以下几点:

1. 澳葡政府尊重中国"和平建国"运动("和平建国"为汪精卫提出),同情中国新政府(汪伪政权)一切措施。

2. 不收留游击队和任何对抗中国新政府人士,拒绝收容破坏和平建国运动分子。

3. 与日本和中国新政府共维邦睦。

4. 澳葡政府同意日本所推行的东亚新秩序及远东和平政策。

5. 澳葡政府尊重日军领导华军、华民和中国革新政体。

6. 日华葡合作互惠后,澳门应与香港中断关系。

7. 日华均得在澳门设立驻澳领事馆,领事馆设立武官和武装警察,人数由双方商订。

8. 驻澳门附近日军有需要通过澳门或入澳观光,须事先取得澳葡政府同意,澳门军警入日华军防地亦然,舰艇之武装者亦同。

---

① 　Arquivo Histórico Diplomático do Ministério dos Negócios Estrangeiros, 2° PA48, M217,《葛古诺访日报告》,转引自金国平、吴志良《抗战时期澳门未沦陷之谜》,《镜海飘渺》,第 162 页。

② 　日本外务省外交史料馆记录:《在外帝国公馆关系杂件设置关系葡国部》,转引自宜野座伸治《太平洋战争时期的澳日关系》,《澳门研究》,1997 年第 5 期。

9. 日华葡互惠合作,应本于至诚、互体困难共同合作之精神。

10. 澳门不强行使用日本军票,但协同劝导澳门侨民推行。

　　这是一份日葡之间的秘密协定,虽然这一份协定由于目前仅见于国民党中央调查统计局的情报,在日葡档案中尚未找到相应的印证,但是,却与后来日葡关系的发展大致是吻合的。收到《日葡秘密协定》的消息后,国民政府立即指示外交部驻葡代表和澳门机构进行调查,这些行动也可以进一步确定"协定"存在的可信性。[①]

　　除了与日军签订"秘密协定",支援日军侵略活动外,澳葡政府还对澳门华人支持抗战的行动予以严厉禁止,以显示其"中立"立场。

　　1939年9月,日军完成对珠江三角洲地区的占领后,澳门坊间有这样的传言:一旦日军逼近澳门,政府会将聚居澳门的中国难民,包括已解除武装的中国士兵送交日本政府,以求和解;政府会没收民间团体所募集到的抗战经费,会对中文学校和慈善救灾团体进行全面清查,目的是让日军看到澳门的"中立"。国民政府获知这一消息后,非常震怒,外交部立即传召葡萄牙驻华外交代办利马(João de Lébre e Lima)要求其做出解释,并要求葡方做出保证,当日军逼近澳门时,澳葡政府不会将中国难民送交日本军方。[②] 中澳双方的最终交涉结果如何不得而知,但是,澳葡政府并未采取上述传言中的行动。同时,澳葡政府于该年5月曾颁布法规,禁止进行一切户外筹款和宣传活动,只准户内非公开筹集。[③] 同年9月11日,澳葡政府颁布第2901号札谕,规定电油进口及转运方法,以保障澳门与外埠贸易一律履行中立。札谕规定澳门电油进口及转运均受经济局监督,其中,进口电油只准供应澳门必要之消费,同时停止电油转运出口,直至下令取消之日为止。[④]

　　1941年4月16日,葡萄牙殖民地部致外交部的一份通告中称,澳葡政

---

　　① 国民政府军事委员会委员长侍从室致外交部公函,1940年12月3日,中统情报12月2日,侍六第37304号,转引自陈锡豪《抗日战争时期的澳门》,华南师范大学历史系硕士论文,1998年,第42—44页。

　　② 《葡萄牙驻华代办致殖民地部电报C2-3》(1939年9月25日、27日、10月14日、17日)、《葡殖民地部致外交部公函》(1939年10月19日),转引自陈锡豪《抗日战争时期的澳门》,第8页。

　　③ 《濠江风云会,赤子报国情:追记澳门同胞抗日救国感人事迹》,陈大白:《天明斋文集》,澳门,澳门历史学会,1990年,第144—147页。

　　④ 《澳门政府宪报》,1940年9月14日第37号。

府出版委员会一月份查禁中文报刊登载的消息共25则;其中14则损害澳门的"中立"地位,1则含诽谤性质,2则损害与(汪伪)广东省政府友好关系,8则冒犯日本人。葡萄牙萨拉查政权在政治上实行独裁,对民间一切集会和言论大力限制,对报纸进行新闻检查,澳门亦设有新闻检查委员会,每张报纸的消息必须在深夜12时前送检,对被认为有害澳葡政府或煽动社会不满的消息一律删除。广州沦陷后,日军对澳葡政府施加压力,凡有不利于日本人的消息亦一律不准刊载。① 8月27日,日本驻澳门领事福井保光(ふくいやすみつ)照会澳督戴思乐(Gabriel Maurício Teixeria),希望澳葡政府密切关注在澳门范围内不利日本的活动,包括协助重庆方面的社团向国民政府控制下的地区走私军事物资及交通器材、重庆国民政府所属组织在澳门的秘密活动及反日宣传等。而随着与重庆国民政府战事的升级,日军日益加强同南京伪政权的合作,极力通过海禁及陆禁的方式严格禁止重庆国民政府控制下地区物资的进出。为此,福井保光建议澳葡政府:

(1) 禁止向重庆国民政府提供军事物资及交通器材,以协助重庆政权控制下的地区:a. 禁止通过澳门从中国沿海、缅甸、印度支那、广州湾等向重庆政权管制下的地区提供一切可以帮助重庆政权的军事物资及交通器材;b. 大量进入重庆政权管制下的地区的军事物资及交通器材,许多是通过澳门的走私小艇进行的,破坏了日本的海上封锁。必须对澳门湾内的一切船只进行随时的检查,以防止走私;c. 日本当局将协助澳葡政府施以严禁,以保证前两款(a与b)的执行。为此,澳葡政府为日本当局驻澳船只及人员提供便利及保护。

(2) 关闭"重庆国民政府"的机构,并遣返日本当局指定的敌对人士:a.在日本当局的指定下,关闭重庆政权旨在于日本占领区制造混乱情报的组织及(驱逐)间谍人员;b.对以公司或个人名义所进行的禁运物资的运输,采取严格的禁止措施。

(3) 全面取缔反日宣传、谣言、印刷品及组织:a.取缔任何国籍人士的反日宣传及反日、反"南京中国政府"的电台、影片及政治活动;b.取缔

---

① 1941年4月16日葡殖民地部致外交部通告第831号,转引自陈锡豪《抗日战争时期的澳门》,第48页。

恐怖活动,并防止此类人员进出澳门。[1]

也就在同一天,澳督戴思乐致函日本驻澳门领事福井保光,对其同日的照会予以回复,表示日方所提的三方面建议完全符合澳门及葡萄牙政府"中立"的立场,但某些执行方面的细节有损葡方的主权,对此不予接受,也不准备谈判,同时某些要求也无法承诺接受。[2]鉴于澳葡政府对日方照会某些方面提出异议,福井保光于9月5日又向戴思乐发出一份备忘录,对8月27日日方建议书中部分条款及文字进行解释:

(1)第1款中的c项中"协助"的含义是日本海陆军当局应通知澳葡政府对可疑的船只、人员提供情报并要求驱逐之;
(2)第2款中"指定"的含义不是否认澳葡总督的权力或澳葡政府的管辖权,日本当局必须出示证据;
(3)第3款中"全面取缔"的含义是取缔一切可能。

澳督戴思乐同日予以回复,表示愿意接受8月27日日方建议书及上述备忘录,以示其与日本政府真诚合作的愿望。[3] 澳葡政府在一定程度上相当遵守日葡间协议的条款,即使是在日军于1945年8月15日无条件投降后,澳门民众鸣放鞭炮,以示庆贺。澳门警察厅仍以为此种行为违背"中立"立场,数百人因此被捕,澳葡政府特以发布告示,严禁特异举动与燃放鞭炮。[4]澳督戴思乐亦于8月13日上午11时在督辕接见澳门各报社代表,表示日葡邦交友好关系与战前相同,而澳门方面则务必继续维持"中立"立场,否则对

---

① Arquivo HistóricoDiplomático do Ministério dos Negócios Estrangeiros, 2° PA48, M212, Proc.33.2,《澳葡总督戴思乐 1941 年 9 月 3 日致殖民部长公函附件》,转引自金国平、吴志良《抗战时期澳门未沦陷之谜》,《镜海飘渺》,第 169—170 页。

② Arquivo Histórico Diplomático do Ministério dos Negócios Estrangeiros, 2° PA48, M212, Proc.33.2,《澳葡总督戴思乐 1941 年 9 月 3 日致殖民部长公函附件》,转引自金国平、吴志良《抗战时期澳门未沦陷之谜》,《镜海飘渺》,第 171—172 页。

③ Arquivo HistóricoDiplomático do Ministério dos Negócios Estrangeiros, 2° PA48, M212, Proc.33.2,《澳葡总督戴思乐 1941 年 9 月 5 日致殖民部长公函附件》,转引自金国平、吴志良《抗战时期澳门未沦陷之谜》,《镜海飘渺》,第 172—174 页。

④ 《警察厅长发表谈话严禁特异举动》,《西南日报》,1945 年 8 月 12 日。

违背"中立"之报道予以停版。① 直至 9 月 2 日,澳葡政府才不再坚持"中立",允许全澳工商界放假狂欢及庆祝 3 日,政府公务员特别放假一天。澳门主要华人领袖对澳门民众发表战争结束和抗战胜利的演说。当时,议事亭前地除了挤满数千人观看舞狮外,在市政厅礼堂内,澳葡总督、澳门主教、各级官员和社会知名人士等也一起庆祝战争的结束和抗战的胜利。②

关于澳葡政府的"中立"政策得以实施的原因,中外学者都曾做过不同程度的讨论:一种推论是抗战时期巴西住有数百万日本侨民,而历来葡国与巴西关系密切,在葡国运动之下,巴西照会日本政府,如日本军队侵占澳门,则巴西将驱逐日本侨民回国,澳门因之而赖以保持"中立";③二是因为作为"中立"方的葡萄牙和澳门分别担当了英美方面、蒋介石国民政府方面及日本方面的情报收集基地的角色,如果日本军事性占领澳门的话,澳门就失去了其情报收集地之机能,且很可能导致日本和葡国的国交断绝,这样一来更会失去里斯本这一情报收集基地,因而澳门这一弹丸之地得以保持中立。④ 上述分析只是分析了"中立"得以实施的外部原因,更为重要的是在于澳葡政府内部,他们将"中立"政策作为不被日军占领的一个筹码。由来澳访问的日本领事官所撰写的一份秘密报告清晰地揭示出这一点:"澳门的葡萄牙官员决心保持中立,我不知道他们内心的感受如何,但在表面上,他们的一切行动都是友好的,而且,他们显然在做每一件能够取悦于我们的事情。例如,他们曾用大米换武器。他们对我们的陆军和海军的行动视而不见,似乎跟英国领事毫

---

① 《澳督对各报代表阐明继续维持中立》,《西南日报》,1945 年 8 月 14 日。
② 傅玉兰主编:《抗战时期的澳门》,区慧卿英译、曾永秀葡译,澳门,澳门文化局、澳门博物馆,2002 年,第 175 页。
③ 江客:《日军为何不进驻澳门》,《澳门日报》(1992 年 8 月 24 日)。笙秀:《抗战期间三个谜》,《澳门日报》,1994 年 6 月 5 日。
④ Arquivo Histórico-Diplomático do Ministério dos Negócios Estrangeiros,2°PA48,M175 & M217,《日本驻里斯本使馆关于日军占领对面山致葡外交部的照会》,转引自金国平《抗战期间澳门的几个史实探考》,吴志良、金国平、汤开建主编《澳门史新编》第 1 册,澳门,澳门基金会,2008 年,第 309—310 页。李福麟:《澳门四个半世纪》,澳门,澳门松山学会,1995 年,第 148 页。[葡]萧伟华:《澳门宪法历史研究资料(1820—1974)》,沈振耀、黄显辉译,第 63 页。宜野座伸治:《太平洋战争时期的澳日关系:关于日军不占领澳门的初步考察》,《澳门研究》第 5 期,1997 年。[美]查·爱·诺埃尔《葡萄牙史》第 397 页亦称,澳门二战期间未被日本占领,是因为日军"显然认为澳门这块小地方无足轻重,没有必要去侵占它"。[葡]莫嘉度:《从广州透视战争:葡萄牙驻广州领事莫嘉度关于中日战争的报告》,上海,上海社会科学院出版社,2000 年,第 32 页。

无关系,至少在我们面前是这样,可以肯定,尽管澳葡总督及其他官员几乎不可能太多地考虑我们,但他们的行动多半是不得已而为之。"①

澳葡政府奉行所谓的"中立",这一政策一方面使澳门免受日本占领;另一方面却又使澳门处于一种尴尬的地位:既要遭受日本的封锁,又因澳葡当局向日本军队提供援助而遭受美军的打击与报复。1945年1月16日至7月26日,美军曾对澳门半岛及路环先后进行了5次轰炸,目标主要是燃料库、机场、公路等。尽管葡萄牙驻美国大使馆与葡萄牙外交部都曾向美国政府提出抗议,并要求美国政府道歉和赔偿,美国政府在接到抗议照会后也都会予以接受,但是,轰炸还在继续,并未因葡萄牙抗议而终止,直至日本投降。②正如葡萄牙驻广州总领事莫嘉度(Vasco Martins Morgado)所指出的那样:"澳门处于中国大陆和日本海军的夹缝中,处境险恶,一视同仁和明白无误的行为,都将受到他们不信任目光的怀疑"。③

二、粮食危机之解决

自明代开始,澳门城市的民生就主要依赖中国大陆,直至民国时期,情形依旧。民国时期澳门周边的战事对澳门民生产生了极坏的影响。战争初期,这种影响尚不明显,因为澳门与中山毗邻,内地粮价低廉,不少农民在收获之后,总会把余粮偷偷运至澳门出售,数量可观,故而,尽管日本南侵初期澳门人口大增,但是,澳门的粮食供应还是比较充裕的。

1940年3月5日,日军在中山唐家湾登陆,所有石岐、莲塘、隆都各乡男女纷纷赴澳避难,为数2万余人,澳门人口陡增至30万,澳督、镜湖医院、商会、同乡会等各方设法收容难民,但是,粮价日趋高涨,且因海道交通断绝,虽有钱财亦难购买,④饥荒由此爆发。直至12月16日,才有澳葡政府对处理粮

① 《魔法档案:日本绝密外交通信的摘录和抄件,1938—1945》,美国陆军部,1943年10月6日,转引自[澳]杰弗里・C.冈恩《澳门史:1557—1999》,秦传安译,第177页。

② Moisés Silva Fernandes, *Sinopse de Macau nas relações Luso-Chinesas*, *1945 - 1995*,*Cronologia e Documentos*,Fundação Oriente,2000,pp.27 - 32.

③ [葡]莫嘉度:《从广州透视战争:葡萄牙驻广州领事莫嘉度关于中日战争的报告》,第137页。

④ 《澳门谣言四起,物价空前高涨》,《中山日报》,1940年3月10日;《石岐沦陷后之澳门动态》,《中山日报》,1940年3月12日。

食危机的办法的报道出现。据《华侨报》消息,澳葡政府为解决市民食米问题,在澳门设立了7处公米站出售公价米,它们分别位于赛狗场、白鸽巢花园内官印局、米街福莱米店、海傍协成昌米店、新桥街米市对面振兴米店、望厦观音堂侧庆礼园、白鸽巢花园内。① 自此至抗战结束,粮食危机成为澳门的一种常态。

1941年11月,澳葡政府于统制物品输进委员会下设立货仓,以便管理市场上发售之米价,同时受管辖的还有几种粮食、燃料等。② 12月3日,澳督戴思乐偕夫人、秘书高士德(António Marques da Costa)由澳门抵达香港,访问新任第21任港督杨慕琦(Mark Aitchison Young)。③ 此次澳督访港的目的之一就是同香港米商洽谈谷米购买问题。当时全澳谷米储存量不足5 000包,可见当时澳门的粮食危机。澳督这次访港分别从香港订购2万包,从越南西贡订购2.6万包并从泰国曼谷订购2万包白米,并要求这些米谷要在12月底前运至澳门。④ 但是,就在12月8日,太平洋战争爆发,香港遭到日军攻击,英日两军经过18天的激战,香港最终于12月25日陷落。香港陷落后,日军开始封锁海上交通线,上述购米和约可能因战争而中断,洋米无从运入,从中山、新会等处运米又为日军和汉奸操纵,致使澳门出现抗战时期的第一次粮食危机。

为了缓解这次危机,澳葡当局于12月13日在《澳葡政府宪报》公布领取、购买粮食凭券区域划分办法。同时刊登定量购买粮油副食品的公告。其中,每日成年人只可购米1斤,小童半斤;食油,每星期成年人可购5两,小童5两;面包,每日成年人1个,小童1个;面粉,每星期成年人3两,小童2两;牛肉,每日成人2两,小童1两;煤炭,每人每星期8斤;火水,每星期2斤。⑤ 12月19日,澳葡当局再次颁布有关持券购买粮食方法之公告:

---

① 《政府售米站共有七处》,《华侨报》,1940年12月16日。

② 《澳门政府宪报》,1941年11月,第45号。

③ 《华商报》,1941年12月3日。按:理卡多·平托《中立区的炮火》(《澳门杂志》1997年第2期)称,此次澳督戴思乐在香港逗留两天,于12月3日返回澳门。

④ 《戴思乐致外交部驻澳专员郭则范密函,澳门引渡汉奸战犯案》,1946年8月3日,第133页,转引自陈锡豪《抗日战争时期的澳门》,第52页。

⑤ 《澳门政府宪报》,1941年12月13日,第50号。

一、澳门市分开街道或合数街为一坊。

二、每屋业主或其代表人于本布告公布后即将每屋住客若干开列清单。

三、该清单必须列明每屋所住几家人、家长姓名、已成年人数若干（家长在内）至十四岁以下之小童若干及住址等项。

四、该清单如系葡国人业主，必须用葡文缮写。倘中国人业主，可用华文缮写。但为居民便利起见，请用葡文缮写。

五、凡船户无论曾否在港务局注册，按照本示之规定，作为屋宇其船主人应负与市内屋宇业主之同样责任。

六、该清单应即整备，以便于本月二十三日在指定之地点呈交。至业主或其代表人当即领收购买粮食凭券交住客。

七、凡船只之东主应将该清单于本月二十三日呈交港务局，以便领收新凭券。

八、凡业主应负责本人或其代表人所填报各件，倘查出有假冒不实之处，即依法处罚。[1]

1942年2月22日，澳葡政府再次颁布有关换领、购买粮食券之布告：兹定于本月24、25、26、27、28日，由上午9时半起，以后在下列各所开始领换3月份购买粮食凭券。此凭券无论由业主或住客，均可领取。[2] 尽管澳葡政府采取种种措施以解决民众温饱问题，但是仍有大批难民因物价飞涨，无力维持生活而暴毙街头。粮食奇缺，肉类更少，价格奇昂，时人称1942年春天为"黑色的春天"。[3]

为了缓解粮食缺乏带来的巨大压力，一方面，由社团澳侨赈饥会于3月22日在东亚酒店8楼召开联席会议，宣布成立"澳侨协助难民回乡委员会"，由赈饥会主席刘柏盈出任会长，同时推举高可宁、刘叙堂、崔诺枝、梁彦明等21人为常务委员，并延聘澳督戴思乐、经济局长罗保为名誉正、副会长。澳

---

① 《澳门政府宪报》，1941年12月20日，第51号。

② 《澳门市行政局1942年2月22日有关换领购买粮食券之布告》，转引自傅玉兰主编《抗战时期的澳门》，区慧卿英译、曾永秀葡译，第62页。

③ 陈大白：《天明斋文集》，第158页。

葡政府遂决定协助回乡会护送 5 万人归乡,所需经费约高达 500 余万元,由政府负担一半经费,并由高可宁、傅伟生两人共同负担 1/10,其余皆由澳门侨胞负责。据统计,至 5 月 9 日,回乡会共资送 1 159 名难民分 6 批回乡。①另一方面,政府也积极行动,先后在澳门半岛及氹仔新开设 10 余处公米站。先是 1942 年 4 月 25 日,澳葡政府在海镜戏院与河边新街 275 号开设 2 家公米站,②后又于 4 月 28 日,在氹仔木铎街轩记杂货店、同和街茂泰什货店、同和街达昌杂货店、同和街永和香什货店、宦边街公兴隆什货店及施督宪街什货店开设 6 家公米站。③ 在施行粮食管制的同时,澳葡政府还积极寻求粮源,先后于当年 5 月 15 日与 8 月 21 日两次从泰国购回白米 3 万余包。④

　　1942 年 9 月,澳门战时物资流通遭遇日本的严厉管制和封锁,自波集团司令部发行的本月的《经济封锁月报》中可以看到澳门—广东、澳门—中山、澳门—香港、澳门—广州湾的物资流通状况:

　　(1) 澳门与广东之间的交易由特定的商人利用内河运营公司的定期航线进行。由澳门输出草苇、豆类和药品等,而由广东方面则输入中药材、干菜干鱼类和蔬菜类的东西。

　　(2) 澳门与中山之间的交易通过拱北海关进行。由澳门商人输出海产品、面类等,而由中山县输入鸡鸭类、蔬菜和鲜鱼等。两地之间的走私活动相当频繁,从澳门运出药品等,而从中山运入米粮、蔬菜和薪炭等。

　　(3) 澳门与香港之间的公认贸易规模极为细小,但由散布在澳门香港之间的小岛以接力形式有大量的小船在进行走私活动。由澳门运出蔬菜、水果和海产品等,而由香港运入药品、海绵和油类等。

　　(4) 澳门与广州湾之间由新兴洋行和内河运营所属的船只运营,由

---

　　① 《全侨协力紧密进行,回乡会昨日成立》,《华侨报》,1942 年 3 月 24 日;《政府决协助回乡会,护送五万人归乡》,《华侨报》,1942 年 5 月 7 日;《回乡会前后共资送千六百人,会款支绌希望社会人士协助》,《华侨报》,1942 年 5 月 10 日。

　　② 《下环街增设一米站》,《华侨报》,1942 年 4 月 25 日。

　　③ 《到氹仔去,全市共设米站 6 所》,《华侨报》,1942 年 4 月 28 日。

　　④ 《白米二万包昨已到澳》,《华侨报》,1942 年 5 月 16 日;《公米万包昨已抵澳》,《华侨报》,1942 年 8 月 22 日。

澳门输出药品、布匹绸缎和砂糖等,而由广州湾则输入砂糖、猪和豆类等物品。①

鉴于珠江三角洲水陆两路均被日军封锁,为应对战争和难民潮所带来的物资短缺的现实,澳督戴思乐宣布将大米、燃油和生活必需品,由原来的自由市场经营方式转为配给制,新设立进口规划委员会统一处理所有受管制的物品,包括对入货和分配进行监督。②

以上措施,暂时解决了第一次粮食危机。澳葡政府所采取的拯救措施也使其蒙受了巨大的损失,据《华侨报》报道:从1940年12月澳葡政府设立公米站出售公米至今,仅食米公卖一项,在一年多的时间内,政府就亏损500万元,当时所售出的公米,每担亏蚀15元。而政府一年的税收仅681万元,支出亦仅520万元。③

由于难民的大量增加,加之日军封锁海、陆贸易通道,澳门粮食供应在7月份出现抗战以来第二次危机,为了限制商人将公米囤积,澳门市行政局兼警察局于7月27日颁布有关限量购买粮食之公告:

一、自即日起,所有商店及杂货店零沽白米或谷米,严禁售出与每一购买者超过二十斤以上;

二、若购买者已经领取特别许可证,谷米白米仓东主及司理可任其自由购买,但该特别许可证必须有购买者之姓名及其存储谷米白米之地点;

三、私人照其家口计每人存米最高限度为100斤,但必须呈报并将粮食证缴销;

四、酒店、旅店、中西菜馆、茶楼、饭店等必须将今日所存之谷米额数由本日起限三日内呈报;

五、白米谷米仓、什货店及零沽店由本布告公布之日起限三日内将

---

① 日本防卫厅防卫研究所战史记录,波集团司令部《经济封锁月报》1942年9月30日,转引自宜野座伸治《太平洋战争时期的澳日关系:关于日军不占领澳门的初步考察》,《澳门研究》,1997年第5期。

② 理卡多·平托:《中立区的炮火》,《澳门杂志》,1997年第2期。

③ 《华侨报》,1942年10月24日。

今日所存之谷米白米数量呈报;

六、本布告所述呈报及领取特别许可证及缴销粮食证等每日由上午九时至十二时、下午四时至六时在警察局三楼督案处办理,再布告凡商店什货店必须将各项粮食价目用中西文字列明,以西洋纸为本位之价格,长粘在店内显眼之处,包括白米、谷米、生油、糖、猪油、豆类、面粉、片糖、盐及猪肉等。①

澳门市政局于8月3日进一步发出公告,规定由即日起,运米谷入口,得预先领取许可证,无证私运者全数没收并罚款至8 000元,②试图以此种措施杜绝商人囤积居奇之行为。8月9日,澳督戴思乐邀请全澳名流绅商,商讨解决澳门粮食供应问题,并即席组成澳门居民粮食互助委员会。由寓居澳门的前广东省财政厅厅长冯祝万担任主席,镜湖医院主席刘叙堂担任副主席,戴思乐担任名誉主席,经济局局长罗保担任名誉顾问,常务委员有林子丰、高可宁、高福耀及钟子光等。粮助会以官民合作的方式运作,其资金采取借款方式,由政府担任,准备集资300万元,政府垫支50万元,其余250万元由各绅商分认,以所集资金向内地购买谷米,支付欠费后以最低价交由米店零售。该会在数日内即购回谷米数千担,有效舒缓了食米的压力。③8月19日,此前澳门市行政局有关凭证购买粮食及限量购买粮食等项规定取消,④澳门第二次粮食危机得以缓解。

由于日军封锁等原因,澳门粮食危机并未彻底解决。所以澳督府秘书长高士德于1944年7月、9月两次前往广州商谈谷米供应问题。先是7月28日广州方面应允每月供应15 000担大米,供应3个月。⑤后其又于9月上旬再访广州,同广东政府达成一致意见,由广东每月供澳2万担大米,以半年为期,共进口15万担大米到澳门,以渡过澳门的粮荒。⑥但至1945年,事情再

① 《澳门政府宪报》,1943年,第16号,第419页。
② 《由今日起运谷米入口,经预先领取许可证》,《华侨报》,1943年8月3日。
③ 《华侨报》,1943年8月10日、8月11日、8月12日及8月19日。
④ 《澳门政府宪报》,1943年,第18号,第451页。
⑤ 《华侨报》,1944年7月28日。
⑥ KWIZ69/32,转引自[澳]杰弗里·C.冈恩《澳门史:1557—1999》,秦传安译,第179页。

次发生转折。

2月2日，日本驻澳门领事馆首任领事福井保光、书记官朝比奈泰晖于松山做完早操返回领事馆途中在连胜马路遭到两名华人刺杀，福井身中两枪，重伤，朝比奈中一枪。两人随之被急送政府医院，但因伤势严重，福井于次日死亡。事发后，澳葡政府密切配合，全力侦察，但始终没能掌握案件的具体隐情与重大线索。葡萄牙外交部礼宾司司长恩里克·瓜雷斯马（Henrique da Guerra Quaresma）也为此亲自前往日本驻里斯本公使馆致歉。福井死后，日本外务省立即派出广东"大使馆"事务所领事岩井英一（いちいえいいち）赴澳门出任领事一职，并准许了岩井提出的以孙嘉华为首10位广州青年组成卫队同赴澳门的请求。岩井2月抵澳，5月离任时，卫队增至50人。岩井来澳后，重点处理福井被刺案，并经请示外务省同意后，提出四点解决方案：（1）逮捕犯人；（2）总督有责任维持治安；（3）对死伤者予以赔偿；（4）对日本人的安全今后予以保障。同时，岩井支持南京日本军司令部以保护侨民为名占领澳门的建议，不过最终因缺乏具体实施的步骤不了了之。但是，日军还是从广东对澳门实行了惩罚性的封锁，造成澳门又一次粮食短缺，后在日本驻葡萄牙公使森岛守人（もりまもりと）的建议下才予以取消。①

5月23日，澳门出现抗战以来第三次粮食危机，因日军封锁澳门，再次出现食米短缺，导致米价暴涨，每担米涨至280元。热心人士甘志远、黄森、黄球、黄祥等人组成"平抑米价委员会"。黄球为伪中山县护沙大队长，后被黄公杰暗杀；黄祥为伪中山县联防队大队长。在有关平抑米价的会议上，该委员会当着经济局局长罗保、贸易局司理梁基浩的面，指责政府将食米定价过高。由于该会对澳门米价的干预，导致24日澳门米价急跌，每担米价一日间竟跌至60—70元。② 对于此次粮食危机的原因，亦有学者认为，1945年

---

① 《岩井英一氏继任日驻澳门领事》，《西南日报》1945年2月19日，葡萄牙国家档案馆萨拉查档（Arquivo Salazar），Aos/CO/UE10 A PT4，转引自金国平、吴志良《抗战时期澳门未沦陷之谜》，《镜海飘渺》，第153页。房建昌：《从日本驻澳门领事馆档案看太平洋战争爆发后日寇在澳门的活动》，《广东文史》，1998年第4期。房建昌：《有关太平洋战争爆发后日本外交与特工人员在澳门活动的几点补正》，《民国档案》，1999年第4期。

② 《华侨报》，1945年5月23日及5月24日。

5月澳门的粮食危机，一方面米价上升到市民无力购买的地步，另一方面是米商大量囤积不售，加上日军封锁澳门谣言，情况已到人人自危境地，米价上涨到每担280元，政府曾委托9家米店出售公米，以每元10两出售，则有人以每元9两收购而以每元7两出售，令粮价高涨，政府一直拿不出有效措施打击。至5月底，由当时经济局长罗保等人出面召集米商，要求平抑米价，指令平抑米价委员会强力对付奸商，并由政府强制清点存米，调查发现全澳米商有存米达57 000斤，存谷更达694 000余斤，在舆论指责下，米价开始下跌，并一日三跌。① 可见，米粮价格实是人为操纵。所以，澳葡政府于5月24日又颁布关于商户存储谷米的暂行规定：

一、非有统制委员会之许可证，不得将谷米在本澳内迁移，如违犯本规定者，将谷米没收充公；

二、未得统制委员会许可，米机不可碾磨谷米；

三、各米机须设簿册，用以记载每日之碾磨工作情况；

四、所有存谷米行店及居户，如存谷米数逾五担者，限由本布告日起三日内据实报告统制委员会；

五、报单须具正副两张，由统制委员会编列号码及签署盖章，将副单交回报者，以证明已遵照布告办理；

六、倘存谷米而不具报或具报之数额不实，按照犯有囤积垄断之条例予以处罚，即将谷米没收及罚款，罚金最高不超过8 000元；

七、谷米所呈报实数可以用证据证明，且统制委员会可以赴其存仓或存户搜查是否属实。②

7月2日—16日，为解决澳门粮食供应问题，澳葡政府特遣军需处处长贾拉度（Gallardo）赴广州谈判。澳门地区粮食主要靠外地供应，每月谷米由中山县方面输入者为最多。自上年开始，澳葡政府为解决本地粮食问题，派出秘书长高士德去广州与广东省政府订立米约，每月粤方输进谷米2万担，

---

① 《华侨报》，1945年5月20日及5月22日。陈锡豪：《抗日战争时期的澳门》，第53—54页。
② 《澳门政府宪报》，1945年第21号，第190页。《政府明会布告，存谷不得迁移》，《华侨报》，1945年5月24日。

以半年为期,期满续订,至此条约到期,澳葡政府亟待派员续约。因高士德公务倥偬,改由军需处处长贾拉度前去。经过数天周旋谈判,最终粤澳双方同意续约,且每月粤方输进谷米数量增加一倍,高达 4 万担。[①]

1945 年 8 月 14 日正午,日本天皇向全国广播了接受《波茨坦公告》、实行无条件投降的诏书,日本对华南海域的封锁被解除,也就在这一天,大量谷米运到澳门,致使米价狂跌,每担最低之盘为 109 元。[②]

据统计,在这场由日军侵华而造成的澳门大饥荒中,有超过 5 万人因饥饿而死。直至日本投降,这场浩劫才告终结。

三、军事防御之加强

中国国内动荡的政治局势与日本发动的侵略战争,给澳葡政府造成一种危机感。

早在中华民国建立之初,澳葡政府就开始加紧其自身防御建设的步伐。据《铁城报》报道,1912 年 2 月 3 日,澳门新调来葡兵约 500 名,其中,葡人土生兵不过百余人,其余为非洲黑人。据澳门葡人向华人介绍,这支军队为葡国革命军,能征惯战,黑人则最矫捷,上山如飞,下水如獭等。[③]

1925 年 5 月 30 日,震惊中外的五卅惨案爆发,随后在全国范围掀起大革命风暴。6 月 23 日,李森代表广东各界对外协会宣读解决上海五卅惨案的 16 项条件,其中包括收回海关、收回租界、取消一切不平等条约等铲除外国在华势力的要求。示威大会通过这些要求后,从下午 1 时 30 分开始游行示威,工人、农民、学生、商人及殿后的军队共有五六万人之多,手执小旗前进,沿途喊口号及派发宣传单。半小时后,当岭南大学学生及湘军游行队快到沙基西桥口时,守卫在珠江对岸军用沙包后的英军突然以机关枪扫射游行队伍,同时在白鹅潭及沙基口之英国、法国、葡萄牙军舰以机关炮和大炮射击群众,至下午 5 时 30 分方才停息,共造成 52 名华人被杀,170 人重伤。"祖国"号炮舰舰长热罗尼莫·毕瓦尔(Jerónimo Bivar)和葡萄牙驻广州领事

---

① 《秘书长高士德谈粤澳米约半年期满》,《西南日报》,1945 年 6 月 30 日。《贾拉度于今晨启程赴省谈商米食问题》,《西南日报》,1945 年 7 月 2 日。《政府有关方面证实粤澳谷米订约完成》,《西南日报》,1945 年 7 月 8 日。

② 傅玉兰主编:《抗战时期的澳门》,区慧卿英译、曾永秀葡译,第 193 页。

③ 《铁城报》,1912 年 2 月 3 日。郑勉刚:《澳门界务录》(手抄本)第 7 卷。

费力什·奥尔塔(Félix Horta)在开炮之后,很快便通知澳葡政府,并请求澳葡政府署理总督奥古斯托·山度士(Joaquim Augusto dos Santos)派军舰协助防守,葡萄牙殖民部也很快做出回应,致电询问澳门的物资供应是否充裕,随时准备风潮蔓延。而澳门行政局(Conselho Executivo)要求把仍在广州协防的"祖国"号炮舰撤回澳门。葡萄牙殖民部也配合布防,增派一连莫桑比克土著士兵加强陆军,也可以在局势危急的时刻协助英军防守。[①] 为了加强水陆空防卫能力,澳葡政府于 1927 年 11 月 10 日正式成立海军航空中心,由海军上尉贾伯乐(José Cabral)主持。航空中心位于原氹仔教堂海滩处,拥有 3 架小妖精ⅢD型飞机,其中包括高甸玉(Gago Coutinho)、沙嘉都喇·贾罢拉(Sacadura Cabral)进行穿越大西洋历史性飞行的"圣十字"(S. Cruz)号。1933 年,航空中心停办。1938 年航空中心复办,拥有鱼鹰(Osprey)飞机数架。[②] 澳葡政府不仅注重自身的防卫建设,还积极寻求外部帮助。1925 年 7 月 1 日,澳门立法会召开秘密会议,谋划未来的对策,署理总督奥古斯托·山度士决定加强澳门的军事防御。当天,葡萄牙驻伦敦外交代表洛尔彤·马都嗦(Norton de Matos)也取得英国答应,在必要的时候派兵协助澳门防守的承诺。[③] 自此,港澳开始在混乱的政局中协同防守。

抗日战争爆发后,鉴于中日关系日趋紧张,澳葡政府着手其陆海空军队建设。1937 年 6 月 30 日,葡萄牙政府派遣了第 57、58、59 队三支土著远征军连及混合炮兵部队从莫桑比克前来澳门,其中第 57 队于当日抵澳,其他两支10 月 4 日到达。澳门同年海军实力亦得到加强,增派一级舰艇"阿丰索·德·阿尔布科尔科(Afonso de Albuquerque)"号及四架水翼飞机,并恢复

---

① António Vasconcelos de Saldanha, eds., *Colecção de Fontes Documentais para a História das Relações entre Portugal e a China: Documentos Relativos às Greves de Hong Kong e Cantão e a sua Influência em Macau*, 1922 - 1927, pp.399 - 404；钱义璋编:《沙基痛史》,独立旬刊社,1925 年。

② [澳]施白蒂:《澳门编年史:二十世纪(1900—1949)》,金国平译,第 214 页。施华:《澳门政府船坞:造船修船 100 年》,澳门,澳门海事博物馆,1996 年,第 42—43 页。

③ António Vasconcelos de Saldanha, eds., *Colecção de Fontes Documentais para a História das Relações entre Portugal e a China: Documentos Relativos às Greves de Hong Kong e Cantão e a sua Influência em Macau*, 1922 - 1927, pp.415 - 424.

1933 年被取消的海军航空场。① 10 月 20 日,澳督巴波沙致电葡国殖民地部,请葡国政府增派军队驻守澳门。11 月,一艘葡国战舰送达澳门一批军队和军事设备,增强了澳门的防卫力量。市民就葡军到达澳门议论纷纷,一些本地葡人生怕日本和中国干涉,因此,有人公开质疑澳门现阶段是否需要增加驻军。巴波沙解释称,加强军事力量纯属防卫性质,可以作为维护中立的有力保证。② 10 月,葡国政府又向澳门增派了"巴托洛梅乌·迪亚斯(Bartolomeu Dias)"号和"贡萨洛·维略(Gonçalo Velho)"号两艘军舰和两单位炮兵。③ 12 月,澳葡政府正式组建航空服务局,以加强澳门地区防空能力。服务局除后备引擎及一些配件外,还配备了 2 架鱼鹰(Osprey)飞机,后又从英国购入 4 架鱼鹰飞机,6 架飞机均停放在内港新机库。④ 其后的几年间应大致维持在这一水平。据日本人柳泽武(やなぎさわたけし)记载:当时澳门驻军包括三个步兵连:一个葡萄牙人的,一个华人的,一个非洲人的。补充部队有:一个机关枪班,防空炮,两辆装甲车,一个野战炮连和一个要塞连。另有 2000 人的临时卫戍部队,由 21 名军官和 511 名军士组成。2 艘海岸炮舰,1 艘炮舰和 2 艘江河炮舰。即为澳门的海军力量。空军(以氹仔岛为基地)由最近获得的 4 架英国制造的水上飞机所组成。⑤

尽管在第二次世界大战中,为了保护澳门的安全,澳葡政府对澳门进行了防御目的的军事强化,但是,澳门对抗战的贡献主要是非军事性质的。在抗战之初,澳门各界人士就积极认购国民政府发行的救国公债,⑥以此筹款购买军需,为保卫广东出力。以华人为主的社会各界发起爱国抗日团体,组织宣传、赈济、救亡以及回内地服务等活动。共产党将抗日战争变成一场人

---

① 〔葡〕施白蒂:《澳门编年史:20 世纪(1900—1949)》,金国平译,第 276 页。

② 《澳门总督致殖民地部 1937 年第 126 号电报及 1937 年 11 月 15 日广州葡萄牙领事致外交部电文》,转引自陈锡豪《抗日战争时期的澳门》,第 5 页。

③ 〔葡〕廉辉南:《澳门:她的两个过渡》,曾永秀译,第 49—50 页。

④ Luís Andrade Sá, *Aviation in Macau: One Hundred Years of Adventure*, Macau: Livros Oriente, 1990, p.56.

⑤ 〔日〕柳泽武:《帝汶岛与澳门》,《当代日本》,1941 年第 10 期,第 1297 页,转引自〔澳〕杰弗里·C.冈恩《澳门史:1557—1999》,秦传安译,第 169 页。

⑥ 《华侨报》,1937 年 11 月 27 日。

民战争，珠三角的游击队层出不穷，澳门政府屡次寻求游击队的防御帮助，对付汉奸和伪军，其中中山人民抗日义勇大队于 1944 年通过居住在澳门的中山人黄槐，与澳门总督代表取得联系，得到了澳门从医疗、军需和允许发动抗日募捐等方面的支持。①

　　总体来看，在国民革命期间，尽管澳葡政府一度支持和同情孙中山领导的革命，但是，宗主国葡萄牙共和国强化殖民地的政策对其是有较大影响的，澳葡政府据此屡次实施扩张和占据的活动。然而，在中国方面，无论是南北割据时期，还是国共内战期间，广东地方政府和中央政府对澳门问题都有比较坚定的立场，使澳葡当局的扩张图谋未能得逞。在澳葡政府对澳门的具体管治中，尤其是面对中国以基本供给为掣肘之际，仍以澳门的存续和繁荣为首要考虑，为此，澳葡政府为澳门的基础建设和发展方向定下基调，并力求与各方平衡关系。这一点在抗日战争期间尤为重要，为了保全葡萄牙在远东的根本利益——澳门的存在，澳葡当局在夹缝中求生存，在战争最汹涌的旋涡中求"中立"，能化解就化解，能保护就保护，能利用就利用，在被动地、无奈地应对时局的过程中，侥幸地维持了澳门的和平。

---

① 欧初:《孙中山故乡抗日斗争二三事》,《炎黄春秋》,1995 年第 11 期。

第一章
"自治"实验及其转折：殖民管治的变迁

第一节　自治规章的制定与完善

一、1917 年《澳门省组织章程》与 1926 年的调整

葡萄牙人于嘉靖后期据居澳门,向明帝国和葡萄牙(1580—1640 西班牙)王室"双重效忠",从而使澳门能够长期发挥着中华帝国官方对外贸易通道的重要作用。1583 年,澳门葡人商人成立市政议会,议事会负责萄人社群公共事务以及治安、司法,其运作以城市公共收入维持,以西欧自治城市的模式,存在于中华帝国的集权体系内。①

但是,自从 18 世纪中叶庞巴尔侯爵(Marquês Pompal)执政后,葡萄牙开始增加对海外属地的干预,改变此前葡萄牙海上帝国在东方"商栈帝国"的松散状态。随着耶稣会在北京式微,澳门经济地位的下降,葡澳政府加重对葡萄牙王室及其派驻的总督的依赖。1783 年,葡萄牙海事暨海外部长借葡国女王唐娜·玛丽亚一世(Dona Maria I)名义发布《王室制诰》,加强总督权力,澳门政治开始染上殖民色彩。葡萄牙 1820 年君主立宪革命胜利后于 1822 年颁布了第一部宪法,首次将包括澳门在内的所有海外属地列为其领土的组成部分。②

---

① 臧小华:《不自由的自由城市——从早期澳门城市制度看文化并存》,《澳门研究》,2008 年总第 45 期,第 151—155 页。

② 吴志良:《澳门政治制度史》,第 166—167 页。

1822 年宪法颁布后,澳门葡人欢欣鼓舞揭竿而起推翻他们认为独断专横的总督的统治,自行选举出新的议事会,建立自己的临时政权并寄希望于葡萄牙立宪政府撤销 1783 年的《王室制诰》,全面恢复议事会往日几乎至高无上的权力。然而,事与愿违,自由主义运动仅是昙花一现,葡萄牙于 1823 年夏恢复帝制,驻果阿政府亦派出战舰,以武力重建澳门总督的权威。1835 年 2 月 22 日,议事会被解散,并依 1834 年 1 月 9 日葡萄牙中央政府颁布的市政选举法令重新进行选举,从此,议事会沦为一个现代意义上的市政厅,只限处理市政事务。①

1838 年宪法首次对海外属地进行特殊处理,将"海外省"单列一章(第 10 章),规定海外省可以根据当地的需要"由特别法律管理",部长会议(Conselho de Ministros)在议政会休会时,以及总督无法等候议政会决定时,经听取政务委员会意见后,可以立法应付紧急情况,但议政会复会时两者皆需要将完成的立法提交审核追认。由于 1842 年恢复 1826 年宪章使 1838 年宪法赋予总督的紧急立法权化为乌有,而 1852 年的修正案(Acto Adicional)第 15 条,却再度赋予政府和总督在紧急情况下的立法权,加强海外省政府的效率。葡萄牙中央政府赋予总督管治澳门的权力,以加强中央集权,澳门的自治被严重削弱。

然而,1844 年 9 月 20 日,根据葡萄牙女王玛丽亚二世的旨意,海外事务大臣若阿金·法尔康(Joaquim José Falcāo)签署法令,宣布成立海外省澳门政府,将原议事会降为议事公局,成为澳葡总督领导下的澳葡政府下属机构。澳门与帝汶、索洛尔合并为自治海外省,省会设在澳门,其政府独立于印度。澳督由政务委员会(Conselho de Governo)辅助。政务委员会由 4 名厅长、议事公局主席及理事官组成。在帝汶则设一副总督,驻扎帝力。② 虽然葡萄牙政府试图以中央集权的方式加强对澳门的管理,但实际情况却是此后的 70 年中,葡萄牙几乎没有对澳门制订出任何行之有效的特殊政策和管理措施。曾任澳门总督的马楂度 1913 年不无感慨地说:

---

① 吴志良:《澳门政治制度史》,第 115 页。
② 〔葡〕萧伟华:《澳门宪法历史研究资料:1820—1974》,沈振耀、黄显辉译,第 26—27 页。

当澳门一如既往受制于中央集权统治时，千万别想进步。……澳门人口虽然大多数为华人，但无可置疑是文明开化的，弹丸之地的众生怎能因为解决鸡毛蒜皮的小事和采取轻而易举的措施而要中央事先同意甚至干预，且这种干预常常是有害无益的？怎能明白这么一个殖民地却要最少等候数月、书来信往，才能解决其行政管理中一件无足轻重的事情，如减收税项、登记地籍，或撤销一条已过时、有害、不再适用的法律条文？

他接着指出，除非想阻碍澳门的发展，将澳门推往毁灭的深渊，否则，便"不能这样，也不应该这样"。所以，他提议里斯本委任可信赖且能干的总督，赋予他足够的权利和责任，抓住富有华商因为国内局势混乱避难海外的机会振兴澳门经济。①

虽然马楂度总督呼吁葡萄牙改革殖民地法制，建立一个勇于挑战、富有活力的行政管制，即使不能拯救澳门，亦可大大改善澳门的生活条件，而里斯本当局也根据整体殖民政策的变化做了一些调适，以适应当地社会的实际需要。但是，澳门的政治经济状况并无明显改善，在相当一段时间里，工商诸业低迷萧条，赌博和鸦片贸易仍是其经济的支柱和财政收入的主要来源；其政治行政管理虽有所革新，自治权亦略有增加，但制度却翻来覆去，始终没有一套稳定的发展政策方针，也一直没能摆脱中央集权统治的沉重枷锁。

1914 年 8 月 15 日，葡萄牙通过殖民地部部长奥美德·李比路(Almeida Ribeiro)起草两项法律：即第 277 号法律《海外省民政组织法》(Lei Orgânica de Administração Civil das Províncias Ultramarinas) 及第 278 号法律《海外省财政组织法》。这两项法律均采纳了英国的殖民地管理原则，使海外省的政治及立法自治情况有显著的发展。其中，《海外省民政组织法》订出纲要50 条，对海外省与中央政府的关系、总督的职责权限、政务委员会的组成及权限做出了极为详细的规定。这一法律的颁布，使得澳门逐渐获得极为有限的真正意义上的自治，而《海外省财政组织法》则要求每省建立财政局，不过不具有宪法效力，且又明显与《1911 年宪法》相违背。同时由于第一次世界大战爆发，使得某些海外地区未能实现欲引入的自治经验，加之上述法规仅

---

① Álvaro de Mello Machado, *Coisas de Macau*, Macau: Kazumbi, 1997, pp.56 - 60.

制定了管治殖民地的一般纲要规定，而其施行尚取决于为每一殖民地制定符合其特殊情况的本身组织法规，故而这两项法规未能真正有效地实施，而若干葡萄牙海外省的组织法规亦延误至 1917 年方才通过。其中，包括关于澳门的第 3520 号命令。这些组织法规在士多纽·拜斯(Sidónio Pais)专政期间均被(1918 年 7 月 1 日第 4627 号命令)废止，但在其被刺杀后，1919 年 5 月 10 日第 5779 号命令使这些法规恢复生效。不过，一定程度上而言，这是葡萄牙首次对海外属地制定出一个真正的特别政治行政组织法，完全确定海外省财政及管理自治的原则。[①]

1915 年 5 月 10 日，澳督嘉路·米那向殖民地事务部呈送《澳门省组织章程草案》。该草案遵照并阐明了海外省行政及财政自治法律大纲，同时还在实施部分采纳了 1907 年制定的《莫桑比克组织章程》和 1912 年制定的《安哥拉及莫桑比克组织章程》议案中的许多规定，内容涉及重组总秘书处、公共工程司并主张取消澳门市政机构等措施，目的在于建立一个朴实的、善于精打细算的和有最高工作效能的行政组织。这是葡萄牙对澳门"殖民地"政治、行政、财政和市政组织及其运作做出详细规定的第一份章程。由澳督嘉路·米那亲自负责起草完成，他在送呈《澳门省组织章程草案》时，还向殖民地部部长递交了一份反映澳门政府管治澳门理念的重要报告。

在报告中，嘉路·米那提出了对澳门政府机构进行改革的新建议，即总督之下，设立总秘书处(辅政司)、财政司及公共工程司三大机构。华人事务处(华政衙门)及医疗卫生处均属辅政司管辖：华人事务处主要职能是负责培训传译员和笔译员，负责组织译员将官方葡文文件笔译成中文；医疗卫生处尽管归属辅政司，但享有特有的行政管理权和自治职能。将邮政服务部门划归公共工程司管辖。另外，除保留两个职能专属总督权限范围的军事处及海军处外，提议成立警察处，警察处不属辅政司而由总督专辖，澳门军事处和海军处均应由一位上尉级的军官担任处长。设在氹仔和路环的公事局则由军队司令负责管理。总督之下的第一个行政机构即政府委员会，政府委员会成立原则与政府各部门的组织原则相同，提议由包括总督在内的 11 人组成，其

---

① ［葡］萧伟华：《澳门宪法历史研究资料：1820—1974》，沈振耀、黄显辉译，第 40—42 页。

中 5 名公务员委员,即总督、大法官、辅政司、财政司及公共工程司,6 名非公务员委员,即 4 名市政厅选举议员和 2 名官委华人代表。华人代表的条件必须是在华人社群中最有影响且有为社会服务的强烈愿望的人。总督之下还设立一防务委员会,由总督主持,由高级军官、司令员及军事处和海军处的处长组成,其基本任务是研究澳门的军务与防务,避免军事机密向外界泄露。最后,嘉路·米那在报告中提出建立城市改善委员会,取代市政厅。因为在同一城市存在两个行政机构显然对公共事务的推进与殖民地的发展有危害作用。

嘉路·米那对于允许华人参与政治事务是持保守态度的,他清楚地知道华人参政后给葡人统治所带来的冲击,他沿用殖民管治的手法,要将澳门的管治权永远掌握在葡人手中,将华政衙门隶属辅政司,将 1912 年表决通过的政府委员会的 4 名华人代表减至 2 人,取消市政厅等措施均是其限制华人参政理念的表现。正如他本人所言:"华人结社劲头是很大的,而他们的官员对他们的影响则还要大,如果要保留市政厅,中国人肯定会进入的,这样,广州的官员就将名正言顺地管治澳门。"①嘉路·米那的章程草案与报告明确要求葡萄牙中央政府赋予澳葡政府足够的自治权力。葡萄牙政府对于这次请求直至 1917 年才做出回应。

1917 年 11 月 5 日,葡萄牙第 3520 号国令通过并颁布了澳门地区组织章程:《澳门省组织章程》(Carta Orgânica da Província de Macau)。这是继 1844 年 9 月 20 日葡萄牙女王宣布澳门脱离印度管辖、独成一省之后有关澳门地区的第二份组织章程。全文共 17 章 258 条,重复 1914 年第 277、278 号法律的诸多内容。

章程首先规定澳门享有行政、财政自主权,接受葡国中央政府的领导和监督(第 2 条)。同时规定澳门拥有两个"本身的机关",即总督及政务委员会。总督直属殖民地部部长,作为中央政府在澳门的代表及最高民事和军事权威,按照法律和公共利益管理澳门,拥有行政权、军事权、财政权和立法权(第 42、43、45、46、47 条),总督所作的规范性行为系以训令方式做出;而政务委员会则为总督之后首要及主要的管理机关,由"公务员成员"及"非公务员

---

① 葡萄牙外事部外交历史档案文件 11《1915 年 5 月 10 日澳门总督致殖民地事务大臣关于澳门组织章程的报告》,见[葡]卡洛斯·高美士·贝萨《澳门与共和体制在中国的建立》,第 103—125 页。

成员"组成。公务员成员包括总督（由其主持委员会）、大法官、辅政司、财政司及公共工程司等主管和部门领导。非公务员成员包括议事会的议员，以及两名由总督挑选的华人代表（第 54、55、59 条）。因此，该委员会并无选举产生的成员。在立法权分配上，1914 年第 277 号法律《海外省民政组织法》第 14 项纲要第 4 款赋予总督一般立法权，总督有权就本殖民地有关的所有情况及事项制定规范。然而，在《澳门省组织章程》中并没有此项规定。该章程只赋予总督就某些特定事宜立法的权限，这些事宜包括本省的地区划分、部门的编制、公务员的权利、货币制度及税务制度等。此外，章程规定所采取的措施不可影响第 51 条所指事项，即市民的公民权利及政治权利、司法组织等，亦规定在某些情况下，所采取的措施须经宗主国政府核准方可执行。倘若对有关事项在 3 个月后仍未获宗主国政府处理，则推定获得核准（第 80 至 82 条）。另外，政务委员会首次享有立法提案权，而其成员亦有权要求总督就本省的施政做出解释，这为后来的咨询会和立法会奠定了制度性基础（第 70 及 71 条）。然而，政务委员会就总督执行职能方面的事宜所提出的意见，原则上并无约束力，但在某些情况下总督必须听取委员会的意见（第 44、77 及 78 条）。总督与政务委员会在意见上有分歧时，由中央政府听取殖民地委员会后解决有关争议（第 3 条、第 6 条第 2 附段及第 69 条）。同时，章程第 238 条规定所有应在澳门省实施的法律必须在《澳门政府宪报》上公布，否则不视为在当地生效。

　　总之，《澳门省组织章程》是最为全面完整的一个对澳门地区行政、财政、军事及市政组织及其运作界定详细的法规。该章程在 1920 年因应葡萄牙宪法修改而有所调整。是年 8 月 7 日第 1005 号法律赋予各殖民地高度自治，将原设的政务委员会分为"应有当地代表，以适应各殖民地发展"的议例局（Conselho Legislativo）和行政局（Conselho Executivo）两部分，增加了总督的立法权，但总督立法时必须咨询议例局的意见。同年 8 月 20 日颁布第 1022 号法律又对 1914 年第 277、278 号法律做出若干修改，引致 10 月 16 日第 7030 号法令的颁布，即修订 1917 年各殖民地组织章程。[①] 依此而形成的政治架构，基本具备行政、立法和司法组织，但很简单和松散。

---

　　① 参见吴志良《澳门政制》，澳门，澳门基金会，1995 年，第 51—52 页。

1920年,葡萄牙修改宪法。8月7日,葡萄牙第1005号法律首次将详细的海外政治行政章程引入宪法内,该法律废止1911年宪法第67条及第87条,取而代之的是以"葡萄牙殖民地"为标题的第五编。

该编共有六条。借本次修宪所制定的海外政治行政章程,赋予各殖民地本身的管理机关高度自治权。这些机关基本上有三个,包括总督、立法委员会(Conselho Legislativo,又称议例局)及行政委员会(Conselho Executivo,又称议政局)。而过往的政务委员会按职责划分成两个独立机关,其中立法委员会由澳督任主席,成员包括议事公局主席、一名市政议员代表、一名由30位纳税最多的人士选举的市民代表,再由总督委任两位华人代表。立法委员会为立法咨询机构,本身并无立法权,仅有立法动议权,目的在于"有当地代表参与,以配合各殖民地本身的发展"。简言之,第1005号法律这次革新只涉及海外殖民地的政治行政组织,而并不涉及基本权利。有关基本权利的事宜全部由共同适用的宪法所规范。其中,1920年11月19日第7151号命令重申此点,并赋予居住于葡萄牙殖民地的"欧洲人"及"当地人"同等权利。[①] 10月16日,葡萄牙政府又颁布第7030号命令,对1917年通过的各项组织章程进行必要的修改。其中,对1911年宪法的修订直接影响到规范海外殖民地组织的普通法例。故而此前同年8月20日第1022号法律亦对第277号及第278号法律做出若干修改,并促使政府将这两项法律合而为一。为此,其后公布的10月9日第7008号命令,通过了殖民地在民政及财政方面的新组织纲要。上述命令第3条规定,"按照每一殖民地的发展程度及特殊情况",为其制定新组织章程。然而,由于考虑到公布新组织章程需时甚久,故10月16日第7030号命令决定因应新的宪制秩序,仅对1917年通过的各项组织章程进行有直接需要的修改。在这些修改中尤应一提的是,对在当时每一殖民地设有的两个委员会规定新的组织方式。同时第7030号命令第2条规定,每一殖民地的行政委员会由总督、检察官、4名部门主管及一名由总督选任的委员组成。而立法委员会的组成则因殖民地而异。在澳门,立法委员会由行政委员会的所有成员(第3条)以及下列非官委成员组成(第

---

① [葡]萧伟华:《澳门宪法历史研究资料:1820—1974》,沈振耀、黄显辉译,第45—47页。

10条)：(1)议事会主席；(2)一名由议事会推选的议事会议员；(3)一名由30位纳税最多的人选出的市民；(4)两名由总督选任的华人社会代表。

该规定使得在澳门宪制史上首次有明文规定由当地居民选出一名省立法机关的成员。然而，此种选举的范围显然仍是很狭窄的。此外，第7030号命令存在着限制殖民地本身机关立法自治的趋势。该命令规定总督在提交法案予立法委员会前，必须将法案的内容及依据通知殖民地部部长，且"提前通知之时间必须是足以使总督接收到宗主国政府认为就有关事宜应作之任何指示"(第24条第1附段)。上述趋势在随后数年更为明显。最后，对于澳门政治行政组织的其他事宜，则仍继续适用前述第3520号命令的规定。①

1926年5月28日，葡萄牙共和国右翼军人高士达(Gomes da Costa)发动军事政变，他们解散国会，宣布政治党派为非法，对新闻进行审查，并严格控制工会。6月7日，建立第二共和国(1926—1974)，开启了长达8年的葡萄牙军事独裁时代(1926—1933)。与此同时，科英布拉大学前经济学教授、新任财政部长奥利维拉·萨拉查(António de Oliveira Salazar)很快在政府内部发挥巨大作用。②

"五二八"革命后，葡萄牙在立法及行政方面逐渐施行中央集权，导致需要通过管治殖民地的新组织纲要。为此，葡萄牙政府于10月2日颁布第12421号命令，其主要目的在于"使宗主国能更有效做出监管及监察"。该法规将立法委员会及行政委员会再次合并而成传统的政务委员会，其职责与1914年所规定的相近，"依现行法律规定，保障在殖民地居住的本国和外国公民的自由、人身安全和财产的权利(第2纲)"③。10月4日，葡萄牙第12499-C号命令通过并颁布《澳门殖民地组织章程》(Carta Orgânica da Colónia de Macau)。该章程为澳门第3份组织章程，共分5编117条。该章

---

① [葡]萧伟华：《澳门宪法历史研究资料：1820—1974》，沈振耀、黄显辉译，第47—49页。
② A. H. de Oliveira Marques, *História de Portugal*, pp.166-167；[澳]杰弗里·C.冈恩：《澳门史：1557—1999》，秦传安译，第162页。
③ [葡]萧伟华：《澳门宪法历史研究资料：1820—1974》，沈振耀、黄显辉译，第49—52页。

程再次确认澳门享有行政和财政自主权,同时规定澳门仍有两个政治机构:澳门总督与政务委员会。总督在殖民地部部长提名下由部长会议委任(第 7 条),直属殖民地部部长(第 13 条),主持政务委员会工作,行使行政和广泛的立法权。政务委员会具有咨询和决议双重职责,由官守、官委和选举的委员组成。总督与政务委员会的分歧,由殖民地部部长全权裁决(第 56 条第 2 款)。①

二、1933 年"新体制"与强化澳门管治

(一)"新体制"之前奏——《1930 年殖民地条例》

葡萄牙共和国政局一直动荡不安,造成海外殖民政策朝令夕改。1928 年,萨拉查出任财政部部长,开始掌握权力,整顿内政。1930 年,由于殖民地部部长与其意见相左,萨拉查干脆接管了殖民地部。之后,其采取措施加强葡萄牙中央政府对各殖民地的控制。②

6 月 8 日,葡萄牙第 18570 号命令通过《殖民地条例》(Acto Colonial),并废止 1928 年 3 月 24 日第 15241 号命令,而第 15241 号命令则曾取代生效时间甚短的殖民地部部长若奥·比路(João Belo)制定的殖民地管治纲要。一般认为《殖民地条例》的第 18570 号命令,代表着葡萄牙政府对海外殖民地进行新政改革的开始。这次改革的特点是政权明显集中于中央,殖民地的自治程度减弱。基于"葡萄牙国家组织的核心工作是履行历史职责,拥有海外地方及使之成为殖民地,并使当地居民成为文明人士"(第 2 条),殖民地条例致力于促进宗主国与所谓"葡萄牙殖民地帝国"间在道德及政治上更团结一致。此条例即将所有殖民地全部划入葡萄牙版图,澳门亦成为葡萄牙领土的一部分。③

(二)1933 年"新体制"的确立——《葡萄牙殖民地帝国组织章程》

1932 年,萨拉查出任部长会议主席,建立新政(Estado Novo),增强政治

---

① 〔葡〕萧伟华:《澳门宪法历史研究资料:1820—1974》,沈振耀、黄显辉译,第 52—53 页。
② 〔葡〕萧伟华:《澳门宪法历史研究资料:1820—1974》,沈振耀、黄显辉译,第 49—52 页。
③ 〔葡〕萧伟华:《澳门宪法历史研究资料:1820—1974》,沈振耀、黄显辉译,第 54—56 页。

警察的权力推行独裁统治。[①]

1933 年 4 月 11 日,葡萄牙第 22465 号法令重新公布了《殖民地条例》。11 月 15 日,萨拉查领导的葡萄牙政府的第 23228 号法令最终通过《葡萄牙殖民地帝国组织章程》(Carta Orgânica do Império Colonial Português),并于1934 年 1 月 1 日开始生效。同日,第 23229 号法令亦通过《海外行政改革法》(Reforma Administrativa Ultramarina)。葡萄牙在新政下所推行的殖民地改革,主张无须为每一个殖民地制定本身的组织章程,取而代之的应是制定单一的《葡萄牙殖民地帝国组织章程》。借此,希望强调各殖民地之间的团结及葡萄牙帝国的一体性。

该组织章程共 8 章 248 条,对殖民地内部管治的各方面的组织运作、中央(议会、政府、部长会议、殖民地部部长)与殖民地政府的关系做出详尽、系统、全面的规定。《海外行政改革法》第 9 条规定,殖民地部部长成为殖民政策的主要指导者和领导人,在殖民地高等委员会(Conselho Superior das Colónias)、殖民地总督联席会议(Conferência dos Governadores Coloniais)和葡萄牙殖民地帝国经济联席会议(Conferência Económica do Império Colonial Português)等咨询机构的协助下,代表中央政府对帝国殖民地行使除议会保留立法权之外的所有权力,俨然"总督的总督"。政务委员会则成为一个纯咨询机关,可向总督提出议案,但本身没有立法创制权(第76 条)。

该法规进一步加强中央集权,地方行政的权限受到很大的制约,从此形成了澳门现行市政区制度的基本框架。同时,该年通过的宪法肯定了《殖民地条例》的内容,在其后 20 年内,各殖民地都没有单独的组织章程,一概依《葡萄牙殖民地帝国组织章程》和《海外行政改革法》进行内部管理。这是继1783 年《王室制诰》后又一强化中央、总督权力的法令。[②] 其中,《葡萄牙殖民

---

① [葡]萧伟华:《澳门宪法历史研究资料:1820—1974》,沈振耀、黄显辉译,第 49—52 页。

② [葡]萧伟华:《澳门宪法历史研究资料:1820—1974》,沈振耀、黄显辉译,第 56—62 页。吴志良:《生存之道——论澳门政治制度与政治发展》,澳门,澳门成人教育学会,第 218 页。[美]查·爱·诺埃尔《葡萄牙史》第 391 页称:"1933 年葡萄牙承认了新的宪法,并根据这个宪法宣布为'新国家'。这个宪法所依据的社会学理论是把'团体'放在个人之上。最小的团体是家庭,只有一家之长有选举权,因而普选权被废除了。总统经直接选举选出,任期七年,政府部长由总统任命,并完全对总统负责。"由此可知,《葡萄牙殖民地帝国组织章程》《海外行政改革法》与葡萄牙宪法改革所体现的强化中央集权的政治理念一脉相承、相辅相成。

地帝国组织章程》在 1937 年曾进行若干细节性修改,随着 1945 年葡萄牙修宪,又于 1946 年被修订(5 月 29 日第 2016 号法律)。经此修订,殖民地部部长权力有所减少,其权力大多转交部长会议及其主席,或直接授予总督。①

1945 年 9 月 17 日,葡萄牙国会制定第 2009 号法律,对《一九三三年宪法》及《殖民地条例》进行修订,此修订亦使《帝国组织章程》翌年被 1946 年 5 月 29 日第 2016 号法律所修改。

1945 年—1946 年的修订所带来的主要改变在于海外殖民地的立法权限方面。首先,国会除过往已具有的专属立法权限外,现在更享有概括性的立法权限,可以就"宗主国与所有殖民地或某些殖民地有共同利益的事宜"做出规范,而政府亦具有此立法权限。然而,国会制定的法律在海外殖民地的适用仍然取决于殖民地部部长做出的规定,载明该法律必须在殖民地的《澳门政府宪报》上公布。其次,由于扩大了国会的立法权,殖民地部部长不再拥有专属权限,仅就某些事宜具有"本身立法权限",其若干权力转移予部长会议及会议主席。再次,殖民地部部长有权给予总督立法许可,让其就公务员的薪俸立法,并设立收取薪俸的职位及扩大人员编制;同时,土著制度不适用于澳门,此点巩固了在澳门适用关于个人权利方面的共同宪法规定。②

自 1930 年《殖民地条例》颁布后,葡萄牙对澳门的管治体制大体确定。其后,1933 年 4 月 11 日第 22465 号法令重新公布了该条例,最终颁布《葡萄牙殖民地帝国组织章程》(Carta Orgânica do Império Colonial Português,11 月 15 日第 23228 号法令)。1945—1946 年间又针对葡萄牙海外殖民地立法权限进行修订,但并无实质性的改动。其效力一直延伸至 1955 年《澳门省章程》出台为止。

三、澳葡政府的架构及其演变

1820 年,葡萄牙君主立宪革命胜利后,政府历次颁布的宪法,都把澳门列为葡萄牙的领土。1838 年宪法还规定了海外省管理的一些原则。1844 年,葡萄牙中央政府将澳门与帝汶、索洛尔从葡印总督的管辖下脱离出来,单

---

① 吴志良:《澳门政制》,第 54 页。
② 〔葡〕萧伟华:《澳门宪法历史研究资料:1820—1974》,沈振耀、黄显辉译,第 63—64 页。

列一省。从此开始,澳葡政府的殖民架构就逐渐形成。

从 1844 年开始,葡萄牙中央政府针对澳门颁布了一系列组织章程,如果说 1844 年 9 月 20 日法令是为澳门颁布的第一个组织章程,那么,1917 年 11 月 5 日根据《海外省民政组织法》通过的《澳门省组织章程》(Carta Orgânica da Província de Macau)则为第二个,亦是最为全面完整的一个,对殖民地政治、行政、财政、军事和市政组织及其运作规定甚详。

根据 1917 年《澳门省组织章程》,葡萄牙殖民地有两个本身的机关——总督和政务委员会。总督按照法律和公共利益管理澳门,依宪法和法律规定委任,任期一般为 5 年,然后可以每 2 年续一期;若期满前 2 个月未接续任通知,则意味着期满离职(第 30、31、32 条)。

总督直属殖民地部部长,并从民事和刑事上对自己的行为负责,但其在任期间的民事、商事和刑事诉讼只能由里斯本法区受理(第 36、37 条)。总督是殖民地的最高民事和军事权威(第 41 条),代表中央政府(第 42 条),拥有行政权、军事权、财政权和立法权(第 43、45、46 和 47 条)。其立法以训令形式为之(第 48 条)。

政务委员会是"总督之后首要和主要管理机关,依法密切协同总督运作"。政务委员会由公务员成员和非公务员成员两部分组成,前者包括总督、政府秘书长、检察官、卫生厅长、工务厅长、财政厅长、海事厅长和军事厅长,主要职责是对需要讨论和解决的问题提出技术性的意见和说明,令拟采取的行动符合行政传统和规范;后者包括澳门市政厅所有葡裔或加入葡籍的议员以及由总督在葡人或加入葡籍超过 5 年、居澳 8 年以上且能读写葡萄牙语的人士中挑选出来的 2 位华人社会代表,以推动和维护居民的合法权益,表达其意见(第 55 条)。由此可见,本地利益虽未受足够重视,但开始获得照顾。

虽然《海外省民政组织法》赋予总督一般立法权,可以对"殖民地有关的所有事项进行立法"(第 14 纲第 4 项),但新的《澳门省组织章程》规定总督只能就地区行政划分、公务员编制及其权利、货币和税收制度等进行立法(第 47 条),涉及市民权利义务、司法组织、公共工程、举债等领域的事项,则属政务委员会的决议权限,即使如此,许多决议亦须先报中央政府批准方可执行(第 80、81 条)。

政务委员会不仅是咨询机关,已带有官方立法会的功能,开始与总督互相制衡。政务委员会首次有立法动议权,并可以要求总督解释有关政府管理问题(第 70、71 条)。总督需经政务委员会赞成才能立法,在施行某些政策时,亦必须听取政务委员会的意见,但这些有关总督行政权的意见并不具约束力(第 44、77、78 条)。若政务委员会冒犯最高权威或其他权力机关,不服从这些机关的决定或法律,或对本身的工作漠不关心、热情不高,总督可以向中央政府提议解散其中非公务员成员,进行重新选举(第 77 条)。总督与政务委员会产生纷争时,由中央政府经听取殖民地委员会意见后进行裁决(第 3、6、69 条)。

1920 年,葡萄牙修改宪法,赋予各殖民地高度的自治(8 月 7 日第 1005 号法律)。殖民地有三个自我管治机构——总督、立法委员会(Conselho Legislativo,时称议例局)和行政委员会(Conselho Executivo,时称议政局),将原有的政务委员会一分为二,且较前有所进步——立法会"应有当地代表,以适应各殖民地的发展"(第 3 条第 1 款)。根据新法律葡萄牙议会只保留殖民地司法组织、国际交往和协议以及其他涉及国家主权事项的立法权,其余立法权皆由中央政府依殖民地一般法律或各殖民地政府依相关特别法律的规定行使(第 3 条),总督的立法权大大增加。

根据这次宪法修改的规定,澳葡政府拥有了更多的自治权。主要表现在政府机构的变化上:政府由原来的总督与政务委员会构成变为由总督、行政委员会和立法委员会构成。

行政委员会由总督、检察院代表各一人,总督每年委任的 4 位政府部门首长和另一位成员组成(第 2 条),总计 7 人。

行政委员会中的 7 名成员同时为立法委员会议员,他们是立法委员会中的当然成员,又可称为官守议员。此外,立法委员会还包括下列非官委议员 5 人(第 10 条):

(1) 议事会主席;

(2) 一名由议事会推选的议事会议员;

(3) 一名由 30 位纳税最多的人选出的市民;

(4) 两名由总督选任的华人社会代表。

立法委员会共有成员 12 人。

总督拥有较大的权力,然而总督立法时必须咨询立法委员会的意见,若立法委员会反对,中央政府可依"公共行政紧急和不可迟缓的情况的需要"免除立法委员会的意见,但此一免除事后要交议会查核。无论在何种情形下,殖民地各自我管理机构的立法均须接受中央政府指导、监督和核准。

1926 年,葡萄牙再次修改有关管治殖民地的法例(10 月 2 日第 12421 号法令),使得殖民地管治法例更为系统化,以改善"殖民地行政财政管理混乱的状况"(法令引言)。与此同时,葡萄牙当局通过《澳门殖民地组织章程》,该章程将政务委员会和立法委员会合二为一,恢复了政务委员会。根据新章程,澳门有两个政治机关——总督和政务委员会。总督在殖民地部部长提名下由部长会议委任(第 7 条),直属殖民地部部长(第 13 条),主持政务委员会工作。政务委员会具有决议和咨询的职责,由当然成员、委任成员和选举产生成员三部分组成(第 32 条)。

当然成员为政府官员,即官守成员包括民政厅长、检察官、工务厅长和财政厅长(第 42 条)。委任和选举的成员为非公务员委员,人数必须相同(第 33 条),其中选举的成员包括市政厅互选的一位议员代表、居民直接选举的一位代表以及澳门商会推选的一位代表(第 43 条)。引入直选机制,是该章程的首创。

无论是委任抑或选举产生的委员,任期均为 2 年,可连任或再次当选。殖民地部部长有权在法律规定的特殊情况下,并经总督提议,解散选举产生的委员。

总督行使行政立法权(第 19 条)。一般情况下,总督经咨询政务委员会意见便可立法(第 25 条),重要立法则由政务委员会进行(第 70 条)。政务委员会一年有两个会期(第 52 条),非官守成员均有立法创制权,亦可质询总督的施政(第 57、58 条)。总督与政务委员会的分歧,由殖民地部部长自由裁决(第 56 条第 2 款)。机构中有直接选举产生的委员,这是一种新现象。但是,在全部委员中,只有商会的一名委员由华人出任,他只是澳葡殖民政权的一种点缀了,不可能为占澳门人口绝大多数的华人争取到任何权利。总之,在这一时期,华人处于无权状态。

1930年,葡萄牙政府颁布《殖民地法案》。1933年的宪法肯定了《殖民地法案》的内容,只要求依照宪法规定修改后重新颁布(第132条)。次年1月1日生效的组织章程对殖民地内部管治的各方面的组织运作、中央(议会、政府、部长会议、殖民地部部长)与殖民地政府的关系做出详尽、系统、全面的规定。在其后20年内,各殖民地都没有单独的组织章程,全部依照《葡萄牙殖民地帝国组织章程》和《海外行政改革法》进行内部管理。殖民地部部长成为"殖民政策的主要指导者和领导人"(第9条),代表中央政府对帝国殖民地行使除议会保留立法权之外的所有权力。

政务委员会变为一个纯粹的咨询机构,每年仅有一个为期30天的会期(第72条),但有一个常设小组,由检察官、财政厅长和总督挑选的一位政务委员组成(第80、81条)。政务委员会可以向总督提出议案,但本身没有立法创制权(第76条)。总督立法和制定重大行政措施时,必须咨询政务委员会的意见,两者在立法事务上有分歧时,由殖民地部部长裁决;在行政措施上有分歧时,总督可以不接受政务委员会的意见,但须将有关决定知会殖民地部部长(第39、45条)。

政务委员会仍分为三个部分:官守四位、非官守委任和选举各两位成员组成(第54条)。总督委任政务委员时,需要照顾到市政组织、工商业、农业和工人团体的提名(第52条第1款);选举政务委员要在经济团体内进行,若没有经济团体,则在纳税最多的人士中推选,参选人数最多40人(第61条)。

从一系列的章程与法案来看,澳葡当局的政权机构是以总督为中心的集权体制。在这种体制下,虽然有立法委员会和政务委员会等机构对总督权力进行某种程度上的制约,但是仍然呈现出总督权力独大的局面。而这种政权的主要职能是为远在欧洲的葡萄牙中央政府服务。

为明确四次章程的颁布对澳葡政府架构建设的影响,可以以表格的形式来看澳葡政府架构的演变(见表1-1)。从表格可以看出,政务委员会(其中1920—1926年间分为立法会和行政会)的职权不断萎缩,由1917年的"协同总督运作"沦为1933年的"咨询机构",而代表葡萄牙中央政府利益的澳葡总督职权则不断膨胀,反映出这一阶段葡萄牙中央集权趋势的加强。

表 1－1 澳葡政府架构演变表(1917—1949)

	机 构	组 成	职 能	运 作	产生方式
1917年《澳门省组织章程》	总督	总督	拥有行政权、军事权、财权和立法权	直属殖民地部部长，从民事和刑事上对自己的行为负责。总督经政务委员会帮助才能立法，在施行某些政策时，亦必须听取政务委员会的意见，但这些有关总督行政权的意见并不具约束力	中央任命，任期一般为5年，后可每2年续一期；若期满前2个月未接续任通知，则表示期满离职
	政务委员会（1920年分为立法会与行政会）	由公务员成员和非公务员成员两部分组成	总督之后首要和主要管理机关，政务委员会不仅是咨询机关。公务官成员主要职责是对技术性的意见和解决的意见，令政府采取的行动符合行政传统和规范，非公务员主要职责是表达民众诉求，推动和维护居民的合法权益	依法密切协同总督运作。若政务委员会犯其最高权力机关，不服从这些机关的决定或违法律，或对本身的工作漠不关心，热情不高，总督可以向中央政府提议，进行重新解散其非公务员成员，产生新合选举。总督，由中央政府经听取政务委员会意见后进行裁决	公务员成员包括总督、政府秘书长、检察官、卫生厅长、工务厅长、财政厅长、海事和军事厅长；非公务员成员来自包括澳门市政府的议员以及由总督在葡商或加入人葡籍的议员中提名，居澳8年以上能读写葡语的人挑选出来的2位华人代表
1920年法令	总督	总督	同1917年相比，除立法权大大增强之外，其余没有变化	总督的立法权却受到诸多限制，若立法委员会前，则需提前足够的时间向海外部长解释有关依据，以便接受中央政府的适当指示	中央任命，直属殖民地部部长，任期应为遵从《澳门省组织章程》之规定
	立法会	12人	监督总督立法	总督立法时必须咨询立法委员会的意见，若立法委员会反对，中央立法委员会和不可迟缓的"公共行政紧急需要"，政府可依"公共行政紧急需要"的情况提出意见，但此一免除有关立法会的意见。无论在何种情况下，殖民地各自我管理机构的立法均须中央政府核准和核准	总督、检察院代表、总督委任的四位政府部门议事成员及其他成员，议事会主席为纳税最多的市民及总督挑选的两名代表
	行政会	7人	具体不详	具体不详	总督、检察院代表、总督委任的四位政府部门及一名其他成员

机　构	组　成	职　能	运　作	产生方式
1926年《澳门殖民地组织章程》 总督	总督	主持政务委员会工作,具有行政立法权	一般情况下,总督经咨询政务委员会意见便可立法、重要立法则由政务委员会进行	总督在殖民地部部长提名下由部长、直属殖民地部部长,任期5年,可续期,参1917年规定
政务委员会(由立法与行政委员会合并来)	当然成员,委任成员和选举产生员	具有决议和咨询的职责,同时具有保障在殖民地的本国居住、外国公民的自由、人身安全和财产的权力	政务委员会一年有两个会期(第52条),非官守质询与立法创制权,总督与政务委员会的分歧,由殖民地部部长自由裁决	当然成员(又称官守成员,包括民政厅厅长、检察官、公务厅长和财政厅长)、委任成员与选举成员相同。选举成员中必须包括一位居民直接选举会议事代表,一位澳门商会推选的代表
1933年《葡萄牙殖民地殖民帝国组织章程》 殖民地部部长		殖民政策的主要指导者和领导者,代表中央政府行使立法权之外的所有权力	在殖民地高等委员会、殖民地总督和葡萄牙殖民机构的协助下,代表中央政府对殖民地保留立法权	
总督	总督	主持政务委员会工作	总督立法和制定重大行政措施时,必须咨询政务委员会的意见,两者意见相左时,由殖民地部部长裁决;在行政措施上有分歧的,总督可以不接受政务委员会的意见,但要将有关决定告知殖民地部部长	总督在殖民地部部长提名下由部长、直属殖民地部部长,任期5年,可续期,参1926年规定
政务委员会	8人	纯咨询机构,可以提出议案,但是没有立法创制权	每年仅有一个为期30天的会期,但有一个常设小组	官守四位,非官守委任和选举各两位

第二节 华人社会的管治

一、澳葡政府沿用晚清形成的华人社会管治措施

1842 年,中、英两国签订《南京条约》,这是近代中国与外国之间签订的第一个不平等条约。条约签订之后,香港被割让给英国。香港的开埠,对澳门的生存构成巨大的威胁。澳葡法官巴斯托斯称:"在距澳城咫尺之处同意香港开埠,对澳门来讲,无异于致命一击。国人、外人、华人一致认为,对葡萄牙人而言,澳门的贸易、公共收入、海关等等的结束指日可待。"①为此,澳葡政府希望通过谈判的方式,请求清政府在香港开埠的情形下给予澳门一些特权。

实际上,早在《南京条约》签订之前,葡萄牙人就已经意识到清政府割让香港给英国人会对澳门形成威胁,故在 1841 年 2 月 10 日,澳葡政府与广东地方政府在澳门莲峰庙举行会议。出席会谈的中方官员有高廉道易中孚、澳门同知谢牧之、香山县丞张裕,葡方官员有议事会轮值理事官卡埃斯特旺·内罗(Bernardo Estêvão Carneiro)、前任理事官维森特·佐治、翻译玛尔丁略·玛吉士(José Martinho Marques)及公陆霜(João Rodrigues Gonçalves)。双方就清政府割让香港及澳门自由贸易等问题进行了一次长达两小时的会谈。会上,佐治说了一大堆道理,使易中孚等中国官员明白香港的出让有可能为中华帝国带来的恶果。易中孚问道:鉴于香港岛已出让给英人,有何办法挽救这一切? 佐治说:"唯一行之有效的办法是当机立断,减低货物进出口税:将额定船只提高至 50 只;豁免船钞;自由贸易。这样可将贸易吸引至本澳。因为只有此方法才能将其他外国人吸引至此。所以,只要香港没有贸易,华人不会涌去,古老的风俗不会蜕变,帝国税收不会减少,华人仍可像 300 年以来一样,在澳门安居乐业。葡萄牙人守葡萄牙人的法律,华人循中

---

① 澳门法官 1841 年 1 月 21 日、澳督 1 月 18 日致海事海外部部长公函,转引自萨安东 (António Vasconcelos de Saldanha)《葡萄牙在华外交政策:1841—1854》,金国平译,澳门,葡中关系研究中心、澳门基金会,1997 年,第 4 页。

国的章法。香港则与之不同,英国人业已声明,凡是迁居香港者将从英国法律。从另一方面说,如果香港这一居留地繁荣起来,它会导致他国步英人之后尘,在中国寻找一据点。由于他们轻而易举如愿以偿,很快会寻找各种借口。不用多久,欧洲列强将在中国拥有它们各自的居留地。并不是他们有此需要,完全是为了面子,英国人有,他们也要有。华人既然答应了英国人,也将被迫满足其他国家。若中国境内有欧洲各国的居留地,一旦欧洲发生战事,他们定会互争中国境内的居留地,依此而论,中华帝国将永远无法摆脱连绵不断的战争与动荡。但若澳门繁荣起来则不会发生这样的事情,因为澳门是历史悠久的居留地。一旦澳门繁荣起来,香港肯定会衰落。其他欧洲国家不可能对此产生嫉妒"。佐治尽力说服易中孚等中方官员,使他们相信阻止或完全抵消英国已获之优势的必要性。① 此次会议并无实质性结果,但从中可以看出澳葡政府对于香港开埠的担忧,澳葡政府企图趁此机会获取更多优惠待遇的野心亦昭然若揭。

1843 年 3 月,葡萄牙海事及海外部向澳葡总督下达指令,要求澳葡政府力争获得下列"特许权":

1. 将领土出让至前山寨,甚至,或至少扩至莲花茎的尽头。

2. 随着地界的扩展,在中国官吏撤退后,上述地区,联同澳门,将被视为完全葡萄牙领土,……对那里的华人居民进行管辖。将由居民中的长者推举出保甲长隶属于议事亭理事官。遇有重大案件时,则由理事官备文,将犯人(未归化葡籍者)送交中国官吏。

3. 如同英国人做到的那样,与中国官吏文书往来中采取完全平等的格式,停止使用申请这样的不光彩的格式。

4. 澳门港同享香港港取得的一切优惠。一般来讲,葡萄牙作为与中国友谊最长、始终不渝的朋友应为最惠国。②

7月 29 日,澳门议事会经过反复讨论,以上述指令为基础,向钦差大臣耆英提出著名的"议事会九请",概括起来包括三个层面的内容:① 领土地位

---

① 萨安东:《葡萄牙在华外交政策:1841—1854》,金国平译,第5—6页。
② 萨安东:《葡萄牙在华外交政策:1841—1854》,金国平译,第14页。

问题——以豁免地租及领土界限的扩展与确定为其核心。② 葡萄牙王室在与中华帝国正式关系中的尊严问题，其中包括与中国当局正式函件往来的格式及对女王有权派一代表确认所订条约的权利。③ 澳门商业生存的问题。其目的是获得与香港同等的待遇，在澳门行使主权。①

对于澳葡的要求，清政府"酌情"给予了一些商业上的优惠，但对于地租减免、领土拓展和自由贸易却予以拒绝。对此，澳葡"言语依违，未肯遽遵"，因为主权问题、澳门的"地位"问题仍未解决。谈判未得，葡萄牙人采取了强硬办法，祈望在行动上造成"既成事实"。1845 年 11 月 20 日，葡萄牙女王玛丽亚二世悍然宣布澳门为自由港，并发布 11 条敕令，允许自由贸易，除禁止进口棉花、弹药、燃烧混合物、黑色火药、各种级别的烟叶、鼻烟、肥皂及烟草等货物，其他货物一概可以自由进出澳门港，完全免进口税。与此同时，澳葡还开始了抢占领土的尝试，在望厦，"道光八年夷人开掘马路，经绅士赵允龄等察蒙前县宪季，详奉督宪李，抚宪成委员查勘，出示禁止。嗣后，廿三、廿七、八、九等年，屡次编号竖界，勒收地租"②。

1846 年 4 月，被葡萄牙政府认为"行政管理知识更加丰富、性格更加刚强、不易受人左右"的亚马留（João Maria Ferreira do Amaral）出任澳葡总督。在葡萄牙政府给亚马留的指令中，虽然"中国海关问题、取消中华帝国在澳门的管辖、领土扩展、取消泊费、占有潭仔等问题均被略去"③，但亚马留却被授予全权处理澳门问题的特权，其目标是加快澳门的"政治自主进程"，把澳门建成"一块重新改建的居留地"，——澳门的葡人管治时代已经来临。

亚马留"改革"澳门的现状，推行其殖民地计划。在亚马留的"努力"下，澳门变为葡萄牙的殖民管辖地。而亚马留也因其疯狂的"侵略"行径而被澳门华人志士沈志亮等人所截杀。其后，亚马留的继任者通过以下手段逐步侵夺对澳门的管辖权：行政方面，侵夺对澳门华人的管辖权；土地方面，肆意掠夺中国领土，扩展葡萄牙人居住区域；税收方面，捣毁粤海关关部行台，破坏中国政府对澳门华人的征税管理，澳葡政府替代中国政府向澳门华人征收土

---

① 萨安东：《葡萄牙在华外交政策：1841—1854》，金国平译，第 37 页。

② 苑书义、孙华峰、李秉新主编：《张之洞全集》卷 93《公牍》8《照会驻澳西洋罗大臣勿越界收税》，石家庄，河北人民出版社，1998 年。

③ 萨安东：《葡萄牙在华外交政策：1841—1854》，金国平译，第 83 页。

地税、商业税。至 1887 年 12 月,《中葡和好通商条约》的签订,葡人终于可以"永居管理"澳门,彻底获得了管治包括华人在内的澳门地区之权力。

晚清时期,澳葡政府加强对澳门华人管理,采取的具体措施包括:

1. 设立专门管理机构。1845 年 7 月 27 日,葡萄牙国王颁令将理事官衙署并入政府办公室。[①] 理事官衙署并入政府办公室后,原理事官改为"管理华人事务官",其办公处称之为"华政衙门"。1847 年 3 月 27 日,澳督亚马留发布命令,将华政衙门从议事公局转入里斯本政府秘书处的执掌之下,也就是说,转由总督控制。这一措施立即获里斯本政府认可,亚马留的意图因此得逞:议事公局成员排除在"华务"处理之外,禁止议事公局召开会议及"在华务问题上将议事公局的华政衙门置于政府秘书处之下。它仅在纯粹市政事务上对议事公局负责"[②]。从此,华政衙门作为总督管辖之下的一个管理澳门华人的机构正式开始运作。与此同时,因澳门华人不识葡文的情况,《澳门宪报》刊出中文版。1879 年 2 月 6 日,考虑到澳门并澳门所属之地华民,庶乎均不识西洋文字,澳门宪报刊印官出军令札谕章程各事,凡是不翻译华字,则华人不得而知。近澳之英国属地香港,凡有印出宪报,皆译华字,以所属华人得知。是以澳督札谕第 25 号决定:"自今以后,澳门宪报要用大西洋及中国二样文字颁行,由翻译官公所译华文校对办理,并正翻译官画押为凭。"[③]

2. 尊重华人风俗。1862 年 11 月 26 日,澳葡政府颁布法令,华人的遗产在已归葡萄牙籍人所有时,要依照华人风俗习惯办理,要按照遗产赠予人届时提出的请求行事。[④] 1869 年 11 月 18 日,葡萄牙海外省事务部决定将《民事法典》延伸到殖民地。其中第 8 条规定:"中国人的风俗习惯须在华人事务检察官权限中予以重视。"该部明文规定保留华人的风俗习惯的法令刊登在 1870 年第 3 期《政府公报》上。[⑤] 1879 年 5 月 6 日,先是有入葡籍之华人联名

---

① 叶士朋(António Manuel Hespanha):《澳门法制史概论》,周艳平、张永春译,澳门基金会,1996 年,第 51 页。

② 澳督亚马留 1847 年 4 月 22 日及 1849 年 1 月 22 日致海事及海外部公函,1847 年 8 月 22 日敕令,转引自萨安东《葡萄牙在华外交政策:1841—1854》,金国平译,第 104 页。

③ 《澳门政府宪报》(1879 年 2 月 8 日第 6 号)。

④ [葡]施白蒂(Beatriz Basto da Silva):《澳门编年史:十九世纪》,姚京明译,第 149 页。

⑤ [葡]施白蒂:《澳门编年史:十九世纪》,姚京明译,第 176—177 页。叶士朋:《澳门法制史概论》,周艳平、张永春译,第 56 页。

禀求葡萄牙政府，华人身后所遗物业，照华人风俗事例而行。澳葡总督据情奏请，于是日得接部文，称已获批准。其后，华人入大西洋籍，在澳门居住者，所遗物业应照华人风俗事例办理，唯如有入籍时或入籍后，有禀求将所遗物业要照大西洋律例办理者，方照大西洋律例而行。[①] 1909 年 6 月 17 日，葡萄牙国王根据澳门华人的请求，谕旨批准施行《澳门华人习俗之条例》，包括专属于澳门华人通行之习俗照常准行。其中，主要规定如下：

> 在婚姻方面，凡系奉教华民，其嫁娶遵照教例而行。华人男女结婚，照中国教礼仪而行，悉与本国律例所准奉教人及民律例所准结婚者平等无异。在财产方面，家庭财产支配及管理物业之权，概由丈夫掌管，女子体己名下物业首饰等，不在此例。在人身关系方面，妻室有下列各情事，可禀官判断，与妻异居：妻室有犯奸情事；成婚已过三十五年无生育；凌辱丈夫；有传染之疯疾；或好说是非或偷盗或嫉妒。凡有夫妻离异或异居情事，所有子女均归丈夫。丈夫既娶正室，可以立妾。妾所生子女，与正室所生子女一体无异。在继承方面，华人无子者，应立一子承继，并须在华政衙门立案或立契。凡被取立嗣之子，即离其本身之父母，而于所承嗣之父母则全然有亲生子之权利，对于教例律例俱与生子无异。父母死后，惟其子得以均分其遗下之产业。长子应分照次子所得者之二份。若长子已故，则归长子所生之子。未嫁女子不得分产，惟应照次子所得者之四份一，送给以为赠嫁之资。未分家之前，先将产业划出十分之一留为公产，以为祭扫之用。其在挂号房注册，亦应用公家名号。此公产应归长子管，或有缘故不应归长子管理，则于各子公举一人管理。华人到二十岁，便算成为大人，系照中国年岁计。到十七岁，可以禀官，准其管理自己产业。[②]

3. 吸纳华商加入一些澳葡政府机构。随着华人数量增多，华商的崛起以及澳门的经济命脉完全由华人掌握，澳门华商的社会地位大大提升，澳葡政

---

① 《澳门政府宪报》，1879 年 5 月 10 日第 19 号。

② 《澳门政府宪报》，1909 年 9 月 4 日第 36 号。叶士朋：《澳门法制史概论》，周艳平、张永春译，第 56—57 页。

府对华商的依赖程度也日益增强,必须通过听取华人的意见和建议来改善对华人及其商业的管理,以至于直接引进华商领袖参与对一些商业或与华人相关事务的管理,也逐步成为澳葡政府主要官员的共识。自1869年开始,澳葡政府开始吸收澳门华人精英进入澳葡政府。华人精英直接参与澳门的政治生活,应该是从氹仔、过路湾两处公局开始的。大约在1879年前后,澳葡政府在氹仔、过路湾设立公局,该局主要负责管理氹仔、过路湾的市政事务,并对氹仔、过路湾政务厅负责,其行政隶属关系及负责人(值事)的产生程序如下:

> 该公局以政务厅为局首,另有耆老绅衿二人为值事,此二人系由该村众人公举,经大宪批准充当。此值事二人,内以一人为管银库,除有几项应支之外,其余使费任由该公局商议支用。该政务厅不过于议论时,出其意见,如他位值事无异。①

在现存《澳门宪报》中文资料中,最早出现由华商出任氹仔、过路湾公局值事,是在1879年12月27日葡澳总督发布的公告上:

> 据氹仔、过路湾政务厅呈举氹仔、过路湾分局值事人名单前来,本大臣按照西纪一千八百六十九年十二月初一日上谕第七十二款第三附款,照该呈上人名单次第,拣着李志、杜妙二人为氹仔、过路湾公局值事,于一千八百八十年照例办理该处街坊事务。②

根据澳葡政府1879年5月8日公布的条例,在当年12月,澳门重新拣选一名民委官(从民间选出来的官员)进入澳葡政府,并且是"邀请所有近日填册各民人集众在议事亭,投名拣选民委官"。也就是说,澳门的华人在1879年的时候已经获得推选一名"民委官"的权利——政府官员选举权的获得,是城市居民参与政治生活的基本象征。③ 1880年之后,吸收华人精英参

---

① 《澳门政府宪报》,1879年12月3日,第50号。
② 《澳门政府宪报》,1879年12月27日,第52号。
③ 《澳门政府宪报》,1879年12月3日,第50号。

政成为澳葡政府的一个固定模式,几乎每年都会有华人担任氹仔、路环公局值事和替理。①

与此同时,一些知名华商已获准进入澳葡政府的财政与商业管理机构,参与相关的决策与管理工作。

表 1-2 澳门华商加入澳葡政府机构名录

年　　份	公钞局正会员	公钞局副会员	理商局职员	商务局会员
1880 年	何贵			
1894 年	卢九、陈西满	曹善业、陈明瑞	何连旺、卢九、曹善业	
1895 年	曹善业、吕寿	卢九、陈西满		
1896 年	卢九、曹善业	林莲、和隆		卢九、杨联、林五
1897 年				曹善业、卢九、杨联、林五
1898 年				曹善业
1903 年	王棣、若坚罗	柯六、萧登		
1904 年	曹善业、卢九	柯六、卢光裕		
1905 年	柯六、萧登	蔡康、李弼		
1906 年	林莲、李弼	卢光裕、卢光灿		
1908 年	蔡康、萧登	卢光裕、李弼		
1909 年	叶侣珊、卢光灿	林莲、李弼		
1910 年	蔡康	赵立夫、柯六		
1911 年	柯六、若坚罗	赵立夫、李镜荃		
1912 年	赵立夫	蔡康、李弼		

资料来源:《澳葡政府宪报》当年公钞局公告及林广志《晚清澳门华商与华人社会研究》(第149页)。

此外,纳钞至多的华商还具备资格参加澳葡政府稽数局局员的选举。

……准行本澳稽数公会暂立之章程第二款事理,特邀本澳输纳公钞最多者四十人,准于西本年(1897)十二月初五日,即华本年十一月十二

---

① 参见林广志《晚清澳门华商与华人社会研究》,中国古代史博士论文,暨南大学,2005年,第148页。

日十二点钟赴议事公局齐集,遵依上谕第一百二十四款之附款一及该章
程第一款之附款一,公举数人充当本澳稽数局员,所举之人必须按照上
谕一百二十八款堪为御使者方可。①

自晚清以来,澳门华人逐渐掌握了澳门的经济命脉,澳葡政府庞大的财
政开支需要依靠华商才得以保障,因此,澳葡政府特别注意对于华人的尊重
以及在政策上寻求与华人的沟通互动,进而邀请华人精英加入政府队伍。

至民国时期,澳葡政府不但沿用了晚清形成的办法,而且,还以法律形式
规定了华人在政府机构中的地位。1912 年 7 月 13 日,《澳葡政府宪报》第 3
号增刊上提出澳门行政重组方案,提出在辅政司下设立警察处,政府委员会
由 9 名公务员委员和 9 名非公务员委员组成,其中官委 4 名华人代表。②
1917 年《澳门省组织章程》中亦规定政务委员中包括有两名总督挑选的华人
代表,1920 年第 7030 号法令中亦规定政务立法委员会中须有两名华人代
表。1926 年《澳门殖民地组织章程》进一步规定政务委员会中须有一位澳门
商会推选出的代表。③

澳葡政府借助这种方式,将澳门华人纳入其管治之下,使华人更好地为
其服务。

在澳葡政府的极力拉拢之下,澳门华商对于澳葡政府也是投桃报李。自
晚清以来,华商凭借自身的经济实力和社会影响,向澳葡政府建言献策,以求
对市政、商业管理和改善华人事务做出贡献。1868 年,氹仔华商中的头面人
物上书政府,要求为他们配备路灯,费用可由华商负担;④1880 年 6 月,澳门
华商认为应该修改葡国商法,并向总督说明理由。⑤ 在澳门面临重大危机的
时候,华商领袖通常能够与澳葡政府官员、葡人名流一道,共同讨论问题,商
讨解决危机及挽救澳门之良策。1909 年 5 月,在中葡就勘界问题争论不休、

① 《澳门政府宪报》,1897 年 11 月 30 日,第 46 号。
② 《澳门政府宪报》1912 年 7 月 13 日第 3 号,转引自[葡]施白蒂《澳门编年史:二十世纪
(1900—1949)》,金国平译,第 64 页。[葡]卡洛斯・高美士・贝萨:《澳门与共和体制在中国的建立》
附件 11,第 108—120 页。
③ 吴志良:《澳门政制》,第 51—53 页。
④ [葡]施白蒂:《澳门编年史:十九世纪》,姚京明译,第 173 页。
⑤ [葡]施白蒂:《澳门编年史:十九世纪》,姚京明译,第 219 页。

华商迁离、澳门市道萧条的情况下，"十二日礼拜六，澳门绅商大会议于公物会，华人到者十余人，葡人到者百余。以律师布那刺士高为主席，前头等翻译官伯多禄为宣布员，华商萧瀛洲为华商代表，律师文道为居澳葡人代表"。会议就中葡勘界、香洲开埠所致澳门面临的危机等问题进行了讨论，并形成了五项建议：一、电请政府速饬划界大臣起程来澳；二、电请政府授全权与澳督，办理政治，一切章程便宜施行，不为遥制；三、电请将广澳铁路事速行办法；四、电请将西一千九百零四年在上海所立之约从速批准互换；五、电请准澳门立即兴工浚筑内河。对上述五项影响澳门前途的重大举措，与会华、葡绅商认为应立即行动，向葡萄牙王室禀请，"旋即筹集电费约四五百金，拟日间发电与葡京相臣，兼请其分送各部院从速定议"①。澳督对于华商亦持一种友善的态度，对于华商领袖人物的建议或意见，也多能择善而从。1909 年 4 月间，澳门沙梨头、三巴门与下环街一带，瘟疫流行，当时华人在香山湾仔设厂棚留养病人，澳督则认为病人渡海，多有不便，乃与镜湖医院值理商议，把厂棚改设于莲峰山，让病人就近向医。这本来是件有益于病人的好事，但新问题又出现了：

> 医院董事等遂派定华医六人，专司其事。葡医等察诸葡督，欲干预其事，萧商瀛洲请诸葡督云：华人宜用华医，始可安病人之心。如原人自欲西医者，始可归其调理。督以萧言为是，遂不准葡医之请。

澳门总督此番体恤华人，尊重华商与华俗，颇得民心，当时之《华字日报》对此赞誉不已："今之澳督亦可谓善体民情矣"。②

1936 年，澳葡政府公布一份"可以验证社会与权力机构之间的关系"的 30 位澳门工商、行政、社会及文化界的关键人物名单。他们是中华总商会会长、镜湖医院院长、同善堂值理会主席、圣善学校校长、粤华学校校长及昌盛烟草公司、昌明火柴公司、岐关运输公司、先施百货公司、广兴隆爆竹厂、陈联馨香厂、中山制冰厂、一家腌鱼厂等。名单还特别提到前政务委员会委员、前

---

① 《华字日报》，1909 年 5 月 4 日。
② 《华字日报》，1909 年 5 月 4 日。

中国驻伦敦公使刘玉麟博士。[①]

二、华人社会的自治:从镜湖医院到中华总商会

晚清至民国时期,由于澳门华人身处澳葡政府的管治之下,在多元文化交融的氛围之中,不可避免地出现各种矛盾和冲突,包括华人社会内部同样会出现各种矛盾和冲突,为了更好地化解各种矛盾,协调各方利益,华人社会出现一些自治性社团组织,包括:① 神缘性组织,如莲峰庙、普济禅院、永福古社等;② 业缘性组织,如三街会馆、上架行会馆、工羡行会馆等;③ 慈善性组织,如镜湖医院、同善堂等;④ 联谊性组织,如宜安公司;⑤ 政商性组织,如中华总商会。这些社团组织对澳门华人社会的自治发挥了重要作用。[②] 其中,在民国时期作用最著者当为镜湖医院和中华总商会。

镜湖医院是澳门历史最悠久的民间慈善救济组织,是全澳华人自己创立的最大的慈善机构。1871 年 10 月 28 日,华商沈旺、曹有、德丰、王禄和澳葡政府签订租地契约,以兴建镜湖医院。[③] 镜湖医院的创建,得到广大澳门华人的支持,据统计,共有 152 个华人商号和个人参与了镜湖医院的创建,其中商号 81 家,商人 71 人。

镜湖医院建立后,制定了严格的规章制度:1871—1873 年医院工作由倡建值事会管理,1874 年结束值事会,规定每年由澳门华商中选出 12 人担任总协值理,后又制定了《镜湖医院办事细则》,包括 31 条值事规条、31 条医生规条、18 条司事规条、9 条工人规条、19 条赠医所规条、4 条福生规条、1 条济生所规条、5 条义山规条。[④] 镜湖医院创立后,医院绅董积极选聘名医,配备良药,大大改善了澳门华人的医疗条件。镜湖医院创立后,其赠医施药的活动得到澳门广大华人的支持,各界人士纷纷捐银入股。

---

① 澳门历史档案馆馆藏民政厅档案:AH/GGM/6,转引自[澳]杰弗里·C.冈恩《澳门史:1557—1999(*Encountering Macau*:*A Portuguese City-State on the Periphery of China*,1557—1999)》,秦传安译,第 118 页。

② 有关华人社团参与社会自治的内容,可参见娄胜华《转型时期澳门社团研究——多元社会中法团主义体制解析》第三章,广州,广东人民出版社,2004 年。

③ 林广志:《晚清澳门华商与华人社会研究》,第 207—211 页。

④ 吴润生主编:《澳门镜湖医院慈善会史》,澳门,镜湖医院慈善会,2001 年,第 6—7 页。

　　除了开诊治病外,镜湖医院自创立之初就把关注和支援华人社会各项公共事业,特别是救灾赈灾作为自己的任务。从医疗角度来看,有赠医、施药、安置疯残、施棺、停寄棺柩、殓葬等;从社会角度来看,则救灾、赈济、教育、施茶、平粜、修路、处理澳门本土及外埠难民和拐带人口、统理全澳各庙宇及善社产业,以至排忧解难、与各埠联系慈善工作等等。1915年,镜湖医院于湾仔开设广善医局;1917年,发动澳门各界捐款,筹建留医所;1920年,镜湖医院将留医病人迁入留医所,并组织沿门劝捐,赈济华北水灾;1923年,赈济东、西、北三江兵燹灾民;1931年,镜湖医院联合同善堂、商会等机构筹款赈济华北、华中及广东四会、清远等地水灾;1932年,捐款赈济上海难民;1938年,协助澳门救济难民委员会,救助过境难民。①

　　1940年前,镜湖医院对难民的救济工作,除了解决难民的基本需要外,更为来澳难民赠医施药、赠送棺木、助资协助回乡的难民和设立难童所等。②而1940年后,镜湖医院的救济工作主要是收容难民、施粥赈济和实施义诊。1940年3月5日,日军在中山唐家湾登陆,石岐、莲塘、隆都各乡男女纷纷赴澳避难,为数2万余人,粮价日趋高涨,且因海道交通断绝,虽有钱财亦难购买。澳督巴波沙特派警厅日夜巡察各处,镜湖医院、商会与侨澳中山同乡会等亦设法收容中山难民;③1942年,镜湖医院与怡兴堂平价赈粥会开展沽粥工作;1943年,镜湖医院设立难童收养所,收容香港英、美籍难民;④1945年6月8日,镜湖医院抚养难童45人,拟将14岁以下者送入镜湖义校接受教育,14岁以上的难童施以职业教育。其中包括送到无原罪工业学校习艺,到各工厂做徒或是在镜湖医院工作。对品学优良且志愿升学者,给予奖学金;⑤1946年,修建镜湖义冢;直至1947年,周边局势大体趋于稳定,镜湖医院才结束了难童收养所。⑥ 在一系列的慈善活动中,镜湖医院的绅董们发挥了巨大的作用。

---

　　① 吴润生主编:《澳门镜湖医院慈善会史》,第61—62页。
　　② 参见何翼云、黎子翼:《澳门游览指南》,澳门,澳门文新印务公司,1939年,第49页。
　　③ 《澳门谣言四起,物价空前高涨》,《中山日报》,1940年3月10日;《石岐沦陷后之澳门动态》,《中山日报》,1940年3月12日。
　　④ 吴润生主编:《澳门镜湖医院慈善会史》,第61—62页。
　　⑤ 傅玉兰主编:《抗战时期的澳门》,区慧卿英译、曾永秀葡译,第193页。
　　⑥ 吴润生主编:《澳门镜湖医院慈善会史》,第61—62页。

民国时期,镜湖医院除了施行慈善、赈济活动有利于维持澳门社会稳定外,其他活动同样具有类似作用。例如,1904 年底,泰隆银号发生挤提风潮,眼看着支撑不住,银号东主萧容情急之中,只好向镜湖医院绅董求救。据《广东日报》记载:

> 澳门泰隆银号,开设三十余年,近忽闻谣言四起,附家纷纷起牛民,数日之间,已派出银两共二十余万,各附家仍络绎不绝,该店司事人有应接不暇之势,垂思设法维持,急请澳中富绅齐集镜湖医院,商议办法。各绅查核该号存款,现已派出银四十余万两,澳中之存业,尚约十余万,所入各家附项,不过六十万之谱,比对出款,尚绰有裕余。今遭此风波,亦殊可惜。因公同议定,凡该号所欠各家之银两,先还一半,其所余者候三年分还,其息银即于是日止截,各家因有富绅调停,并悉该号存数尚厚,皆允从此议,该号遂转危为安。①

这次风波的处理,镜湖医院绅董们既以务实的态度,查清了泰和银号的家底,以"先还一半"的方式确保了泰和银号的持续经营,同时又判定"其息银即于是日止截",并安抚各储户。因为诸绅董出面,众人也没话可说。可见,镜湖医院绅董们对商业事务的协商和裁决,颇具权威性。因此,"人皆颂院中诸绅善为调处,于商务大有影响"②。

镜湖医院不仅是重要的慈善救济组织,还是中华总商会成立以前沟通政府与华人社会的重要中介。

1914 年 10 月,因多数华人绅商的投诉,镜湖医院董事呈请澳督嘉路·米那禁止男女同校,以免违背中华礼俗,并借此举涵养学生品德。12 月 15 日,澳葡政府颁布第 300 号札谕,予以批准。③

镜湖医院作为澳门最大的华人慈善组织,受到澳葡政府的重视。一些涉及华人风俗或利益的事务即交与镜湖医院管理。1881 年 6 月颁布的《澳门华人坟园章程》第 17 款就规定镜湖医院董事参与坟园的财务管理:"镜湖医

---

① 《广东日报》,1904 年十二月初五。
② 《广东日报》,1904 年十二月初五。
③ 《澳门年鉴》,1933 年,第 169 页。

院董事每年须将坟园收支银两数目开列一单,呈上理事官,转呈澳督查阅"①。医院的绅董、值事亦可直接向澳督表达意见或建议,促成有关问题的合理解决。1895 年 5 月 12 日,澳督亲临镜湖医院,提出将染疫病人移至氹狗环。医院绅董再三陈诉,"略谓华人之性不喜纷更,既来则安,乃是常态,忽复移徙,必非所愿。怨谤之端,自兹而起矣",澳督听闻,"为之首肯",移徙之事乃作罢。②

一方面,由于长期赠医施药,镜湖医院无力支撑,故澳葡政府制定措施,以扶持镜湖医院的活动。1926 年 3 月 31 日,澳葡政府批准镜湖医院董事会发行一特殊彩票,为其日益增长的开支筹集款项。③

另一方面,鉴于镜湖医院的重要地位,澳督在一些重要场合表达了对镜湖医院的支持。1933 年 1 月 13 日,镜湖医院举行创办 60 周年纪念大会,澳督美兰德,水陆军长、辅政司麦加冷(Dr. João Pereira de Magalhães),华务局长施多尼(António Maria da Silva),卫生局长葛施打(Pedro Joaquim Peregrino da Costa),香港东华医院主席陈廉伯、总理夏从周,镜湖医院总理范洁朋,值理容炳文、戴显荣、黄豫樵、华人代表李际唐、卢轩颂,绅商崔诺枝、谢再生、周介眉、冯央等数百位社会名流亲临大会。④

对于镜湖医院对社会的贡献,澳葡政府还公开在报纸上表示肯定。1923 年 1 月 25 日,澳葡政府在《澳葡政府宪报》副刊上对 1922 年"五二九"事件期间镜湖医院提供的众多宝贵协助表示公开的感谢。新任总督罗德礼决定,邀请 1922 年 6 月 8 日被封闭的各社团重新注册登记,以便再次开始活动,同时恢复因上述事件被开除工人的公职,且注销其刑事记录。⑤ 1936 年,澳葡政府公布一份"可以验证社会与权力机构之间的关系"的 30 位澳门工商、行政、社会及文化界的关键人物名单。镜湖医院院长即为其中之一。⑥

---

① 《澳门政府宪报》,1881 年 6 月 18 日,第 25 号。

② 《镜海丛报》,1895 年 5 月 8 日,第 41 号。

③ 澳门历史档案馆藏民政管理档,第 318 号卷宗,第 S-L 号文件,转引自[葡]施白蒂《澳门编年史：二十世纪(1900—1949)》,金国平译,第 195 页。

④ 《香港工商日报》,1933 年 1 月 14 日。

⑤ [葡]施白蒂：《澳门编年史：二十世纪(1900—1949)》,金国平译,第 164 页。

⑥ 澳门历史档案馆馆藏民政厅档案：AH/GGM/6,转引自[澳]杰弗里·C.冈恩《澳门史：1557—1999》,秦传安译,第 118 页。

据此可知,镜湖医院作为澳门华人慈善组织,由于其强大的社会影响力和号召力,凝聚了华人社会的成员,表达了华人社会的诉求,成为澳门华人自治的重要载体。

与镜湖医院一样,1913 年成立的中华总商会是澳门华人社会重要的自治性组织。

据相关资料记载,19 世纪后期,澳门的华商还没有成立自己的组织,遇有重大事情则借澳门镜湖医院之地集会商议。20 世纪初,在清政府鼓励下,经澳葡当局批准,曾成立过华商商会,后被葡萄牙政府下令撤销。1911 年,华商萧瀛洲等鉴于华商日众,需有一个自身的团体组织,遂发起筹备商会。他们拟具纲领,条陈澳门当局。1912 年 12 月 14 日获葡萄牙政府批准立案,名为“澳门商会”。1913 年 1 月 8 日正式成立,公推萧瀛洲为第一届总理,李镜荃为副理,值理有区惠波、赵立夫、陈弼庭、贺穗垣、叶金波、卢廉若、林焕廷 7 人。成立之初,暂借同善堂为临时办事处。数年后,由康公庙值理会拨借木桥街 4 号为会所。同时以“旅澳华商总会”名义,获当时中国政府工商部批准立案。1916 年,正式定名为“澳门中华总商会”。[1]

关于澳门华商发起成立商会的时间,一般认为是 1911 年。然而,据施白蒂《澳门编年史:二十世纪(1900—1949)》记载,“1909 年 3 月 15 日,中华总商会成立”[2]。不过,根据澳门历史档案馆所藏民政厅档案(1909 年第 9/A)可知,1909 年 3 月 22 日,华商萧瀛洲、李镜荃、赵立夫等人就曾呈请澳葡政府,请求批准开设华商会,其主要动机是澳门华商目睹外埠成立商会之情况,为联络商情、振兴商务、体现本行业实力与社会地位,更好地团结行业同仁而设立。但该会成立不久,即被里斯本政府下令撤销。[3] 直至 1912 年 12 月 14 日,澳门华商成立商会之请才最终获得葡萄牙政府批准立案,命名为“澳门商会(Chinese Chamber of Commerce of Macao)”,同时核准《澳门商会章程》,共分 3 章 45 款。章程明确该会“以振兴澳门商务、工艺、船务并办理关于商务、工艺、船务各事件为宗旨”。章程规定:“凡居住本澳之商人、铺主、工艺

---

① 吴志良、杨允中主编:《澳门百科全书》,澳门,澳门基金会,1999 年,第 467 页。

② [葡]施白蒂:《澳门编年史:二十世纪(1900—1949)》,金国平译,第 33 页。

③ 参见娄胜华《转型时期澳门社团研究——多元社会中法团主义体制解析》,广州,广东人民出版社,2004 年,第 240 页。林广志:《晚清澳门华商与华人社会研究》,第 219 页。

人、各行店司事人、代理人、经纪人、商船之船主并入伙均可入会为会友。"章程还规定:"本会公举正总理一人,副总理一人,值事七人,一年为任满。"

从 1909 年澳门华商呈请建立商会,至 1912 年葡萄牙政府最终批准,历时三年有余。这说明葡萄牙政府对于华人成立商会一事,确实是持谨慎观望态度的。其实,澳门商会的筹议、批准、"谕撤"及最后批准立案,不仅仅是华人商会是否设立的问题,而是与当时的政治、经济形势有密切关系。林广志认为,1909 年前后,中葡两国就澳门勘界问题进行新一轮政治交涉,使澳门处于一种紧张氛围中,造成澳门经济与华人商务产生重大波动。

一、中葡勘界谈判形成的紧张气氛。1909 年初,清政府指派曾参与中法云南交涉的高而谦为澳门勘界大臣,葡萄牙派马楂度为勘界专员,双方在香港进行澳门勘界谈判。广东民众对于此次谈判极为关注。3 月 8 日,香山县各界代表 300 余人在北山乡集会,宣布成立"香山县勘界维持会"。随后,全省各界人士又在广州成立"广东勘界维持总会"。在谈判过程中,高而谦向马楂度提出,中国愿意"割弃澳门半岛(由妈阁庙至关闸),以及青洲、氹仔、路环等地;附近内河和海面由中葡共管"。但葡方并不满足,坚持索要对面山的大小横琴岛和全澳水界。

清政府的妥协政策和葡萄牙的无理索取,激起了广东人民的爱国义愤。各地勘界维持会纷纷集合,发布抗议文电,愤怒声讨葡萄牙的侵略行径。[①]

勘界谈判期间,中葡关系颇为紧张。香山民众因界务之事,欲以武装与葡人对决:"邑人对于中葡划界一事,甚形愤激,纷纷组织义团,自行防卫。葡公使知此消息,照会外部,略谓香山侨民遍发传单,购买军械,意欲与葡人为敌,实与勘界前途,大有关碍。"[②]马楂度时在香港,对此事曾有记录:"我得到消息,香港和香山的好几个中国人协会在加紧策划广州民众反对澳门勘界,不同意此问题得到友好解决或进行仲裁。他们倾向于对澳门发起进攻,将其占领。"[③]葡萄牙方面因此添兵派船,静待事发,"目前,旅港勘界维持会知葡

① 费成康:《澳门:葡萄牙人逐步占领的历史回顾》,上海,上海社会科学院出版社,2004 年,第226—228 页。

② 黄鸿钊:《澳门史料拾遗:〈香山旬报〉资料选编》,澳门,澳门历史文化研究会,2003 年,第119 页。

③ [葡]马楂度(Joaquim José Machado):《勘界大臣马楂度葡中香港澳门勘界谈判日记(1909—1910)》,舒建平、菲德尔译,澳门,澳门基金会,1999 年,第 98 页。

人有添兵派船事,电请政府保护"①。

二、香洲开埠对澳门商务的威胁。在勘界谈判期间,香山吉大乡绅拟于香洲开一商埠,希望在经济上抵制澳葡。在清政府的支持下,王洗、伍于政、戴国安等商人租赁吉大荒地,开路建屋,很快就造就了一个新的商埠,并迅速开张营业。据《香山旬报》报道:

> 该埠共建铺屋完竣者,共有三十余间,每间租银约三十元左右,各屋一经落成,即行有人为之租赁,其中作倡寮者,计有六七间,开作摊馆者,则有三间……②

香洲开埠,对澳门商务打击甚大,"惟闻自香洲开埠之后,澳门赌博亦为失色"。③葡人"一闻香洲商埠,吾等即彷徨中夜,再四思维,而欲上陈葡廷速筹整顿,以保澳门之生命"。在葡人看来,香洲开埠,即启澳门衰败之端:"华商既开香洲埠,于澳门商务渔业均有妨碍。……惟闻自香洲开埠之后,澳门赌博亦为失色!"④因此,此时如何应对香洲开埠,以挽救澳门商务及前途,对于澳门葡人甚为紧要。

三、受中葡勘界和香洲开埠影响,澳门经济大为衰落。据《字林西报》报道,其实早在中葡勘界谈判之前,澳门华人富商因澳葡治理不善,已有迁埠他处、另辟商场的打算,"中国居留澳门之富商,因葡官治理地方不甚完善,且穷敛苛征,有加无已,刻已会议多次,拟在对港华地另辟商场,将华商营业移往彼处,业已具察一粤督,请予批准"。后来此议未予实施,"因澳门商界情形,多与华商有密切之关系,似未便遽尔舍此他适也"。⑤ 然而华商心生动摇已是事实。在上述勘界及开埠事件影响下,澳门经济更加冷落,"澳地近三两月,居民多惧划界事决裂,纷纷迁回内地,房屋几无人过问,生意比之平时愈

---

① 《东方杂志》,第 6 卷第 10 号。
② 黄鸿钊:《澳门史料拾遗:〈香山旬报〉资料选编》,第 150 页。
③ 《东方杂志》第 7 卷第 5 号。
④ 黄鸿钊:《澳门史料拾遗:〈香山旬报〉资料选编》,第 50 页。
⑤ 《申报》,1908 年 6 月 24 日。

加怜淡"①。马楂度也已看到，"澳门继续在无可救药地走向衰败，变成一个彻头彻尾的中国的地方。由于港口迅速不断的淤积及中国人发动的反对我们的浪潮，澳门一年不如一年"②。

在这种背景下，华商之于澳门的重要性再次突现出来。澳门葡萄牙人很清楚，要挽救澳门商务，唯有一策，即稳住华人，留住华商，"救亡之策何在？亦惟善体华人之意，以羁縻之而已，故凡法律之上不便于华人者，则易弦而更张之，务使华人咸称利便，视为乐土，宾至如归，方不致沦青以亡"③。因此，澳葡上下一致认为要大力改革澳门的现行制度，并请求葡萄牙政府"准澳督有权便宜改良政治"。而对于华人利益，澳督亦公开表示要尽力维护，"本督凡关于华人自主及利益之事，无不悉心体察施行，经将便益华人之新章程具奏大君主，请准核实"④。澳督此言，并非甘言哄骗，时人亦已注意到：

> 闻澳门各渔船，澳督有一律免枕以为牢笼之计。又闻前月派镜澳医院拟倡立商会，澳督亦甚赞成。又闻澳门近日疫症颇盛，凡染是症者均可由医院料理，不若从前之骚扰。又葡文两报对于划界之事亦颇和平，不若从前之轻藐一切。⑤

从澳葡政府中要人的言论来看，葡萄牙政府在 1912 年最终批准了澳门商会的成立，应有澳葡政府请求之功。可以说明澳葡政府在管治华人之政策方面确实是在做一些调整。

1913 年 1 月，中华总商会正式成立。成立之初的中华总商会，财政捉襟见肘，幸得同善堂、康公庙等华人组织的大力支持而获办公场所，显示出澳门华人社群所给予的认同。

澳门中华总商会成立后，运用其影响力广泛参与社会政治事务。据《澳

---

① 黄鸿钊：《澳门史料拾遗：〈香山旬报〉资料选编》，第 108 页。

② ［葡］马楂度：《勘界大臣马楂度葡中香港澳门勘界谈判日记(1909—1910)》，舒建平、菲德尔译，第 116 页。

③ 《东方杂志》，第 7 卷第 5 号。

④ 《申报》，1909 年 9 月 22 日。

⑤ 《东方杂志》，第 7 卷第 5 号。

门商会筹建会所碑记》等资料记载,澳门未有商会以前,举凡华商遭遇商业纠纷,均投诉镜湖医院加以解决。中华总商会成立后,积极参与到社会事务中,被授予商事裁判权,"凡秉公断结,视为与官厅判断无异,无论如何不得上控",遂成为华人在澳设立最重要之机关,亦为调解商业纠纷的权威性民间组织,从此改变了澳门商人向无团体,每遇事故只得借镜湖医院集议解决的局面,中华总商会日益发展成为澳门地区与镜湖医院慈善会、同善堂(Tong Sin Tong)并称的华人重要团体,起到了沟通政府与民间的渠道作用。①

1922 年 5 月 29 日,澳门爆发了严重的政治危机——"五二九"事件。事件爆发后,数万华人愤然离开澳门,返回广东内地。当晚,澳门联合总工会召开紧急会议,议决派出代表向澳葡政府交涉,要求惩办凶手,抚恤死伤家属,同时电请广州政府与葡方交涉。② 与此同时,"全澳商店及摊馆、银业等,由第三日起,至初五均闭门停止营业",澳门"各店铺紧闭门户,停止贸易",澳门全面罢工罢市。③

"五二九"事件发生后的次日,澳督施利华(Henrique Monteiro da Correa Silva)颁布法令,严令所有未经政府核准立案之在澳成立的工会一律关闭解散,宣布 68 个与罢工罢市有关的工会为非法团体,并对澳门民众的结社进行了严格的限制,规定"凡会章未经政府批准之工会,须立即关闭,作为惩戒"④。8 月 4 日,澳门市政厅报告称:1922 年 5 月澳门的骚乱或许有种族的寓意,明显受到广州罢工者的启示,但事件很快带上阶级的特征,矛头对准了澳葡政府,并给这座城市带来了紧张气氛,也带来了很大的商业损失。与此同时,广州的危机驱使很多居民到澳门来寻求庇护。澳门当局认为,中华总商会实际上充当了当时迅猛发展的"工人协会"的坚强后盾,还有一些非法团体纷纷浮出水面,响应这一事件,它们包括"中国人民反对葡萄牙协会"和"澳

---

① 1932 年《澳门商会筹建会所碑记》,转引自吴润生主编《澳门镜湖医院慈善会史》,第 11 页。《澳门中华总商会成立 75 周年纪念特刊(1913—1988)》,第 7 页。《澳门政府宪报》1913 年第 9 号,第 109—112 页。商务印书馆编:《澳门指南》,澳门大学图书馆藏,1941 年,第 46 页。娄胜华:《转型时期澳门社团研究——多元社会中法团主义体制解析》,第 142 页。

② 《申报》,1922 年 6 月 5 日。

③ 《澳葡兵枪杀华工案之大交涉》,《申报》,1922 年 6 月 8 日;《国会省会主张严重交涉》,《民国日报》,1922 年 6 月 11 日。

④ 《澳门政府宪报》,1922 年 5 月 30 日,第 21 号。

门工人阶级誓言罢工总委员会"。① 不过,有关澳门中华总商会参与事件的史料却未有面世,究竟中华总商会是否参与、若有参与扮演了一个怎样的角色,值得进一步研究。

1925 年省港大罢工爆发,7 月 17 日,罢工潮影响到澳门。因为这次罢工虽然主要是针对英国,但英国政府与葡萄牙政府关系密切,而且澳门和香港一向海上交通往还频繁,所以对罢工者来说,封锁香港,势必也要封锁澳门。最有效封锁澳门的方法,即发动香山县南部前山一带的工人,正式成立驻前山纠察队,在关闸以北防卫、巡逻。当时前山有自港回省罢工工友百余人,组织临时纠察队,搜查对澳门的粮食出口,防止"轮船等运输粮食由澳门接济香港"。前山工人纠察队成立后,澳门酒楼工会派代表两人,到省港罢工委员会陪同罢工工友,并送回捐款 200 元接济工友。这是澳门工人受中华全国总工会省港罢工委员会号召支持罢工,成为澳门地区参与这场罢工的先声。②

1926 年,澳门中华总商会参与到此次事件中。因省港罢工久未解决,省澳交通完全断绝,澳门商业深受影响,损失惨重。为此,总商会曾呈请省港罢工委员会下令准予恢复省澳交通。委员会以澳葡政府由澳门包运粮食接济香港、破坏罢工为由加以拒绝,并称如要恢复省澳交通,必先澳葡政府实行停止港澳轮船开行,完全断绝港澳交通。3 月 4 日,澳门中华总商会召开会议,强烈要求澳葡政府下令制止港澳轮船开行。顿时,商会内部分为两派,一派为强烈支持恢复省澳交通者,另一派为加入葡籍之商人,反对断绝港澳间交通。③

1937 年,日本发动全面侵华战争。澳门虽然未被日军占领,却遭到封锁,陷入"孤岛"时期。面对严重的危机,澳葡政府于 1938 年 12 月宣布,从该年开始向所有商号征收防务税,每年 12 月为征收期。防务税主要用于 1 000 余名澳门驻军的日常开支和增添军事设备,其他则是增加政府的日常开支。防务税开增初期,即遭民间社团与商人的反对,中华总商会亦向澳督递交请

---

① AH/LS/P21,澳门,市政厅,1922 年 8 月 4 日,转引自[澳]杰弗里·C.冈恩《澳门史:1557—1999》,秦传安译,第 157 页。

② 《驻前山之工友热心工作》,中华全国总工会省港罢工委员会编《工人之路特号》,1925 年第 23 期;《澳门酒楼工会援助工友》,1925 年第 24 期。

③ 《(广州)民国日报》,1926 年 3 月 5 日。

愿书,因市场萧条,请求征税缓期。① 唯建议未为澳督所采纳。

1943 年 9 月 7 日,澳葡政府再次颁布法令,对当押业加税。起初建议加税一倍,后经中华总商会会长高可宁等人斡旋,改为加税五成,政府承诺和平后即行撤销。②

除了上述几件由中华总商会代表华商及其他华人社群与澳葡政府就涉及华人权益事务进行交涉外,实际上,自成立以来,澳门中华总商会在谋求华人工商界和居民合法权益、促进华人社会福利等方面发挥了重要作用。

三、澳门华人命运同祖国紧密相连

澳门地处中国南部一隅。自 19 世纪 40 年代以来,葡萄牙逐渐攫取了澳门的管治权,澳门华人也被纳入其管治范围之内。但是,澳门华人并未忘记中国传统文化中的伦理道德观念。在中华民国长达近 40 年的时间内,澳门华人时刻密切关注国内局势的变化。甚至早在民国成立前就积极支持孙中山的革命工作。中华民国成立后,与中国政府保持密切联系。

1912 年 5 月,孙中山在广东成立军政府,澳门各界积极拥护、踊跃支持,并以镜湖医院名义捐赠数万元巨款。据统计,至 1912 年 5 月底,军政府共筹得公债款 3 813 496.1 元,其中,港澳 1 410 344.32 元,外埠 1 590 746.3 元。③

1922 年 6 月 2 日,澳门"五二九"事件爆发后,孙中山大总统及广东省省长伍廷芳在广州接见澳门工会代表陈根生、梁工侠,表示将尽力与葡人交涉,保护澳门侨民,并支持他们反抗葡兵枪杀华工的斗争。④

1931 年 9 月 18 日,日军侵占沈阳,震惊中外的九一八事变爆发。消息传至澳门,全澳同胞反应强烈,掀起救亡热潮。次日,所有报章在头版头条予以报道。澳门粤华、崇实、尚志等中学,汉文、宏汉、镜湖、孔教、蔡高等小学纷纷举行周会,时事会,向学生宣讲事变真相。宏汉校长郑谷诒作《致义勇军书》,义愤填膺,铿锵有力,全体学生背诵,勿忘国难当头。由中华总商会、同善堂、

---

① 陈锡豪:《抗日战争时期的澳门》,第 5 页。
② 《华侨报》,1944 年 9 月 7 日。
③ 邱捷:《孙中山领导的革命运动与清末民初的广东》,广州,广东人民出版社,1996 年,第 292 页。
④ 《(广州)民国日报》,1922 年 6 月 2 日。

镜湖医院、中华教育会等四大社团发起成立"赈济兵灾委员会",以多种形式筹款,各界同胞立即响应。镜湖医院医生护士、岐关车路公司职员纷纷一次性捐出全月工资,有声言捐输直到抗日胜利为止。①

日本侵占中国东北后,又向华北地区发动侵略。在严重的民族危机面前,国内爆发了大规模反帝爱国运动。1935年12月9日,在北平最早爆发,后发展为全国范围的运动,史称一二·九运动。在运动冲击下,澳门青年也纷纷起来成立救国组织,如焚苦文艺研究社、前锋话剧社、妇女互助社等,进行公开或半公开的抗日救亡活动。

1937年7月7日,卢沟桥事变爆发,日本发动全面侵华战争,全国人民纷纷组织起来投入抗日救亡运动。澳门华人迅速成立以"救灾"、"慰劳"等为名的抗日社团,积极开展关于抗日的宣传与慰问活动。

1937年8月7日,《朝阳日报》社长陈少伟倡议发起并组织"四界救灾会",得到《朝阳日报》、《大众报》同仁的一致响应,遂决定用两报的名义发起成立筹备小组,由陈少伟、曾奇玉、曾枝西、陈大白和李桂森负责。②

8月12日,经过筹备小组五天的精心准备,"澳门学界音乐界体育界戏剧界救灾会"代表大会在柿山孔教学校召开,共有中小学校、报社、学术研究社、音乐社、戏剧社、体育会等50多个团体的100余名代表参加。大会选派陈少伟、陈大白等代表《朝阳日报》和《大众报》同仁出席四界代表大会。会议推举《朝阳日报》社长陈少伟为临时主席,并通过组织章程,发表成立宣言,以"筹款赈灾、拯救受难同胞"为宗旨,以"只知工作,不求名利;工作至上,民族利益至上"为口号。大会选出理事11人,候补理事2人,监事3人,候补监事2人。理事会下设总务、财务、宣传、游艺、体育5个部,陈少伟出任理事会主席,会址设在澳门营地大街104号,《朝阳日报》与《大众报》共同设址内。为此,陈少伟着手建立机构,又聘请了包括著名医生、中共地下党员柯麟等28位有社会影响的知名人士为名誉顾问。③

① 陈大白:《天明斋文集》,第144—147页。刘羡冰编著:《澳门教育史》,澳门,澳门出版协会,2007年,第64页。

② 《濠江风云会,赤子报国情:追记澳门同胞抗日救国感人事迹》,陈大白《天明斋文集》,第142—143页。

③ 《华侨报》,1938年6月7日;《朝阳日报》,1937年8月13日;《濠江风云会,赤子报国情:追记澳门同胞抗日救国感人事迹》,陈大白《天明斋文集》,第143页。

8月12日,四界救灾会发表《澳门学界体育界音乐界戏剧界救灾会成立宣言》。

> 自卢沟桥事件发生以还,暴敌乘其余焰,陷我平津,更进而向我全国各地侵犯,借遂其整个并吞之野心。烽烟四起,炮火连天,村舍为坵,灾黎盈野,尸陈遍地,血染通衢。其不死于枪林弹雨间者,亦流离失所,无家可归。夫恻隐之心,人皆有之。救灾恤难,凡属人类,聊表同情,矧被难者,皆我炎黄裔胄。伤残者,悉共徒手民众。痌瘝在抱,息息攸关。覆巢无完卵,唇亡齿亦寒。国人救援之声,风起云涌。吾侪侨居海外,岂容袖手旁观?本埠侨胞业有"澳门各界救灾会"之设,倾囊发箧,共致爱国之诚。顾兹事大,端赖群力。众擎易举,独力难支。为集中实力起见,爰合全澳学界音乐界体育界戏剧界,组织"澳门学界体育界音乐界戏剧界救灾会",以游艺及表演方式劝捐。各尽所能,各出所愿。分门别类,殊途同归。集腋成裘,共拯我被难同胞水深火热之中。望我侨胞,全体注意。吾人虽不能飞身拯难,亦当尽力输财,将来游艺表演,慨解义囊,踊跃购券。本己饥己溺之襟怀,活盈万盈千之生命。举目望祖国,倾耳听哀音。行见义声一起,全侨响应,是则难民沾惠靡尽矣。谨此宣言,诸希亮察。[①]

四界救灾会成立后,立即投入赈济救亡工作,先后组织动员了11队爱国青年组成服务团回内地服务。1938年11月7日,澳门四界救灾会回乡服务团第一队乘内河轮船从澳门出发。其中,理事廖锦涛兼任服务团团长,队长为李云峰,主要远赴西江高明县,在三洲区范洲乡、普安、塘肚等地开展抗日宣传工作。12月4日,澳门四界救灾会回乡服务团第二队出发,团长廖锦涛等13位理事集体前往送行。第二队共15人,队长为张钊,副队长为黎伟初。在廖锦涛的带领下,第二队自澳门乘内河轮船启程,经江门前赴开平县赤坎的五龙市开展抗战服务工作。1939年4月30日,澳门四界救灾会组织回乡服务团第三队团员出发,全队15人,后增至22人。领队李宗强,副领队欧永

① 《澳门学界体育界音乐界戏剧界救灾会成立宣言》,黄慰慈主编《濠江风云儿女:澳门四界救灾会抗日救国事迹》,澳门,星光书店,1990年,第116页。

安,队长陈寿彭。全队由澳门出发经香港前往东江前线,后补入第四战区游击队游击纵队指挥所第四游击挺进纵队司令部政工队,在东莞、宝安一带进行为期 5 个多月的抗日救亡工作。7 月 7 日,澳门四界救灾会回乡服务团第四队队员 8 人出发,队长为梁铁。全队在领队胡泽群的带领下离开澳门前往珠江三角洲的顺德沦陷区,先后到达顺德县的龙眼乡工作,后又转到西海。8 月 30 日,澳门四界救灾会回乡服务团第五队出发,全队 12 人,队长为曾宪献,由领队胡泽群率领到达顺德沦陷区的龙眼乡展开抗战服务工作,后转移至西海。11 月,分散到地方同抗日游击队一起工作。9 月 3 日,澳门四界救灾会回乡服务团第六、七队集体出发,队长分别为陆无涯、李唯行。在团长廖锦涛带领下取道香港转东江北上到达北江的翁源,经加入第十二集团军政工人员补训班学习后,被派到该集团军政治大队及补充第五团工作。从 1937 年 8 月开始,一直到 1941 年冬停止活动,前后共 4 年多时间,四界救灾会为抗日救亡宣传工作做出了巨大贡献。

各华人社团在积极宣传抗日的同时,还进行了广泛、持续的爱国捐献活动。捐献活动得到澳门广大华人的支持,无论是富商巨贾,还是劳苦大众,无不踊跃捐款捐物,购买公债,支持抗战。

1937 年 8 月 13 日,为响应武汉国民政府的号召,在澳门四界救灾会的全力协助下,澳门各界救灾会主办"八一三献金运动",募集捐款 3 万余元,金饰品 70 余件,拍卖后得款 2 100 余元。[①]

四界救灾会一方面与各界救灾会密切合作,争取华人精英和工商界人士的支持,同时又深入各阶层广泛发动群众,以灵活多样的形式进行募捐活动。1937 年 9 月 4 日,澳门四界救灾会在清平戏院举行第一期游艺筹款大会,共筹得善款千余元。[②]11 月,为响应推销国内"救国公债",四界救灾会在当年新马路一家规模最大的中央舞场首次举办"义舞",得到舞场负责人和舞女们的热烈响应。[③] 1938 年 9 月 4—5 日,澳门四界救灾会联合妇女慰劳会、澳侨体育会在新口岸澳侨泳场举办水上游艺大会,筹款 1 670 元,分别寄给"非常时

[①] 《濠江风云会,赤子报国情:追记澳门同胞抗日救国感人事迹》,陈大白《天明斋文集》,第148 页。

[②] 黄慰慈主编:《濠江风云儿女:澳门四界救灾会抗日救国事迹》,第 120—121 页。

[③] 《濠江风云会,赤子报国情:追记澳门同胞抗日救国感人事迹》,陈大白《天明斋文集》,第152 页。

期难民救济会广州分会"和"战时儿童保育会香港分会"。[①] 9 月至 10 月间，
四界救灾会发动全澳义卖运动，前后约有茶楼、酒家、饼家、面食店、理发店、
报摊及鲜果行、酒业行、花卉行等 100 多家店号参加，举行了诸如茶楼义唱、
舞场义舞、理发店义剪等多种形式的活动。义卖活动前后历时 40 天，其规模
之大，影响之广，人数之多，皆是当年澳门募捐救亡活动中前所未有的。[②]

　　对于澳门民众热情支持内地抗战的义举，国民政府予以高度评价。1938
年 4 月 28 日，国民政府军事委员会主席蒋中正曾致电澳门中华总商会转救
国公债劝募委员会澳门分会及澳门各界救灾会，对这些澳门民间团对抗战的
支持予以感谢和勉励。[③]

　　可以说，第二次世界大战期间，澳门虽然因其"中立"地位而免遭日军占
领，然而，生活在澳门的华人却时刻关注着祖国的危难，以筹募赈难、救亡宣
传等不同方式协助与支援祖国抗战，直至日本战败。

---

　　① 陈大白：《天明斋文集》，第 37 页。黄慰慈主编：《濠江风云儿女：澳门四界救灾会抗日救国
事迹》，第 17 页。

　　② 《濠江风云会，赤子报国情：追记澳门同胞抗日救国感人事迹》，陈大白《天明斋文集》，第
148—149 页。

　　③ 《华侨报》，1938 年 4 月 28 日。

第二章
国民革命与澳门

第一节　孙中山及革命党人在澳门的活动

一、同盟会创立和港粤澳主盟人

自 1905 年 8 月 20 日中国同盟会在日本东京成立以来,孙中山等革命者致力扩充革命组织,1905 年至 1906 年间,有 800 多名中国留学生在东京加入中国同盟会。[①] 在吸收留学生的同时,孙中山希望在中国各地建立同盟会分会,发展革命根据地。孙中山曾经于 1883 年至 1892 年在香港接受教育,也曾在 1892 年秋至 1893 年春在澳门行医,因此,孙中山"特派冯自由、李自重至香港,力谋展开华南各地党务",组织革命活动。[②]

孙中山委派冯自由、李自重到华南开展革命工作,标志着同盟会在澳门革命运动的起源。当时的委任状,现在仍藏于台北中国国民党党史委员会中,称为《委冯自由、李自重为港粤澳主盟人通知书》。[③] 广东省社会科学院历史研究室、中国社会科学院近代史研究所中华民国史研究室、中山大学历

<hr>

[①]　《同盟会成立初期乙巳两年之会员名册》,《革命文献》第 2 辑,台北,1953 年,第 18—70 页。

[②]　谭永年主编、甄冠南编述:《辛亥革命回忆录》,上册,台北,文海出版社,1976 年,第 56 页。

[③]　《委冯自由、李自重为港粤澳主盟人通知书》,1905 年 8 月 10 日,台北中国国民党中央委员会党史委员会藏,中国国民党中央委员会党史委员会档案原件,一般类,号:051.9。值得注意的是,中国国民党中央委员会党史委员会的目录卡片以"1905 年 8 月 10 日"标示日期。如果注明为农历八月初十日,或改以公历 9 月 8 日,会更确切。

史系孙中山研究室合编的《孙中山全集》则称之为《给冯自由李自重的委任状》。① 冯自由于 1928 年出版的著作《中国革命运动二十六年组织史》，及吴伦霓霞编辑的《孙中山在港澳与海外活动史迹》，也曾引用并刊登该委任状的原版图像，其全文如下：②

> 中国革命同盟会总理孙文，特委托〔按：应为"讬"〕本会会员冯君自由、李君自重二人在香港、粤城、澳门等地联络同志。二君热心爱国，诚实待人，足堪本会委托〔按：应为"讬"〕之任，凡有志入盟者，可由二君主盟收接，特此通知，仰祈察照是荷。
>
> 中国革命同盟会总理孙文
> 天运岁乙巳年八月十日发
> （孙文押印）

孙中山在 1905 年 8 月 20 日同盟会成立后不足三星期，便亲自发出这份 1905 年 9 月 8 日（乙巳年农历八月十日）的委任状，可见孙中山非常重视华南地区革命组织的建立，而且反映了孙中山视"香港、粤城、澳门等地"为革命活动的一个体系。当时冯自由、李自重负责的任务是"联络同志"，目的是让"有志入盟者"，由冯自由、李自重两位"主盟收接"，成为同盟会的革命同志。换言之，他们两人就是省港澳地区的同盟会主盟人，领导华南的革命活动。

为什么"港粤澳"三地的革命活动，要以香港为起点，而再遍及广州和澳门，而非由广州和澳门来领导？谭永年和甄冠南解释"香港同盟分会的成立"时，曾经分析：

> 一九〇五年六月（按：农历）同盟会成立于日本东京。香港当中外交

---

① 孙文：《给冯自由李自重的委任状》，广东省社会科学院历史研究室、中国社会科学院近代史研究所中华民国史研究室、中山大学历史系孙中山研究室编《孙中山全集》第 1 卷，北京，中华书局，1981 年，第 286 页。

② 详见冯自由《中国革命运动二十六年组织史》，《民国丛书》第 2 编第 76 种，上海，上海书店，1990 年之附图；及陈锡祺顾问、吴伦霓霞编辑：《孙中山在港澳与海外活动史迹》（*Historical Traces of Sun Yat-sen's Activities in Hong Kong, Macao, and Overseas*），广州，中山大学孙中山研究所，香港，香港中文大学联合书院，1986 年，第 50 页。

通要冲,殊不可忽视,八月(按:农历)冯自由李自重二人奉命赴香港广州澳门等处组织同盟会。冯等在香港即和陈少白等商改组兴中会为同盟会的事宜。旋于十月间成立,先后加盟的陈少白、李纪堂、容星桥、邓荫南、郑贯公、李自重、黄世仲、陈树人、李树芬、邓警亚、卢信、廖平子、温少雄、梁扩凡、李孟哲、李伯海诸人。于是开始了香港的同盟会。①

原来同盟会成立以前,香港已有兴中会的组织。正如日本学者深町英夫所指出,当时"兴中会组织实际上瓦解后"《中国日报》仍然继续发行,因此为同盟会日后在广东社会活动提供了组织基础。② 所以,冯自由回香港与陈少白处理改组香港革命组织,吸纳香港兴中会同志加入同盟会。

不过最值得深思的问题是,为什么孙中山在澳门等地建立同盟会组织时,选择冯自由和李自重,而非他在澳门时寄居其寓所的好友、"四大寇"之一的杨鹤龄? 这问题要从1905年革命的形势来分析。

二、同盟会香港分会与冯自由、李自重

中国同盟会虽然是集结各方革命志士而成,但组织初立,会员的出身及省籍等背景不同,出现意见分歧。深町英夫分析当时的革命形势:

> 中国同盟会的宗旨及纲领均完全接受了孙中山的主张,但"三大主义"的纯粹理论化和过分强调其先进性,却导致与现实问题乖离,同时也强迫留日学生全面地赞同、服从孙中山的革命路线。结果,追随孙中山的广东派(廖仲恺、胡汉民、汪精卫、朱执信等)与以章炳麟、宋教仁为首的长江派之间发生了分歧。③

所以,孙中山成立同盟会不久,希望扩大革命组织,就要依赖广东派的革

---

① 谭永年主编、甄冠南编述:《辛亥革命回忆录》,上册,第51页。
② 深町英夫:《近代广东的政党·社会·国家:中国国民党及其党国体制的形成过程》(《近代中国における政党·社会·国家:中国国民党の形成过程》),北京,社会科学文献出版社,2003年,第36页。
③ 深町英夫:《近代广东的政党·社会·国家:中国国民党及其党国体制的形成过程》(《近代中国における政党·社会·国家:中国国民党の形成过程》),第29页。

命同志,这比委派长江地区的章炳麟和宋教仁等人容易。于是,同盟会早期的分会,也从广东派的故乡组织起来。那为什么不派"廖仲恺、胡汉民、汪精卫、朱执信等"主盟,而任用冯自由和李自重呢?

冯自由(1882—1958,原名懋龙,字健华)祖籍广东南海县,父亲冯镜如是留日华侨。冯自由于 1882 年在日本出生和求学。14 岁已经在横滨加入兴中会,1900 年改名冯自由,18 岁考入东京早稻田大学。孙中山因 1900 年庚子惠州之役失败后亡命日本,与冯通过横滨华侨与东京留学生而互相认识。孙中山还资助冯自由、郑贯一、王宠惠、秦力山等创办《开智录》和《国民报》,宣扬平等与自由思想。①

1901 年,冯自由、郑贯一和王宠惠等广东留日学生,反对清政府割让广东,组织"广东独立协会",开始更加注意广东的革命形势。翌年,秦力山、冯自由和马君武等学生,与章炳麟发起"支那亡国二百四十二年纪念会",孙中山亦表示支持。② 1903 年,冯自由成为香港《中国日报》及美国旧金山《大同日报》驻东京记者,开始与香港的革命同志联络。孙中山委派冯自由到华南组织革命,是因为当时在日本的同盟会广东派革命者中,冯自由与香港的接触最频繁,能够胜任联络广州及澳门同志的工作。澳门虽然列于"港粤澳"三地之末,但亦可以理解为与香港、广州地位相近的革命目标之一。

李自重(后用李炳星之名),广东新宁(今台山)人,家世比冯自由显赫,为富商李升之孙、永利源药材行东主李煜堂之子。与冯自由同样留学日本,并且结交冯自由,1903 年孙中山在东京设革命军事学校,李自重加入学习军事,为当时 14 位学生之一,后来李自重更成为革命军事学校的体育教师。③孙中山在 1905 年 9 月 8 日发出委任状派冯自由赴香港前,其实李自重早已

---

① 冯自由:《中国革命运动二十六年组织史》,《民国丛书》第 2 编第 76 种,第 51—52、55—56 页。

② 冯自由:《中国革命运动二十六年组织史》,《民国丛书》第 2 编第 76 种,第 55、60—61 页。

③ 吴醒濂编:《香港华人名人史略》,香港,五洲书局发行,1937 年,第 53 页。冯自由:《兴中会组织史》,冯自由《革命逸史》第 4 集,台北,商务印书馆,1969 年,第 18—20 页。冯自由:《东京革命军事学校补述》,冯自由《革命逸史》第 5 集,台北,商务印书馆,1969 年,第 40—42 页。陈雅整理:《从兴中会至辛亥革命的忆述——李自重回忆录(遗稿)》,中国人民政治协商会议广东委员会文史资料研究委员会编《广东辛亥革命史料》,广州,广东人民出版社,1981 年,第 209—211 页。

在 1904 年返港。① 故孙中山委任李自重,是因为他是冯自由认识两年以上的朋友,而且已经身在香港。冯自由与李自重在香港建立分会后,组织原兴中会会员加入同盟会。

1906 年,李自重之父李煜堂和李纪堂等人,从文裕堂印务公司购入《中国日报》报社,冯自由代替陈少白担任该社社长,兼中国同盟会香港分会会长。1908 年初,同盟会香港分会改选后,冯自由仍然出任同盟会香港分会会长。② 这种安排,可能是基于冯自由与李自重两人的亲属关系,正如谭永年和甄冠南在回忆辛亥革命时指出:

> 由于李煜堂与冯自由,有郎岳的关系,(冯乃李家女婿)所以随时随地,为了党的问题,无不热烈支持,加以李煜堂与杨西岩都是广东四邑籍人,(四邑是台、新、开、恩四县)因此这个中坚集团份子,多是四邑工商人物中的表表者。③

由此可知,孙中山考虑到冯自由与李自重的关系十分密切,他们既是革命同志又是亲戚,因此才任命他们共同建立华南地区的革命组织。冯李两人与广东四邑工商人物关系良好,南方支部组成后:

> 当胡展堂与冯自由两人正筹商如何打破这个军事难关时,一切问题的焦点,就是如何进行筹饷?以后又如何可以筹集百数十万元军费?以应未来军事行动的需要。为了这个使命,冯自由是责无旁贷的。于是不得不与李煜堂、杨西岩等本着公与私,党与亲之交织关系,来恳切

---

① 孙文:《给冯自由李自重的委任状》,广东省社会科学院历史研究室、中国社会科学院近代史研究所中华民国史研究室、中山大学历史系孙中山研究室编《孙中山》,北京,中华书局,1981 年,第 1 卷,第 286 页。陈雅整理:《从兴中会至辛亥革命的忆述——李自重回忆录(遗稿)》,中国人民政治协商会议广东委员会文史资料研究委员会编《广东辛亥革命史料》,第 211—215 页。

② 《李煜堂》,黄季陆主编、中国国民党中央委员会党史史料编纂委员会编辑《革命人物志》第 23 集,台北,1969—1983 年,第 462 页。冯自由:《香港同盟会史要》,冯自由《革命逸史》第 3 集,台北,商务印书馆,1969 年,第 231—232、237 页。

③ 谭永年主编、甄冠南编述:《辛亥革命回忆录》上册,台北,文海出版社,1976 年,第 175 页。

商量。①

　　冯自由太太李自平，是李煜堂女儿，两人更有"郎岳的关系"，这使李煜堂也游说同乡杨西岩支持筹饷运动。冯自由是孙中山信任的同盟会广东分会会员之一，又是香港富商李煜堂的女婿，也是李自重的好朋友。自 1903 年，冯自由已经与香港《中国日报》有公事往来，冯自由及李自重互相照应的关系，是建立同盟会香港分会的重要因素。

　　以冯自由及李自重的力量，在香港建立革命根据地当然并非难事。但他们要同时兼及"粤城、澳门等地"，就需要进一步的计划。虽然孙中山在香港医科毕业，后也曾到澳门行医，但没有充分的证据说明孙中山在澳门行医的阶段建立革命组织，或招收革命同志进行反清革命。孙中山自 1895 年计划广州起义失败后，已经被清政府通缉，回到中国很可能会被清廷逮捕；孙中山作为同盟会的主要领导之一，要主持同盟会中央会务，所以孙中山不可能亲自到澳门建立分会。

　　当时澳门只有 1895 年加入兴中会的杨鹤龄一人，也是孙中山的革命同志。孙中山与杨鹤龄、陈少白、尤列四人并称"四大寇"。但是，史家较为忽略杨鹤龄在革命活动中的具体工作。深町英夫只指出：加入兴中会后"杨（按：指杨鹤龄）服务于《中国日报》至光复前，一直在港澳居住"。事实上"杨鹤龄退出了革命运动"。② 但是，根据杨鹤龄的儿子杨国铿的回忆，当时：

　　　　我父则潜伏港澳，混入烟馆财场之中，秘密活动，宣传革命，在港澳做了大量调查，搜集情报的工作，与各方面取得紧密联系，特别是与兴中会台湾分会负责人杨心如取得密切联系。③

---

　　① 谭永年主编、甄冠南编述：《辛亥革命回忆录》上册，第 175 页。
　　② 深町英夫：《近代广东的政党·社会·国家：中国国民党及其党国体制的形成过程》(《近代中国における政党·社会·国家：中国国民党の形成过程》)，第 21 页。
　　③ 杨国铿(胡耀华访辑采)：《"四大寇"之一的杨鹤龄：二、杨鹤龄事迹补遗》，中国人民政治协商会议广东省广州市委员会文史资料研究委员会编《纪念辛亥革命七十周年史料专辑》下册，广州，广东人民出版社，1981 年，第 297 页。杨国铿：《回忆父亲杨鹤龄》，关肇硕、容应萸《香港开埠与关家》，香港，广角镜出版有限公司，1997 年，第 56—60 页。

如此看来，并非"杨鹤龄退出了革命运动"，而是在 1895 年至同盟会成立之前，他负责与台湾分会杨心如联系。他的儿子杨国铿称：他"是最早的（原文重复多了一个'的'字）同盟会员之一"，但是他在同盟会并不活跃。① 杨鹤龄不活跃于同盟会的原因，很可能是由于他时常出入"烟馆财场"，染上吸鸦片的恶习，令他没有健康的体魄从事革命运动。根据杨国铿的回忆，杨鹤龄自从参加兴中会以来，直到孙中山在 1925 年逝世，他都一直有吸食鸦片的习惯。至孙中山死后，他才"却把过去由于革命工作需要，混进烟馆而浸染阿芙蓉之癖戒掉，从而使原先面黄骨瘦的身躯，逐渐变得肥胖起来"②。

1919 年 5 月 16 日杨鹤龄致孙中山信函："自我公乙未举事（按：即 1895 年 10 月广州起义）以来，此身思为公用，望之数十年矣"。从杨鹤龄因吸鸦片而"面黄骨瘦"的情况，可以解释他一直没有被委以重任的原因。孙中山在 5 月 24 日对此信的回复是，"此间现尚无事可办，故闭门著书，倘他日时局转机，有用人之地，必不忘故人也"③。上述信件往来，一方面解释 1919 年杨鹤龄及孙中山在政治活动上的困境，同时也说明 1895 年至 1919 年，孙中山因杨鹤龄的不良生活习惯而没有重用他；另一方面也解释了孙中山没有委任熟悉澳门的杨鹤龄来建立同盟会分会的原因。

同盟会没有对"港粤澳"三地有通盘认识的革命者。自 1905 年秋，香港分会在《中国日报》报社成立后，会长陈少白、书记冯自由和庶务郑贯一等吸收"与中国日报社有关的人物"，例如黄世仲、廖平子、卢信、陈树人、李纪堂、容星桥、邓荫南等为会员。在具体革命活动上，"香港分会并未制定独自章程

---

① 杨国铿（胡耀华采访辑采）：《"四大寇"之一的杨鹤龄：二、杨鹤龄事迹补遗》，中国人民政治协商会议广东省广州市委员会文史资料研究委员会编《纪念辛亥革命七十周年史料专辑》下册，第 295 页。

② 杨国铿（胡耀华采访辑采）：《"四大寇"之一的杨鹤龄：二、杨鹤龄事迹补遗》，中国人民政治协商会议广东省广州市委员会文史资料研究委员会编《纪念辛亥革命七十周年史料专辑》下册，第 297 页。

③ 《批杨鹤龄函》，广东省社会科学院历史研究室、中国社会科学院近代史研究所中华民国史研究室、中山大学历史系孙中山研究室编《孙中山全集》第 5 卷，第 56—57 页。

或进行任何组织活动"①。这种情况要到 1906 年冯自由出任香港同盟会分会会长才有所改变。

三、乐群书室：同盟会在澳门的首个革命机关

1906 年冯自由被委任为香港同盟会分会会长。根据《革命逸史》记载，冯自由派阮亦周、刘思复、刘樾航等到澳门，在荷兰园和隆街 21 号设立同盟会机关，对外称"乐群书室"，作为宣传工作之用。② 乐群书室的成立，象征了澳门革命活动的进一步确立。

冯自由没有过问澳门分会事务，而是依靠阮亦周、刘思复、刘樾航三人来建立。阮亦周的生平不详，在日后的革命活动中亦没有见到他担任工作。刘樾航的生平资料不多，从原籍香山石岐、旅日华侨刘思复的生平资料得知：他们二人同在东京留学，阮亦周也可能是同盟会会员。根据《辛亥革命回忆录》所载，当时乐群书室是"刘思复曾假其地试验炸弹炸药"③。但是，刘思复并没有在澳门以炸药攻击保皇派人士或任何官员，而是把他试验的成果，在日后亲自对付水师提督李准，以及在 1911 年 8 月炸死钦差大臣凤山。所以，澳门乐群书室也就是刘思复的炸药暗杀实验室。

乐群书室的"炸弹炸药"实验必定是秘密进行的，而且非常危险。也许如此，乐群书室"然成立数月，仅得基本会员数人，不得已宣布解散"④。究竟"数月"之间吸收过多少新会员，冯自由在记载中语焉不详，也找不到其他有关的史料作对照。从日后的记载中，也从没有一位革命者是自称在"乐群书室"加入同盟会的，从和冯自由所称"仅得基本会员数人"一句可知，很可能是从未招收到新会员，只有原本派来的阮亦周、刘思复、刘樾航三位"基本会员"而已！

---

① 冯自由：《中国革命运动二十六年组织史》，《民国丛书》第 2 编，第 76 种，上海，上海书店，1990 年，第 97—98 页及 111 页。冯自由：《陈少白时代之中国日报》，冯自由《革命逸史》第 1 集，台北，商务印书馆，1969 年，第 103—104 页。冯自由：《香港同盟会史要》，冯自由《革命逸史》第 3 集，第 229—230 页。陈雅整理：《从兴中会至辛亥革命的忆述——李自重回忆录（遗稿）》，中国人民政治协商会议广东委员会文史资料研究委员会编《广东辛亥革命史料》，第 219 页。

② 冯自由：《澳门华侨与革命运动》，冯自由《革命逸史》第 4 集，第 77 页。

③ 谭永年主编、甄冠南编述：《辛亥革命回忆录》上册，第 56 页。

④ 冯自由：《澳门华侨与革命运动》，冯自由《革命逸史》第 4 集，第 77 页。

自 1907 年至 1908 年的武装起义均告失败后,中国同盟会的军事行动也暂时停止。同盟会"专心从事扩大其组织的活动,试图以报刊、学堂、新军为渠道浸透于地域社会"[①]。当时,同盟会在澳门开办"培基两等小学堂"。[②] 冯自由转任《大汉日报》主笔,同盟会香港分会会长由谢英伯接任。改组之后的香港分会,仍然没有明显的革命组织活动。[③]

总之,从同盟会成立(1905 年)至乐群书室结束(1907 年),这一时期,可谓国民革命在澳门的第一个阶段。虽然孙中山认为"香港、粤城、澳门"三地是同盟会在华南发展的重点,但澳门、广州在同盟会的组织上隶属香港分会之下。而且,冯自由和李自重有比较强的香港背景,但缺乏在澳门、广州的经验。所以,1905 至 1906 年期间的同盟会,只集中把原属《中国日报》有关的兴中会会员,吸纳到陈少白为首的香港分会之下。1906 年孙中山等提出国民革命的理念,同时亦是冯自由派阮亦周、刘思复、刘樾航等到澳门建立乐群书室的时候。但是,他们四人都没有在澳门活动的经验,而杨鹤龄又沉迷鸦片,未能承担开展澳门革命事业的任务。同盟会乐群书室在澳门的组织规模有限,而且又没有力量进行武装起义或主动对外宣传。所以在 1905 年至 1906 年的《澳门宪报》(*Boletim Oficial de Macau*)、《德臣西报》(*The China Mail*)、《香港孖剌西报》(*The Hong Kong Daily Press*)、《申报》、《士蔑西报》(*The Hong Kong Telegraph*)、《华字日报》、《东方杂志》、《南华早报》(*South China Morning Post*)等葡文、中文、英文报刊以及澳葡政府的档案目录中,均找不到乐群书室活动的记录。

虽然乐群书室只维持半年,在澳门清末民初 20 多年的革命历史中,看似微不足道,但事实上乐群书室的失败经验却为革命者提供了宝贵的参考意义。本来冯自由和李自重被孙中山任命"在香港、粤城、澳门等地联络同志",其主要任务明显是在于招揽革命的同道中人,增加革命同志的数目。可是,

---

① 深町英夫:《近代广东的政党·社会·国家:中国国民党及其党国体制的形成过程》(《近代中国における政党·社会·国家:中国国民党の形成过程》),第 46 页。

② "清末,小学是九年制,九年内要读完《四书》、《五经》才准毕业,由于当时分高级和初级两等,合共 9 年,因此称为两等。"引自赵连城《同盟会在港澳的活动和广东妇女参加革命的回忆》,中国人民政治协商会议全国委员会文史资料研究委员会编《辛亥革命回忆录》第 2 册,北京,中华书局,1961—1963 年,第 304 页。

③ 冯自由:《香港同盟会史要》,冯自由《革命逸史》第 3 集,台北,商务印书馆,1969 年,第 246—247 页。

当时澳门内的革命同志只有杨鹤龄可以充当联络人的角色,但却因其沉迷鸦片而未能肩负重任,因此乐群书室的建立失去了地缘人脉的有利条件。革命的意义在于联合不同的阶层进行全民革命,但是在未有任何革命组织前,革命者由于不少是知识分子,所以先以能够阅读的人为他们的优先对象。从现存仅有的记载来看,似乎乐群书室并未主动在街上宣传,或举行大型活动以作招徕,反映了当时革命仍然是处于十分初步的阶段,在开设了第一个同盟会的机构后,未能在这个基础再加发挥。因此,国民革命在澳门的机构亦以半年后"仅得基本会员数人"而结束。谭永年和甄冠南分析当时"是以保皇会和革命党在澳门并没有发生很大的作用,甚且中途消沉"[1]。究其原因,由于同盟会可以从日本调到粤港澳活动的只有冯自由,尽管他可以发挥在香港与李煜堂一家的人脉优势,却忽略广州和澳门革命发展的机会。不过,在有限的条件下,同盟会仍然能够建立乐群书室,也可说是革命难能可贵的第一步。澳门的同盟会会员在乐群书室招揽不到革命同志后,便把注意力转移到普罗大众上。革命的策略也包括了通过没有固定地点的新式粤剧团为平民大众表演带有革命宣传意义的剧目;同时,同盟会在澳门仍然以文教组织为他们的分会机构,以学校教育为基础。直到同盟会南方支部在 1909 年成立之后,革命势力重整旗鼓,在澳门的活动才有更大规模的新进展。

第二节　从澳门到光复石岐、进军广州西关

一、澳门和起义者的角色

香山起义是一次由澳门同盟分会组织、策划与领导,在石岐、前山等香山县地区举行的武装起义,并且以挥军进攻广州为结束。尽管起义并非发生在澳门,却与澳门有着割不断的联系。因此,讲述澳门与国民革命的关系,就不能不提香山起义。从现藏于台北故宫档案馆及北京中国第一历史档案馆的

---

① 谭永年主编,甄冠南编述:《辛亥革命回忆录》上册,第 56 页。

档案研究来看,清朝政府在武昌起义前后也没有关于香山起义的记载。 这次起义,由 1911 年 11 月 2 日(农历九月十二日)起事,到"辛亥年九月十六日"(公元 11 月 6 日)香山县城石岐"光复",再在农历九月十九日(公元 11 月 9 日)把起义各军在香山"改编为香军",继续北上会师广州为止,前后共历 7 日。香山起义前,澳门革命人士与香山县内民间社会进行联络安排事前工作的时间,则肯定早于 1911 年 11 月 2 日。

香山起义主要计划者之一、同盟会成员郑彼岸,曾撰写长达近 3000 字的回忆文章《香山起义回忆》,收录在"纪念辛亥革命五十周年征集的史料"的《辛亥革命回忆录》第二册。 郑彼岸又名郑岸父,郑佩刚的《〈香山旬报〉及其创办人郑岸父》一文后半部,也有论及香山起义的一些片段。 这篇以农历为纪年的史料,除详述武装革命活动筹备经过外,也提供了不少事前准备的线索。除郑彼岸外,同样参与这次秘密活动的,有东莞人莫纪彭,他晚年曾接受口述历史访问,回忆当年的革命事迹。虽然只有少量言词论及香山起义,也可略为补充郑彼岸的记载,令香山起义与澳门的关系更为详尽和全面。

香山起义所涉及的地理范围,主要包括五个地方。第一个是澳门南环

① 庄吉发:《从故宫档案看国民革命运动的发展》,《近代中国》,卷 63,1988 年 2 月,第 270—285 页。陈三井:《故宫清档所见的辛亥革命》,中国史学会编《辛亥革命与 20 世纪的中国》,北京,中央文献出版社,2002 年,第 2304—2319 页。杨继波:《中国第一历史档案馆藏澳门问题档案评介》,载《历史档案》1999 年第 1 期,第 131—133 页。中国第一历史档案馆编:《清政府镇压孙中山革命活动史料选》,载《历史档案》,1985 年第 1 期,第 34—41 页。中国第一历史档案馆、北京师范大学历史系编选:《辛亥革命前十年间民变档案史料》上册,北京,中华书局,1985 年,第 433—486 页。中国第一历史档案馆、澳门基金会、暨南大学古籍研究所合编:《明清时期澳门问题档案文献汇编》,北京,人民出版社,1999 年,第 1 至第 4 册"档案卷"。中国第一历史档案馆编:《明清澳门问题皇宫珍档》,浙江,华宝斋书社,1999 年,5 册线装版。中国第一历史档案馆编:《中葡关系档案史料汇编》上下册,北京,中国档案出版社,2000 年。中国第二历史档案馆:《中华民国史档案数据汇编》,第 1 辑"辛亥革命"(1911 年),南京,江苏人民出版社,1979 年。这些著作中引用台北故宫、北京中国第一历史档案馆及南京中国第二历史档案馆档案内容,谈及同盟会时期起义时清廷的记载,但内容却没有提及澳门或香山地区的革命运动。
② 郑彼岸:《香山起义回忆》,载中国人民政治协商会议全国委员会文史资料研究委员会编《辛亥革命回忆录》第 2 册,北京,中华书局,1961—1963 年,第 338—343 页。
③ 郑佩刚:《〈香山旬报〉及其创办人郑岸父》,中国人民政治协商会议广东省委员会、文史资料研究委员会编《广东文史资料》第 25 辑,广州,广东人民出版社,1979 年,第 143 页。
④ 郭廷以校阅,王聿均访问,谢文孙纪录:《莫纪彭先生访问纪录》,台北,1997 年。

（即今日一般称为的南湾）41 号设立的总机关,亦即澳门同盟会分会所在地,是计划及后勤基地。① 其次是策反新军的前山,作为攻打香山县城的军事基地。广东的新军是在 1903 年才正式建立的,因此在香山起义时只是有 8 年的历史而已。② 新军对清廷的忠诚度值得怀疑,而且在辛亥革命中,新军更是被策反的对象。③ 最重要的,是香山起义计划要"光复"的香山县城石岐和邻近的乡村。另外,革命者亦与香山小榄的"绿林"土匪联系,声援香山起义活动。最后,就是"光复"石岐之后北上广州。

策划香山起义的,包括主持者"邑人"郑彼岸、林君复、林警魂、萧楚碧、萧叔鸾、郑仲超、刘卓棠和东莞的莫纪彭、何振（仲达）,湖南人任鹤年等。名单中所指的"邑人",是指哪个地方的人呢？从下文"郑彼岸、林君复等衔中山先生命,负责策划在本邑起义"得知,郑彼岸所列的 7 位"邑人",都是香山人。④ 革命者莫纪彭回忆时,指出"老史家冯自由把师复（按:即刘师复,亦称刘思复）历史写在辛亥革命民军的香军里边。仿佛他系香军的一个统领。别人写的也一例（律）误笔。其实不然,香军系我与何振、林君复、彼岸（按:即郑彼岸）诸同志共同组织。虽然香军中香山同志居多,但没有师复其人"⑤。

再加上两名东莞革命者及湖南人任鹤年,合共最少有 10 位革命者,构成这次起义的骨干核心。他们都是受孙中山的命令,跟随香山同盟会会员郑彼岸,和新任澳门分会会长、主盟人林君复,受他们的共同指挥行事。

除他们之外,还有其他人协助起义的准备工作。联络各方面的起义者,

① 郑彼岸:《香山起义回忆》,中国人民政治协商会议全国委员会文史资料研究委员会编《辛亥革命回忆录》第 2 册,第 338 页。

② 莫雄:《广东新军与辛亥革命》,中国人民政治协商会议全国委员会文史资料研究委员会编《辛亥革命回忆录》,北京,文史资料出版社,1981—1982 年,第 183 页。何文平:《清末广东的新军建设及成就》,《中山大学学报论丛》,2000 年第 3 期,第 72—84 页。

③ Edmund S. K. Fung, "Military Subversion in the Chinese Revolution of 1911", in *Modern Asian Studies*, Vol. 9, No. 1 (1975), pp. 103 - 123;中文翻译本详见冯兆基《辛亥革命中的军事策反活动》,张玉法主编,林载爵、朱云汉、王可文编辑:《中国现代史论集》第 3 辑《辛亥革命》,台北,联经出版事业公司,1980 年,第 339—360 页。

④ Edmund S. K. Fung, "Military Subversion in the Chinese Revolution of 1911", in *Modern Asian Studies*, Vol. 9, No. 1 (1975), pp. 103 - 123;中文翻译本详见冯兆基《辛亥革命中的军事策反活动》,张玉法主编,林载爵、朱云汉、王可文编辑:《中国现代史论集》第 3 辑《辛亥革命》,台北,联经出版事业公司,1980 年,第 339—360 页。

⑤ 郭廷以校阅,王聿均访问,谢文孙纪录:《莫纪彭先生访问纪录》,第 42 页。

还包括前清举人高拱元和他的儿子高西平,长州黄尧轩、黄普明,溪角刘卓堂、刘蔚池、刘日三,龙聚环刘汉毕,象角彭雄佳,豪吐高胜瑚,申明亭乡杨藻云,港头乡胡孔初,安堂乡林少愉、林耀南、林仲达及南文乡萧某等,共有 16人。① 可见,他们都是负责联络人,发挥他们在香山地缘的人际网络,他们可能是负责传递消息的跑腿,令更练团响应革命。根据郑佩刚的回忆,郑岸父曾经"又到澳门南环四十一号同盟会支部策划和领导香山起义活动"②。何振也认为"广东光复首义前山",是因为刚好在当时清廷调遣广东新军第二标前往前山,而前山地理是"出澳门关闸即可望见",因此有利于澳门的革命者起义。于是,何振和莫纪彭一起赴澳准备香山起义。③

澳门在香山起义中的角色,首先是集结参与者开会之地,并讨论日后起义的组织问题。以郑彼岸的话来说,香山起义的事前活动,早在 1911 年 10 月 10 日武昌起义前,即由郑彼岸等"在澳门南环四十一号设立总机关,召集各地党人,秘密进行革命工作"。革命者在澳门的会议结果,"当时议定由林君复、林警魂两人在澳主持总机关"。④

澳门"总机关"的具体责任有三方面:第一是负责香山起义财政,起义的一切费用由林警魂负责筹措。为什么要选择林警魂担此重任? 因为林警魂是澳门同盟会林君复的从兄弟,在血缘及地缘上更有亲和力。在地缘上更是安堂乡林少愉、林耀南、林仲达的同乡。除此之外,林警魂"与港澳商人、海外华侨及各省的革命党人,相识甚多"。林警魂"向各地商人华侨捐得不少款项",于是,革命经费不成问题。⑤ 当时,"澳门富商陈芳之孙陈永安,亦加入

　　① 郑彼岸:《香山起义回忆》,中国人民政治协商会议全国委员会文史资料研究委员会编《辛亥革命回忆录》第 2 册,第 339—340 页。

　　② 郑佩刚:《〈香山旬报〉及其创办人郑岸父》,中国人民政治协商会议广东省委员会、文史资料研究委员会编《广东文史资料》第 25 辑,第 143—155 页。

　　③ 莫纪彭:《何振事略》,原刊于 1957 年 3 月 27、28 日《香港时报》,亦见《革命源流与革命运动》第 14 册,台北,正中书局,1961 年,第 564 页。

　　④ 郑彼岸:《香山起义回忆》,中国人民政治协商会议全国委员会文史资料研究委员会编《辛亥革命回忆录》第 2 册,第 338 页。

　　⑤ 郑彼岸:《香山起义回忆》,中国人民政治协商会议全国委员会文史资料研究委员会编《辛亥革命回忆录》第 2 册,第 339 页。

同盟会",与革命党人联络密切,而且"做事肯出钱",故而,受到同盟会会员重视。①

香山起义所"筹措"的资金,主要用途是什么? 从澳门收集的经费是用来购买军火的,并且偷运到中国内地。郑彼岸解释:"起义所需军火皆由澳门、香港运入石岐。"澳门"总机关"的林君复,负责安排军火从澳门送入香山,当时"安香兵轮管带某早已同情革命,林君复等商得其同意,时将大帮军火托他运入"。这样危险的工作,非由革命者的亲信负责不可,于是,"并有几名少女"加以协助,例如林寿华为主盟人林君复之妹、黄文干为黄文铎之妹、萧世冰十六姑更是参谋何振的未婚妻、刘振群是萧叔鸾之妻等,由她们担任押运装备。由于她们是女性,因此她们"能利用巧妙的伪装",避过香山关口的检查。在抵达后,上述各人均以肩舆把军火运入萧宅或大涌林家秘密收藏,准备起义之用。② 由此可见,当时的革命者让他们的女性亲属,例如妻子、妹妹做后勤,利用清廷官员只注意男性的盲点,完成偷运军火的任务。澳门关闸以北就是前山寨,把武器直接带到该地,是最方便的做法。而事实上,早在1911年4月8日,两广总督张鸣岐在黄花岗之役后,也曾在上奏军机处的电报中指出:"因广东密迩港澳,易于偷运军火,是以定在广东起事"③。可见,从澳门"偷运军火"到广东各地起义的可行性是显而易见的。

此外,澳门亦是联络前山新军起义的通讯处。留在澳门"总机关"的林君复、莫纪彭、何振和郑仲超等,负责运动驻前山的新军,这是因为"澳门距前山最近",方便联络前山寨的新军计划反清起义。当时前山新军共约3 000人驻扎,他们是由广东督练公所训练,装备齐整,纪律严明。而且军队成员年轻,自标统以下至小队长,都是陆军学堂毕业的青年人。在澳门准备香山起义的原因是香山人郑仲超和东莞人何振都是陆军速成学堂毕业,于是和前山

---

① 郑彼岸:《香山起义回忆》,中国人民政治协商会议全国委员会文史资料研究委员会编《辛亥革命回忆录》第2册,第340页。

② 郑彼岸:《香山起义回忆》,中国人民政治协商会议全国委员会文史资料研究委员会编《辛亥革命回忆录》第2册,第339页。

③ 陈三井:《故宫清档所见的辛亥革命》,中国史学会编《辛亥革命与20世纪的中国》下册,北京,中央文献出版社,2002年,第2308页。

的新军下级官长多是同学或相识。① 因此结成了一个由同乡、同学到同事的人际网络。同时，前山方面还由刘希明、苏曼殊之兄苏默斋、陈景华之弟陈自觉和陈芳之子陈永安等几十人担任联络香山县内各人的工作。② 他们之中，"新军中的营长湖南人任鹤年最为进步"，前山新军起义的计划，在"首先就与任鹤年联络"后，"进行非常顺利"。③

二、石岐的官军、团练和土匪

相比于前山，石岐的起义组织活动比较困难。由于距离澳门较远，组织较难等因素，石岐难以如前山般"进行非常顺利"。由郑彼岸负责联络香山县城石岐的防营、游击队及联络石岐的绅士，在石岐正熏街（今民生北路）萧聘一宅设立革命机关，作为革命党人会议和秘密蓄存军火的地方。④ 换言之，从澳门运来的军火，是由郑彼岸带到石岐秘密收藏。澳门分会决定在香山石岐成立一个临时基地。当时石岐守军主要是湖南人，"石岐方面一向驻副将一员（俗称协台）和防勇数百名。清末的绿营防勇本毫无战斗能力，但副将马德新是个湖南人，头脑顽固，部下的防勇也多是湖南人，号称善战。马德新派防勇把守城厢内外，甚为严密，对革命活动颇有障碍"⑤。

石岐是县城，驻有重兵，军队以绿营为主，忠诚度比新军高。不像新军能够利用同学等人际网络加以联系。也由于他们都不是香山人，郑彼岸等香山人不可用地缘背景去接近，游说他们支持这次以广东人为主的起义。很明显，澳门同盟分会计划的这次起义，不可能像在前山那样直接策动新军，而是要借用其他武力的方式。

石岐除了绿营官军之外，还有另一股武装力量，可以作为同盟会会员攻

---

① 郑彼岸：《香山起义回忆》，中国人民政治协商会议全国委员会文史资料研究委员会编《辛亥革命回忆录》第2册，第338页。

② 郑彼岸：《香山起义回忆》，中国人民政治协商会议全国委员会文史资料研究委员会编《辛亥革命回忆录》第2册，第340页。

③ 郑彼岸：《香山起义回忆》，中国人民政治协商会议全国委员会文史资料研究委员会编《辛亥革命回忆录》第2册，第339页。

④ 郑彼岸：《香山起义回忆》，中国人民政治协商会议全国委员会文史资料研究委员会编《辛亥革命回忆录》第2册，第338页。

⑤ 郑彼岸：《香山起义回忆》，中国人民政治协商会议全国委员会文史资料研究委员会编《辛亥革命回忆录》第2册，第339页。

占石岐的力量。当时除了防营外尚有县团练局,主持人郑雨初也是香山人。带领香山县团练的游击队长是武解元黄龙彰,他的兵队80人驻扎在石岐龙王庙。最后,还有香山人王作标带有县署亲兵约30人驻扎在香山县署。这些都是香山同乡"邑人",因此郑彼岸便分头说服郑雨初、黄龙彰和王作标等人宣誓加入了同盟会。结果建立了110多人的武装力量,也为日后计划夺取龙王庙和县署奠定了基础,作为同盟会在香山起义根据地。从这些工作来看,郑彼岸的说法是:"未经运动的只有县知事覃寿堃和副将马德新二人",这种说法明显是带有夸张成分。因为驻扎在县城的是以湖南人为主的防勇,当时并未加入革命军的行列。①

不过,郑彼岸也明白,起义除了需要武力外,也需要香山石岐地方势力的支持。郑彼岸指出:"至于石岐对海的长州乡,族大人多,地形上更为重要。过去便是隆都地方(即今十二区),村乡最密,华侨甚多,富有民族思想,溪角刘姓、安堂林姓、南文萧姓,均是聚族而居、人口逾万的巨族。因此,又遣人分头向各族姓的志士团勇联络"。从日后的革命活动来看,这些地方的族姓并未参加革命,但也没有加入官军镇压革命,可以说是采取中立的态度。只是,官军之势力庞大,并非只凭百多人的团练可以应付,而需要奇兵突出。于是,郑彼岸又联络了附近地方上的土匪加入,他说"小榄方面,地方辽阔,绿林最多,亦于事前派人联络其中的李就成、伍顺添二人约期举事"②。

奇怪的是,李就成、伍顺添是最后才联络的力量,却是香山起义时,最先采取军事行动的一群人!

三、从小榄、前山到石岐兵变

香山起义第一天的军事行动是在农历九月十二日(即11月2日),香山小榄的绿林豪客李就成和伍顺添等在附近沙面首先起义。石岐副将湖南人马德新得知事发而不知起义者的虚实,因此立即调黄龙彰所部游击队80人,配合协署防营百余人,到小榄围捕李就成和伍顺添等人。不过,黄龙彰已经

---

① 郑彼岸:《香山起义回忆》,中国人民政治协商会议全国委员会文史资料研究委员会编《辛亥革命回忆录》第2册,第339页。

② 郑彼岸:《香山起义回忆》,中国人民政治协商会议全国委员会文史资料研究委员会编《辛亥革命回忆录》第2册,第339页。

被郑彼岸说服,"宣誓加入了同盟会",于是,黄龙彰的游击队到达小榄后,便与李就成和伍顺添合流,而且反攻防营,打伤、打死官兵 10 余人。石岐副将马德新知事不妙,且战且走地回到石岐后,翌日即带同几位亲信人员到广州要求增援。① 湖南军人离开石岐,北走广州求援,使县城守军群龙无首,有利于数天之后的起义。

前山起义是在农历九月十五日,亦即小榄起义后第三天的 1911 年 11 月 5 日。在武昌起义之后,郑岸父"就同林君复、莫纪彭、何震(按:当为何振的同音之误)等策动前山新军起义,光复石岐"②。陈鹏超回忆当时是成立澳门同盟分会后,"未及一年期,四方来豪杰,前山新陆军,加盟既坚决"。虽然时间短,但仍然能够团结新加入的革命力量。③ 当时驻扎前山的新军已经和澳门方面联系妥当,于是,在前山恭都小学堂(后改凤山小学)开办后不久,革命党人苏默斋、刘希明、陈自觉、鲍某等由日本回来,投入学堂当学生,事实上却在暗中做地下工作,而新军普遍受到革命思想影响,也是因为他们"出力最多"所致。④ 从革命人数来看,邻近澳门的前山明显的有更多的人力资源,进行革命宣传游说,达成起义的共识。前山发动起兵的方式,也不需借用"绿林"好汉。

1911 年 11 月 5 日,准备起义的新军军官佐均齐到黄茅斜陈永安的祖居石室内开秘密会议。到了当天傍晚,前山各处一声暗号,便遍竖白旗。陈永安正是前述澳门富豪陈芳之子,他将祖居给起义军做临时基地。当时的声势令"新军的高级官长某,见势不佳,立即由前山城墙跳下,拼命向澳门方面逃去"⑤。澳门同盟分会的陈鹏超记述当时前山起义的情形是"九月十五黄昏后,大集云台好身手,发出一纸革命符,先杀标统蒋某某。前山新军预谋定,

---

① 郑彼岸:《香山起义回忆》,中国人民政治协商会议全国委员会文史资料研究委员会编《辛亥革命回忆录》第 2 册,第 340 页。

② 郑佩刚:《〈香山旬报〉及其创办人郑岸父》,中国人民政治协商会议广东省委员会、文史资料研究委员会编《广东文史资料》第 25 辑,第 143—155 页。

③ 陈鹏超:《组织澳门同盟分会》,陈卓平《爱竹斋全稿·爱竹斋诗钞初编》,台北,文海出版社,1972 年,第 196 页。

④ 郑彼岸:《香山起义回忆》,中国人民政治协商会议全国委员会文史资料研究委员会编《辛亥革命回忆录》第 2 册,第 340 页。

⑤ 郑彼岸:《香山起义回忆》,中国人民政治协商会议全国委员会文史资料研究委员会编《辛亥革命回忆录》第 2 册,第 340 页。

一接密符即响应。拔去胡旗树汉旗,全军众口齐曰胜"①。可以推断当时革命军的声势定必甚大,否则新军军官不会冒生命危险,跳墙逃往澳门,找援军回来镇压。最后,新军随即推举任鹤年做全军司令、何振为副司令,准备向石岐进发,光复香山县城。② 由于事前的充足准备,在一个傍晚,兵不血刃便驱逐清朝官员,控制了前山,并起兵进攻县城石岐。因此,胡汉民更认为这次辛亥年九月十四日,莫纪彭与何振、陈哲海、张志林及女同志郑妙乡、黄芙蓉数人,乘月夜入驻前山新军发难,"辛亥广东独立,莫先生、何振、林君复实为首义"③。

前山的起义,组织严密;石岐起义的情形,则较为松散。1911 年 11 月 5 日新军在前山起义后,石岐义军尚未接到消息,甚至大军正在攻城,他们也不知情。澳门林君复以事机迫切,于是,即日兼程返回石岐,在正熏街萧聘一家中召集革命党人开紧急会议,决定即日起义。下午,隆都方面的各乡团勇纷纷集合,向西河路进发直迫石岐。④ 但石岐城并未因马德新败走,而落入革命军手上,起义需要依靠澳门"总机关"的直接领导。当然,在林君复从澳门赶来之前,郑彼岸已经和石岐附近的民军取得联系。当时和应的各乡团勇如表 2 - 1:⑤

表 2 - 1　支持香山起义之民军的根据地、领导者与参与者数目

根据地	领导者	备　注
溪角乡	刘卓棠(华侨)	约有数百人。
龙聚环乡	刘汉华	
象角乡	彭雄佳	
豪吐乡	高胜瑚	

① 陈鹏超:《九月十五晚前山起义》,陈卓平《爱竹斋全稿·爱竹斋诗钞初编》,第 197 页。
② 郑彼岸:《香山起义回忆》,中国人民政治协商会议全国委员会文史资料研究委员会编《辛亥革命回忆录》第 2 册,第 340 页。
③ 《莫纪彭先生事略》,《革命源流与革命运动》第 14 册,台北,正中书局,1961 年。
④ 郑彼岸:《香山起义回忆》,中国人民政治协商会议全国委员会文史资料研究委员会编《辛亥革命回忆录》第 2 册,第 340 页。
⑤ 郑彼岸:《香山起义回忆》,中国人民政治协商会议全国委员会文史资料研究委员会编《辛亥革命回忆录》第 2 册,第 341 页。

续　表

根据地	领导者	备　注
港头乡	胡孔初	
申亭乡	杨藻云	
南文乡	萧某	
安堂乡	林秀	"可能曾与同乡安堂乡林少愉、林耀南、林仲达联络"。
坎下乡	梁守	

合共兵力："共不下二三千人"。①

从上表可见，当时的九路兵马的具体人数，郑彼岸也不太清楚。郑彼岸身在石岐，也只用"约有数百人"及"共不下二三千人"等约数来估计起义军数量，可知当时主事者对他们应该掌握的基本情形，也未能了解。人数可能是夸大了，以壮声势，"这些队伍虽是临时集合，并未经过训练，但革命热情很高"②。唯一比较清楚的，是华侨刘卓棠领导"有数百人"，因为他是九路人马中最有实力的一支。其余7位，也就是郑彼岸那些"联络各方面的人"。安堂乡的林秀可能是与林少愉、林耀南、林仲达联络而参加革命。其余的起义者，郑彼岸只能记起"带领各乡团勇的人，有的是华侨，有的是学生，有的是绿林豪客"③。上表中虽有坎下乡梁守，但并非事前已经"联络各方面的人"。因此，他可能是其中一位"绿林豪客"。根据李朗如和陆满对辛亥革命时期"广东民军的来源"的理解，他们绝大多数是贫农，也有小手工业者或一些从海外回来的工人。他们因为生活困苦而参加民军。④ 从中亦可推断，他们参加革命，可以改善生活。⑤

集齐各路人马后的作战计划，也是临时决定的。郑彼岸命令各队伍到达石岐后，先后在3日前才起义反正的黄龙彰驻扎的龙王庙集合分作两队。9

① 郑彼岸：《香山起义回忆》，中国人民政治协商会议全国委员会文史资料研究委员会编《辛亥革命回忆录》第2册，第341页。
② 郑彼岸：《香山起义回忆》，中国人民政治协商会议全国委员会文史资料研究委员会编《辛亥革命回忆录》第2册，第341页。
③ 郑彼岸：《香山起义回忆》，中国人民政治协商会议全国委员会文史资料研究委员会编《辛亥革命回忆录》第2册，第342页。
④ 李朗如、陆满：《辛亥革命时期广东民军概况》，中国人民政治协商会议全国委员会文史资料研究委员会编《辛亥革命回忆录》第2册，北京，中华书局，1961—1963年，第410页。
⑤ 赵立人：《辛亥光复前后的广东民军》，《近代史研究》，1993年第5期，第223—231页。

个不同团体,包括"华侨"、"学生"、"绿林豪客"的"临时集合"的军队,"并未经过训练",只凭"革命热情",其作战能力可想而知。这两三千人"一队由梁守带领,由南门入城;一队由郑彼岸带领,由西门入城"。如果要正面交锋,一定不是守军对手。不过,因为马德新已离开石岐,军队之中并无指挥,所以守城的防勇不敢抵抗。香山县知事覃寿堃是湖北孝感县进士,但曾留学日本,因此,也受新思想影响,而且更重要的是他"到任仅仅一月,见大势已去,亦不敢抵抗"。可以说,前山、石岐两次起义成功,除了因为澳门"总机关"的事先计划外,很大程度是由于守备官员不战而逃。结果两队人马安然前进石岐,除在南门及县署击毙两名防勇外,双方未发生冲突。郑彼岸带领队伍由西门进入占领县署,王作标所统带的游击队便立即投入革命队伍。香山县知事覃寿堃听到外面人声嘈杂,心知革命军已到,于是,实时匿避香山绅士洪式之家内。不过,很快被革命军得知,被带回香山县署。覃寿堃亦表示投降,翌日,交出香山县署的印信,同时撰写《申缴文》自辩,说他"怀抱民族主义,十年于兹,以事势禁格之故,延误至今,未有所展。如今交出印信,以为与清政府断绝关系之证据"①。这一天"辛亥年九月十六日"(11 月 6 日),香山起义成功光复了石岐城。

四、起义后的香山县政、防卫和进军广州西关

香山起义成功后,农历九月十七日(11 月 7 日)义军首领便在水关街协镇衙门设立机关部管理军政,并公推黄龙彰、梁鸣洗、郑雨初等主持香山县政;又在高氏大宗祠设立民政部临时办事处,公推郑彼岸(当时名岸父)、高拱元和附城一带士绅担任负责人。由于覃寿堃没有反抗革命军,并且悔过,因此名义上"仍以覃寿堃为临时县长"。同时,更重要的原因是他是前任政府的领导,仍然能"召集石岐绅商各界组织筹饷局裕筹饷糈,为前方支援。一切部署既定,秩序很快恢复了"②。陈鹏超更具体地指出"石岐知事及守将,相继剪辫愿效忠,军部随即移县城,定名香军机英声"③。可见,当时已有公开剪

---

① 郑彼岸:《香山起义回忆》,中国人民政治协商会议全国委员会文史资料研究委员会编《辛亥革命回忆录》第 2 册,第 341 页。
② 郑彼岸:《香山起义回忆》,中国人民政治协商会议全国委员会文史资料研究委员会编《辛亥革命回忆录》第 2 册,第 342 页。
③ 陈鹏超:《九月十五晚前山起义》,陈卓平《爱竹斋全稿·爱竹斋诗钞初编》,第 197 页。

辫的活动。郑彼岸及游击队长、县团练局黄龙彰等同盟会成员,正式控制
石岐。

石岐易手,清政府不会坐视不理。九月十七日(11月7日)石岐光复后,
广州方面尚未在清廷控制下,总督张鸣岐和水师提督李准仍然准备与革命军
对抗。他们得知石岐起义后,就令江孔殷乘着江大兵舰,于十八日(11月8
日)开赴石岐希望收复石岐。不料江大兵舰到达石岐海面,清军见民军声势
浩大于是不敢登陆,"民军亦在石岐海面沿岸设防扼守"。幸好九月十五日
(11月5日)晚上,起义的前山新军已赶到,于是"相持至下午,前山方面的新
军已兼程进抵石岐市郊",于是,香山县城人心稳定,江大兵舰亦退却。石岐
方面即晚接得电讯,广州亦已于18日光复。[①] 这些在时间上的巧合,正好将
革命的成果保存下来。

最后,"新军改编为'香军',立即进军广州",香军北上省城。[②]"广州市
民,热烈欢迎。未几,又改编为北伐军,随姚雨平北伐,至南北议和后,始告解
散。"[③]根据李朗如、陆满的回忆,当时"各地民军起义和广东光复后进驻广州
的情况",其中以"林义顺、任鹤年、刘世杰称香字顺军,以林义顺为司令,任鹤
年、刘世杰、何振分任标统,约有官兵三千余人"。而在人数方面,李朗如、陆
满仍指出"以上所述,只凭记忆,错漏难免"。[④] 当时在广州的满族人由于疏
于征战,因此已没有作战能力,所以对民军入城未有激烈的反抗。[⑤] 香军在
完成革命任务之后,其后发展如何?"事后,都督府委任郑岸父为光复后香山
县第一任县长。岸父辞而不受"。[⑥] 被遣散的民军,各携自备武器回乡,却因
地少人多所以无从耕作,大多数又被迫变为土匪。[⑦] 邱捷、何文平认为"民国

---

① 郑彼岸:《香山起义回忆》,中国人民政治协商会议全国委员会文史资料研究委员会编《辛亥
革命回忆录》第2册,第342页。

② 郑佩刚:《〈香山旬报〉及其创办人郑岸父》,中国人民政治协商会议广东省委员会、文史资料
研究委员会编《广东文史资料》第25辑,第143—155页。

③ 郑彼岸:《香山起义回忆》,中国人民政治协商会议全国委员会文史资料研究委员会编《辛亥
革命回忆录》第2册,第342页。

④ 李朗如、陆满:《辛亥革命时期广东民军概况》,《辛亥革命回忆录》第2册,第412页。

⑤ 汪宗猷编著《广州满族简史》,广州,广东人民出版社,1990年,第54—57页。

⑥ 郑佩刚:《〈香山旬报〉及其创办人郑岸父》,中国人民政治协商会议广东省委员会、文史资料
研究委员会编《广东文史资料》第25辑,第143—155页。

⑦ 李朗如、陆满:《辛亥革命时期广东民军概况》,《辛亥革命回忆录》第2册,第415页。

初年,广东民间有大量武器,这是晚清以来社会动乱、政府控制力减弱的结果"①。

香山起义的成功,除了澳门同盟会会员的努力外,也获得香山社会各种势力的支持。另一方面成功的原因,是清廷的守备官员逃离岗位,没有真正的战斗。邓慕韩更指广州"是次光复,兵不血刃,鸡犬无惊"②。这次由澳门同盟会组织的香山起义,以前山新军及郑彼岸所率领的民军为主,其领导权则由澳门"总机关"掌握。最明显的是:"前山新军到达石岐后,十九日改编为香军,仍以任鹤年为司令长,何振为副司令,莫纪彭为参谋长。准备呼应广州会师,即日,由郑彼岸、林君复等领队出发,支援广州,驻扎广州西关一带,严密保护市民生命财产。"③当中"林君复等领队",反映了在起义成功后,领导权仍在澳门同盟会手中。

比较前山和石岐的情况可知,前山接近澳门,人力投入方面,比石岐为多,也比较顺利。财政和武器的支持,与澳门距离的远近,影响到两地革命的顺利与否。当然,光复石岐亦有民间自愿支持的成分。④ 诚如李朗如及陆满所指,"辛亥三月二十九日广州起义以前,广东各地的民军便已非常活跃。到了武昌起义,他们纷纷在各地响应,对广东的光复起了很大的作用"。值得注意的是"民军"也包括一些清军起义转变过来的,而前山的清朝巡防营管带任鹤年也正好是其中例子。⑤ 1911 年 11 月 9 日广州光复当天,身在香港的胡汉民被选为都督,并于次日到达广州就任。⑥ 爱新觉罗·溥仪回忆"宣统三

---

① 邱捷、何文平:《民国初年广东的民间武器》,《中国社会科学》,2005 年第 1 期,第 178—190 页。

② 邓慕韩:《辛亥广州光复记》,丘权政、杜春和选编《辛亥革命史料选辑》,长沙,湖南人民出版社,1981 年,第 27 页。

③ 郑彼岸:《香山起义回忆》,中国人民政治协商会议全国委员会文史资料研究委员会编《辛亥革命回忆录》第 2 册,第 342 页。

④ 香山起义事前联络对象甚多,而且他们又不是同盟会会员,除了革命者的亲人可能会保守秘密之外,起事之前有关的消息可能已或多或少地在香山一带流传。例如"西门大街的振兴商店店主热心革命,早就把青天白日旗帜预先制就了一大批,因此在起义之日,革命军旗帜就高竖在城楼和通衢大道,随风招展了"。当然他也可能曾经与革命者联络,否则怎能在"起义之日"完成"革命军旗帜""一大批",又不怕事前被清军搜捕追究? 郑彼岸:《香山起义回忆》,中国人民政治协商会议全国委员会文史资料研究委员会编《辛亥革命回忆录》第 2 册,第 342 页。

⑤ 李朗如、陆满:《辛亥革命时期广东民军概况》,《辛亥革命回忆录》第 2 册,第 410 页。

⑥ 刘义章:《胡汉民在辛亥革命所扮演的角色》(Revolutionary Strategist: An Appraisal of Hu Han-min's Role in the 1911 Revolution),《中国现代化的起步》,香港,华风书局,1995 年,第 67 页。

年十二月二十五日,隆裕太后颁布了我的退位诏。……袁世凯一边根据清皇
太后的懿旨,被授权组织了民国临时共和政府,一边根据南方的革命党的协
议,由大清帝国内阁总理大臣一变而为中华民国的临时大总统。"①可以说,
辛亥革命成功结束清朝的帝制统治,开始中华民国时期。莫纪彭回忆时更指
出,香山起义"不特广东首义之师,且为东南各省义旗之冠",可见其在辛亥革
命的重要性。② 在武昌起义之后,澳门及香港政府也同样担心革命军会危及
殖民地的安全,但事实上当时革命是针对清朝的统治,而非日后 19 世纪 20
年代针对帝国主义的殖民地。③

　　香山起义在国民革命中具有十分重要意义。广东虽作为同盟会重要根
据地之一,但在清廷加紧追缉革命者的情况下难有作为,澳门则成功秘密组
织香山起义,其角色可见一斑。澳门邻近香山而且革命者亦有不少是广东香
山人,所以可以发挥地缘及血缘等有利条件,令革命所需物资及组织者可以
顺利往返香山准备起义。香山起义没有受到官军的全力抵抗,是由于香山本
地乡民、团练甚至土匪也支持革命者攻击清军,真正体现了国民革命联合各
阶层进行全民革命的精神。香山县城石岐光复后,民军仍然士气充足,这支
实力雄厚的民军改编为香军继续在澳门同盟会分会的指挥下进驻广州西关。
香山起义是光复广州前的一个成功的里程碑,为日后广州光复提供有利条
件。澳门虽然在辛亥革命光复广东的国民革命中有着一定的贡献,但是澳门
仍然被葡萄牙殖民统治而没有被民军所光复,亦可反映澳门同盟会在当时只
是希望利用澳门不受清廷约束的殖民地特殊地位来作为策划起义之地,而非
革命的对象。

---

① 爱新觉罗·溥仪:《我的前半生》,北京,群众出版社,2007 年,第 31 页。

② 莫纪彭:《何振事略》,原刊于 1957 年 3 月 27、28 日《香港时报》,亦见《革命源流与革命运
动》第 14 册,台北,正中书局,1961 年,第 566 页。

③ 详见澳门民政厅(Serviços de Administração Civil)档案,"Pedido de Reforços do Governo de
Macau ao Governo da Matrópole, por Oasião da Revolução Chinesa"(《澳门政府向首都政府要求援
军,在中国革命时期》),1911/11/13—1911/11/16,AH/AC/P‐03320.及英国殖民地部档案 F.D.
Lugard to Lewis Harcourt, "Chinese Revolution", from: 1911‐11‐23 to: 1911‐11‐23, CO 129/
381,pp.194‐229.

第三节 "五二九"工运与省港大罢工

一、冲突的导火线

1922年5月28日,葡萄牙士兵在澳门非礼一名华人妇女,被在场的华人殴打,最后引致华人被捕。根据澳门政府对广州军政府的回复,"本总督查葡兵侮辱华妇一节,系属子虚;又非逞凶,或别项缘由,而殴华人,至于逮捕华人一事,亦非真实"①。这种完全一概否认的态度,抹杀当日发生的一切,是一种开脱责任的态度。信函既已交代"侮辱华妇"及"逮捕华人"的细节,又说此"系属子虚",自相矛盾。

对于非礼事件的时间、地点和人物、发生过程,过往学者的研究考察,众说纷纭。广州军政府的版本是:"往联合总工会查询,该会正主任黄巨川、副主任邓毅夫、交际部长林若始出而接见。"②"林若始起答:廿八晚七时半,有斐籍(按:原文如此,当为葡籍非洲裔才对)兵士一人,在省澳轮船码头,调戏华妇"③,澳门政府的记录是:"下午6时30分"④,因此,黑人士兵非礼华妇的时间是傍晚之说,较为可信。

人物方面,主角之一多指是"一位中国妇女"。⑤ 但究竟这妇女是什么人,为什么在事发地点出现,全部没有交代。根据署理澳门总督告利亚在1922年6月13日,照会驻广州副领事馆时指出:"所有向广东政府报告非兵侮辱华妇,并认该妇为正经妇女,暨指明生事之地点各节概属捏造。缘该华

---

① 施利华:《澳门总督致葡领事转覆广东政府文》(1922年6月3日),《自由报》(O Liberal),1922年6月8日。

② 《澳门交涉案形势紧急.交涉局委员调查报告》,《民国日报》,6月11日。

③ 《澳门交涉案形势紧急.交涉局委员调查报告》,《民国日报》,6月11日。

④ 《正式公报》(Nota Oficiosa)(5月31日),载《本省政府在华人发起大罢工时期所采取的措施》,第12页。虽然此《正式公报》没有署名,但从日期及之后的档案来推断,很可能是负责戒严其间活动的统理澳门军政事务山度士(Joaquim Augusto dos Santos)所做。

⑤ 中共广东省委党史研究室、中共珠海市委党史研究室、中共中山市委党史研究室编著:《澳门归程》,广州,广东人民出版社,1999年,第92页。吴志良:《生存之道:论澳门政治制度与政治发展》,澳门,澳门成人教育学会,1998年,第226页。

妇确系妓女,名陈四妹。经在澳门警察厅领牌为妓,是聚龙通津地方第二十五号妓寮之妓女"。① 聚龙通津在澳门关前正街(Rua dos Ervanários)至烂鬼楼巷(Travessa do Armazém Velho)中的一节小街巷。而葡萄牙士兵多指为非洲黑人葡兵;根据澳门政府档案,他是"一位莫三比及土著兵团的军事人员,与一群华人发生个人事件,因此而受袭"②。

非洲兵为什么会被在场的华人冲击,对此连澳门政府也没有一个统一的版本。只是指出:"缘五月廿八日下午,在本澳街道上,有一非洲兵士及一华人发生个人冲突,查此事有二说:一谓该兵在一妓寮门首站立,向妓女口出数语,随以肘撞该妓女。一谓该兵只站立观看该妓女云。"明显地,后者"只站立观看该妓女",是不可能引起在场华人不满,继而上前殴打士兵的。因此,前者的"向妓女口出数语,随以肘撞该妓女"之说,较为可信。下文又指:"该非兵因昔日已认识该妓,故拉其手作调戏状。当时有一华人在旁,推该非兵倒地,此本案发生之实情也。"③这里已承认葡兵是有"作调戏状"的。

地点方面,非洲士兵非礼华妇的"本澳街道"或"妓寮门首"。不少中国学者都指事发在"果栏街"(Rua da Tercena)④,也有指是"新马路"(亦即亚美打利庇卢大马路,Avenida de Almeida Ribeiro)⑤。不过,根据澳门政府的说法,指"此次生事,并非在捷成警区傍面之招商局码头,乃在澳门腹地船澳口街发生者。该街附近聚龙通津,距招商局码头甚远。该妇当时站在船澳口街廿六号妓寮门口",⑥船澳口街亦即船澳街(Rua da Doca Seca)。这些地方都在澳门市场区,由于邻近内港码头,是华人工人众多的地方。"果栏街"往南一节,就是关前正街,在聚龙通津之旁。

① 署理澳门总督告利亚:《照会驻广州副领事馆》,《自由报》(O Liberal),1922年6月8日。
② 《正式公报》(Nota Oficiosa)(5月31日),《本省政府在华人发起大罢工时期所采取的措施》,第10页。
③ 施利华:《澳门总督致葡领事转覆广东政府文》(1922年6月3日),《自由报》(O Liberal),1922年6月8日。
④ 中共广东省委党史研究室、中共珠海市委党史研究室、中共中山市委党史研究室编著:《澳门归程》,第92页。
⑤ 谭志强:《澳门主权问题始末:1553—1993》(Disputes concerning Macau's sovereignty between China and Portugal:1553-1993),台北,永业出版社,1994年,第214页。
⑥ 代行澳门总督告利亚:《照会驻广州副领事官》(1922年6月13日),《自由报》(O Liberal),1922年6月8日。

事件经过大致是:莫桑比克兵与华人妓女发生身体冲突,地点是"澳门腹地"的华人市集。在场华人,眼见一名中国女子当街被外国人侵犯,不论非洲兵是否认识该女子,又或不论该女子是否妓女。在公开场合非礼或"以肘撞"女性,也是十分过分的行为。

于是,这非洲葡萄牙兵及华人妓女的冲突,先"被旁观华人劝阻",亦即"适当时,有华人一名,偕华人五名,经过该街。操西洋语,戒该兵不应如此对待该妓女。彼此答辩,但未查出该兵有詈骂华人之事"。[1] 这6位涉事者是谁? 其中一人是被捕者周镜,另外5名华人并未有任何其他记载。

6名华人上前阻止,初为口角,继而动武。"旋该华人等,将该兵士追击殴打致受重伤,送入医院。经医生查,该兵因伤,十一日内不能当差云。"[2]如此看来,警察到场之前,是没有其他人在场协助非洲葡萄牙兵的。葡萄牙兵身上也没有携带武器,否则一名军人如何会坐以待毙,重伤至"十一日内不能当差"?

澳门政府对此事的评论是:"该非洲兵与妇人及逞凶之人,所发生之事,乃属道路时时发生者,即欧美各国及中国各地,亦常有之类似之案。"[3]这类"时时发生"、"常有"的中葡之间军民冲突,也是造成其后警局被一批群众包围的原因之一。

(一)包围捷成警署

周镜被捕后,巡警"带他到捷成警区,在警区之前,事件随之而起,为了一名囚犯集合了一群人"[4]。警区的位置,"白眼塘前地海滨之捷成戏院,歇业后改作澳葡警察分署",因此又叫作捷成警区。[5] 其位置是招商局码头旁,即今日白眼塘横街一带。

---

① 施利华:《澳门总督致葡领事转覆广东政府文》(1922年6月3日),《自由报》(O Liberal),1922年6月8日。

② 施利华:《澳门总督致葡领事转覆广东政府文》(1922年6月3日),《自由报》(O Liberal),1922年6月8日。

③ 施利华:《澳门总督致葡领事转覆广东政府文》(1922年6月3日),《自由报》(O Liberal),1922年6月8日。

④ 《正式公报》(Nota Oficiosa)(1922年5月31日),《本省政府在华人发起大罢工时期所采取的措施》,第10页。

⑤ 王文达:《澳门掌故》,澳门,澳门教育出版社,1999年,第229页。

　　周镜被捕进入警局后,"片刻之后,聚集了一大群人开始说立即释放犯人"。① 为什么群众会聚集如此之快呢?捷成警区的地理位置,十分接近被捕地点,在十月初五街与亚美打利庇卢马路交界,步行不足三分钟。当中群众,肯定有不少目睹事情经过。包围的群众,要求释放周镜。晚上,包围捷成警署的人越来越多,当中包括工会人员,周镜是工会的会员。澳葡当局认为:释放周镜是"由于这样荒谬的要求,完全是违反法律的,不可能被容许,他们以公开敌视及抨击警员来取得受欢迎"②。由民众提出释放周镜,继而演变成警民冲突。

　　周镜被捕后,其中一位工会的领袖"黄巨川随即当面请求两次,警司谓须明日庭讯清楚,方能放人。华工等见无解决,遂愈聚愈众"③。不过,当时警方也打算化解此事,厅长陆军上尉贾巴素"立刻到场,力劝谕各人解散","并对众宣布:'如查出被拘者无罪,定必释放'"。当时群众反应如何?"不料彼等人数愈益加多,向该长毫无敬礼,且向警区掷石,并声言恐吓如再不放人,即用强力以达目的云。"但因为释放犯人,要有保释的手续,包括订定保释金额及交款。警局对在场的工人表示,"虽然已通知那犯人会送走去裁判及他出去是要裁决保释金的,可以在给予之后重获自由,但数小时已经过去却没有人把这笔钱交上",于是警局"却没有收到,如此继续囚禁"④。事件一直持续,"当二十八日晚九时三十分钟,在经过和平调处三小时之后,该厅长恐捷成警区有危险之虞。特以电话求派步兵到区保护,因该区只有警察八名,并每晚只有非洲兵四名巡查海岸而已"⑤。由此可见,事发的 6 时半,至周镜被捕的短短三小时,群众聚集之多,一定已到了 12 名捷成军警无法控制的程度。

　　人群"那时候不愿意服从当局散开的命令,加厚了他们的人排令到更难

　　① 《正式公报》(Nota Oficiosa),1922 年 5 月 31 日,《本省政府在华人发起大罢工时期所采取的措施》,第 12 页。

　　② 《正式公报》(Nota Oficiosa),1922 年 5 月 31 日,《本省政府在华人发起大罢工时期所采取的措施》,第 10 页。

　　③ 《澳门交涉案形势紧急.交涉局委员调查报告》,《民国日报》,1922 年 6 月 3 日。

　　④ 《正式公报》(Nota Oficiosa),1922 年 5 月 31 日,《本省政府在华人发起大罢工时期所采取的措施》,第 13 页及第 11 页。

　　⑤ 施利华:《澳门总督致葡领事转覆广东政府文》,1922 年 6 月 3 日,《自由报》(O Liberal),1922 年 6 月 8 日。

以对付,在短暂的时间组成了长达一公里多的暴民,我见到其中拿着横幅和旗帜的个人,你看看每个人的态度更加吓人,去达到他们的目的,变成有必要派出欧洲步兵团(Comparhia Europeia de Infanteria)"①。包围的人数众多,因此不可能"把犯人立即送往司法权力仲裁给他保释,事实上是不可行的,而只可继续囚禁他"②。"乃该代表等绝不缴款到保,故要挟释人一节暨非洲军人一事,实为彼等藉词以作乱耳。"③捷成警署只好另想办法,向军队求援。从此,军队的介入,又令事件升级。

欧洲步兵团出动,但派出的军队亦不多。只有一"步兵营","计派出之步兵队共四十名,以少尉一员,带领由加思栏兵房开往捷成警区,经过亚美打利大马路(即新马路),被人用石掷击,又有人在窗门及瓦面开手枪轰声"。④这条行军路线,是可能正面遇到上述"长达一公里多的暴民"的。当中值得一提的是,步兵营被"窗门及瓦面开手枪轰声",可知当时亚美打利庇卢大马路(即新马路)的群众,当中有人藏有枪械!根据广州交涉局委员调查报告,"迄九时四十分,有葡兵一队,约四十余人,在新马路新昌公司门前,无故开枪毙华工一名,伤一人,刺伤二人,并刺死十余龄女子一人,其尸体两具,即用摩托车运往他处"⑤。但葡方的资料没有交代这一节。

从统理澳门军政事务的山度士于5月30日所发表取缔工会的名单及会址来推断,会址在新马路的涉事工会有14个,按门牌次序分别是相辉工会(十三号二楼)、广义建筑工会(十九号三楼)、百货工业联爱会(五十一号三楼)、摩托车澳门支部(八五号楼下)、友坭水工会(九十一号二楼)、联义洗衣工会(九十九号三楼)、和衷工会(一二一号二楼)、理发工学社(一二一号三楼)、维业工会(一三一号二楼)、协助工会(一三三号二楼)、东乐工会(一三三号三楼)、澳门文艺工会(一四三号二楼)、联益渔业工会(一四三号三楼)、旅

---

① 《正式公报》(Nota Oficiosa),1922年5月31日,《本省政府在华人发起大罢工时期所采取的措施》,第11页。

② 《正式公报》(Nota Oficiosa),1922年5月31日,《本省政府在华人发起大罢工时期所采取的措施》,第10页。

③ 施利华:《澳门总督致葡领事转覆广东政府文》,1922年6月3日,《自由报》(O Liberal),1922年6月8日。

④ 施利华:《澳门总督致葡领事转覆广东政府文》,1922年6月3日,《自由报》(O Liberal),1922年6月8日。

⑤ 《澳门交涉案形势紧急·交涉局委员调查报告》,《民国日报》,1922年6月3日。

澳中国药材工会(一五十号三楼)。① 其中,相辉工会最接近捷成警区,旅澳中国药材工会则在新马路街尾。因此,可能对葡萄牙援军"开手枪轰声"的,会在联益渔业工会或旅澳中国药材工会的三楼"窗门及瓦面"的位置。

事件在流血冲突之后,更加升级。"华工等闻报,益加忿激,即于是晚十二时,召集紧急会议,举出代表林若始、张来、林卓堂、吴道清四人,往见警司质问,并请立释放被捕华工。警司仍置不恤,转嘱代表婉劝华工退下。"②当时,"长达一公里"的群众,以及新马路工会的聚集,使援军无法前行,只好暂时退回。"虽然同一支军队返回,敌意仍未消减,反之是加重的,因为由于被挑衅、被侮辱及完全的不尊重。"③很奇怪,澳门政府一直没有谈及"被挑衅、被侮辱及完全的不尊重"的具体情况,也许是涉及一些较为轻微的袭击,或带有种族歧视的厌恶性语句。"当时另有高级体面官员数员,即工程司长地李古、律政司亚美打、军政司利麻等,经过该马路,欲往警区向各人劝解,均被掷石打击。"④当时情况似乎十分混乱,"当有兵士三名,向空放枪,经带队官制止"。开火的方向,可能是针对从上而下的袭击。当时除摩托车澳门支部设在地面外,其余7所工会会址是在3楼,6所会址设在2楼。

"向空放枪"之后,不知是人群散退,还是葡军转走其他路线,援军"随即静谧安抵捷成区所,沿途并不回击"。这时葡方军警最少已有52人。5月29日晚上"约至二时半,复派侦缉长刘康善对众宣言:'一小时内,便即放人,嘱众人勿过喧哗'。不图迟之又久,仍无放人之事"。⑤ 当时捷成警区的援军,"到区后经十五小时之久,……及后该步兵营,代理营长陆军中尉飞利喇复亲到场,因该营长乃有声望之军官,曾参加欧战得有本国及协约各国奖章,为军队所尊崇者,是以警区特请其到场镇压,劝各兵士心气和平"⑥。为什么当时

① 统令澳门军政事务山度士:《澳门军政司布告》,《澳门宪报》,1922 年 5 月 30 日,第 393 页;及《本省政府在华人发起大罢工时期所采取的措施》,第 24 页。

② 《澳门交涉案形势紧急 交涉局委员调查报告》,《民国日报》,1922 年 6 月 3 日。

③ 《正式公报》(Nota Oficiosa),1922 年 5 月 31 日,《本省政府在华人发起大罢工时期所采取的措施》,第 13 页。

④ 施利华:《澳门总督致葡领事转覆广东政府文》,1922 年 6 月 3 日,《自由报》(O Liberal),1922 年 6 月 8 日。

⑤ 《澳门交涉案形势紧急.交涉局委员调查报告》,《民国日报》,1922 年 6 月 3 日。

⑥ 施利华:《澳门总督致葡领事转覆广东政府文》,1922 年 6 月 3 日,《自由报》(O Liberal),1922 年 6 月 8 日。

有这样多的正规军驻守在警区之外达 15 小时？这是因为包围警区的群众，也在这 15 小时内，不停增加。这段时间，工会的角色亦很重要，他们支持包围警区的群众。他们人数众多，"被受盖乱徒等聚众至数千人，执有各工会旗牌，不准行人通过，及禁止输送军士饭食"①。

当时被围的警员及军队有缺粮的可能，也会被数千人突围及枪击。附近的工会介入，民众"于是且用桌子、车辆、竹竿等，堵塞街道，显然作乱行动"②。不仅封锁当地，工会亦把包围升级，绝粮之外，也不许其他人来增援。甚至"有西国人客欲搭来往轮船，被彼等阻止，不准通过。并有货物，欲附轮船，亦被阻挡。回邮政局邮件送往轮船，亦被阻留不放。所有送给官兵饭食，亦被掠夺，有一水师兵轮管带，乘车欲回兵轮，被彼等扯下车中两次推拥，推拥不准通过。又公私小轮，欲泊码头，亦被彼等强令离开"③。捷成警区一带，已完全被群众封锁。"而彼等又鼓噪詈骂，及对于军队指面恐吓挑激之各种行为同时发作后"④，"他们已经满足于这些反叛及颠覆行为，这暴动彻夜举行，有些叫嚣声"⑤。因此，官兵认为他们受到威胁。

围困捷成警区期间，工会及群众也应是同样缺乏粮食的。但是"在此时间内，彼等有人送伙食，分给食用"。很明显，这是作长期包围之势。值得注意的是，当时尚未有流血事件，但救护队却出现了。"又有多人未经政府承认，而自认为红十字会员，臂缠红十字标记，在路上行走携带绷带及救伤药品，预备给伤者使用，可见彼等预先已谅及有受伤之事，以此足见彼等预先图谋筹备矣。"⑥工会蓄有救伤药品，不足为奇。但早已预备救护队，也就是早已准备出现流血事件。

---

① 施利华：《澳门总督致葡领事转覆广东政府文》，1922 年 6 月 3 日，《自由报》(O Liberal)，1922 年 6 月 8 日。

② 施利华：《澳门总督致葡领事转覆广东政府文》，1922 年 6 月 3 日，《自由报》(O Liberal)，1922 年 6 月 8 日。

③ 施利华：《澳门总督致葡领事转覆广东政府文》，1922 年 6 月 3 日，《自由报》(O Liberal)，1922 年 6 月 8 日。

④ 施利华：《澳门总督致葡领事转覆广东政府文》，1922 年 6 月 3 日，《自由报》(O Liberal)，1922 年 6 月 8 日。

⑤ 《正式公报》(Nota Oficiosa)，1922 年 5 月 31 日，《本省政府在华人发起大罢工时期所采取的措施》，第 12 页。

⑥ 《正式公报》(Nota Oficiosa)，1922 年 5 月 31 日，《本省政府在华人发起大罢工时期所采取的措施》，第 12 页。

（二）通宵对峙

到了"廿九日上午约十时许,据警察厅长贾巴素报告,保护捷成警区各军士,已极疲倦,又无食物充饥,因此官长发令,另派步军前往替换","但该厅长又恐兵队一到,益激众愤,随请暂缓派来"。可是,已经来不及,虽"因嘱来换军队,由海路前往。以免陆路开拔,惊吓居民。嗣该厅长,仍恐兵来,激动众怒,乃于兵已开行之际,复请令该兵退回。但此时兵已乘轮拖开行,无法向该轮拖通知"。贾巴素"谕饬陆军中尉飞利喇,即上文所指欧战立功之员,即往码头令轮拖切勿泊岸,及不可令兵士登陆。该中尉正遵令前往码头阻止,适于此时遽生巨变"。① 这个"巨变",就是开枪镇压包围的华人群众。

中葡双方的报告对"五二九"事件的起因,有不同的诠释。葡方强调黑人葡兵冒犯华人妇女之事并非罕见,因此,华人反应激烈地上前殴打葡兵及包围警局,都是澳葡政府的意料之外。葡兵在守卫警局,面对来自工会射出的流弹及在场华人群众的辱骂时,仍然保持克制。不过,葡萄牙方面的报告却有意隐瞒增援部队进入新马路时曾经杀害女童,淡化5月29日上午开枪杀害华人及处理尸体的不当之处。广州革命军政府的报告指斥葡萄牙士兵冒犯华人妇女及葡兵用中国国旗包裹华人尸体,均属对华人的侮辱。广州军政府认为有责任为这些受到不公平对待的华人及被害者主持公道,甚至封锁及攻打澳门也是情理所在,反映当时的民族主义色彩。当然,在广州革命军政府的报告中找不到对华人袭击葡兵的批评,也找不到澳门工会是否需要对事件负上责任等问题的讨论。不过,中葡双方的报告都没有确切地提出事件是否有幕后的组织者。葡方的报告只是暗示事件是"歹人"所为,而并没有指名道姓地指责工会成员,更没有提及广州政府与事件的关系;广州政府方面没有交代事件背后,除了澳门中、葡民族的社会矛盾外,有否其他政治力量牵涉其中。由此可见,澳葡政府在镇压事件后的数天,仍然未能肯定包围警局事件是否出于民众的自发行动。

如果进一步分析包围捷成警区在国民革命中的意义,最明显的这是中国国民党自从1917年在广州建立革命政权后第一次尝试收回欧洲列强控制下的中国土地,可谓反帝国主义的先声。其次,中国国民党在澳门运用工会的

---

① 施利华:《澳门总督致葡领事转覆广东政府文》,1922年6月3日,《自由报》(O Liberal),1922年6月8日。

组织力量,动员群众加入以包围捷成警区,体现了国民革命动员各阶层的特质。事件由葡籍非洲士兵当众非礼华人妇女开始,接着是华人追打葡兵后剃发匠周镜被捕,华人工人愤然包围捷成警署引起到场增援的葡兵与华人之间发生冲突,最后以中葡双方对峙一晚后葡兵开枪射杀华人结束,均反映殖民地的种族矛盾,亦为澳门国民革命增添民族主义色彩。"五二九"事件引来华人对澳葡政府的不满,纷纷罢工、罢市及响应广州政府的号召回乡,反映在澳门生活的华人政治上对广州政府的认同。虽然这次国民革命未能攻入捷成警区,但却唤醒了澳门华人的反帝国主义情绪。中国共产党在广州及澳门也支持中国国民党收回澳门,说明国共双方在反帝国主义的主题下有着共同的信念,可以一起合作推动国民革命。所以,纵使"五二九"事件最后被镇压结束,但仍然意义深远。

二、省港罢工潮中的澳门

由于过往在澳门进行的国民革命活动大都是地下组织的,因此,每多依赖革命者事后的回忆来加以研究。但是,由于省港大罢工酝酿甚久,而且历时14个月,因此,在20年的澳门国民革命历史中更显得重要。而且,从现存的史料中,发现了关于这次革命详尽的史料,亦反映葡萄牙方面掌握不少关于这次罢工活动的情报。

(一)澳葡政府的准备工作

1925年6月30日正是封锁香港之初,澳门市面平静如常"仍然没有罢工"①。不过,澳门立法会却在1925年7月1日举行秘密会议,急谋未来的对

---

① "Telegrama do Encarregado do Governo de Macau, Joaquim Augusto dos Santos, para o Ministro das Colónias, comentando a grave situação de Hong Kong e informando que Macau continua em sossego e sem greves (30 de Junho de 1925)", in 日谅(Alfredo Gomes Dias)辑录及手稿释读、萨安东(Antonio Vasconcelos de Saldanha)主编;金国平翻译, eds., *Coleccao de Fontes Documentais para a Historia das Relacoes entre Portugal e a China: Documentos Relativos as Greves de Hong Kong e Cantao e a sua Influencia em Macau*, 1922-1927, Macau: Fundacao Macau, Centro de Estudos das Relacoes Luso-Chinesas, Universidade de Macau, 2000. p. 415.

策。① 尽管当天葡萄牙驻伦敦外交代表马都嗉（Norton de Matos）已取得英国答应在必要的时候，派兵协助澳门防守的承诺②，但在会议之后，署理总督山度士仍然决定加强澳门的军事防御。③ 同时，还向海外部报告华南局势，注视香港罢工的蔓延速度，因为当时澳门政府已经预料省港罢工很可能波及澳门，虽然根据1925年7月3日的情况来看，当时澳门仍然平静如常。④ 但每当广州及香港方面告急，澳门都会向殖民部要求增援澳门的军事力量。⑤ 值得注意的是，虽然情况危急，山度士也担忧如果外国军队到澳门驻防，可能

---

① "Acta da sessão secreta do Conselho Legislativo de Macau (1 de Julho de 1925)", in 日谅（Alfredo Gomes Dias）、萨安东（Antonio Vasconcelos de Saldanha）主编；金国平翻译, eds., *Coleccao de Fontes Documentais para a Historia das Relacoes entre Portugal e a China：Documentos Relativos as Greves de Hong Kong e Cantao e a sua Influencia em Macau*，1922‒1927，p. 419.

② "Ofício do representante diplomático português em Londres, Norton de Matos, para o Ministério dos Negócios Estrangeiros sobre a situação da China e as posições políticas seguida pela Grã-Bretanha (1 de Julho de 1925)" in 日谅（Alfredo Gomes Dias）、萨安东（Antonio Vasconcelos de Saldanha）主编；金国平翻译, eds., *Coleccao de Fontes Documentais para a Historia das Relacoes entre Portugal e a China：Documentos Relativos as Greves de Hong Kong e Cantao e a sua Influencia em Macau*，1922‒1927，p. 422.

③ "Telegrama do Encarregado do Governo de Macau, Joaquim Augusto dos Santos, para o Ministério das Colónias, sobre a situação em Cantão e Hong Kong e referindo a necessidade de reforçar militarmente a cidade de Macau (1 de Julho de 1925)", in 日谅（Alfredo Gomes Dias）、萨安东（Antonio Vasconcelos de Saldanha）主编；金国平翻译, eds., *Coleccao de Fontes Documentais para a Historia das Relacoes entre Portugal e a China：Documentos Relativos as Greves de Hong Kong e Cantao e a sua Influencia em Macau*，1922‒1927，p. 424.

④ "Telegrama do Encarregado do Governo de Macau, Joaquim Augusto dos Santos, para o Ministério do Ultramar, comentando a situação na China, o alastramento das greves de Hong Kong e continuando a afirmar que o movimento grevista ainda não tinha chegado a Macau (3 de Julho de 1925)"及 "Telegrama de do Encarregado do Governo de Macau, Joaquim Augusto dos Santos, para o Ministério das Colónias, comentando a situação em Cantão, Hong Kong e Macau (8/10 de Julho de 1925)", in 日谅（Alfredo Gomes Dias）、萨安东（Antonio Vasconcelos de Saldanha）主编；金国平翻译, eds., *Coleccao de Fontes Documentais para a Historia das Relacoes entre Portugal e a China：Documentos Relativos as Greves de Hong Kong e Cantao e a sua Influencia em Macau*，1922‒1927，p.429，p.431.

⑤ "Telegrama do Encarregado do Governo de Macau, Joaquim Augusto dos Santos, para o Ministério das Colónias, pedindo novamente o reforço militar de Macau face á grande instabilidade que se vivia em Cantão e Hong Kong (11/16 de Julho de 1925)", in 日谅（Alfredo Gomes Dias）、萨安东（Antonio Vasconcelos de Saldanha）主编；金国平翻译, eds., *Coleccao de Fontes Documentais para a Historia das Relacoes entre Portugal e a China：Documentos Relativos as Greves de Hong Kong e Cantao e a sua Influencia em Macau*，1922‒1927，p.433.

亦会对澳门构成威胁,因此,澳门政府不太愿意与外国部队合作。①

　　1925 年 7 月 7 日,由中华全国总工会省港罢工委员会编制的《工人之路特号》所指,"据船务报告,现在停顿在港者九十艘,其中有五十二艘是英国的"②。这次罢工运动的性质十分明显,就是希望借封锁香港来令港英政府屈服,最终达至收回香港的目的。不过,在港英殖民地部档案中有关这场罢工的内容很少提及澳门的情况,这是可能香港本土局势已是甚为困难。③ 然而省港大罢工仍然继续推展,例如国民党在 1925 年 7 月 7 日收到"澳门被逐难民代表蔡霖等报告:'惨被澳门政府驱逐情形,业经本会特函贵处,提出抗议。并即设法安置',在案。兹复接中国济难总会干事会呈报:'澳门同胞惨遭葡政府无理压迫,请予援救'"④。由此可知,国民党援助涉及而省港大罢工被澳葡政府驱逐的华人,并向澳门政府交涉。又例如,谭平山、林祖涵也负责协助省港大罢工期间交通往返的秩序,一方面希望封锁香港来达到工运的目标,又希望不影响民众的生活。⑤ 于是,香港政府立即要求"华人必须出口时,须有相当之店铺具结图章担保,并书明出口理由",否则"违犯私自出口而

　　① "Telegrama do Cônsul de Portugal em Cantão, Félix Horta, para o Ministério dos Negócios Estrangeiros, comento a pouca vontade do governo de Macau em colaborar com a força internacional (16 de Julho de 1925)", in 日谅(Alfredo Gomes Dias)、萨安东(Antonio Vasconcelos de Saldanha)主编;金国平翻译, eds., *Coleccao de Fontes Documentais para a Historia das Relacoes entre Portugal e a China*: *Documentos Relativos as Greves de Hong Kong e Cantao e a sua Influencia em Macau*, 1922 - 1927, p.434.

　　② 《红毛鬼之自供》,中华全国总工会省港罢工委员会编《工人之路特号》第 13 期,广州,全国总工会省港罢工委员会,1925 年 7 月 7 日。

　　③ 有关记载详见英国殖民地部档案,R.E. Stubbs to Secretary of State, "Strike Situation", from: 1925 - 06 - 26 to: 1925 - 06 - 26, CO 129/488, pp. 450—460 及英国殖民地部档案, R. E. Stubbs to Amery, M. P., "Strike and Boycott", from: 1925 - 10 - 30 to: 1925 - 10 - 30, CO 129/489, pp.423 - 526 等。

　　④ 台北中国国民党中央委员会党史委员会档案,国民政府.中央-秘书处:《速件一件:函国民政府必办澳门放逐难民案》,〔1925 年〕7 月 7 日。中国国民党中央委员会党史委员会藏原件,"汉口类·号 14567"及国史馆档案:《中国国民党党员请求救济案》,国民政府,1926 年 7 月 1 日至 1945 年 9 月 8 日,125 - 0552.1893。

　　⑤ 台北中国国民党中央委员会党史委员会档案,"中国国民党中央委员会·秘书处"谭平山、林祖涵:《省澳交通恢复》,〔1925 年〕10 月 27 日送缮。中国国民党中央委员会党史委员会藏原件,"汉口类·号 13999"。

不报告者,查出递解出境十五年!"①

　　这次罢工虽然主要是针对英国,但英国政府与葡萄牙政府关系密切,而且澳门和香港一向海上交通往还频繁,对罢工者来说封锁澳门也是势在必行。最有效封锁澳门的方法,当然是发动香山县南部前山一带的工人,正式成立驻前山纠察队,在关闸以北防卫、巡逻。正如《工人之路特刊》上所载《驻前山之工友热心工作》中所指,"前山有自港回省之罢工工友百余人,组织临时纠察队,搜查出口粮食甚严"②。由此可见,早在1925年7月17日,亦即罢工开始后不足一个月,罢工潮已影响澳门。中华全国总工会省港罢工委员会的考虑是"轮船等运输粮食由澳门接济香港,并运动罢工工友回港作工,纠察队以兹事重大"。最后在前山的工人"并请批准正式成立(按:纠察队)。可见前山的罢工工友之热心工作矣"③。其实在同一天,"昨日(1925年7月17日)澳门酒楼工会派代表二人,到省港罢工委员会陪同罢工工友,并送回捐款二百元接济工友"④。可见在澳门的工人也受中华全国总工会省港罢工委员会号召支持罢工,成为澳门地区参与这场罢工的先锋。山度士有见于此,在1925年7月19日向殖民地部解释广州、香港及澳门三者在这次罢工中的密切关系,而且指出"中国仍然保持废弃不平等条约的立场"⑤。罢工工人亦不甘示弱,在纪念沙基惨案一个月纪念日发表文章,坚持"为死难烈士复仇! 坚

　　① 《香港限制华人出口之苛例》,中华全国总工会省港罢工委员会编《工人之路特号》,第22期,1925年7月16日。

　　② 《驻前山之工友热心工作》,中华全国总工会省港罢工委员会编《工人之路特号》,第23期,1925年7月17日。

　　③ 《驻前山之工友热心工作》,中华全国总工会省港罢工委员会编《工人之路特号》,第23期,1925年7月17日。

　　④ 《澳门酒楼工会援助工友》,中华全国总工会省港罢工委员会编《工人之路特号》,第24期,1925年7月18日。

　　⑤ "Telegrama do Encarregado do Governo de Macau, Joaquim Augusto dos Santos, para o Ministério das Colónias, comentando a situação em Cantão, Hong Kong e Macau e acrescentando que a China mantinha a mesma posição de querer renunciar os tratados desiguais (18/19 de Julho de 1925)", in 日谅(Alfredo Gomes Dias)、萨安东(Antonio Vasconcelos de Saldanha)主编;金国平翻译, eds., *Coleccao de Fontes Documentais para a Historia das Relacoes entre Portugal e a China: Documentos Relativos as Greves de Hong Kong e Cantao e a sua Influencia em Macau*, 1922-1927, p.436.

持罢工到底！打到帝国主义！民族解放万岁！"①可见,这场以工人罢工为手段的运动,带有强烈的反对殖民主义的政治色彩。而事实上港英政府也因此而增加了额外开支,来应付这次罢工。②

（一）省港大罢工初期

就在 1925 年 8 月 3 日至 4 日,亦即在省港大罢工开始之初,反英情绪日益上升,虽然香港罢工的形势并非十分严重,但是澳门却开始受到"广州的挑衅"。换言之,从广州国民政府以来的挑战在省港大罢工之后一个月已经开始,不过当时广州的革命者只是试探而已,因此澳门"仍然平静"③。但是,从葡萄牙方面的情报显示,这次挑战是与广州政府内的共产主义者(comunista)有关。④这些来自共产主义者的挑战,更在不足一个星期后的 1925 年 8 月 11 日再次出现,而且共有 150 名罢工者(150 grevistas)与 90 名共产党军队（90 soldados comunisats）抵达澳门内港以西的对面山（Lapa Xinsan）地区集结,一直在当地聚集了大约一个星期,负责截查出入口船只,

---

① 《沙基死难烈士周月纪念》,中华全国总工会省港罢工委员会编《工人之路特号》,第 29 期,1925 年 7 月 23 日。

② 从香港的档案处中直接有关澳门及这次罢工的材料不算十分多,当中提及这次罢工开支的档案,详见英国殖民地部档案,"Advance Account—Expenses of Strike—Land Office Staff",CSO 1301/1925CSO 1301/1925,07.07.1925—29.07.1925,HKRS58 - 1 - 135 - 72。有关香港政府与这场罢工关系最详尽的记述为 Kotewall report: The Strike of 1925,香港政府档案处藏档案书籍,编号 BK001993,索书号 2740 - 1925 - KOT

③ "Telegrama do Encarregado do Governo de Macau, Joaquim Augusto dos Santos, para o Ministério das Colónias, informando que aumentavam as hostilidades contra os ingleses na China, que a situação das greves em Hong Kong esta um pouco melhor e que Macau continuava em sossego apesar da agitação que vinha de Cantão (3/4 de Agosto de 1925)", in 日谅(Alfredo Gomes Dias)、萨安东(Antonio Vasconcelos de Saldanha)主编;金国平翻译, eds., *Coleccao de Fontes Documentais para a Historia das Relacoes entre Portugal e a China: Documentos Relativos as Greves de Hong Kong e Cantao e a sua Influencia em Macau*, 1922 - 1927, p.441.

④ "Telegrama do Encarregado do Governo de Macau, Joaquim Augusto dos Santos, para o Ministério do Ultramar, sobre a influência do movimento comunista em Cantão (7 de Agosto de 1925)", in 日谅(Alfredo Gomes Dias)、萨安东(Antonio Vasconcelos de Saldanha)主编;金国平翻译, eds., *Coleccao de Fontes Documentais para a Historia das Relacoes entre Portugal e a China: Documentos Relativos as Greves de Hong Kong e Cantao e a sua Influencia em Macau*, 1922 - 1927, p. 445.

但未有攻击澳门的迹象,因此市面仍然安然无事。[①] 罢工者希望以罢工手段,通过打击澳门的社会经济借以打击澳门政府的统治基础,而非像"五二九"事件时以澳门内部群众直接冲击澳门政府的警察厅及军队。在封锁澳门一个月后,"盖澳门弹丸之地,凡百(原文本来缺字,笔者疑为"百货"或"百物")均靠外来",令"平日最旺之烟赌场所"生意"一落千丈"。[②] 似乎罢工者当时仍然在等待时机,而未有立即采取激烈行动。

在 8 月末,广州和香港开始出现骚动,署理总督山度士认为这是共产党的活动之一。[③] 香港的局势与澳门的稳定唇齿相依,因为同时被封锁的两个殖民地之间交通没有因省港罢工而中断。澳门的海上交通只能与香港连在一起,来往两地的渡轮"'播宝'、'瑞泰'、'泉州'三轮,至十五日,仅有'瑞泰'一艘、'播宝'昨晚已不敢过澳、'泉州'则托词货客太少,防有飓风,立即停航,即'瑞泰'亦已声明行将停走,余如江门澳门、省城澳门之交通、则更(按:原文

---

① "Telegrama do Encarregado do Governo de Macau, Joaquim Augusto dos Santos, para o Ministério do Ultramar, relatando a chegada de grevistas e comunistas á Lapa (11 de Agosto de 1925)", in 日谅(Alfredo Gomes Dias)、萨安东(Antonio Vasconcelos de Saldanha)主编;金国平翻译, eds., *Coleccao de Fontes Documentais para a Historia das Relacoes entre Portugal e a China*: *Documentos Relativos as Greves de Hong Kong e Cantao e a sua Influencia em Macau*, 1922—1927, p.447 及里斯本葡萄牙海外档案馆(Arquivo Histórico Ultramarino)档案"Continua movimento forças contra-revolução tendo havido alguns combates continuando comunistas prender oficiais desarmar tropa suspeita"(《仍然有反革命力量正在活动并且有怀疑是非武装的共产党隐藏官员继续零星作战》), AHU, MU, DGCO, 2a. Rep., 1a, Sec, 1925, no. 1467e.

② 《交通断绝中之澳门现状》,中华全国总工会省港罢工委员会编《工人之路特号》,第 55 期,1925 年 8 月 17 日。

③ "Telegrama do Encarregado do Governo de Macau, Joaquim Augusto dos Santos, para o Ministério do Ultramar, sobre a existência de tumultos em Cantão e Hong Kong (29 de Agosto de 1925)", "Telegrama do Encarregado do Governo de Macau, Joaquim Augusto dos Santos, para o Ministério do Ultramar, sobre a situação na China e em Macau (5 de Setembro de 1925)"及 "Telegrama do Encarregado do Governo de Macau, Joaquim Augusto dos Santos, para o Ministério do Ultramar, comentando que Macau continuava em sossego, que a situação financeira de Hong Kong se mantinha na mesma dificuldade e que o governo de Cantão estava dominado pelos comunistas (12 de Setembro de 1925)", in 日谅(Alfredo Gomes Dias)、萨安东(Antonio Vasconcelos de Saldanha)主编;金国平翻译, eds., *Coleccao de Fontes Documentais para a Historia das Relacoes entre Portugal e a China*: *Documentos Relativos as Greves de Hong Kong e Cantao e a sua Influencia em Macau*, 1922 - 1927, pp.449 - 451.

缺'已'字)经早被罢工工人禁绝"。①

当然,在封锁期间仍有不少商人铤而走险从澳门邻近地区,包括北面的石岐及西面的湾仔输入违禁物。中华全国总工会省港罢工委员会在《交通断绝中之澳门现状》一文中指出:"'永泰'旧岐渡,日前由澳返岐,半途搜出私烟等违禁物,连船及傍船扣留,拖往省城,只将岐渡放回,业已返澳湾泊,现石岐渡尚或往或来,但抵前山而止。"

因此通往澳门关闸的前山地区形势特别重要,成为纠察队争取控制的要津。"因前山至湾仔一带,均有工人纠察及学生军'负责'搜查出口货物,不准各渡泊澳门码头"。值得注意的是,这时封锁是主要针对货物来往有否接济香港,其他交往却仍未完全断绝,例如"幸有路径可以直达石岐,仅能通传书信,然有欲步行至澳者,则非绕行小路,不能达到目的地云"②。在陆上维持罢工工作的纠察队一直在罢工期间担任重要的角色。本来香港总督司徒拔(Reginald Stubbs)曾经表示"誓为在余任内亲自解决之(罢工)",但后来传出司徒拔将会卸任港督一职,于是罢工工人便认为罢工胜利的第一步已经达到,更扬言"帝国主义之覆灭其日近矣"。③ 于是,开始把罢工运动的重心扩展到澳门,而且增加执行封锁任务的纠察队人数。具体而言,由罢工工人改编而成的纠察队"增加至六大队,计共二十二支队,每支队一百二十五人,统计实有了二千迫百余人!"④

英国政府在决定撤换司徒拔后,也致力打击香港内部的罢工工人领袖,当中包括有共产党员身份的杨殷安。"中国国民党中央执行委员会组织部秘书杨殷安先生于六月初旬,因罢工事件被香港政府逮之入狱后,旋以无证据,于日昨始行放出,杨先生现已由澳门绕行到省。大家闻之,当必有无限之愉快也。"⑤

---

① 《交通断绝中之澳门现状》,中华全国总工会省港罢工委员会编《工人之路特号》,第 55 期,1925 年 8 月 17 日。

② 《交通断绝中之澳门现状》,中华全国总工会省港罢工委员会编《工人之路特号》,第 55 期,1925 年 8 月 17 日。

③ 《香港总督撤任了》,中华全国总工会省港罢工委员会编《工人之路特号》,第 56 期,1925 年 8 月 18 日。

④ 《罢工纠察队全体大会纪》,中华全国总工会省港罢工委员会编《工人之路特号》,第 56 期,1925 年 8 月 18 日。

⑤ 邓中夏:《欢迎杨殷安先生出狱》,中华全国总工会省港罢工委员会编《工人之路特号》,第 59 期,1925 年 8 月 21 日。

118

　　杨匏安回广州也要途经澳门,观察当时的罢工形势。[①] 香港政府打压工人领袖,也是罢工运动需要在 1925 年尾渐渐计划扩展到澳门的原因之一。这尤其是在国民党左派领袖廖仲恺在 8 月 20 日被刺之后,广州的中华全国总工会省港罢工委员会举办追悼会上,"现定于本月三十一号正午十二时(即星期一日)在东堤革命纪念会内举行追悼廖公大会。凡我香澳各同志、工友等,一律须依时来会,共同哀思此布"[②]。当中更强调包括澳门地区的同志,"一律须"前来广州会面,可说是借这次追悼大会发动澳门工人北上准备组织罢工。两者的关系更可以在一个星期后,决定采取针对澳门的封锁行动中加以证实,例如针对本来不受限制的石岐与澳门之间陆上交通,要求"现尚有中山一线可通,凡欲由岐来澳者,须先在驻岐之纠察队取人情白纸,然后附渡至前山,抵步后,又限在前山取得人情纸方准到澳,取人情纸之手续殊难,均要具殷实店铺担保。……昨有三人由岐取道澳门,图返香港,被前山纠察队盘出真情,认为汉奸!"[③]最后,纠察队"以该三人,过于凉血,乃缚而晒之,故近来已少敢尝试"[④]。事实上,广州国民政府也大力支持纠察队,"前经请国民政府请由军事委员会饬令前山、湾仔等处防军,协同纠察队切实封镇严密防止私运粮食出口,现得国民政府复函,已由军事委员会饬令前山军队遵照办理,协同纠察,严密防止私运粮食矣"[⑤]。于是,形成由罢工工人与广州国民政府前山军队共同封锁澳门的局面。

　　(二)行动升级

　　当然,从殖民地的角度来看,当时在澳门内部的革命势力似乎未有任何公开举动。就在这时候,纠察队正式建立"廿二支队驻前山棚厂",这据点象

---

　　① 详见李坚主编:《杨匏安传论稿》,广州,广东党史数据丛刊编辑部,2003 年。

　　② 《中国国民党香澳支部通告》,中华全国总工会省港罢工委员会编《工人之路特号》,第 67 期,1925 年 8 月 29 日。有关当时对廖仲恺的纪念文章详见廖仲恺先生纪念筹备委员会《廖仲恺先生哀思录》,广州,廖仲恺先生纪念筹备委员会,1925 年。三民出版部:《廖仲恺先生哀思录》,广州,三民出版社,1926 年。苏东国编:《廖仲恺先生殉难资料及哀思录》,近代中国史料丛刊三编第 3 辑,台北,文海出版社,1983 年。

　　③ 《澳门封锁后之近况》,中华全国总工会省港罢工委员会编《工人之路特号》,第 74 期,1925 年 8 月 18 日。

　　④ 《澳门封锁后之近况》,中华全国总工会省港罢工委员会编《工人之路特号》,第 74 期,1925 年 8 月 18 日。

　　⑤ 《国民政府已饬令前山军队帮助纠察》,中华全国总工会省港罢工委员会编《工人之路特号》,第 106 期,1925 年 9 月 18 日。

征作长期封锁澳门的准备。① 革命者封锁澳门,最终令澳门殖民地政府垮台的决心也十分坚决。例如,中山县第七区办事处、省港罢工委员会曾发表一篇题为《前山乡民何必定要赴澳》的文章,说明有中山县(即 1925 年 4 月 16 日以前的香山县)乡民要求纠察队让他们入澳门购买粮食等日用品,罢工会根据中山第七区办事处的消息决定:"'以前山五、六、七区乡民日用,多由澳门探购,请准赴澳'。罢工会以'乡民日用,如米粮杂货,何必定要赴前山?'经即复函不准"。②

换言之,省港罢工委员会认为当地居民可以往香州、石岐及广州等地方购买日用品,而不一定要到前山入澳门购买。可见省港罢工委员会是有决心彻底封锁澳门的。当然革命者也有考虑封锁澳门的策略,例如 1925 年 9 月 7 日省港罢工委员会认为"现澳门葡萄牙勾结香港政府破坏罢工,殊属可恶。查澳门只靠银坑水为饮料,若制其水,华侨必须回内地,而澳门必成废地矣"③。在 1925 年 10 月 5 日,广州军政府在邻近澳门的前山及湾仔布防,协助省港罢工委员会的武装纠察队封锁澳门,严防私运粮食。同时加派 400 名纠察队、巡查船两艘到前山一带巡逻。④ 不过省港罢工委员会发现"陈廉伯运动土匪,谋不利于驻澳纠察队"⑤,加上华人邓平殷等从中破坏省港大罢工,令封锁未能完全成功。因此澳门的国共两党便忙于处理这些不法之徒,发挥国共合作的力量。⑥ 到了 9 月底,虽然澳门以西的内港水域仍然受罢工者威胁,但由于澳门"每夜后十二时,仍在路上往来者,即拿返差馆问话。故

① 《纠察队头出发驻防要冲》,中华全国总工会省港罢工委员会编《工人之路特号》,第 107 期,1925 年 9 月 19 日。

② 中山县第七区办事处、省港罢工委员会:《前山乡民何必定要赴澳》,中华全国总工会省港罢工委员会编《工人之路特号》,第 112 期,1925 年 9 月 24 日。

③ 《省港罢工委员会为葡政府破坏罢工请断绝澳门饮料呈》(1925 年 9 月 7 日),原载中国第二历史档案馆编《广州国民政府档案》,中国第二历史档案馆编《五卅运动和省港罢工》,南京,江苏古籍出版社,1985 年,第 300 页。亦见邓开颂、吴志良、陆晓敏主编《粤澳关系史(1840—1984)》,第 420 页。

④ 邓开颂、陆晓敏主编:《粤港澳近代关系史》,广州,广东人民出版社,1996 年,第 230 页。

⑤ 《国民政府秘书处为防陈廉伯谋害驻澳纠察队派保护公函》,1925 年 10 月 6 日,中国第二历史档案馆编《五卅运动和省港罢工》,第 315 页。

⑥ 中国第二历史档案馆档案:《省港罢工委员会关于港政府勾结邓平殷破坏封锁港澳口岸情形》(1925 年),南京第二历史档案馆藏,全宗号 19,案卷号 16。

一至十时,路上行人几至绝迹"①。

另外,本来 10 月 10 日"澳门教育会每逢国庆节,向有召集各校在镜湖操场行祝贺之举"。但是澳门被封锁后,"惟今岁澳警厅劝阻该会,勿令各校学生列队游行,各校虽非常激愤,然无法抵拒,惟有暂行停止在镜湖操场开会,只各在校内礼堂举行祝典云"②。可见,澳门政府防患于未然的种种措施令局势受到控制,因此山度士仍然向葡萄牙殖民地部报告"澳门是仍然平静的"③。

山度士希望了解在对面山集结的罢工者情况,后来证实他们都是中国共产党成员。④ 在罢工者未正式来到澳门之前,山度士先行称关闸外的"反革命"势力将会挺进澳门,而且要求"共和国号"战舰前来保卫内港。⑤ 总而言

---

① 《澳门近状之归客谈》,中华全国总工会省港罢工委员会编《工人之路特号》,第 113 期,1925年 9 月 25 日。

② 《澳门政府阻止学生国庆巡行》,中华全国总工会省港罢工委员会编《工人之路特号》,第 114 期,1925 年 9 月 26 日。

③ "Telegrama do Encarregado do Governo de Macau, Joaquim Augusto dos Santos, para o Ministério do Ultramar, mantendo as notícias sobre a situação social e política em Cantão e Hong Kong, mantendo-se Macau em sossego(26 de Setembro de 1925)"及"A recepção ao cruzador "República, incidentes nas águas de Macau e apontamentos sobre a situação no sul da China.(Outubro de 1925)", in 日谅(Alfredo Gomes Dias)、萨安东(Antonio Vasconcelos de Saldanha)主编;金国平翻译, eds., *Coleccao de Fontes Documentais para a Historia das Relacoes entre Portugal e a China: Documentos Relativos as Greves de Hong Kong e Cantao e a sua Influencia em Macau*, 1922 - 1927, pp. 453 - 454.

④ "Telegrama reservado do Ministério das Colónias para do Encarregado do Governo de Macau, Joaquim Augusto dos Santos, a pedir informações sobre o que se estava a passar na ilha da Lapa(2 de Outubro de 1925)", in 日谅(Alfredo Gomes Dias)、萨安东(Antonio Vasconcelos de Saldanha)主编;金国平翻译, eds., *Coleccao de Fontes Documentais para a Historia das Relacoes entre Portugal e a China: Documentos Relativos as Greves de Hong Kong e Cantao e a sua Influencia em Macau*, 1922 - 1927, p.465.

⑤ "Telegrama do Encarregado do Governo de Macau, Joaquim Augusto dos Santos, para o Ministério das Colónias, dando notícias sobre o avanço das forças da contra-rrevolução e que o navio 'República' chegou no dia 16(3 de Outubro de 1925)"及"Telegrama do Encarregado do Governo de Macau, Joaquim Augusto dos Santos, para o Ministério do Ultramar, dando informações sobre as forças da contra-revolução e que o cruzador 'República' encontrava-se em Hong Kong(10 de Outubro de 1925)", in 日谅(Alfredo Gomes Dias)、萨安东(Antonio Vasconcelos de Saldanha)主编;金国平翻译, eds., *Coleccao de Fontes Documentais para a Historia das Relacoes entre Portugal e a China: Documentos Relativos as Greves de Hong Kong e Cantao e a sua Influencia em Macau*, 1922 - 1927, pp.458 - 459.

之,在严密监视及军舰守卫的情况下,1925 年 10 月的澳门市面都是平静无事。[①] 但平静无事的真相是"澳门冷淡非常,尤以银业、摊馆、鸦片烟公司等损失为甚"。由于澳门居民不少因生活不继而向当铺"凭单取回银毫",引致当铺"立即倒闭",甚至"即如澳中富绅卢廉若所开之宝行银号、高可宁之富衡银号,及李林初之宝荣银号、萧瀛洲之宝裕银号,向称资本雄厚者,亦几为之倒闭"[②]。由此可知,真正能够打击澳门的关键是能否有效地禁止外地人前往澳门。罢工者希望以封锁澳门来拖垮澳门经济,首当其冲的卢廉若、高可宁、李林初及萧瀛洲等也因为他们的切身利益,向罢工委员会请求撤销封锁。但是,"罢工委员会以港澳一水之隔,若封锁香港而不封锁澳门简直毫无效力,假使澳门能知悔悟,应禁止港船来澳,断绝港澳交通,则澳门之封锁马上可以解除云"[③]。当然,在澳门当时只可以和香港海上交通的情况下,要"断绝港澳交通"从葡萄牙及英国双方政府来说是完全不可能的。

革命者也明白从对面山隔海进攻澳门是不可能的,所以他们改变进攻及封锁澳门的计策,改用陆路方式从北向南进攻。事实上当商人明白罢工委员会的态度后,他们也因为在澳门难以为继,于是"澳门自受封锁后,生意一落千丈,商店源源倒闭,几成荒岛,群拟迁往中山县属香州埠照常营业,以维血本"。根据省港罢工委员会的调查消息,"现查银行有如瑞德、宝行、富冲、宝裕、宝信、同德、致祥、台裕、宝荣、昌记、益记待数十家,以及杂货行,鸡鸭栏等店,亦拟克日迁往香州营业,葡政府再接此项消息,十分惊惶"。于是,澳葡政府"遂立派华探往各店慰劝,请勿迁香洲,并允代为设法,旋即派人请镜湖医院董事卢廉若、林焕廷,及商会董事许祥等,到商办法"。当然,澳门华商当时

---

① "Telegrama do Encarregado do Governo de Macau, Joaquim Augusto dos Santos, para o Ministério das Colónias sobre a situação em Cantão e Hong Kong, mantendo-se Macau em sossego (16 de Outubro de 1925)"及 "Telegrama do Encarregado do Governo de Macau, Joaquim Augusto dos Santos, para o Ministério das Colónias, sobre o avanço das forças contra-revolucionárias na China, mantendo-se em Macau uma situação de normalidade (26 de Outubro de 1925)", in 日谅 (Alfredo Gomes Dias)、萨安东(Antonio Vasconcelos de Saldanha)主编;金国平翻译, eds., *Coleccao de Fontes Documentais para a Historia das Relacoes entre Portugal e a China: Documentos Relativos as Greves de Hong Kong e Cantao e a sua Influencia em Macau*, 1922 - 1927, p.460、p.464.

② 《澳门最近之情况》,中华全国总工会省港罢工委员会编《工人之路特号》,第 118 期,1925 年 9 月 30 日。

③ 《澳侨华商请求切封锁澳门》,中华全国总工会省港罢工委员会编《工人之路特号》,第 123 期,1925 年 10 月 5 日。

已经掌管澳门经济的命脉,葡萄牙政府也似乎对于改善经济处境束手无策。结果"各商店知已无解决之法,连日纷纷着手筹划搬迁,葡政府无言(按:疑为"计")可施,竟派大帮暗探,以武力制止及威吓,各商店在淫威之下,无能反抗,多有弃其业务,逃回国内云"①。这在一定程度上反映澳门政府的军事力量是无法以武力入侵中国国境内的前山,把纠察队的封锁线打破的。

至于普罗大众方面,"香港自被封锁后,只香港有船往来,全澳粮食,亦只靠港运来。惟香港粮食,已非常欠缺,若照未封锁以前,必致发生粮荒问题"。所以澳门物价上升,令小市民也另谋生路。不少家无恒产的工人都已回乡,亦即"盖因各行工人,多已返省,在澳者多系行店东主,或久居此地,及有商业,不能骤离者耳"。而留下来的商贩及店主中,又以销售咸鱼的为大多数。"前时各咸鱼栏之货,全靠内地销路,现在封锁期内,所存咸鱼,已无人过问。"总之,当时封锁的最大成效是令华人再次出现逃亡潮,"迁徙者已有三成之多,以致一至入黑,街上行人绝迹"②。

当然,在司徒拔离任至金文泰于 1925 年 11 月 1 日抵达香港正式履任港督之职期间,罢工委员会见打击英国殖民者对香港的统治已有成效,于是把注意力转到封锁澳门上来。但他们也有留意香港的情况,在金文泰出任香港总督之后 5 日《工人之路特刊》便有相关的报导:"而委任曾为港田土厅之金文泰来港接任,此为二月前事,现新任港督于本月一日上任。"③但似乎中华全国总工会省港罢工委员会并没有因新任港督就任而在策略上有任何改变。他们在 1925 年 11 月 20 日回顾罢工已经"历四阅月",其精神为"实行先总理遗训,谋中华民族解放,特此宣言"④。一方面再次强调罢工是为了"中华民族解放",不受英国和葡萄牙等帝国主义的压迫;同时又认为要"实行先总理遗训",亦即 1925 年 3 月 12 日孙中山因肝癌逝世后为人熟识的"余致力国民革命凡四十年,其目的在求中国之自由、平等"的主张,同样有强调令中国自

---

① 《澳政府制止商店迁徙》,中华全国总工会省港罢工委员会编《工人之路特号》,第 127 期,1925 年 10 月 9 日。

② 《澳门现状之归客谈》,中华全国总工会省港罢工委员会编《工人之路特号》,第 127 期,1925 年 10 月 9 日。

③ 《新任港督上任之扫兴》,中华全国总工会省港罢工委员会编《工人之路特号》,第 133 期,1925 年 11 月 6 日。

④ 《香澳总支部对复工条件之宣言》,中华全国总工会省港罢工委员会编《工人之路特号》,第 147 期,1925 年 11 月 20 日。

由并与列强能有平等地位的理想。不过,在广东珠江三角洲一带亦出现以纠察队为杀害目标的多次事件,于是,罢工委员会"调查部干事,分赴前山、石岐、澳门、太平、沙鱼涌、大鹏等处纠察队遇难地方"①。但具体由什么人执行这些谋杀事件,其目的如何及有没有任何人在背后组织,却未有任何公开的交代。但此次事件令国民政府派出杨西严为港澳调查专员,加以调查但也未能找出其中原因。②

(三)行动缓和

到了 1925 年 11 月 22 日,似乎罢工委员会略微放宽了对香港的封锁,"近为更进一步起见,即主张凡在香港存积之非英货,如用轮运至他口岸(除广东各口岸)再转驳来粤者一律准其起卸,盖如此则香港生意将移于广州"③。但这一情况并非象征省港大罢工已经结束,而是把工人的力量转移到澳门的迹象。如同一天,"协进工会社员何全发前充纠察队员,在前山被逆军(按:即陈炯明的余部)冲散后,即逃往澳门,再图设法回省,岂料澳差不计情理,便将该员殴捕"。这说明了一方面澳门内有罢工委员会的纠察接应之地,否则也没有可能作为逃避的目的地。同时,澳门政府也对罢工运动施以暴力手段,反映其立场比以往强硬。最后只可以由何全发"呈国民政府提出交涉云",而之后双方亦未见有任何具体的后续行动。④

正如澳门政府署理总督山度士致葡萄牙殖民地部的电报中所反映的,罢工委员会见香港及澳门的封锁活动成绩理想,于是,在澳门北部关集结并且

---

① 《纠察队组织追悼慰劳会》,中华全国总工会省港罢工委员会编《工人之路特号》,第 147 期,1925 年 11 月 20 日。

② 《国民政府派杨西严为港澳调查专员令》,1925 年 11 月,中国第二历史档案馆馆藏,全宗号 19,案卷号 171;以及《政治委员会议决港澳调查专员权责致国民政府的函》,1925 年 12 月,中国第二历史档案馆馆藏,全宗号 19,案卷号 171。

③ 《罢工之新政策》,中华全国总工会省港罢工委员会编《工人之路特号》,第 149 期,1925 年 11 月 22 日。

④ 《澳差殴捕纠察队员》,中华全国总工会省港罢工委员会编《工人之路特号》,第 149 期,1925 年 11 月 22 日。

在 1925 年 12 月有所活动。① 由于当时罢工令澳门市面卫生情况欠佳,在 12
月更爆发了霍乱,令澳门市面更为混乱。② 这次霍乱动摇了社会基础,"商店
纷纷迁往香洲埠营业"。但若中小型商人也离开澳门便会真正令澳门的生活
秩序大乱,于是"卒为澳政府以无理武力制止,多未果行"③。

1926 年 1 月,澳门开始出现罢工的迹象,而且因为封锁香港及广州而在
海上出现大量走私活动,甚至路环一带更是海盗横行。④ 面对西、北及南方
三面的威胁,澳门政府希望和广州政府谈判,确保澳门的安全。可惜广州方
面已经定立"反对澳门的措施",因此谈判困难重重,并没有取得成果。⑤ 在
香港的局势被罢工者控制下,澳门在 1926 年 3 月也正式出现罢工运动。⑥ 不
过,这次罢工只是维持了三个多星期而已,广州政府对罢工者及共产党分子

① "A pirataria em Macau e incidentes junto ás Portas do Cerco (Dezembro de 1925)", in 日谅
(Alfredo Gomes Dias)、萨安东(Antonio Vasconcelos de Saldanha)主编;金国平翻译, eds., *Coleccao
de Fontes Documentais para a Historia das Relacoes entre Portugal e a China:Documentos
Relativos as Greves de Hong Kong e Cantao e a sua Influencia em Macau*,1922-1927,p.467. 澳门
民政厅 (Serviços de Administração Civil) 档案,"Conflito com a China:Protesto do Governo desta
Província junto das Autoridades Chinesas contra a Existência e Permanêcia de Grevistas em Terreno
Neutro, Além das Portas do Cerco"(《与华冲突:本省政府向邻近的中国当局抗议,反对罢工者在
关闸以外的中立地区出现及停留》),1925/12/26—1928/02/17, AH/AC/P-10318.

② 《澳门疫症之流行》,中华全国总工会省港罢工委员会编《工人之路特号》,第 161 期,1925
年 12 月 4 日。

③ 《澳商拟派代表讨论解决罢工》,中华全国总工会省港罢工委员会编《工人之路特号》,第
162 期,1925 年 12 月 5 日。

④ "Pirataria em Coloane e as tentativas do movimento grevista desestabilizarem Macau
(Janeiro de 1926)", in 日谅(Alfredo Gomes Dias)、萨安东(Antonio Vasconcelos de Saldanha)主编;
金国平翻译, eds., *Coleccao de Fontes Documentais para a Historia das Relacoes entre Portugal e a
China:Documentos Relativos as Greves de Hong Kong e Cantao e a sua Influencia em Macau*,1922-
1927, p.471.

⑤ "Telegrama confidencial, reservado e urgente do Governador de Macau, Manuel Maia
Magalhães, para o Ministério das Colónias, mantendo-se a instabilidade e as dificuldades de diálogo
com o governo de Cantão e com os grevistas a anunciar medidas contra Macau (7 de Janeiro de
1926)", in 日谅(Alfredo Gomes Dias)、萨安东(Antonio Vasconcelos de Saldanha)主编;金国平翻
译, eds., *Coleccao de Fontes Documentais para a Historia das Relacoes entre Portugal e a China:
Documentos Relativos as Greves de Hong Kong e Cantao e a sua Influencia em Macau*,1922-1927,
p.472.

⑥ "Repercussões do movimento grevista em Macau(Março de 1926)", in 日谅(Alfredo
Gomes Dias)、萨安东(Antonio Vasconcelos de Saldanha)主编;金国平翻译, eds., *Coleccao de Fontes
Documentais para a Historia das Relacoes entre Portugal e a China:Documentos Relativos as Greves
de Hong Kong e Cantao e a sua Influencia em Macau*,1922-1927,p.477.

进行暴力镇压,国民党之中就共产党人地位产生分歧成为两派。^① 不过,罢工者并没有因为内部斗争而停止对澳门进行封锁。在 1926 年 4 月,广州罢工者在关闸附近的中立区活动,并且与澳门守军发生武装冲突。^② 具体而言是在 1926 年 4 月 17 日,双方于边界发生互相开枪的事件,"罢工团于葡华两界交界处驻扎,昨晨(按:即 1926 年 4 月 17 日)与葡兵冲突,双方俱开枪。该步哨旋即退却。葡国驻澳门总督已向广州政府,提出抗议云"^③。澳门关闸的紧张气氛令部分外地的工人更加响应封锁,例如在江门海关有些走私商人,"为欲使工人赴澳门运大帮仇货回江,工人不肯"^④。这些"仇货"明显是指违反封锁令的走私货物。这次关闸事件之后,葡萄牙驻广州副领事立即致信广州政府外交交涉员傅秉常(葡萄牙文音译为,名在先,姓在后:Peng Seong Fu)提出抗议,而广州方面指由于冲突地点是在前山及澳门关闸之间的 150 尺中立地带范围,因此这些罢工者的事件应从澳门界址问题的角

① "Telegrama confidencial, reservado e urgente do Governador de Macau, Manuel Maia Magalhães, para o Ministério do Ultramar, informando que o governo de Cantão havia tomado medidas violentas contra grevistas e comunistas (28 de Março de 1926)", in 日谅(Alfredo Gomes Dias)、萨安东(Antonio Vasconcelos de Saldanha)主编;金国平翻译, eds., *Coleccao de Fontes Documentais para a Historia das Relacoes entre Portugal e a China: Documentos Relativos as Greves de Hong Kong e Cantao e a sua Influencia em Macau*,1922 - 1927, p.479.

② "Acção de grevistas de Cantão junto ás Portas do Cerco (Abril de 1926)"及"Incidentes com grevistas junto ás Portas do Cerco (Abril de 1926)", in 日谅(Alfredo Gomes Dias)、萨安东(Antonio Vasconcelos de Saldanha)主编;金国平翻译, eds., *Coleccao de Fontes Documentais para a Historia das Relacoes entre Portugal e a China: Documentos Relativos as Greves de Hong Kong e Cantao e a sua Influencia em Macau*, 1922 - 1927, pp.480 - 481.

③ 《澳门工兵冲突》,中华全国总工会省港罢工委员会编《工人之路特号》,第 293 期,1926 年 5 月 18 日。

④ 《帝国主义之破坏罢工伎俩》,中华全国总工会省港罢工委员会编《工人之路特号》,第 281 期,1926 年 4 月 30 日。

度来谈判。① 殖民地政府也不甘示弱,在与广州政府谈判的期间,拘留参加罢工的华船,加强他们的谈判筹码。②

　　这次事件之中,葡萄牙方面亦逮捕了多名罢工者。于是,中葡双方便就澳门界址及被捕的罢工分子继续谈判。③ 葡萄牙驻广州领事费力特同意释放被捕罢工者,但是,葡萄牙派军舰摧毁中方在关闸外中立地兴建的据点,于

　　①　"Nota do Vice-Cônsul de Portugal em Cantão para Comissário dos Negócios Estrangeiros, Peng Seong Fu, remetendo um ofício do Governador de Macau, sobre alguns actos praticados por grevistas nas Portas do Cerco (14 de Abril de 1926)"及"Nota do Vice-Cônsul de Portugal em Cantão para Comissário dos Negócios Estrangeiros, Peng Seong Fu, sobre a questão dos limites de Macau (29 de Abril de 1926)", in 日谅(Alfredo Gomes Dias)、萨安东(Antonio Vasconcelos de Saldanha)主编;金国平翻译, eds., Coleccao de Fontes Documentais para a Historia das Relacoes entre Portugal e a China：Documentos Relativos as Greves de Hong Kong e Cantao e a sua Influencia em Macau, 1922 - 1927, pp.483 - 485.有关傅秉常先生的生平事略详见沈云龙访问、谢文孙纪录《傅秉常先生访问纪录》,台北,1993 年。至于他在中国近代史上的重要性,详见罗香林《傅秉常与近代中国》,香港,中国学社,1973 年。

　　②　"Ofício do Comissário dos Negócios Estrangeiros, Peng Seong Fu para o Cônsul de Portugal em Cantão, Felix Horta, sobre a detenção de uma embarcação chinesa (19 de Maio de 1926)", in 日谅(Alfredo Gomes Dias)、萨安东(Antonio Vasconcelos de Saldanha)主编;金国平翻译, eds., Coleccao de Fontes Documentais para a Historia das Relacoes entre Portugal e a China：Documentos Relativos as Greves de Hong Kong e Cantao e a sua Influencia em Macau, 1922 - 1927,p.491.

　　③　"Nota do Cônsul de Portugal em Cantão, Felix Horta, para o Ministro dos Negócios Estrangeiros do Governo Nacionalista, Iao-jen Chen, sobre a questão dos limites de Macau (12 de Julho de 1926)"及"Ofício confidencial e urgente do Cônsul de Portugal em Cantão, Felix Horta, para o Ministro dos Negócios Estrangeiros do Governo Nacionalista, Iao-jen Chen, informando a decisão do Governador de Macau libertar alguns grevistas chineses como prova de amizade e de desejo de manter as boas relações entre as autoridades dos dois países (20 de Julho de 1926)", in 日谅(Alfredo Gomes Dias)、萨安东(Antonio Vasconcelos de Saldanha)主编;金国平翻译, eds., Coleccao de Fontes Documentais para a Historia das Relacoes entre Portugal e a China：Documentos Relativos as Greves de Hong Kong e Cantao e a sua Influencia em Macau, 1922 - 1927, pp.540 - 542.

是,本来以关闸为根据地进攻澳门计划再次落空。①

（四）会谈与工潮结束

之后,似乎双方在平等的基础下继续会谈,但是澳门界址问题向来是中葡双方争论的要点之一,因此难有定论。② 在对面山的共产党罢工者仍然活跃,于是在和谈期间,仍然在澳门港内与葡萄牙军方发生一些小型的军事冲突。③ 不过,根据葡萄牙方面的估计,关闸及氹仔岛的局势大致上受到澳葡政府的控制,中国的罢工者似乎难以在此与澳门内的罢工者配合,进行推翻葡萄牙殖民统治的活动。④ 当时刚上任的澳门临时总督垆些喇（Hugo de

---

① "Carta oficial do Ministro Interino dos Negócios Estrangeiros do Governo Nacionalista, Ch'na Iao ian, para o Cônsul de Portugal em Cantão, Felix Horta, respondendo á nota de 20 de Julho sobre a libertação dos grevistas presos em Macau (5 de Agosto de 1926)" 及 "Telegrama do Ministério das Colónias para o Governador Interino de Macau, Lacerda Castelo Branco, com instruções para depois da chegada do cruzador 'República' e após a primeira agressão, proceder á destruição das construções erguidas no terreno neutro, vizinho ás Portas do Cerco (20 de Agosto de 1926)", in 日谅（Alfredo Gomes Dias）、萨安东（Antonio Vasconcelos de Saldanha）主编；金国平翻译, eds., *Coleccao de Fontes Documentais para a Historia das Relacoes entre Portugal e a China: Documentos Relativos as Greves de Hong Kong e Cantao e a sua Influencia em Macau*, 1922 - 1927, pp.543 - 545.

② "Nota do Cônsul de Portugal em Cantão, Felix Horta, para o Ministro dos Negócios Estrangeiros do Governo Nacionalista, Iao-jen Chen, sobre a questão dos limites de Macau (30 de Agosto de 1926)", in 日谅（Alfredo Gomes Dias）、萨安东（Antonio Vasconcelos de Saldanha）主编；金国平翻译, eds., *Coleccao de Fontes Documentais para a Historia das Relacoes entre Portugal e a China: Documentos Relativos as Greves de Hong Kong e Cantao e a sua Influencia em Macau*, 1922 - 1927, p.546.

③ "Telegrama do Governador Interino de Macau, lacerda Castelo Branco, para o Ministério do Ultramar, relatando a situação política e militar na China e prevendo, com algum optimismo, a solução do problema dos limites de Macau (9 de Setembro de 1926)" 及 "Nota do Cônsul de Portugal em Cantão, Felix Horta, para o Ministro dos Negócios Estrangeiros do Governo Nacionalista, Iao-jen Chen, sobre a questão dos limites de Macau e alguns incidentes que continuavam a verificar-se no porto da Cidade (13 de Setembro de 1926)", in 日谅（Alfredo Gomes Dias）、萨安东（Antonio Vasconcelos de Saldanha）主编；金国平翻译, eds., *Coleccao de Fontes Documentais para a Historia das Relacoes entre Portugal e a China: Documentos Relativos as Greves de Hong Kong e Cantao e a sua Influencia em Macau*, 1922 - 1927, pp.548 - 549. 澳门民政厅（Serviços de Administração Civil）档案, "Relatório do Chefe da Repartição do Expediente Sínico sobre a Situação Política da China"（《华民政务厅厅长有关中国政治局势的报告》）, 1926/9/10 —1926/9/11, AH/AC/P - 10796.

④ "Sobre a situação nas Portas do Cerco e na ilha da Lapa (outubro de 1926)", in 日谅（Alfredo Gomes Dias）、萨安东（Antonio Vasconcelos de Saldanha）主编；金国平翻译, eds., *Coleccao de Fontes Documentais para a Historia das Relacoes entre Portugal e a China: Documentos Relativos as Greves de Hong Kong e Cantao e a sua Influencia em Macau*, 1922 - 1927, p.552.

Lacerda)决定通知葡萄牙驻广州领事费力特,希望以改善澳门与广州政治经济关系为基础言归于好。① 最后,在 1927 年 1 月的一份报告中,说明一切罢工者及革命者完全退出澳门,从此国民革命运动在澳门便告一段落。②

---

① "Nota do Governador Interino de Macau, Lacerda Castelo Branco, para o Cônsul de Portugal em Cantão, Felix Horta, sobre algumas ideias parta melhorar as relações políticas e comerciais entre Macau e Cantão (23 de Outubro de 1926)", in 日谅(Alfredo Gomes Dias)、萨安东(Antonio Vasconcelos de Saldanha)主编;金国平翻译, eds., *Coleccao de Fontes Documentais para a Historia das Relacoes entre Portugal e a China:Documentos Relativos as Greves de Hong Kong e Cantao e a sua Influencia em Macau*, 1922 - 1927, p.554.

② "Sobre a presença de estudantes de Cantão em Macau e um comunicado da Associação Auxiliadora Nacionalista das Negociações Diplomáticas contra os portugueses(Janeiro de 1927)", in 日谅(Alfredo Gomes Dias)、萨安东(Antonio Vasconcelos de Saldanha)主编;金国平翻译, eds., *Coleccao de Fontes Documentais para a Historia das Relacoes entre Portugal e a China:Documentos Relativos as Greves de Hong Kong e Cantao e a sua Influencia em Macau*, 1922 - 1927, p.557. 澳门民政厅 (Serviços de Administração Civil) 档案, "Relatório do Chefe da Repartição do Expediente Sínico sobre a Situação Política da China"(《华民政务厅厅长有关中国政治局势的报告》), 1927/1/7, AH/AC/P - 11041.

第三章
界址争执与中葡交涉

明中叶,大约在 1553—1557 年期间,曾辗转华南沿海进行贸易的葡萄牙人获得在澳门贸易的许可,逐渐开始筑室久驻。从 1572 年开始,据居澳门的葡人团体开始向明政府缴纳地租,他们被认为是归附中国的臣民。[①] 但自 19 世纪初,世界格局扭转,清帝国在西方商业和军事压力下日益衰颓,尤其英国通过鸦片战争打开了中国国门,占据了香港。此时清帝国动荡不已,而有英国作为盟友的葡萄牙则希望在乱局中从珠江口获益,将澳门及周边地区据为己域。

1887 年,中葡两国签订《中葡和好通商条约》,在该条约中没有明确划定澳门界址,而只是在第二款中规定:"惟现在商定,俟两国派员妥为会定界址,再行特立专约。其未经定界以前,一切事宜俱照依现时情形勿动,彼此均不得有增减改变之事。"[②]这一条款语义模糊,其最大隐患就是为葡萄牙人扩张澳门界址提供了借口。正如蔡国桢所言:"葡人隐意,欲以此等蒙混之语暗施其逐渐侵占之谋。盖现时情形四字包涵甚广,意尤活动。就立约之时言之,固有从前已定之情形,就日后订界之时言之,又将逐渐侵占之情形仍称为从前已定之情形,其谋亦云诡矣"。[③]

道光、光绪年间,葡人开始将其在澳门半岛的管治范围向北扩展,先后占

---

① 臧小华:《陆海交接处:早期世界贸易体系中的澳门》,北京,社会科学文献出版社,2013 年,第 211—215 页。

② 《总理各国事务奕劻等奏报葡约已议成请旨派员画押折》,中国第一历史档案馆、澳门基金会、暨南大学古籍研究所合编:《明清时期澳门问题档案文献汇编》,北京,人民出版社,1999 年,第 3 册,第 370—381 页。《总署奏葡约现已议成请派员画押折》,王彦威纂辑、王亮编、王敬立校《清季外交史料》卷 74,北京,书目文献出版社,1987 年。

③ 《呈送摹绘葡人自划红线地图,揭其违约实据》,黄福庆、庄树华、王玥合编:《澳门专档》第 1 册,台北,1992 年,第 409 页。

据了望厦、龙田两村,直抵关闸;继而侵入银坑、湾仔地界和水域,并圈占青州岛;后又在氹仔、路环两岛兴建兵房、炮台,并对渔船和沙主施行管治。[①]

1909 年,中葡澳门划界谈判在香港进行,葡方提出澳门的范围包括:从妈阁到关闸的澳门半岛;澳门周围的对面山(包括银坑、湾仔、南屏、北山等28 乡在内的海岛);青州、氹仔、路环、大小横琴以及马骝洲等小岛;含以上陆地及海岛附近之水路的领水;关闸到北山之间作为局外地。清廷代表高而谦驳回了葡方的要求,双方经 9 次会面后谈判破裂。

此时澳门划界问题已牵涉多个西方国家的利益,例如英国在澳门有电灯公司;澳门疏浚河道亦是为英资港澳航运开辟航线的工程;法、荷两国意图向葡人销售修浚河道的机械;而"澳门当西江要冲,实为大经营商业之处,英人不欲他强攫之以为香港之患,……利用无力经营之葡人"[②]。英使多次向北京施压,称英葡同盟使英国有权在澳门受到军事攻击时给予帮助,[③]美国驻京使节亦介入其中[④]。

尽管大多数时候都能秉持寸土不让的原则,但由于国力衰微,清政府及其使臣只能采取延宕的战术,谈而不判,反而是广东民间力量"持之甚坚",在划界过程中起到了督促和后盾的作用,尤其是成立于 1908 年的"香山县勘界维持会"、"广东勘界维持总会"、"旅港勘界维持分会"等组织,在清朝灭亡和辛亥革命的动荡之中坚守珠江口领土。

第一节　中葡新政权澳门勘界交涉

一、清代谈判的接续

1910 年 10 月,葡萄牙民主共和国建立。在新政权建立之初,清政府于该年 11 月承认葡萄牙新政权,试图以此作为中葡澳门勘界的筹码,"本大臣

①　《香山县乡土志》,第 3 卷,第 31—43 页。黄鸿钊编:《中葡澳门交涉史料》第 2 辑,澳门,澳门基金会,1998 年,第 351—353 页。

②　《澳门界务录》,第 5 卷。黄鸿钊编:《中葡澳门交涉史料》第 2 辑,第 130 页。

③　《清宣统朝外交史料》第 12 卷,第 1 页。黄鸿钊编:《中葡澳门交涉史料》,第 109、121 页。

④　《香山旬报》第 64 期,第 80 页。黄鸿钊编:《中葡澳门交涉史料》,第 115 页。

奉本国政府本日条训,准与贵暂时政府照常办理交涉,以笃邦交而敦邻谊"①。葡萄牙政府也希望尽早解决澳门划界争端,甚至希望通过重开谈判,实现扩大澳门地界、夺取澳门领土主权之目的。但是,由于葡国新政权建立之初,国内政局尚不稳定,谈判条件亦不成熟,故葡国外交部对中国驻法公使刘式训的勘界建议予以搪塞,称:"前曾面告,俟承认后可议澳事,共筹公平解决办法。如贵国愿即开议,我亦乐从",②以便为实现澳门划界作更为充分的准备。目睹中葡两国发生历史性转变的澳门署理总督马楂度在其完成于1913年的《澳门面面观》一书中就指出"中葡关系范围内的澳门划界问题"是困扰澳门政治、经济和社会发展的两大主要因素之一。③ 在此期间,葡人开始对路环、氹仔、大小横琴等地进行武力侵犯,在内河和鸡颈洋面等处大搞疏浚工程、安放浮标,蚕食中国领土、领海。但在中国方面,自张鸣岐至勘界维持会等的广东官民都提出趁葡萄牙"换旗"收回澳门的建议。④

1911年6月,清朝外务部在广东汹涌民情及西方各国公使的外交压力下,在澳门划界交涉中开始采取比较积极的方针。将澳门界务列于四国鄂路借款、设南洋侨领、中德山东问题交涉、中美交涉、西北俄侨经营等国际关系问题之首位。⑤ 同年,末代两广总督张鸣岐在外务部的指令下,将澳门划界问题细分为管海、管地、禁令、防缉、民政、交通六个方面,预备与葡人严加交涉,并派新军往香山、澳门一带驻扎,以资震慑。⑥ 11月12日,清政府指示刘式训与葡萄牙政府交涉,争取早期解决澳门划界问题。如果不能如愿,则声明以后划界事务仍由中葡两国直接商办,不容他国干涉。万一葡国有将澳门转让他国的意向,则中国将根据《中葡和好通商条约》中之"前在大西洋国京都理斯波阿所订《预立节略》内,大西洋国允准,未经大清国首肯,则大西洋国

---

① 《外部收驻法大臣刘式训电》,黄福庆、庄树华、谢晶如、周碧华合编:《澳门专档》第2册,台北,1993年,第589页。

② 《外部收驻法大臣刘式训致参丞函》,黄福庆、庄树华、谢晶如、周碧华合编:《澳门专档》第2册,第611—613页。

③ Álvaro de Mello Machado, *Coisas de Macau*, p.49.

④ 《香山旬报》,第75、77、78、81期。黄鸿钊编:《中葡澳门交涉史料》第2辑,第157—160页。

⑤ 《香山旬报》第102期,第47—48页。黄鸿钊编:《中葡澳门交涉史料》第2辑,第121—122页。

⑥ 《澳门界务录》,第4、5卷。黄鸿钊编:《中葡澳门交涉史料》第2辑,第125—126、133页。

永不得将澳门让与他国之第三款,大西洋国仍允无异"①之条款,收回澳门,所耗费款项将预为筹划。不过,由于葡萄牙政府"一味搪塞,频催罔应,意在久宕"②,直至1911年澳门划界问题仍未商定。然而,此时辛亥革命已呈燎原之势,"清廷不暇兼顾,界务暂且停议"。

1912年,中华民国建立,其时中国国内政局不稳,各国在承认新政权问题上多持观望态度。就在这样的环境下,孙中山于1913年4月委任原中华民国首任内阁总理、时任广东省议会参议员唐绍仪办理澳门界务,周尔南为佐理,③准备将澳门划界问题的谈判继续下去。直至1913年4、5月间,巴西、墨西哥、美国、古巴率先承认中华民国,其后俄国、法国、英国、日本、意大利、葡萄牙等国于该年10月7日亦承认了新生的中华民国政权,中葡外交关系从这一天正式恢复,澳门划界随即成为两个新政权之间的最亟待解决的问题。

两国新生政权试图采取一最佳办法解决延宕已久的澳门划界问题。

1914年4月2日,葡驻京公使符礼德(Batalha de Freitas)往会中国外交总长孙宝琦,转达葡国政府意见,主动要求迅速解决澳门界务问题,称:

> 本公使屡接政府训令,询问澳门界务现下有无磋商之机会等语。查此案延搁已久,自应速求解决。倘贵总理政务稍暇时,乞预为筹备。本公使尤愿推诚相见,则此问题自不难了解也。且界务划定后,澳门可从事建筑港口等工程,以与香港竞争,于贵国商务上未尝无利。④

同时,鉴于广东方面十分关注勘界事务并坚决抵制葡国占地侵权,符礼德特别提议划界之事要在北京会商,并提议为慎重起见,双方可各派代表先作私人性质的谈判,待取得基本共识后,再举行正式谈判。孙宝琦当即表态,

---

①　《总理各国事务奕劻等奏报葡约已议成请旨派员画押折》,中国第一历史档案馆等合编:《明清时期澳门问题档案文献汇编》第3册,第370—381页。《总署奏葡约现已议成请派员画押折》,王彦威纂辑、王亮编、王敬立校:《清季外交史料》卷74。

②　黄庆华:《中葡关系史1513—1999》下册,合肥,黄山书社,2006年,第943页。

③　《申报》,1913年4月10日。

④　《外交总长孙宝琦会晤葡符使问答》,黄福庆主编:《澳门专档》第4册,台北,1996年,第75页。

同意从速加以解决。孙当天发信通知广东都督,指出澳门界务谈判事关重大,必须内外兼筹,方有把握,要求广东地方政府对谈判提供资料和意见。

5月14日,符礼德再次拜会孙宝琦,询问有关澳门界务谈判问题,以及中国政府是否已经筹备妥当。葡方表示此事当从速了结,双方谈判也无须根据旧籍,不必咬文嚼字,不用征求广东当局的意见,只要总长本人及公使会商妥当便可。为此,在葡国公使连连催促下,外交部开始着手谈判事宜,并于24日致电驻葡代办郭家骥,询问葡萄牙外交部对于澳门界务问题的意见,并得到与符礼德立场一致的回答。① 因此,民国政府在审慎地对待广东等地各勘界维持会,特别是旅港澳勘界维持会相关请求和报告的基础上,于1914年6月12日,派遣驻墨西哥公使陈箓前往澳门附近,调查澳门界务情况,收集资料,征求意见。20日,陈箓由北京南下。23日,抵达上海,并约请前清勘界高而谦之参赞庄允懿、前江苏候补知县陈锜乘英国轮船于7月5日抵达广东。其中,庄允懿曾任香山知县、前山海防军民同知,对澳门事务十分熟悉。② 7月12日,陈箓、庄允懿等人抵达澳门进行实地考察,至16日回省,共得摘抄案卷、图书资料等计16种之多。8月5日回京。8月7日,就澳门界务为时一个月的调查情况,陈箓提出"以加强军事实力为基础,在谈判中针锋相对,寸步不让"的方针,并向外交部提交了《调查澳门界务情形报告书》和《调查澳门界务情形意见书》。同时,陈箓根据调查所掌握的情况,针对葡人侵占土地的意图,在《调查澳门界务情形意见书》中提出,应分别对于银坑、湾仔、马骝洲、大横琴和青洲对面海附近,加派军队和警察以壮声势,防止葡人趁机侵占领土。与此同时,恢复民国以来被胡汉民裁撤的前山海防同知,并派出谙熟外交事务的官员常驻前山,与葡官员办理交涉事务。陈箓又指出,勘界谈判开始之初,必须抓住以下三个要点:(1)海权——宣布澳门海道作为公海,中国船只可以自由停泊,中国还有办理水上巡警、维持地方安全之责,同时禁止在海道走私军火;(2)海岛——对面山之湾仔、银坑、青角、大小横琴、九澳等岛屿,必须力争,决不放弃;(3)关闸——葡人无理要求将关闸以北10里范围内,宣布为"公地",必须坚决反对。建议勘界之后,在关闸以

---

① 《外交总长孙宝琦会晤葡符使问答》,黄福庆主编:《澳门专档》第4册,第75页。
② 《外交部收驻墨西哥公使陈箓函》,黄福庆主编:《澳门专档》第4册,第111—114页。《香山县知事殷绍章发驻墨西哥公使陈箓函》,黄福庆主编:《澳门专档》第4册,第97—99页。

北二三里内建造另一关闸,则澳门以北界务永远可无侵占之处。①

同时,中国政府还注意了解葡萄牙政府及澳葡当局的真实想法与动向。② 在此基础上,中华民国政府准备与葡萄牙重开解决澳门划界争端的大门。

1914 年 11 月 18 日,葡萄牙驻华公使符礼德再次主动拜会北洋政府外交部,与秘书刘符诚会谈。符礼德再次提出举行勘界谈判,至于谈判的方式,可以首先订期开私人之谈判,相互交换意见,求同存异,争取达成协定,为举行正式会议奠定基础。符礼德还声明,葡政府绝无意扩张土地,但也不会放弃条约所规定的界址。至于内河问题,也很容易解决。其办法是:中国船只可以任意行驶出入,但停泊澳门海岸,则应受澳门管理。③ 11 月 25 日,中华民国外交部致函广东将军龙济光、巡按使李开诜,要求添置军警驻扎澳门附近各个要塞,以为勘界之准备。④ 然而,就在中国政府为澳门勘界积极准备时,葡萄牙方面提出坚持原澳督马楂度 1909 年 7 月 22 日于中葡澳门勘界谈判第二次会议上提交的文件。⑤ 这一点充分表明了葡萄牙人拓展澳门界址的目的。12 月 21 日,北洋政府外交部秘书刘符诚应葡公使符礼德之邀,赴葡驻京使馆为澳门界务问题举行第一次非正式谈判。鉴于中国方面坚决反对马楂度划界方案,符礼德表示愿意放弃马楂度对大、小横琴及对面山的索求,但要求中国不准在对面山修筑炮台,同时希望中国比照英国租借新界的办法,将大、小横琴租给葡国 99 年。刘符诚坚持此前高而谦划界方案,反对租让大、小横琴岛,不过同时亦表示关于其他问题,中方亦可让步。当论及内河权及海权时,双方争执极大。刘符诚明确表示中国绝不会放弃内河,而符礼德亦坚持认为内河权归属澳葡,内河问题只有作为公共航行路的唯一办法。双方就此问题争论不休,符礼德遂表示暂缓讨论该问题,并邀请刘符诚同赴澳门实地考察内河外海。⑥ 次年 1 月,符礼德南下调查澳门界务,北洋政府外交部派刘符诚以个人名义陪同前往,以便及时掌握情况,并与葡使交换

---

① 《外交部收驻墨西哥公使陈箓函》,黄福庆主编:《澳门专档》第 4 册,第 111—114 页。
② 参见黄庆华《中葡关系史 1513—1999》下册,第 964—965 页。
③ 《外交部秘书刘锡昌(刘符诚)会晤葡使问答》,黄福庆主编:《澳门专档》第 4 册,第 124 页。
④ 《外交部发广东将军龙济光、巡按使李开诜咨》,黄福庆主编:《澳门专档》第 4 册,第 125 页。
⑤ 《外交部收驻葡萄牙代办郭家骥函》,黄福庆主编:《澳门专档》第 4 册,第 126 页。
⑥ 《外交部收秘书晤葡公使问答》,黄福庆主编:《澳门专档》第 4 册,第 127 页。

看法。他们两人在澳门和广州先后举行多次非正式谈判,最后于 2 月中旬返回北京。此行一个月有余,双方关系融洽,但立场迥然不同,故未能达成任何具体协定。① 而就在此时,葡萄牙人的违约扩界活动日益加剧,中葡双方界务争端频频发生。

二、葡人侵略行径

1916 年 2 月,澳葡政府擅自在青洲之下、沙岗之上疏浚河道。同时又将莲峰庙左之炮台山挖掘泥土,由青洲筑路而上,并在关闸之内及莲峰庙前一带,填筑海域。又在关闸海边大兴工作,建筑民房。而经香山勘界维持会代表和广东地方当局揭露,外交部训令驻葡使馆代办郭家骥与葡萄牙政府交涉,要求葡人立即停止澳门浚海工程。可是葡政府却有意搪塞敷衍,推说情况不清楚,待了解后再答复。②

7 月 10 日,澳葡政府又派遣小巡船擅自越界停泊湾仔长码头,私租几处民房。③ 10 月 31 日,广东省省长朱庆澜照会英国驻广州总领事,请他向澳督转告广东政府的严重抗议,要求葡国军舰立即撤离湾仔,所有强租铺屋一并退还业主。④ 11 月 7 日,北京政府外交部秘书王景岐会晤葡萄牙驻华公使符礼德,就 7 月 10 日葡国小巡船擅自越界停泊湾仔一事进行交涉。符礼德声称葡兵已经撤离拱北岛(湾仔),而澳督认为在拱北岛上租房的葡人不必离开,驻泊的兵舰也不必离开,因为那里属于澳门的水界。⑤ 11 月 14 日,王景岐再次会晤葡萄牙驻华公使符礼德,交涉葡国巡船越界停泊湾仔之事。中方指出,根据广东省长报告,葡兵未曾撤离拱北岛。但葡使仍未加理会,相反却要求中方关照广东省政府和当地人民保持和平,避免激烈行动。⑥ 11 月 30 日,葡萄牙驻华公使符礼德会晤外交部次长夏诒霆,称中国忽然在前山增兵 800 名,要求中国政府解释增加军队的理由。前山为中国领土,增兵与否,葡

---

① 《外交部收本部刘秘书归启》,黄福庆主编:《澳门专档》第 4 册,第 167 页。
② 《外交部收广东将军龙济光、巡按使张鸣岐电》、《外交部收驻葡萄牙代办郭家骥电》,黄福庆主编:《澳门专档》第 4 册,第 201—202 页。
③ 《外交部发广东省长朱庆澜电》,黄福庆主编:《澳门专档》第 4 册,第 243 页。
④ 《外交部发广东省长朱庆澜电》,黄福庆主编:《澳门专档》第 4 册,第 243 页。
⑤ 《外交部发广东省长朱庆澜电》,黄福庆主编:《澳门专档》第 4 册,第 243 页。
⑥ 《外交部发广东省长朱庆澜电》,黄福庆主编:《澳门专档》第 4 册,第 243 页。

人无权干涉,故中国政府未予理会。①

　　面对中国政府在前山不断增兵的威胁,澳门葡人被迫与广东地方政府直接对话。1917年1月,澳葡政府致函广东政府,声称银坑开掘战壕,言辞甚为关切,请求广东政府派员会勘。广东省长朱庆澜遂派交涉局主任林子峰赴澳门交涉葡舰越泊湾仔事件。林子峰会同澳门官员前往湾仔查看后,澳门官员亦表示中国驻军所挖沟渠并非战壕。其后林子峰往晤澳督时,澳督提出早已准备的建议条款四项、请求条款三项的"协约大纲",要求与林子峰商谈。其中建议条款四项为:

　　(1)喇叭岛(即湾仔)地方此后永不得驻扎华兵逾40人之数,并永不得建筑炮垒安置大炮;

　　(2)第一则如得同意,则湾仔已建壕沟篷厂可准保存其原有位置,惟将来不得再有壕沟或炮垒之建筑;

　　(3)第一第二则如得同意,葡国小轮或轮船在距湾仔海岸100密达(按:即100米)之内不得湾泊逾24点钟时间,惟葡国小轮或炮船在该海仍有梭巡及执行公务之权,并按1890年暂定条约,凡澳门内港至青洲及亚婆石交界平行线一带海面仍归葡国管辖一节不得因此条议别有变更;

　　(4)为保存现在情形计,则关闸与高沙交界之中立地点应行留存,凡武装之葡兵不得越过关闸30密达(按:即30米)之地,武装之华兵不得越过高沙30密达(按:即30米)之地。

而请求条款三项为:

　　(1)广东省长应严饬中国兵官郑重葡国政府有管辖澳门内港之权及不得干预葡国政府于澳门内港地方施行之职务;

　　(2)中国政府如欲澳门属民不在中立地点,即关闸与高沙交界处挖掘取泥沙,则香山属民或别属人民亦应同守此例,惟该中立地点仍得同为澳门华民及香山属民营葬之地;

① 《外交部发广东省长朱庆澜电》,黄福庆主编:《澳门专档》第4册,第243页。

（3）广东省长应饬驻湾仔所属官吏，不得禁止于银坑地方输运泉水入澳门之事。

就这一协定，广东督军陆荣廷、省长朱庆澜等均认为"该条约均关界务重要、不能允许之事"，不敢擅作主张，而且该条款并无签名盖印，亦不交由葡领事转送，自然不算正式交涉文件。然而葡驻华公使符礼德1月15日却照会外交部，声称林子峰业已在澳门签订协约，急切希望外交部予以核准。① 葡萄牙人的这一欺骗行为并未得逞，1917年2月22日，外交部根据广东省报告照会符礼德，声称界务问题暂缓议定，双方遵照维持原状，将来遇有机会再协商解决。②

1918年之后的几年间，由于中国内乱不息，北洋政府、广东政府南北对峙，护法、护国革命不断，又上演复辟闹剧，澳葡政府针对澳门附近的蚕食活动日渐频繁，相继发生葡舰拦截华舰事件、澳葡政府大兴填海造地工程以及中葡军队对峙等一系列影响双方关系的事件，澳门界务问题更加趋于复杂而为中葡双方再次搁置。

1918年1月12日，粤海关监督兼外交部特派广东交涉员罗诚呈文北京政府外交部称：

> 近数月间，华舰行驶澳门附近海面，均被葡舰轮拦阻，勒填报单，领彼人情；并以私订澳门口岸章程，始许经过，谬列葡管内河界线，强我遵守，及派葡轮越过湾仔，勒缴华人船牌费，驱逐渔船湾泊澳门；暨数次遣艇载运泥土，填塞附澳海道。种种行为，直欲实行强占海界，遂其蚕食野心。据理与争，彼则以其所至之处皆属葡馆管辖范围，饰词狡辩。③

北京政府外交部闻讯后，即派专员赴葡萄牙驻北京公使馆交涉。一月

---

① 《外交部发广东督军陆荣廷、省长朱庆澜电》《外交部秘书王景岐会晤葡符使问答》《外交部收葡符使函》《外交部收广东督军陆荣廷、省长朱庆澜咨》，黄福庆主编：《澳门专档》第4册，第278—284页。
② 《外交部发广东督军陆荣廷、省长朱庆澜电》，黄福庆主编：《澳门专档》第4册，第284页。
③ 《外交部收广东交涉员呈文》《外交部收朱秘书赴葡馆会晤符使问答》，黄福庆主编：《澳门专档》第4册，第310—311页。

底,罗诚再提出划界要求,呈称葡舰在澳门附近拦阻华舰,勒填报单,又越过湾仔索缴华舰牌费、驱逐湾泊渔船,并遣艇载运泥土填塞澳门附近海道,虽经广东政府屡与交涉,但葡人行径不改。[①] 符礼德在回函中称:以本使观察,其中定有误会之处,当由该督详细调查。[②]

1918年2月13日,符礼德在与中国外交总长陆征祥会晤时,仍未对前事做出正面回复。3月18日,符礼德在与澳督密谋之后,才对中国政府的交涉做出答复,称:

一、葡舰并未拦阻华舰往来澳门附近海道,且对于华舰与本国船只及诸联盟国暨他各友邦所有之船,均属一律待遇,毫无歧视之处。况昔年巡弋海道之权,独归葡官执掌。其澳门领海之界线,原自澳门起点,达于湾仔为止。查管理澳门海道权,既归葡国所有,则一切华船若往来澳门附近海面,在进口之时,自应照章填写报单。此种特权,亦各国所认者。葡政府晓然,中国兵舰巡船如开往前山寨及澳门迤北等处之时,必须由澳门附近海面经过,故对该行驶船免其照章填单。以此可见,本国并无拦阻华船之意。但本国既有管理海口权柄,遇有中国用非是兵船而载兵者,经过澳门时,则本国向其要求,必须领取执照,始可放行,以此更能易于显明澳门海权归本国所有。

二、至于葡轮越过湾仔,勒缴华人船牌费、驱逐湾泊渔船,所指必谓巡船前往查看在湾仔附近海面停泊之大小船只而言。查按照澳门船政厅所订立之章程,当然索取执照,并巡视船只应否停泊地点等事。其船政厅之海权能及于所有澳门之领海,以此足可证明,无论船在于附澳海面之何处,皆在船政厅权力之下。总之,本国所有之海权,在船只由海道能到之处为止。查现今所行之规条,亦为历来所用之法也。

三、遣艇载运泥土填塞海道一节,想必以为运土等工,定不在于澳门地方,在于附澳海道之处,不知此确为误会矣。其筛挖泥水之工程,实在澳门葡国领土境内,于澳门海面之西,亚婆石与青洲中心平行线之南,

① 《外交部发广东督军陆荣廷、省长朱庆澜电》,黄福庆主编:《澳门专档》第4册,第308—309页。

② 《外交部收朱秘书赴葡馆会晤符使问答》,黄福庆主编:《澳门专档》第4册,第310—311页。

将挖出之泥抛弃海中,其海亦皆在本国所管境内。至于所称中葡两国兵
船常发生纠葛之言,查所指皆不过为细微之事,此确因数只不大华船之
官长意欲尝试不按照早经规定之条例而行,但岂知此项条例在于各文明
国遇有船只到该国海口时,亦必须如此办理。船于进口之时,要求其填
写报单一事,不但专对外国而用,至于本国兵舰、商船,亦事同一律。[1]

据符礼德之言辞,葡萄牙控制澳门至对面山之间的前山河道、图谋澳门
附近领土主权之意图跃然纸上。

尽管中华民国外交部对葡国公使之荒谬言辞予以驳斥,[2]但是澳葡政府
以"青洲系其属地,有权填筑海坦,华官不合干预"为辞,不仅没有停止青洲以
东至澳门海面之填海造地、澳门以西前山河疏浚河道等工程,反而有加速施
工之迹象。8月底,广东军政府特派梁澜勋到澳门交涉,要求新总督施利华
(Henrique Monteiro da Correia Silva)立即停止一切工程。葡萄牙驻广州总
领事阿马德乌·司路华(Amadeu da Silva)得知后,却电嘱澳督施利华,继续
施工,不必理睬。[3] 9月中旬,澳葡政府利用中国南北议和未定之际,在青洲
岛堤岸附近疏浚海道,筑成一长 50 丈、宽 50 丈的路面,且开始在青洲附近布
防。广东省长张锦芳在多次向澳督提出抗议无效后,恳请军政府"酌派兵队
或兵舰前往驻扎",以资震慑。[4] 而葡国公使关于此事的回复声称澳葡政府
认为其事有权有理,毫无违背合约之事,故无须双方间交涉。广州军政府外
交部次长伍朝枢闻后,立即向军政府会议建议,由广东地方长官先行酌拨兵
舰或军队,以巡视海防为名,前往青洲附近驻守,借以声援。而北京政府外交
部接到广东的报告后,一面电令中国驻葡代办向葡外交部提出抗议,要求葡
外交部电令澳督将工程停止,一面与葡驻北京公使进行交涉。可葡公使却认
为此次澳门进行的填海造地工程在澳门领海以西亚婆石与青洲相距之中心

---

① 《外交部收葡符使节略》,黄福庆主编:《澳门专档》第 4 册,第 313—314 页。

② 《外交部收葡符使节略》,黄福庆主编:《澳门专档》第 4 册,第 313—314 页。

③ AMNE "Limites de Macau",Caixa 1237: Incidente e Negociações com o Governo de Cantão (1919 - 1920)-Relatório do Governador de Macau ao Ministro das Colónias (22 de Fevereiro de 1921),p.5.

④ 《广东军政府外交部收广东省省长张锦芳、北京外交部特派广东交涉员梁澜勋咨文》,黄福庆主编:《澳门专档》第 4 册,第 324 页。

平行线以南,该处完全是葡国地界,因此他不仅拒绝转电澳督停工,反而指责广东方面的要求实属无理。外交部获悉后,义正词严地指出界务既未勘定,应无界内界外可言。同时,外交部亦电复广东省长,认为广东方面若能实力抵抗,可酌情派兵队或兵舰前往驻扎,迫使澳葡政府就范。① 与此同时,葡萄牙外交部致电澳葡总督:"政府决定,尽管中国政府提出抗议,工程亦不能停止"。又有:"为防止中国可能采取的任何行动,无论遇到什么困难,均可向香港求援,因为英国政府曾经许诺,给予可能的协助"。② 英国亦被卷入这场中葡关于澳门划界问题争端中。

截至 1920 年 1 月中旬,尽管中葡双方就澳门划界问题反复交涉,但并未取得任何实质性进展。葡国领事在回复中国的照会中反复辩称:"澳葡政府有权、有理、无背和约、不惧任何交涉","动工系在中葡地方官约定界线以内,不能停止"。③ 不仅如此,澳葡政府还在关闸处增设大炮、调兵守卫。④ 在此种情况下,中国政府不得不考虑对澳葡政府采取强制措施。1920 年 1 月 13 日,广东督军莫荣新任命广东陆军第一师旅长卢焱山前往前山与澳门交涉界务,并命所有驻扎该处军队巡舰皆归其节制。同时,政府又加派军队和兵舰前往前山。卢焱山到任后,立即巡视各驻军地,饬令严加防卫。据称:当时广东当局派兵 1 500 人及战舰两三艘前往澳门。⑤ 1 月 19 日,广州军政府外交部派交涉员林子峰前往前山,协同卢焱山办理外交事宜。两位一道会晤澳督,再次要求澳葡政府停止浚海工程,否则中方将采取更严厉的措施。⑥ 1 月 24、26 日,卢焱山两次访问澳门。在中国政府军事及外交压力下,澳督态度明显软化,当场表示立即停止浚海。⑦ 1 月 26 日,葡驻广州总领事阿马德

---

① 《军政府外交部收广东特派交涉员梁澜勋呈》,黄福庆主编:《澳门专档》第 4 册,第 328 页及第 333 页。

② 黄庆华:《中葡关系史 1513—1999》下册,第 982 页。

③ 《军政府外交部收政务会议咨文》、《外交部收驻葡代办郭家骥电》,黄福庆主编:《澳门专档》第 4 册,第 331 页。

④ 《广州军政府外交部收北京外交部特派广东交涉员梁澜勋呈文》,黄福庆主编:《澳门专档》第 4 册,第 335 页。

⑤ 《收广东督军莫荣新呈》,黄福庆主编:《澳门专档》第 4 册,第 346 页。《部长会晤英朱使问答》,第 358 页。

⑥ 《译葡总领事致伍次长公函》,黄福庆主编:《澳门专档》第 4 册,第 364 页。

⑦ 《译葡总领事致伍次长公函》,黄福庆主编:《澳门专档》第 4 册,第 364 页。

乌·司路华照会广州军政府外交部次长伍朝枢,提议粤澳双方派员举行划界会议,会商解决澳门界址问题。并由司路华出面,宣布澳葡总督决定暂停青洲工程。① 在解决澳门界务争端的同一目的下,中葡双方于当年1—9月间先后举行5次会谈,最终于9月21日在广州签署《兴筑澳门港口工程合约》、《修改港口章程》、《澳门交解华犯章程》。其中《兴筑澳门港口工程合约》规定,澳葡政府与广东政府在澳门界务未定以前,关于澳门港口工程必须遵守相关五项条款:

一、本合约中所提论之港口工程应照所附图则之界线施工,该图亦由双方签押;

二、本合约并非表示放弃葡国或中国所有领海或领地之固有主权,且订立此项合约亦与澳门划界事务无碍;

三、倘中葡两国政府所委派之划界委员会系按照1887年条约意义办理,此项工程无论陆地与海面,将来决定系属中国管辖者,葡国当即交还中国,不另加以条件,并不得附加无论何项之要求;

四、本合约应俟提议修改之提解华犯章程及修改现在之港口章程将来由葡政府认可及实行时,然后同时实行;

五、本合约与所附提解华犯章程及现行澳门港口章程之拟议修改条文具有连带关系,得彼此同意应同时实行之。

同时《修改港口章程》则规定:

一、真实外国军舰寄碇澳门港口无须签写入口册;

二、真实中国军舰即使载运军队或拖带有军队之船只,得自由经过澳门港口;

三、无论何国携带军械之军队或军械弹药,非经澳葡政府许可,不得在澳门港口上陆;

四、凡子弹火药及一切军用物品或暴烈药品等件,经澳葡政府允许

---

① 《译葡总领事致伍次长公函》,黄福庆主编:《澳门专档》第4册,第364页。

上陆后,非经中国官吏给有护照,应不得由澳门输入中国内地;

五、中国船只或到澳门,或在中国地方煇乱船底,均可听其自由,澳葡政府不得强迫船只必到澳门煇乱。①

至此,中葡澳门划界争端暂时得以平息。

三、激起民愤

1921年,澳门葡人再次挑起中葡界务争端。该年9月16日,广州国民政府军队在香山县沿海一带执行缉捕海盗任务时,葡萄牙驻澳海军竟越过澳门内港水域,至湾仔银坑干涉国民政府军缉盗,并开炮轰击国民政府军,国民政府军予以反击,击毙葡警2人,伤3人,一时暂告平息下去的粤澳关系又趋紧张。银坑滩至湾仔一带船户,均逃避一空,银坑附近居民,亦不敢过澳,惧遭殃及,史称"九一六事件"。广东政府在"九一六事件"后,对澳葡政府采取了强硬态度,谢绝第三国调停,一方面加强香山县的防务,调集3 000人的军队在香山集结;另一方面,再派出两艘鱼雷快艇在澳门附近水域游弋。省长陈炯明当时正在广西前线,得悉葡军舰越界至湾仔炮轰中国军队的事件后,屡电回粤,饬令万勿让步失权,"该国(葡萄牙)如侵犯我国主权,确以无理相加,即行强硬手段对付,毋庸退缩"。葡方亦称,"奉本国政府命令,特向中国政府正式声明,对于'九一六事件'所受之损失,保其向求赔偿之权利"。由于中葡冲突再次爆发,双方一直处于备战状态,原定于该日解散机枪连,一直推迟至1922年2月。同时,葡萄牙人请求英国的援助,英国虽然声称,他们绝不会为澳门与中国开战,但他们还是派出炮舰"鸟蛛"号前往澳门,与中国舰艇正面相对。② 9月29日,广东政府交涉员李锦纶就"九一六事件"向葡萄牙驻广

---

① 《广东军政府外交部发政务会议咨》、《广东特派交涉员梁澜勋呈港口工程合约、澳门港口章程、提犯章程》,黄福庆主编:《澳门专档》第4册,第407、411—416页。邓开颂、吴志良、陆晓敏主编:《粤澳关系史(1840—1984)》,第394—396页。

② (广州)《民国日报》,1921年9月29日及10月4日。《葡萄牙公使致北京外交部照会》,黄福庆主编:《澳门专档》第4册,第449页。《中华民国十年拱北口华洋贸易情形论略》(1922年2月21日),莫世祥等编译《近代拱北海关报告汇编(1887—1946)》,澳门基金会,1998年,第335页。《关于处理澳门问题电》,转引自段云章、倪俊明编《陈炯明集》(下卷),广州,中山大学出版社,1998年,第690页。英国档案局:CO 129,转引自[澳]杰弗里·C.冈恩《澳门史:1557—1999》,秦传安译,第155页。[葡]施白蒂:《澳门编年史:二十世纪(1900—1949)》,金国平译,第151页。

州总领事提出四项要求:① 葡政府应向粤政府道歉;② 惩办主张开炮的葡国军官;③ 此后无论何种葡舰,不得驶过湾仔、银坑华界;④ 澳门必须定期一律禁赌。但澳葡政府否认此次事件是由葡国舰先启衅端,不仅对广东提出的要求置之不理,反而要求广东赔偿死伤葡兵。① 孙中山亦于10月2日为澳门葡兵越界枪击中国军队并在事后拒绝广东政府的抗议事,饬令海军派舰前往澳门近海警戒。②

10月3日,澳葡的侵略行径,引起广东各界人士民情激愤。是日,香山县各界民众1万多人,在前山福善堂举行大会,声讨澳葡政府的侵略行径,并商讨对付澳葡政府办法,最后决议自5日起停止向澳门提供食物,断绝水道,直至澳葡政府接受四项条件为止,并决定组织领土保存会,作为外交后盾。广州各团体也于10月11日在素波巷某总会集议,痛诉澳葡行径,要求政府对澳葡采取更坚决的措施。③

11月24日下午2时,在英国驻粤总领事詹姆斯·杰弥逊(James William Jamisson)的陪同下,葡国公使符礼德就"九一六事件"前往广东省长公署与陈炯明进行首次谈判。广东特派交涉员李锦纶、省长公署交涉局副局长黄建勋在座,并由黄担任两方传译之责。符礼德认为"九一六事件"不过区区小事,拟先将此事撤开,而此次来粤主要"欲解决水界问题,以免将来再启争执"。英驻粤总领事杰弥逊亦称:"如广东政府一味坚持以广东政府调查者为实据而压逼澳门,英国以同盟关系,不能袖手旁观,任其与国受人欺凌。"对于"九一六事件",他坚持应先由双方派员共同调查此事,然后再商谈解决纠纷的办法。至于该调查团之组织,由粤、澳政府各派委员两人,再由粤、澳共同指定一无偏私,并与本案无利害关系之第三国人为中立公证人。而事端发生之后,葡国副领事即以代表葡国驻粤总领事之资格,向广东省政务厅古应芬(当时代理省长)提议,共同派员调查,古厅长答应照办。结果葡国领事忽然反悔,不肯派员,而广东政府仍依议派员往查。陈炯明遂以此为由敷衍葡国共同踏勘的提议,并坚持澳葡应对广东提出的四项条件做出明确答复。最后,陈指出若要应允葡国公使所提共同派员调查之议,澳葡必须同意下述三

---

① 《申报》,1921年10月2日。
② 盛永华等编:《孙中山与澳门》,附录《孙中山与澳门大事年表》(不注页码)。
③ 邓开颂、吴志良、陆晓敏主编:《粤澳关系史(1840—1984)》,第407页。

个条件：

　　一、于共同派员调查，澳葡政府必须答复第一、二次要求；
　　二、共同派员调查之议一经本省长同意，第三项要求关于水界问题即当开始谈判；
　　三、第四项要求可由澳葡政府拟定相当之答复。

　　符礼德最终同意回澳面告澳督后，再饬葡国领事以正式公文将应允各件照会广东政府。[①] 中葡关于澳门划界争端再次陷入僵局。正当此时，美国主持召开了由美、英、法、意、日、荷、比、中、葡9国参加的华盛顿会议。葡萄牙人在会上积极活动，试图将中葡双方争议不下的澳门划界问题提交会议，提请"国际公断"。1921年12月5日，顾维钧向外交部汇报称，葡萄牙代表要求"澳门案宜早决"，并拟请美公断，后者并不反对，且认为"如能得中国政府同意，即可在大会中宣布，问我意见如何"。故致信请求裁决。7日，外交部回电指出："澳门原系租与葡人停泊。光绪十三年，总税司因药税案订定条款，认葡永驻及管理其地。宣统元年，华使高而谦与葡代表勘界辍议时，葡代表即有请付海牙公断之议，当经拒绝。此案仍重在勘界，然新占旧占情形复杂，非他国所能深悉，断难付之公断。或可归入租借地问题，根本上筹收回之法，以图解决。"[②]由于"九一六事件"尚未平息，双方仍在交涉中。

　　1922年1月25日，在广东政府支持下，中国民众在湾仔银坑升起一面中国国旗。2月初，澳葡政府就湾仔银坑树中国国旗一事向粤政府提出抗议，粤政府陈炯明则认为澳葡政府此举欺人太甚，决定对澳抗议华旗一事，坚决不撤银坑湾仔之国旗，宣布该岛即是中国领土，并拟将正在商谈的水界问题暂行搁置。[③] 3月17日，陈炯明与符礼德就澳门问题举行会议。符礼德请求广东勿将水界问题搁置。陈炯明则要求符转知澳督将关于湾仔、银坑树中国国旗的抗议收回。符认为"葡人居澳已数百年，葡人以为澳门及其附近区

---

　　① 《民国十年九月十六日粤省长陈炯明会晤葡使菲力特问答》，黄福庆主编：《澳门专档》，第4册，第442—448页。
　　② 《外交部发太平洋会议代表顾维钧、施肇基、王宠惠电》，黄福庆主编：《澳门专档》第4册，第352页。
　　③ 《申报》，1922年2月7日。［澳］杰弗里·C.冈恩：《澳门史：1557—1999》，秦传安译，第156页。

域皆属葡国,此历史上经过之情形也",拒绝转知澳督。陈则表示湾仔银坑
"属中国为事实,毋庸辩白"。最后,双方达成下列协议:① 湾仔银坑为中国
固有土地;② 六个月内彼此约束两国人民及军士,并防止无意识举动,粤政
府暂缓办理银坑水上警察。[①] 由于当时广东政府在处理澳门界务争端中态
度坚决,葡人迫使中国政府在划定澳门边界上让步的企图未能得逞,澳门界
务问题又被搁置。

第二节 《中葡友好通商条约的签订》

一、《中葡友好通商条约》

1924 年 1 月,国民党召开第一次全国代表大会,其中所制定的对外政策
旨在废除不平等条约:

（1）一切不平等条约,如外人租界地,领事裁判权,外人管理关税
权,以及外人在中国境内行使一切政治的权利,侵害中国主权者,皆当取
消,重订双方平等互尊主权之条约。

（2）凡自愿改弃一切特权之国家,及愿废止破坏中国主权之条约
者,中国皆将认为最惠国。

（3）中国与列强所订其他条约有损中国之利益者,须重新审定,务
以不害双方主权为原则。

孙中山先生逝世后,于 1925 年 7 月 1 日改组成立的国民政府也重申"国
民革命之最大目的,在致中国于独立平等自由,故其最先着手,即在废除不平
等条约"[②]。

1928 年,中国国内军阀混战告一段落,南北实现统一,国民政府也开始

---

① 《陈省长与葡使关于粤澳水界问题第二次谈话情形》,黄福庆主编:《澳门专档》第 4 册,第
455—463 页。

② 傅启学:《中国外交史》,台北,商务印书馆,1991 年,第 377—380 页。

致力于落实废除不平等条约的外交政策。7月7日,发表重订条约宣言:

> 国民政府为适合现代情势、增进国际友谊及幸福起见,对于一切不平等条约之废除及双方平等互尊主权新约之重订,久已视为当务之急,此种意志迭经宣示,中外复于上年11月23日由本部郑重宣言在案。现在平津已定,统一告成,国民政府对于上述意旨应即力求贯彻,除继续切实保护在华外侨生命财产外,对于一切不平等条约,特作下列之宣言:1)中华民国与各国间条约之已届满期者,应即废除,另订新约;2)其尚未满期者,应由国民政府以正当之手续解除而重订之;3)其旧约业已期满而新约尚未订定者,应由国民政府另订适当临时办法处理一切,特此宣言。①

其时,《中葡和好通商条约》刚满40年,依约内第46条每10年修改一次的规定,正赶上修订的时候。以前每次届满皆自动续约,徒具形式,国民政府欲趁此一机会,在平等及互相尊重领土主权的原则上另订新约,一次性解决中葡关系的所有冲突和纠纷。至此,澳门问题已不仅是双方划界问题而是中国如何收回主权的问题。实际上,1927年驻葡大使王廷璋已经致函外交部条约司提请修改,表示该约"不可谓非吾国莫大之耻辱",约中"所有不平等条款(如领事裁判权等)应完全取消"。次年4月28日,外交部正式照会驻京葡使毕安祺(João de Bianchi):

> 查厘定中葡两国国交之和好通商行船条约,订立远在1887年12月1日,自该约签订以来,两国国情根本上已有变迁,然该约条款虽因此种情形之变迁多已不复通用,至今仍依然未改。
>
> 中国政府以为将中葡两国间之关系奠立于平等及互相尊重领土主权之基础,藉使两国邦交益臻巩固,实为急图。为贯彻此项目的起见,1887年12月1日中葡两国所订和好通商行船条约,应即根据上述新基础改订,一更适合现代国际邦交普通情形之新约,以资替代。

---

① 参见吴志良《生存之道:论澳门政治制度与政治发展》,澳门,澳门成人教育学会,1998年,第201页。

查上述中葡条约系于 1888 年 4 月 28 日互换批准实行有效,其第 46 款载明,缔约一方得于每届 10 年期满后 6 个月内提议修约,本年 4 月 28 日又届 10 年期满之时,中国政府用敢通知贵国政府对于上述之 1887 年中葡条约自本届 10 年期满 6 个月后,意在不再照现行方式予以继续,并特向贵国政府提议即行商议修改,俾新约在上开 6 个月期限之内得以订立。

中国政府希望贵国政府对于上开意见慨予赞同,承允根据平等及互相尊重领土主权原则另订新约之提议,并希望为达上项目的起见两国从速开始修约之会商,务使新约在上述第 46 款之 6 个月期满以后得能立见实行,以免发生现约既废新约尚未成立之情事,致使两国邦交陷于一种不定之状态……①

两天后,国民政府国务院也接受外交部的提请,议决修改《中葡和好通商条约》。5 月 2 日,葡外交总长复函表示"贵公使送来贵国政府之通告阅悉,并极欣幸向贵公使保证葡政府将根据与中国政府历来好感,以友谊及协调精神研究该问题,相应照覆"②。但对修约一事,避开不谈。7 月 11 日,外交部长再次照会葡萄牙驻华公使,要求他转达里斯本政府:"……现在两国政治、经济、商务情形与 40 年前初订约时迥异,国民政府认为,该约期满后,由中葡两国各派专员,以平等及互相尊重领土主权为基础重行修订,另成新约,以期适合现情,俾两国睦谊益敦,而于两国共同利益亦得益加增进"。

25 日,毕安祺回复:

阁下声称,1887 年 12 月 1 日所订之中葡条约于本年 4 月 28 日满期后作废,其附在该照会之临时办法应即施行以维持两国间之关系等云。查该约文字方面或精神方面,均无包含其在 1928 年 4 月 28 日满期之意,按照第 46 款所载,此项日期仅系表示 10 年之期限,在此限期任何一

①《中葡修约应注意之大纲》、《中葡修约事》,黄福庆主编:《澳门专档》第 4 册,第 533—534、第 581—584 页。

②《决议中葡条约应修改》、《关于葡约兹将葡外长照会译录中法葡文三件寄请君阅并乞将近来与毕使接洽情形随时详示以资因应》,黄福庆主编:《澳门专档》第 4 册,第 588、595 页。

方在 6 个月内均得请求修改,唯以税则及通商条款为限。阁下所称两国之政治、经济及商业情形业已互异,唯中国不能因此而片面地宣告废约。在此种适当情形之下,葡国政府不得不拒绝关于 1887 年 12 月 1 日所订之中葡条约为无效,并否认其临时办法之实施。然鉴于中葡两国间数百年来固有之友谊并中国人民对于实施其民族之愿望之合法努力,及增进彼此和平交好及共同福利之发展,葡国政府准备以平等及互尊领土主权之原则为基础,开始磋商修改现行之条约,并甚愿在环境之可能范围内,与中国政府缔订一新约。

经过多次磋商,国民政府外交部长王正廷与葡驻华公使毕安祺于 1928 年 12 月 19 日在南京签署《中葡友好通商条约》,并于次年 3 月 27 日换文生效。条约共 5 款,内容如下:

第一条　两缔约国约定:关于关税及其关系事项,完全以各本国国内法规定之;

两缔约国又约定对于关税及其关系事项,此缔约国在彼缔约国领土内应享受之待遇,不得次于任何他国所享受之待遇;

此缔约国在本国领土内,不得有何借口对于彼缔约国人民及货物之进口或出口征收较高或异于本国人民或任何他国人民所完纳之关税、内地税或任何税款。

第二条　此缔约国人民在彼缔约国领土内,应受彼缔约国法律及法院之管辖,但为行使及防卫其权利,应有向法院陈诉之自由及便利。

第三条　两缔约国决定于最短期内,根据完全平等互尊主权及两国商业上无歧视之各原则,议定一通商航海条约。

第四条　本条约用中葡英三国文字各缮二份。如遇解释不同之处,应以英文为准。

第五条　本条约应于最短期内批准。自两国政府互相通知批准之日本约发生效力。

此外,还有签约双方当日互换的六个附件。① 不过,新约及其附件对澳门地位却一字不提,完全回避。澳门划界问题,从此也不再提及,紧张的粤澳关系有所缓和。② 费成康评论称:"由于国民政府显示缺乏立即收复澳门的决心,1928 年 12 月 19 日签订的友好合作预备条约就只有五个条款,而且也不提及澳门。"③这一评论并不准确。我们认为这主要是中国政府在欲废除不平等条约而不能,又无法说服葡萄牙放弃澳门的情况下,被迫采取的一种折中办法,提出关税自主和领事裁判权问题而签订临时条约,将历史遗留下来的澳门问题暂时搁置,以待更好的时机加以解决的一种策略。但是,这并不等于中国政府放弃收回澳门主权、放弃划界的原则立场。相反的是,一旦有更好的时机,中国政府一定会解决澳门问题。

二、中葡新约后的交涉

此后至中日战争爆发之前,葡人在横琴、中山屡有动作,引起南京国民政府行政院一系列的关注,并向驻华葡使提出抗议。在抗战的特殊历史时期,在民族危亡、饥荒战乱和共同敌人的阴影下,划界问题已不重要,其模糊的界限似乎更有助澳门巩固其特殊的"中立"地位并发挥通道作用。但是,在日本投降后,广州方面以澳门没有派使节到访为契机,于 10 月间令中山县长张惠及驻军师长刘绍武等利用人民反帝情绪,"策动澳门及中山各界进行反澳运动,提出收回澳门口号,中山各界为支援澳胞行动,组织代表团、请愿团赴澳,与澳门同胞共策反葡运动"。为了抵制这些行动,澳门当局对前山一带边境入口进行封锁,禁止集会宣传,引起民众更大不满,广州行营因此决定进一步打击澳门,扩大事态,"趁机武装收回澳门",同时辅以禁运等手段,直接指挥的军官甚至派出武装官兵进入澳门市区示威。同时,南京政府外交部欧洲司也早在 1945 年 8 月便严肃提出包括公民投票、两国磋商等收回澳门的办法。④

---

① 详参吴志良《生存之道:论澳门政治制度与政治发展》,第 204—206 页。
② 吴志良等主编:《澳门编年史》第 5 卷,广州,广东人民出版社,2010 年,第 2471 页。
③ Fe Chengkang, *Macao 400 Years*, Publishing House of Shanghai Academy of Social Sciences,1996,p.313.
④ 《民国政府外交部档案(十八)》,1905 号,转引自《中葡澳门交涉史料》,第 338 页。

　　澳门政府因受多方面压力，"一方面请求英国政府出面向南京政府求情，转令广州行营撤除武装封锁，将一切问题由南京方面按正当外交关系解决"；另一方面，对民国政府表示让步和道歉，函复广州行营保证驱逐日本人出境并交由粤方处理，引渡汉奸、战犯，规定中国军民自由出、入澳门，设立联络处和引渡机制，允许中国方面一切党团公开活动，集会游行自由等。其驻穗领事向记者表示"澳门交还中国极有可能，为求中国领土之完整，本人极愿对此做各种之努力"等。经交涉，广州行营结束封锁，于1946年派出驻澳联络员。到4月，澳督戴思乐中校代表葡萄牙总统到穗访问，从此粤澳关系逐渐缓和下来。①

　　1947年，国民政府和葡萄牙互派公使，恢复邦交。② 随即，在两国公使的换文中，葡萄牙的在华领事裁判权被取消，规定"葡萄牙共和国国民在中华民国领土内，应遵守中华民国法律及受中华民国法院之管辖"，而"葡萄牙共和国政府、国民或公司在中国之现有不动产权利，双方同意，此项权利及其契据不得取消作废"。③ 葡萄牙人管治澳门的现状得到维持。换文于1947年4月1日生效，此后仍有多位参议员提出收回澳门，国民党政府对此的批示为，"目前国际形势之下，此问题一时难以解决，俟时机成熟，再提出交涉收回"④。

---

　　① 《广东文史资料选辑》第3辑，第180—183页，转引自《中葡澳门交涉史料》，第324—326页。
　　② 《中华民国史料长编》第70卷，第37页，转引自《中葡澳门交涉史料》，第327页。
　　③ 《民国政府外交部档案（十八）》，248号，转引自《中葡澳门交涉史料》，第327—328页。
　　④ 《民国政府外交部档案（二）》，9224号，转引自《中葡澳门交涉史料》，第345页。

第四章
"中立"时期的救亡赈难运动

　　九一八事变后,日本对华步步紧逼。1937 年 7 月 7 日,更制造卢沟桥事变,发动全面侵华战争。中华民族面临着严峻的生存危机。中日战争期间,澳门因受葡萄牙管治而实行"中立"政策,未卷入战争之中。澳门华人虽然生活在中立的安全地带,看不到战场的残酷血腥,但是邻近地区的陷落,以及蜂拥而至的难民同胞,激发了澳门华人的民族主义情感。支援内地抗战事业,赈济流落澳门的内地同胞,成为当时澳门华人的共同心愿与实际行动。可是,执行"中立"政策的澳葡政府为避免战祸延澳,千方百计在交战国以及周边多种政治力量之间寻求平衡,从而禁止公开的反日行为在澳门存在,由此导致"中立"时期澳门抗日活动的特殊性,即非以直接公开的抗日方式而以救亡赈难形式出现。澳门同胞克服各种困难,以救亡宣传与赈难救济活动展示爱国热忱和人道力量,为祖国抗战做出了不可磨灭的贡献。

第一节　日本侵华与澳葡"中立"

一、澳葡"中立"政策的确立及其执行

　　九一八事变之后,日本侵占中国东北三省。1932 年 1 月 28 日,淞沪抗战爆发。日军的侵略行径,使地处大陆南端与广东陆地相连的澳门也感受到战争引发的紧张气氛,因此,作为澳门地区实际管治者的葡萄牙政府需要在政治立场上做出符合其自身利益的回应。为了维护葡萄牙利益,并考虑到葡萄牙自身力量及其在远东的军事实力,面对中日之间的军事冲突,葡萄牙中央

政府很快做出在中日之间取"中立"立场的政治决策。1932 年 3 月 5 日,葡萄牙外长费尔南多·阿乌古斯托·布朗克根据海牙国际公约第十三号,在瑞士的日内瓦国联总部发表正式声明,宣称"葡萄牙是中日世代的朋友"[①],在中日冲突中葡萄牙保持中立,自此葡萄牙在法律上取得了中立国地位,并在第二次世界大战期间一直得以维持。澳门作为葡萄牙管治地区也因此获得作为不受交战国任何一方侵犯的"中立"区的法律地位。

1937 年 7 月 7 日,日军在北平郊外的卢沟桥制造七七事变,发动全面侵华战争。7 月 17 日,时任国民政府军事委员会委员长的蒋介石发表"庐山讲话",宣布对日作战。此后,全国各族各界民众迅速掀起了抗日救亡运动。葡萄牙为保持在澳政权的稳固,继续维持中立状态。

随着日军南侵及中日战事的不断扩大,葡萄牙政府在政治上宣布"中立"的同时,军事上也相应的提升了澳门地区的防御能力。1937 年 6 月 30 日,葡萄牙政府从莫桑比克调派第 57、58、59 队三支土著远征军连及混合炮兵部队前来澳门。同年,又向澳门增派一级舰艇"阿丰索·德·阿尔布科尔科(Afonso de Albuquerque)"号及 4 架水翼飞机,同时,恢复了 1933 年取消的海军航空中心,以此加强驻守澳门的海空力量。[②]

事实上,澳葡政府的"中立"政策并未使澳门地区完全免于日军的侵扰。1937 年 9 月,澳门附近发现日舰逡巡,测量海底,用意不明。[③] 对此,10 月,葡萄牙殖民地部部长维埃拉·马沙多(Vieira Machado)告诫澳督巴波沙(Artur Tamagnini de Sousa Barbosa):"日本军队可能会在澳门附近登陆"。如此,则可能带来的后果是,"中国军队会试图以避难或帮助葡萄牙人抵抗日本潜在入侵的借口而进入本澳"。很明显,中日军队若在澳门交锋,必将对葡萄牙在澳政权产生不利影响。里斯本随即做出反应,表示将不惜一切代价避免澳门被中国军队占领。接着又向澳门派遣了"巴托洛梅乌·迪亚斯(Bartolomeu Dias)"号和"贡萨洛·维略(Gonçalo Velho)"号两艘军舰及部

---

① Arquivo Histórico-Diplomático do Ministério dos Negócis Estrangeiros, Arquivo Consulado de Cantão, M116. 转引自吴志良等主编《澳门编年史》第 5 卷,第 2506—2507 页。

② [葡]施白蒂:《澳门编年史:二十世纪(1900—1949)》,金国平译,第 276 页。

③ 《大公报》,1937 年 9 月 19 日。

分炮兵，①以加强警戒。

而对于日本来说，地位"中立"的澳门具有为其入侵内地提供情报搜集等多方面功能。为最大化其战略利益，日本采取软硬两种手段谋求"日澳亲善"。一方面，频繁对澳葡政府进行拉拢；另一方面，通过在澳门周边地区增派兵力向澳葡当局施加压力，迫其就范。自1937年底开始，日本驻香港总领事曾与澳葡政府进行过多次会谈。日方表示希望了解中葡之间有争议的岛屿，以便对澳门领土附近的中国海岸进行封锁，阻止国外势力对中国的援助。葡方则趁机提出了大小横琴岛及对面山的拥有权问题，妄图借中日战争之机侵占上述岛屿。尽管葡萄牙奉行"中立"原则，但日葡在对华问题上的利益契合点，使双方关系颇显暧昧。但是，葡日"合作"并非建立于平等基础上，更多地表现出日方对澳葡政府的控制和利用。而面对日方的不断威逼，澳葡政府则只能选择退让与妥协来应对。

1938年1月1日，日军向横琴岛增派兵力，水兵增至200余人，军舰7艘，船舰40余艘，并在当地任意抓杀壮丁，奸淫妇女。日军行为引起澳葡当局关注，他们派出大队武装到马尾河，连同之前派驻横琴的澳葡警察，对横琴岛的日军警戒。② 同日，前往上海的盖德斯·平托（Guedes Pinto）中尉回到澳门，并带来了其在上海期间获得的日军高级将领之书面承诺："日本尊重葡国的领地澳门，所以不会在此进行军事活动，并立即停止空军的例行巡弋"。③ 1月底，日军履行承诺，撤走驻扎在横琴岛的部队，横琴岛遂由澳葡武装人士驻守。4月，日军突然再度进驻横琴岛，其声称为粉碎中国游击队的连串突袭而来，澳葡武装不得已与日军同在横琴守卫。不久，日澳之间发生了第一次军事摩擦事件。

1938年1月中旬，两名葡籍空军中尉施威利尼亚（Silveirinha）和卡尔多佐·迪亚斯（Cardoso Dias）驾驶着一架奥士皮71型水上滑翔飞机，在澳门的海空区域例行飞行时，未注意到他们已经接近日军一分队的战机。其时结伴飞行的另一架同类机的机师巴尔托洛梅乌·迪亚斯（Bartolomeu Dias）发现

---

① ［葡］廉辉南：《澳门：她的两个过渡》，曾永秀译，第49—50页。
② 《大公报》，1938年1月1日。
③ 理卡多·平托（Ricardo Pinto）：《中立区的炮火》，《澳门杂志》，1997年第2期。

后,立即向两名队友发出警告。正当施威利尼亚、迪亚斯两人开始在水上滑降之际,尾随的三架日本战机摆出战斗架势,并用机关枪向空中扫射一轮。数日后,日本驻里斯本大使向葡萄牙外交部递交抗议书,声称日机在澳门遭到葡机极不友好的态度对待。葡籍机师努力解释当时情形,并表示水上滑翔机上连防卫武器都没有,更不可能存在进攻行为。[①] 为避免日军以此作为进攻澳门的借口,葡萄牙政府立即颁布命令,如非必要,今后停止一切水上滑翔机的常规操作。

1939 年 1 月,日本驻华南海军司令盐泽乘舰抵澳作官式拜会,澳葡当局鸣礼炮热烈欢迎。2 月,澳门警察厅长葛古诺(Carlosde Sousa Gorgulho)受总督巴波沙之命回访日本时,备受礼遇,日本海军部大臣、外交部次长等表示"感谢中日冲突时澳门给予的合作,(日本)政府对此铭感于心"[②]。同时,日军在澳的行为也更加猖狂。在与澳门相邻的中山县香洲附近海面上,日机肆虐,日舰梭巡,澳门渔船被袭事件时有发生。[③] 澳葡政府则听之任之。

上述迹象表明澳葡政府对日态度已发生明显偏移,表面上宣称坚持奉行中立政策,实则只是为了尽力维护自身利益,保全澳门作为葡萄牙在远东的殖民地,而在日本的不断施压下,见风使舵地对日让步。澳葡政府不仅允许日舰停泊澳门港,而且任由日本人假借澳门为其入侵内地提供便利,日方一些军用物资也在澳门采办。另一方面,为了避免日本误会澳葡当局帮助中国抗日,进而借机滋事,澳葡政府明确反对中国方面在澳门附近进行任何抗日行为。1938 年 5 月 11 日凌晨 6 时,隶属国民政府第二路军的 4 架空军飞机飞越澳门上空轰炸上川岛附近日本船舰及岛上日军;同日上午 11 时,又一批中国飞机飞过澳门上空执行任务。澳葡政府对此事件做出了强烈反应,谴责中方严重侵犯了澳门领空。随后中国政府不得不做出回应:"伤令空军第二路司令部今后不使空军飞越澳门上空"。[④] 其后,中国军队为了防止日军自

① 理卡多·平托:《中立区的炮火》,《澳门杂志》,1997 年第 2 期。

② *Relatório apresentado pelo Sr.Capitão Carlos de Sousa Gorgulho,respeitante à sua Missão ao Japão*(《葛古诺上尉访日报告》),Arquivo do MNE,2°PA48,M217,p.3427。转引自吴志良《生存之道——论澳门政治制度与政治发展》,第 239 页。

③ 邓开颂、陆晓敏主编:《粤港澳近代关系史》,广州,广东人民出版社,1996 年,第 282 页。《大公报》1940 年 5 月 2 日。

④ 1938 年 5 月 12 日澳门政府致葡驻广州领司馆第 109 号电报及 1938 年 5 月 21 日外交部驻广东广西特派员公函西字第 417 号,转引自陈锡豪《抗日战争时期的澳门》,第 22—23 页。

唐家湾、香洲埠或澳门附近登陆入侵,计划在关闸至唐家湾,以及澳门以北的北山、葫芦山等处构筑工事,此种防御工事虽然完全在中国领土之内进行,却同样遭到了澳葡政府的抗议和阻挠。①

1940年9月中旬,澳葡当局又与日本有关方面以秘密协定形式确认澳门地区的"中立"地位。由署理总督毛殿弩(Moutinho)同日本南支陆军派遣军司令部代表安藤,以及南支最高特务机关部代表和知举行会谈,签订了《日葡澳门协定》,该协定共28条,其中,澳葡同意"澳门远离重庆政府","与日本和中国新政府(指汪伪政权)共维邦睦",日军则表示,"日军维持澳门中立现状"。②

然而,随着日军在东亚战场的节节胜利,澳门的"中立"地位亦受到威胁与挑战。1941年12月,太平洋战争爆发。不久,香港沦陷,澳门进入了中日战争以来最困难的3年零8个月,是谓澳门历史上的"风潮"时期。1942年,日军侵占中立国葡萄牙的殖民地东帝汶岛。澳葡政府感到澳门的"中立"地位岌岌可危,在日军的强大压力下一再与日妥协,试图保全澳门殖民地。尽管澳门一直都未被日军占领,而实际上在政治、经济、文化上已为日军所控制。

在政治方面,澳门成为日本搜集情报的前沿阵地。二战中,由于葡萄牙属中立国,对于交战国来说,里斯本和澳门便分别成为各方收集情报的基地。如果日本军事占领澳门的话,澳门就失去了作为其情报基地的功能,且很有可能导致和葡萄牙的断交。③ 同时,澳葡政府还容忍日本在澳门柯高(高士德)马路二龙喉附近设立特务机关,在澳暗杀抗日爱国人士。1942年11月,日军驻澳门特务机关首领荣泽作、山口久美之刺杀了澳门中华教育会会长梁彦明。12月,又刺杀了国民党港澳总支部主任委员、中山县立中学校长林卓夫。

在经济方面,澳门充当起了日本战时物资的补给地。对于私商帮助日军收购钨矿、青麻等军用物资的行为,澳葡当局采取放任政策。又在妈阁仓库

---

① 黄鸿钊:《澳门史》,福州,福建人民出版社,1999年,第361页。

② 参见《国民政府军事委员会委员长侍从室致外交部公函》,1940年12月3日,转引自陈锡豪《抗日战争时期的澳门》,第42—44页。

③ 宜野座伸治:《太平洋战争时期的澳日关系——关于日军不占领澳门的初步考察》,《澳门研究》,1997年第5期,第76—84页。

为日军储备汽油,并允许日本利用悬挂着葡国旗帜的商船为其运送军用品,以免遭到盟军飞机的袭击。与此同时,澳葡当局批准日本在澳门设立横滨银行,代日本公开收购中国白银。而日本还一度对澳门实行经济封锁,对来往于澳门的船只进行严密监控。规定由特定商人以固定航线运送澳门所需物资,以防止日本的军事行动被泄露。

在文化方面,澳葡政府为了不得罪日本,不仅允许一批汉奸文人在澳门创办《西南日报》、《民报》等汉奸报纸,为日本军队的侵略行为涂脂抹粉,大肆宣扬建立"大东亚共荣圈"的谎言;而且对新闻报业实行严厉的新闻检查。报纸上不容许出现有反日嫌疑的内容及文字,禁止报纸使用"日寇"、"抗日"、"救国"等字句,甚至连重庆消息也不准登载,如发现有不利于日本人的内容,或剔除相关字、句,或干脆将整篇文章抽出,导致报纸经常出现"开天窗"的情况。[1] 为了遏制澳门的抗日宣传,日本方面曾不惜重金收买《华侨报》、《大众报》等爱国报刊,要求两份报纸不得刊载抗日消息,但由于遭到两报编辑陈少伟、陈大白等人的拒绝而未能得逞。最后,日本方面通过迫使澳葡政府断绝供应纸张给《大众报》,从而导致《大众报》被迫于1942年停刊。

香港沦陷之后,日军对澳门进行了更为严密的封锁,甚至连葡萄牙船只也不得随便入港。面对这种局势,一位葡萄牙人曾一针见血地指出:"如果日本人欲征服澳门,无须放一枪一炮。只要封锁澳门,几天、最多几个星期后,我们便会因饥饿而乖乖投降"。[2]

二、澳葡政府对救亡赈难活动的态度

对于澳葡政府而言,虽然中日战争期间奉行所谓的"中立"政策,但是,在执行"中立"政策过程中,其立场与行为不时有所偏移,而导致澳葡当局态度变化的主要影响因素是战争双方力量对比及时局移转。因此,对澳葡政府在"中立"时期所作所为的分析,不能简单地一概而论,需要区分不同时段以及

---

[1] 这些报纸的内容和简介,可参考广东省档案馆编《民国时期广东省政府档案史料选编》第10册,第484页。转引自黄启臣《澳门通史》,广州,广东教育出版社,1999年,第1版,第378—379页。

[2] António de Arndrade e Silva, *Eu Estive em Macau durante a Guerra*, Macau:Instituto Cultural de Macau / Museu e Centro de Estudos Marítimos de Macau, 1991. P.35. 转引自吴志良《生存之道——论澳门政治制度与政治发展》,第241页。

不同问题与历史情境进行具体分析,尤其不能忽视两个基本因素:一是中、日势力的此长彼消以及各自向澳门本土的渗透度;二是澳葡政府自身利益及价值观之考量。正是基于这两个基本因素,澳葡当局在不同时段针对不同事情往往采取较为弹性的处理政策。其中,对于澳门华人的救亡赈难活动,澳葡当局的态度可以说集中体现了上述政策。

从澳葡当局对救亡赈难运动的态度看,虽然总体上采取了允许并适当予以协助的方式,但是,期间亦经历微妙变化的过程。抗战初期,澳葡政府对澳门本地的救亡赈难运动是默许的。澳葡政府站在亲国民政府立场执行其"中立"政策,在不刺激日本军方的前提下,以人道主义方式(如医疗救助)予以一定程度的协助。对于澳门华人组织救亡社团及其活动,除了为避免刺激日本而不允许使用"日寇"、"敌寇"、"抗日"、"抗敌救国"等敏感字眼以外,其他干预甚少。据记载,1937 年 10 月 10 日,澳督巴波沙莅临澳门中华总商会时,适逢求知学校学生在那里售旗筹款,一学生向澳督巴波沙献上中国国旗一面,"澳督欣然接受,并给西纸十元"。① 又如,1937 年,澳门华人组织旅澳中国青年乡村服务团,前往与澳门毗邻的广东新会、江门参加抗日救亡运动,以及在广州沦陷后,又组织成立澳门四界救灾会回乡服务团,并多次动员爱国青年返回内地支持抗日运动等,均未遭到澳葡政府的反对和干涉。

但是,1939 年后,随着日本侵略势力的扩张,澳葡当局的态度便有所改变,对救亡赈难团体采取了不友好的态度,开始禁止爱国人士公开募集捐款。为了确保澳门免受日本占领,澳葡当局对日军和汉奸的行为百般忍让。1940年 3 月 20 日,日本驻广州"副领事"访问澳门,澳督巴波沙会见了该"副领事",日方声称澳门潜伏了大批抗日分子并谴责澳葡政府没有采取措施缉拿抗日人士,还任由重庆方面的特工在澳门任意暗杀汪伪官员和亲日分子。澳督巴波沙则以当月 11 日在内港捕获的一个国民政府暗杀集团为例,表示澳葡政府愿意与日军忠诚合作。② 到 1941 年 12 月香港沦陷后,澳门处于日军直接威胁之下,澳葡政府慑于压力改变原先亲中立场转而向日示好,对内厉行高压管制,在加强新闻检查与物品监管基础上,更实行戒严,防止内乱,进一步限制公开集会结社,并规定社团领导人选须经澳督认可方得上任。

---

① 邓开颂:《澳门历史》,澳门,澳门历史学会,1995 年,第 86 页。
② 理卡多·平托:《中立区的炮火》,《澳门杂志》,1997 年第 2 期。

不过,随着日本在太平洋战场的节节败退,澳葡政府对中方的态度又有所缓和。1944年春天,澳葡政府曾与中山义勇大队合作,协助中方往来澳门活动、运送伤员到澳门治疗,以及在澳募捐,购买子弹、医药和医疗器械等,义勇军也承诺配合澳葡警察打击澳门的违法者和土匪,维持社会治安,双方配合默契。进入1945年后,世界反法西斯战争形势日趋明朗,澳葡当局为避免战后政治被动进一步与日本拉开距离。

总之,中日战争期间澳葡政府在对待华人社群发起的救亡赈难运动上做出了预防性限制的政策选择,其具体表现:① 限制冠名"抗日"。禁止"抗敌"、"抗日"为名的团体,准许民间成立以"救灾"、"慰劳"为名的组织。例如,中国国民党澳门直属支部在卢沟桥事变后发起组织"澳门各界抗敌后援会",因该团体名称涉忌而遭澳葡政府禁止在澳门设立及活动,后被迫移设于澳门半岛对岸的中山县湾仔乡。[①] ② 限制活动内容。允许救亡赈难团体进行筹募活动,但规定以人道主义为限,如金钱、医药、粮食、物品等,禁止购置武器与军械。③ 限制活动方式。澳葡政府规定,所有筹募活动必须事先申报,获批准后才能进行。一般户内的小规模筹集,须向警方办理申请。如果户外筹募活动,如售花、售旗、售章、沿门劝捐、兴办球赛等,须向澳督申请批准。对于风行澳门的义卖活动,除每个义卖单位须向警方申领"人情纸"(许可证)外,为防止不义之徒借机生财,警方还进一步规定,义卖发起社团对义卖单位负有监管之责(如给钱箱加封条)。1940年春季之后,澳葡当局不允许进行一切户外筹集和宣传活动,只准户内非公开筹集。[②] 因此,事实上,除了得到政府支持或经济实力雄厚的上层人士组成的社团支持外,澳门一些救亡赈难团体于1940年春之后陆续停止活动,风起云涌的救亡赈难运动也由此开始回落。

---

① 陈大白:《天明斋文集》,第154—155页。
② 陈大白:《濠江风云会 赤子报国情——追记澳门同胞抗日救国感人事迹》,《天明斋文集》,第144—147页。

第二节　结社蜂起与救亡运动

与内地的抗日救亡运动一样,澳门"中立"时期的救亡赈难运动,是因日本对中国的侵略而由生活在澳门的华人社群发起的,从发展过程看,七七事变之后,澳门救亡赈难运动潮起潮落,其间 1938 年 10 月广州陷落、1940 年 3 月日军攻占中山县、1941 年 12 月香港沦陷引起的难民潮对其影响至深。

但是,澳门特殊的政治环境,造就了澳门民众声援和支持祖国抗日的行动与内地抗日救亡运动存在着一定的差异性:只能以救亡赈难社团形式出现并活动,而不能有公开直接的抗日名称和行为。救亡赈难活动以宣传、募捐、赈难以及派员回内地活动为主要形式,较少直接从事政治的或武装的斗争。活动组织形式以救亡赈难社团①为主,社会名流、演艺界、青年、妇女团体、学校、医院、教会等纷纷加入其中。因此,澳门的救亡赈难运动是与救亡结社相始终的,救亡赈难社团是澳门"中立"时期救亡赈难运动的主要组织形式。从 1931 年九一八事变到 1937 年 7 月 7 日卢沟桥事变,中日战争逐步升级,从局部冲突扩展到全面对抗。相应地,澳门救亡赈难团体也从初兴走向高潮。

一、结社蜂起

在澳门历史上,慈善赈济性社团称得上是最古老的民间结社形式,而 20 世纪 30 年代救亡赈难社团在澳门再度勃兴,并非仅是民间结社传统的现代延续,更多的是中日战争背景下澳门华人社群爱国行为的迸发和凝聚。对非常时期澳门救亡赈难性社团进行分类,就其活动内容来说,可以分为以救亡宣传为主与以募捐赈济为主两大类。而以其存在方式为据进行分类,可分为本土社团与外来社团两大类。从参加成员来看,包括澳门当地社会名流、富商、艺术家、医生、教师、工人、青年、妇女、演职人员、神职人员、舞女、小商小贩等,可以说基本囊括了澳门社会各个阶层。值得注意的是,在抗日救国的

---

① 现有的研究一般将第二次世界大战期间的澳门社团称为"抗日救亡团体"。本书认为,如此结论乃是对同期国内或其他海外社团的袭同,而没有注意到澳门社团的特殊性所导致的。因此,本书不采用"抗日救亡团体"概念,而使用"救亡赈难团体"概念,以求更接近历史事实。

大背景下,共产党和国民党势力已渗入澳门社团组织,各种势力在澳门紧密交织,构成了当时澳门社团发展的多元混合局面。有关澳门"中立"时期救亡赈难社团的发展概况可参见表4-1。

表4-1 澳门"中立"时期民间救亡赈难社团概览

		以募捐赈济活动为主	以救亡宣传活动为主
本土社团	新生社团	澳门筹赈兵灾慈善会 澳门各界救灾会 澳门四界救灾会 救国公债劝募委员会澳门分会 广东国防公债总会澳门分会 澳门救济广东难民慈善会 闽澳华侨赈济会(济难会) 澳门救济难民兼管理粮食委员会 澳门粮价平抑会 澳侨协助难民回乡会 澳门学生赈济会 澳门洋务工友赈灾会 澳门洋服行友救灾会 澳门花界救灾会	中国妇女慰劳会澳门分会 旅澳中国华侨青年乡村服务团 澳门四界救灾会回国服务团 澳门中国青年救护团 澳湾各界抗敌后援会 澳湾各界抗敌后援会救护团 旅澳青年救亡移动剧队歧关车路公司职工同乐会 炎青读书会、起来读书会、呐喊文学社、焚苦文艺研究社、青年音乐社、中流剧社、剑电剧社、艺联剧团、前锋剧社等文艺团体
	原有社团	澳门中华总商会 同善堂 镜湖医院慈善会 澳门华侨联合会 中央国医馆澳门分馆	澳门中华教育会
外来社团		救护桑梓筹募委员会 中山民众御侮救亡分会 中山济难会澳门分会 广东辛亥救护医院附属辛亥救护队 华侨品物筹务赈灾会 广州中山大学北上服务团 中山中医救护队 香港中华学生救济会	澳门华侨新生活运动促进委员会 革命同志抗敌后援会澳门分会 澳门中国妇女生计促进会

资料来源:根据1937年11月至1945年9月《华侨报》(澳门)刊登的有关社团活动资料整理而成。

澳门筹赈兵灾慈善会是表4-1所列的第一个社团,该会成立于1931年九一八事变后的11月27日,是澳门在中日战争期间最早组织的较有影响力的救亡赈难社团之一,由澳门商人范洁朋、李际唐、高可宁、毕侣俭等发起成立。慈善会成立后,召集澳门各行业,如疋头行、理发行、番摊行、鲜鱼行、火柴厂、戏院等商讨向国内抗日将士捐输事宜。据该会 1932 年 4 月工作报告云:"本会成立,深荷各界代表,勇于任事,鼎力赞助……迩者沪战虽停,和约暂署,各方捐款似可结束。惟是撤兵弭祸,奚异止渴饮鸩。强寇方张,鲁难未已。况东北将士,恢复失地,奋斗尤烈,牺牲至多,告急呼援,势难坐视,故各地募捐工作,仍前进行,未尝中辍,本会不容独异,伏望我侨澳同胞、各界领袖,一本精诚团结之心,贯彻长期抵抗之志,合作到底,始终弗渝,有厚望焉。"①报告表明,该慈善会"不容独异",更因为"各地募捐工作,仍前进行,未尝中辍",反映出澳门所受的外界影响,同时也表明澳门华人社会的上层人士对为国内对日抵抗而需做长期捐输存在心理准备。

1935 年发生的华北事变及北平一二·九运动催生了澳门一批青年及妇女救亡团体。以读书会、文学社、剧社、音乐社、歌咏团等形式出现,包括澳门中国青年救护团、文化协会、前锋剧社、起来剧社、晓钟剧社、大众歌咏团、焚苦文艺研究社、呐喊文学社及炎青、晓社、前哨、密云、妇女互助社等。分散的以趣缘为纽带的青年救亡社团虽然自身不具经济实力,但所从事的宣传动员活动却无可替代,并在日后与上层人士组织的慈善社团一起,成为大规模救亡赈难团体的组织基础与动员载体。

1937 年 7 月 7 日爆发的卢沟桥事变开始标志日本全面侵华。七七事变激起了澳门华人社群的民族主义义愤,在高涨的抗日热情推动下,澳门救亡赈难团体如雨后春笋般出现。由于其时澳葡政府与日本政府关系暧昧,禁止澳门社团公开打出"抗日"、"抗敌"、"救国"的旗帜,于是,澳门华人社群便以"救灾"名义组成了形式多样的"救灾会",投身于抗日救亡活动之中。其中,规模最大的救灾组织应属由"阖澳各法团、外商、乡族团体以及各庙宇、教会、社会名流等"组成的"澳门各界救灾会"②。该会主席崔诺枝(曾任澳门著名慈善团体同善堂主席及兼任多个社团领导职务)③,副主席徐伟卿、高可宁(著名赌商),常务委员梁彦明、郑雨芬、蔡文轩、毕侣俭、陆电明、陆翼南、梁孟

---

① 傅玉兰主编:《抗战时期的澳门》,区慧卿英译、曾永秀葡译,第 94—95 页。
② 学术界近年流传澳门"四界救灾会"为当时规模最大、影响最深的救亡社团。此说并非历史事实,当年最具影响力的救亡团体应首推中华总商会和澳门各界救灾会。详细情况可参见陈锡豪《抗日战争时期的澳门》,第 16 页。
③ 1938 年 2 月 15 日,各界救灾会由高可宁担任主席。

鸿、梁后源、刘耀墀、谢再生等。①

　　澳门各界救灾会是澳门华人工商界及上层人士组织领导的救国团体,发起者都是澳门华人社群的上层知名人士,但因参加者以个人身份入会,群众基础较为薄弱,难以组织大规模的筹募活动,加上"各界救灾会"成立初期制定的以长期捐输及在轮船、戏院和各公共场所设捐款箱等固定捐款方式,难以全面调动社会各阶层力量进行捐输。为了广泛地进行社会动员,在七七事变后不久,由《朝阳日报》社长陈少伟首倡,并得到《朝阳日报》、《大众报》两报同事积极响应,联合全澳学界、音乐界、体育界、戏剧界人士,组织成立了"澳门学界体育界音乐界戏剧界救灾会"(简称"四界救灾会")。② 1937 年 8 月 12日,"四界"代表大会在澳门柿山孔教学校召开,出席大会的有澳门中小学校、报社、学术研究社、音乐社、戏剧社、体育会等 50 多个团体及单位的代表共100 余人。确定以"筹款赈灾","共拯我被难同胞于水深火热之中"为宗旨,推举陈少伟为临时主席,即席宣布"四界救灾会"正式成立。澳门四界救灾会办事处设在澳门营地大街 104 号二、三楼《朝阳日报》、《大众报》共用的社址内,下设 7 部 23 股。这 23 股的正副主任共有 69 人,集中了包括粤曲名家陈卓莹,粤剧红伶任剑辉和张植华,澳门话剧界先进黄君烈,澳门妇运前辈、著名名绅崔诺枝长女崔瑞琛,《大众报》社长陈天心,资深报人许国潮和何霭生,美术界和文化界知名人士杨雪溪(杨岭梅)、梁惠民、张焜、李达等 30 年代后期澳门精英人士。③ 因"四界救灾会"的会员除社会精英以外,以澳门青年为主,且组织活动频繁,故而后来发展成为澳门最为活跃、群众基础广泛的救亡团体。尽管四界救灾会的多数会员衣食无忧、生活安定,但他们视祖国安危为己任,不顾澳葡当局的反对和封锁,奋勇投身于救国救难的活动中。在"四界救灾会"的推动和帮助下,澳门"花街"的"歌姬"、"舞女"等沦落风尘的年轻

---

　　① 《澳门抗日团体:以"救灾"为名》,《人民政协报》,2007 年 1 月 4 日。

　　② 澳门四界救灾会后来在 1937 年 10 月 17 日举行的第一次全体会员大会上修改了会章,把"学界"改为"学术界"。至于"澳门四界救灾会"之简称,已在成立时通过的会章中做了规定。当年之"学术界"大致上相等于今天的"文化界",新闻、教育等都包括在内。"四界"实际上包括了新闻、教育、学术、体育、音乐、戏剧、美术等各方面的单位和人士。

　　③ 中共广东省委党史研究室等编著:《澳门归程》,广州,广东人民出版社,1999 年,第 121—125 页。

女子们也组织起来,成立了"花界救灾会"①,自发捐款,支援内地抗战。

在妇女界,先后成立了澳门妇女慰劳会、妇女后援服务团、妇女互助社等,工商名流的太太、家庭主妇、青年女工、知识分子、学校教师等多个社会阶层的女性都参与其中。这三个妇女团体还邀请被称为"七君子"之一、曾被国民政府监禁的史良女士来澳指导工作。史良参加了澳门各团体在商会举行的欢迎会。先在中华总商会发表演说,阐明抗战的意义以及后方民众应有之责任。其后又参加了全澳妇女界在平安戏院举行的欢迎大会,发表题为"抗战与妇女"的专题演讲,指出抗日救亡的责任男女各半,妇女们应该担负起自己的责任,做到有钱出钱、有力出力,支援抗战。②

此外,在抗战时期,国民党与共产党的势力已经渗入澳门,并积极组织参与当地华人社群的社会团体及其活动。一方面,可以借澳门之地组织华人社群支援国内军民抵抗日军侵略,另一方面,在澳门华人社群中扩展自身政治影响。例如,当时在澳门比较活跃的青年救灾团体——"旅澳中国青年乡村服务团"、"澳门四界救灾会回乡服务团"以及华侨社团"会宁华侨回乡服务团",都是由共产党直接领导的。影响较大的"澳门四界救灾会"更是与广东党组织联系密切,活动频繁,与此同时,该会也得到了时任国民党澳门支部负责人、崇实中学校长梁彦明的大力支持。而"澳门妇女慰劳会"(后更名为中华妇女会)、"琼崖华侨联合总会"、"澳门各界抗敌后援会"③等团体则是由国民党人参与创立的。特别是 1939 年 6 月,国民党成立了中国国民党驻港澳总支部。陈策被任命为总支部副主任委员、国民政府驻港军事代表,协助主任委员吴铁城开展国外抗敌工作,具体负责港澳的党务、军事及广东沿海的情报和游击作战。④ 由此,港澳的救亡活动和对敌斗争得到了进一步加强。

同时,澳门华人原有社团在这一时期继续发挥着组织者与领导者的作用。当时,澳门三大社团,镜湖医院慈善会(创设于 1871 年)、同善堂(创设于 1892 年)与澳门中华总商会(创设于 1913 年)作为澳门历史悠久且在华人社群中素享声望的社团,在中日战争期间,为推动组织澳门救亡赈难运动发挥

---

① 常青:《百年澳门》,北京,作家出版社,1999 年,第 194 页。

② 《华侨报》,1937 年 12 月 18—23 日。

③ 此社团后因以"抗敌后援"为名,被迫改在澳门对海的中山县属的湾仔乡开展活动。

④ 《椰城潮流岛》,2007 年第 8 期,第 34 页。

了巨大作用。当日本发动的侵华战争爆发后,对于内地同胞遭受的战争之苦,澳门华人感同身受,三大社团义无反顾地伸出了援助之手,利用长期以来积累的广泛关系和社会影响力,承担起与澳葡政府进行联络、交涉,斡旋社会矛盾纠纷,以及救灾、慈善等社会义务,在开展筹款募捐、遣送难民、收容难童、捐赠药品、战地救护等战时救济工作方面,不遗余力,竭其所能。

澳门地处南国海隅,中日战争时期因澳葡政府奉行"中立"政策而免遭日军占领,因此,多数澳门同胞无法奋战在抗战前线,但是,他们与内地同胞血脉相连,故而依托社团等组织展开各种形式的救亡赈难运动。

二、救亡运动

中日战争期间,澳门华人社群利用澳门特殊的政治地位组织救亡运动,运动主要沿着救亡宣传与抗战援助两个方向展开。

(一)救亡宣传

澳门华人社群的救亡宣传是随着日本侵华战争不断升级而兴起并深入发展的,虽然受到澳葡当局的限制,但是,始终存在,没有消失。九一八事变之后,澳门华人社群担忧祖国安危,纷纷组织各种进步社团,展开救亡宣传活动。救亡宣传一般以社团和学校为活动基地,组织知识分子、教师、学生、工人、店员、小贩等,以读书会、文学社、话剧社、歌咏团等方式,通过表演爱国戏剧、演唱爱国歌曲向广大民众宣传抗日救国思想。同时,他们又利用业余时间阅读社会科学著作及进步文艺作品,以散文、小品文、文艺作品等形式引导民众认识国家危亡的严峻形势,宣传抗日爱国的道理。《大众报》、《朝阳日报》等华文爱国报社,也经常报道内地抗战的消息,宣传团结抗日,鼓舞民众同仇敌忾,影响与激励读者的爱国救亡行动。除本埠宣传外,澳门各爱国团体还组织宣传队到毗连澳门的中山县前山、白石、香洲、湾仔、吉大等地以张贴标语、演讲、演出街头剧或举办军民联欢会等形式宣传抗日救亡,受到当地百姓和驻军的欢迎。

救亡宣传的组织主要以社团、学校与新闻界为主体展开。在社团的救亡宣传方面,1936年底,在澳门岐关车路公司工作的爱国青年廖锦涛与全国各界救国联合会驻香港的华南区总部周楠取得联系,并与陈少陵等进步青年成立澳门文化界抗日救国会,廖锦涛被推选为该会理事。他们经常组织会员在工厂和学校中进行活动。廖锦涛又以岐关车路公司为阵地,建立读书小组、中华青年救护队等组织,从事公益工作,团结了一批职工和青年,同时还与邹焰等人组织"大众救亡歌咏团"、"前锋剧社"等演艺社团。除上述社团之外,同一时期还出现了"焚苦文艺研究社"、"前哨读书会"、"呐喊文学社"、"怒吼社"、"妇女互助会"、"妇女慰劳会"、"起来剧社"、"晓钟剧社"、"旅澳中国青年乡村服务团"等社会团体,共同进行抗日宣传活动。

其中,"大众救亡歌咏团"每周组织活动一次,通过教唱《义勇军进行曲》、《开路先锋》、《大路歌》、《救亡进行曲》等歌曲,对参与者进行爱国教育,激发他们的爱国热情。前去参加唱歌的青年多达 70 人。为避免澳葡当局干涉,聚集地点随时变更,有时还秘密组织团员到中山湾仔学校集合,或者往关闸郊游等。为了扩大宣传效果,锻炼与提高团员的能力,大众歌咏团团长廖锦涛先后带领团员到毗邻澳门的中山县湾仔乡和吉大乡宣传抗日。他们走上街头,向群众作公开演讲。当讲到东北的同胞们因日军侵略而生活在水生火热之中时,听众的情绪被演讲者所感染,"打倒日本帝国主义"的口号声此起彼伏。有一次,团员在吉大乡宣传时,恰遇寒流袭击,团员们冒着寒冷的天气演出,有乡民煮了一大锅红薯慰劳参加救亡宣传的团员。与此同时,根据救亡运动的需要,陈少陵等组织其他澳门进步团体分期分批到中山县农村开展救亡宣传活动。在 1937 年全面抗战爆发前夕,他们在中山县乡村地区发起为时一周的大规模抗日宣传活动,参加者众多,活动产生了较大影响。[①]1939 年的五九国耻纪念日,澳门各爱国团体前往中山湾仔举行集会,宣誓"矢志为国,不做汉奸",合唱《保卫中华》,场面庄严,群情激昂。当晚,还举办了游艺晚会,吸引当地上千居民前往观看,从而扩大了抗日救亡的宣传效果。

以前锋剧社、绿光剧社为代表的剧社救亡团体,则以抗战戏剧、话剧、街头剧等形式,多次在澳门境内及附近的中山县做巡回演出。1937 年 9 月 4日,由共产党员廖锦涛、余美庆等人创办的前锋剧社联合晓钟剧社等在澳门清平戏院演出《烙痕》、《重逢》、《兰芝与仲卿》等剧目,为四界救灾会义演募捐。在香港艺术家帮助下,澳门文艺界还把欧阳予倩的《忠王李秀成》、阳翰笙的《天国春秋》、郭沫若的《虎符》、于伶的《大明英烈传》等优秀作品搬上了

---

① 曹军:《廖锦涛烈士传略》,《广东党史资料》第 27 辑,广州,广东人民出版社,1995 年,第 338页。

本地舞台,演出活动激发了观众的爱国情感,成为救亡宣传的有效形式。①

除了在本地演出,前锋剧社还先后组织 30 余人,徒步沿中山县东、西两线到各乡进行宣传演出。② 1937 年 10 月上旬,前锋剧社由李忠强领队首次下乡演出,先到中山县的雍陌与旅澳乡村服务团联合演出,其后经岐关西路各乡直到石岐,沿途演出《重逢》、《最后一计》、《放下你的鞭子》等话剧和活报剧。演出需要的布幕、汽灯和其他经费,来自妇女互助社成员曾枝西(又名曾西)及社员梁燊的慷慨解囊,此外还得到了岐关公司职工的赞助。次年 1 月 10 日,前锋剧社第二次下乡,先后到肖家村、下栅、上栅、南萌、张家边等乡村巡回演出。除上演原来的剧目外,又新排练了《血洒卢沟桥》、《布袋队》等。③ 为清晰前锋剧社形象,剧社由张邦设计了社徽,图形是一位硕健的青年握住舵轮并推动它,含义是迎着时代风暴,推动历史前进。另外,由余化作词,梁盛谱曲,创作了《前锋剧社流动工作团团歌》,歌词内容为:祖国啊,您陷在烽火中,我们愿把一切献给您,我们知道怎样干,在死里求生。今天我们更坚决,要勇敢,踏上光明道。前锋剧社第三次下乡在 1938 年 7 月 1 日出发到中山,由麦默任团长,以前锋剧社流动工作团名义,到古鹤、茅湾、三乡、深湾、渡溪、沙涌、石岐、小榄和顺德县的容奇、桂州、泽简、马齐、杏坛等地演出,历时一个半月。回程时经过石岐,刚好是"八一三抗战"周年纪念。当时石岐驻军独九旅六二五团团长伍少武接见前锋剧社全体成员,由前锋剧社与该团政训室联合在石岐镇献金台演唱抗日歌曲,动员群众踊跃捐输支援抗战。④ 短短一年间,前锋剧社就组织了三次下乡活动,不辞劳苦地四处奔波宣传抗日救国的道理,鼓舞乡民的抗日激情。

1942 年 4 月,由张雪峰发起,在澳门成立的由澳门、香港艺人组成的联合剧团——"艺联",是澳门历史上的第一个职业剧团。剧团中心人物包括张雪峰、潘皋、陈有后、鲍洛夫、梁寒淡、邓竹筠、梁福和等人。在"艺联"留澳不足半年的时间里,排演了多出耳熟能详的大型剧目,如《武则天》、《生死恋》、

---

① 张涛:《澳门人民的抗日爱国活动》,《民国春秋》,1999 年第 6 期。
② 中共广东省委党史研究室等编著:《澳门归程》,广州,广东人民出版社,1999 年,第 134 页。
③ 吴志良、汤开建、金国平主编:《澳门编年史》第 5 卷,第 2565 页。
④ 中国戏剧家协会广东分会、广东话剧研究会编:《广东话剧运动史料集》第 2 集,广州,中国戏剧家协会广东分会、广东话剧研究会,1987 年,第 220—221 页。

《雷雨》、《日出》、《茶花女》、《明末遗恨》、《巡阅使》等。同年下半年，"艺联"转往广州及内地大后方巡回演出，宣传抗日救国。1945 年抗战胜利后，"艺联"以戏剧演出宣传抗日救国的使命完成，遂宣布解散。[1]

　　除了文艺性社团组织的各种演出宣传活动外，澳门各界爱国人士也利用不同方式进行抗日宣传，自发地表达对祖国的情感。例如，"四界救灾会"中的劳协社组织青年木工，克服困难，借用一单身住宅作为聚集之所，编印传单、海报，上街张贴和散发，还在街头演唱救亡歌曲。

　　作为传播知识与教育青少年的场所，学校在澳门的救亡宣传中扮演着重要角色。特别是 1938 年广州沦陷前后，多间中学、中专院校自内地迁入澳门，更加密切了澳门教师、学生乃至整个教育界与内地的联系。大批失学青年避居澳门，中共设在港澳的组织也将港澳青年工作重点放到开展抗日救亡宣传，并动员青年回乡参加抗日斗争上。

　　1938 年 6 月，中山纪念中学迁往澳门。在该校中共党组织的动员下，一大批爱国青年学生，包括部分澳门爱国青年，前往毗邻澳门的中山县参加抗日游击队。1940 年 3 月，中山沦陷后，中山县联中迁到澳门，并在筷子基附近租了几间仓库作课室。当地中共领导人罗范群向该校的党组织布置学运工作，并派中共党员黄云耀等到该校任教。该校学生中的中共党员马国英、杨柏昌、郭宁、梁莫冲等人，利用同乡同学会，积极组织救亡宣传活动，并主动联络一些原在中山县参加过"广东青年抗日先锋队中山县部"的队员与爱国学生一起活动，创办各种革命理论读书小组，议论时局，激发同学们的爱国情感，增强同学们抗战必胜的信心。杨柏昌、郭宁等经常组织学生开会，介绍国内外抗日形势，组织学生学习演唱抗日歌曲。1940 年的三八妇女节，谢月香、谢月珍等约集十几个女同学在宿舍召开纪念会，演唱《流亡三部曲》等抗日救亡歌曲。当唱到"九一八，九一八，从那个悲惨的时候……"，同学们不禁泪流满面，并表达出要返乡打游击的愿望。学校中共党组织负责人杨柏昌、马国英因势利导，动员同学们报名参加中山人民抗日游击队，当场就有十几个学生签名参加。杨柏昌等人还积极在校发展党组织，先后吸收了谢月香、谢月珍等一批学生加入中国共产党，并不断为珠江三角洲的抗日游击队输送

① 陈乔之主编：《港澳大百科全书》，广州，花城出版社，1993 年，第 664 页。

人才,如马国英、谢月香、郭宁、谢月珍等后来都成为中山县抗日游击队的骨干。①

　　由黄健、杜岚(杜晓霞)主持的澳门濠江中学在当时也发展成为澳门抗日救亡宣传工作的一个落脚点。据区梦觉回忆:"1937年8月底,我从南石头监狱释放出来,中共南方临时工作委员会通知我到香港参加训练班……训练班结束后,组织便分配我到澳门濠江中学教书。"②先后在该校任教的还有郑少康、杨康华等共产党员。一批资深教师向高小以上的学生讲解《论持久战》,以报告会形式讲述日本侵华的罪恶行径。为了更广泛地宣传、教育与动员民众,1937年底,濠江中学免费办了女工识字夜校,由杜岚担任夜校主任,就读的学生以女工为主。与此同时,夜校扩充班级,尽量接纳儿童入学。还在校内组织了妇女互助社以及多个救亡团体,教唱救亡歌曲。杜岚和黄健结合抗战形势向学生和女工讲解抗战知识,并进行民族自尊心教育,把培养富有民族正气的学生作为该校的教育目标。同时他们走出校门,开展社会工作,广泛发动群众参加抗日救亡活动。杜岚还参加柯麟主办的镜湖医院医护训练班,准备上前线参加抗日救护工作。当时,"七君子"中的史良应邀到澳门开展抗日宣传活动,濠江中学教师区梦觉陪同并担任翻译。③ 在此期间,曾在香港与蔡如干、吴勤等从事抗日救亡工作的李之华(邬广汉),受党的指派,于1938年到澳门担任国民党第四军司令部驻澳门反间组组员,与中共党员李伟烈(后牺牲)等数人在澳门建立反特锄奸小组,开展对敌斗争。④ 1941年皖南事变后,濠江中学校长黄健带领全体师生,秘密召开悼念项英的追悼会,痛斥国民党顽固派破坏抗日的行为,让师生们分清是非,坚定信念。

　　1941年底,香港沦陷,日本加强对"中立"地区澳门的控制。不但创办中文报纸《西南日报》《民报》等作为喉舌与附庸,而且开办日本语学校,企图强化在澳门的亲日宣传与教化。为与日本语学校相对抗,澳门进步人士关玉书先生遂在望德女子中学开办"达用国语讲习所",两个月一期,教授国语,报名

① 中共广东省委党史研究室等编著:《澳门归程》,第145—146页。
② 区梦觉:《难以忘却的记忆》,中共广东省委党史研究室:《怀念张文彬》,1998年,第73页。
③ 李信回忆(1999年1月)。
④ 中共广东省委党研究委员会等编:《四会三水"肃托"事件平反资料》,1988年,第97、186页。

参加该所学习国语的人士十分踊跃,涉及的社会层面也相当广泛。1942年,该所历届毕业生在刘光普、吴岸芳、黄炳泉等人的组织下,于1月16日正式成立"修社",租用下环街一间平房作为临时社址。该社把"达用国语讲习所"的热血青年组织在一起,切磋国语,举办座谈会和读书会、演唱抗日歌曲,以国语表演话剧,宣传抗日救国道理。① 1943年,中山人民抗日游击大队(中山人民抗日义勇大队和广东人民抗日游击队珠江纵队第一支队的前身)先后派郭宁、郑秀、冯彬、黄乐天等到澳门建立秘密办事处,宣传五桂山抗日游击根据地的斗争情况及内地抗日形势,动员澳门当地青年参军。郑秀通过其舅舅马庆康在澳门开办的马庆康公司作掩护,在高士德马路19号二楼设立活动据点,并与"修社"取得联系,逐步向他们宣传共产党的抗日主张,把抗日部队出版的《抗战报》及其他资料送给"修社"成员阅读,激发他们的爱国热情。

1944年1月3日,中山人民抗日义勇大队在中山县五桂山嵩埔村举行成立庆祝大会时,郑秀率领李成俊等20多名澳门青年前往参加,并先后动员了三批澳门青年到五桂山抗日部队参加学习和训练。训练班代号为"纽约桥"。义勇大队的领导人欧初、梁奇达、杨子江等常到训练班讲课。这些青年从训练班结业后,有的重返澳门继续开展抗日救亡工作,有的自愿留在部队直接参加战斗,其中有的到连队担任文化教员,有的到班上担任政治战士,负责宣传鼓动工作。这些澳门青年大多有一定的文化水平,在参加游击队之后,通过抗日斗争得到锻炼成长,各自以不同方式为国家和民族做出了贡献。②

在中华民族面临生死存亡的紧要关头,澳门的一些教会学校也加入新文化和抗日救亡的宣传之中。例如,圣罗撒女子中文中学的进步学生梁铁(梁铁崖、梁慕文)、梁杰卿、周玉莲、招丽芬等,在缪朗山、梁善文等老师指导下,阅读巴金、丁玲、茅盾、鲁迅等进步作家的作品,受到启发。于是,她们自发组织起来,利用学校的墙报作为宣传抗日爱国的阵地,揭露社会弊端,反对学校驯化教育等。学校当局对学生的行为大加训斥,甚至要开除梁铁等人学籍。但是,她们不畏恐吓,仍然坚持斗争,得到进步教师与学生的广泛支持,学校当局不得不收回开除梁铁学籍的决定。其他学校如振华中文学校、圣约瑟男

---

① 陈乔之主编:《港澳大百科全书》,广州,花城出版社,1993年,第664页。
② 中共广东省委党史研究室等编著:《澳门归程》,第145—146页。

子中学、望德女子中学等也开展过抗日宣传活动。①

在救亡宣传的主体中,以爱国中文报纸为主的新闻媒体界始终与社团、学校站在一起,以其广泛的受众面与影响力发挥着无可替代的作用。

澳门"中立"时期的新闻报业,承受着特别严峻的考验,既有来自澳葡当局的压力,也有来自亲日势力的排挤,但是,新闻界爱国人士始终顶住压力,以爱国救亡为报道基调,设法摆脱、反抗日伪势力与澳葡当局的控制,传达世界反法西斯局势与国内外抗日形势,鼓舞民众支持内地抗日救亡热情。作为澳门救亡重要舆论阵地的《大众报》、《朝阳日报》经常以大篇幅报道澳门爱国民众的救亡活动。从1937年初起,澳门的《朝阳日报》、《新声报》、《大众报》等均定期出版《救灾特刊》和《纪念特刊》等。不少救亡团体逢"三八"、"五九"、"七七"、"八一三"、"双十"等纪念日,通过出版专刊或举行纪念集会等唤起民众抗日热情。②

1937年9月,为支援祖国抗战,共赴国难,澳门《朝阳日报》和《大众报》联合发起组织的"澳门四界救灾会"成为当时澳门救亡社团中最活跃的社会团体。与此同时,澳门报人陈少伟、陆翼南、文非一和陈仲霭联合发起组织"澳门新闻记者联合会",这是澳门报业最早出现的新闻同业组织。该会以致力救亡宣传、鼓舞团结澳门同胞投身救亡运动为宗旨,以资深报人陆翼南为主席,联合会成员包括《朝阳日报》、《大众报》、《澳门时报》、《新声》、《平民》等报纸的新闻从业员,推选出陆翼南、文非一、陈少伟、陈天心、陈仲霭、许国潮、何曼公、黄蕴玉、何霭生等为首届理事。③ 1937年11月20日,新的华文版《华侨日报》在澳门首刊,它在澳门最困难的时候,坚持以"立足澳门,客观报道,服务社会"为办报理念,大量迂回地报道了内地抗战情况,宣传爱国救亡思想,成为澳门救亡宣传的重要媒体平台。④

此外,一些避居澳门的爱国人士也创办报刊,以多种多样形式表达与传

① 曹军:《廖锦涛烈士传略》,《广东党史资料》第27辑,广州,广东人民出版社,1995年,第338页。

② 中共广东省委党史研究室等编著:《澳门归程》,第134页。

③ 《澳门新闻事业一页奋斗史:50多年来光荣业绩纪要》,陈大白《天明斋文集》,第159—160页。

④ 查灿长:《转型、变项与传播——澳门早期现代化研究》(鸦片战争至1945年),广州,广东人民出版社,2006年,第361页。

播救亡思想。1905 年就加入同盟会的廖平子,在 1938 年组织民团抵抗日军攻占广州,失败后避居澳门。期间,创办爱国文艺杂志《淹留》半月刊,以独特的手抄本形式宣传抗日救亡思想,虽然出版量甚小,但是,居港教育家蔡元培每期购买阅读,给予支持。①

在中日战争初期,澳葡当局尚能允许中文报业的抗日宣传活动。1938 年日军进攻广东并对澳葡政府不断施加压力,于是,澳葡当局严格执行葡萄牙萨拉查政府"1937 年 1 月正式颁布的国家法令",开始对澳门的报纸,尤其是针对抗日言论集中的中文报纸实行"新闻预检制度"。该法令规定:全澳门的中文报纸杂志、书籍等一切出版物均要在付印前将清样送至澳葡政府新设立的"出版检查委员会"下设的"中文科"接受严格检查,如有过激的抗日言论或有对政府的批评,则严禁刊出,就连报上刊出的广告文字也在检查之列。②因此,当时华文报纸上的一些报道由于不符合"新闻预检制度"的规定,又来不及替换,因此"开天窗"的现象屡屡发生,更有报纸以此作为抗议澳葡政府干涉言论自由的手段。除了实行严格的"新闻预检制度",澳葡政府还试图帮助日本人买通爱国报人,帮助粉饰日军侵略行为。后见收买不成,竟以断绝纸张供应为手段逼其就范。尽管如此,澳门爱国报人始终坚持进行爱国救亡报道。《大众报》、《华侨报》等进步报纸同澳葡官方的新闻检查展开明来暗往的较量:他们或是报道盟军在欧洲、太平洋上节节胜利的消息,以此鼓励民众斗志,或是以历史小说和杂文针砭时势,又或干脆让报纸开天窗以示抗议。③但是,至 1940 年,随着政治形势的日趋恶劣,加之经费短缺,数家报纸先后停刊。不仅如此,由日本人掌控的《西南日报》、《民报》等报纸,还要求加入由澳门爱国报人创办的"澳门新闻记者联合会",谋求"共同发展"。在日本势力的重压下,社团最终落入日本汉奸的掌控之中。对此,澳门主张抗日的进步报纸及许多洁身自爱的报人均以拒绝参加社团活动相对抗,导致社团形同虚设。至 1945 年抗战胜利,汉奸报纸《西南日报》、《民报》相继停刊,该社团也停止活动。

---

① 吴志良等主编:《澳门百科全书》(修订版),澳门,澳门基金会,2005 年,第 408 页。
② 林玉凤:《澳门葡文报章的发展特点》,《澳门研究》,1993 年第 10 期。
③ 张涛:《澳门人民的抗日爱国活动》,《民国春秋》,1999 年第 6 期。

（二）援助抗战

日军侵华战争爆发后,中华民族陷入空前危难之中。在救亡社团的组织动员下,许多澳门华人满怀爱国热情,参加抗日服务团回到内地,参与战地救护等工作,其中,有些人直接奔赴抗日前线,加入残酷的对敌战斗中。不管是国民党正面战场,还是共产党敌后战场,都曾活跃着澳门同胞的抗敌身影。1941年12月太平洋战争爆发,日军加大攻势,香港岌岌可危。澳门爱国人士与中共党组织密切配合,秘密营救与护送一批困身香港的爱国民主人士经澳门前往安全区。在整个中日战争期间,澳门华人社群通过各种方式援助祖国抗战,以其独特的历史贡献载入史册。

澳门华人社群援助祖国抗战的形式多种多样,除了救亡宣传及捐助财物等活动外,派遣回乡服务团及为抗战提供医疗救助服务也取得了显著成效。

七七事变后,日军不断南侵,战火在蔓延,国土遭蹂躏,同胞受苦难,澳门华人纷纷报名要求参加回乡服务团,返回内地参与战地服务。在澳门各种回乡服务团中,规模及影响较大的,是澳门四界救灾会回乡服务团和旅澳中国青年乡村服务团。

1938年5月6日,盘踞在大、小横琴岛一带的日军出动100多人,分乘3艘橡皮艇驶进中山洪湾企图登陆,被国民党驻中山县的守军击退。消息传至澳门,澳门同胞为之鼓舞,四界救灾会立即组织慰问团,携带着澳门同胞捐输的大批慰劳物资及药品,冒着敌机空袭的危险,乘船到达洪湾慰劳抗日将士,并向他们赠送绣有"卫国卫民"、"守土杀敌"两面锦旗。[1] 5月30日,澳门前锋剧社、晓钟剧社、绿光剧社、新民声、妇女互助社等6个团体共46人前往湾仔向当地驻军、自卫团、警察进行慰问演出,并赠送由澳门各界热心人士捐赠的食品、药品。此外,他们还在当地演出救亡剧,向当地民众介绍防空知识和方法,受到观众欢迎。同年8月,武汉各界慰劳前线抗战将士委员会为鼓励前方杀敌,向全国各地发起征集慰劳信活动。澳门方面由四界救灾会负责收集,有逾千封慰劳信经四界救灾会托《文化报》社送交香港《大公报》社代转武汉,送给前线战士。

1938年8月,旅澳中国青年乡村服务团在陈少陵等率领下,分3批共27

---

① 黄慰慈主编:《濠江风云儿女:澳门四界救灾会抗日救国事迹》,第20页。

人到中山三、九区开展抗日救亡活动。在当地党组织的支持下,他们到各村庄发动群众,组织儿童团、妇女会、抗日自卫队等,并配合当地武装迎击入侵之敌。10 月 21 日,旅澳服务团在当地中共党组织和群众的帮助下,转移到高明县。此时,许多返回内地的港澳青年纷纷加入该团,使该团人数增至 54人。其后,旅澳中国青年乡村服务团又前往四会县、三水县等地支援抗日活动,所到之处受到了驻防官兵及当地民众的热烈欢迎,服务团在军民中开展抗日宣传教育,促进当地军民团结,推动当地抗战局势的发展与转变。

1938 年 10 月 12 日,日军在大亚湾登陆,并向广州推进,华南局势严峻。10 月 15 日,澳门四界救灾会召开全澳青年爱国团体联席会议,商讨发动青年回乡参加战地服务议题,决议当即成立"澳门四界救灾会回乡服务团工作委员会",专责处理招收团员和集训等事宜。广州沦陷当日,澳门四界救灾会回乡服务团正式成立,并在港澳各报多次刊登征召男女团员启事。报名者十分踊跃,经考核后,共吸收了百余名青年参加,团员出发前都集中在中山县湾仔乡广善医院接受为期 7—10 天的培训。[①] 服务团 11 队 167 名青年在团长廖锦涛、副团长沈文略率领下,先后开赴广东的西江、东江、北江及珠江三角洲抗日战场,进行艰苦的抗日服务工作,与此同时,还在当地推动建立与发展容纳各党各派爱国人士的抗日民族统一战线。

表 4-2 澳门四界救灾会回国服务团各队情况表

队别	人数	领队	队长	出发时间	开赴地点
一队	14		李信	1938 年 11 月 7 日	高明县,后编入第四战区动员委员会战时工作队第 157 队。1939 年 2 月编入第 12 集团军政工总队。
二队	15		张钊 副:李伟初	1938 年 12 月 4 日	开平赤坎。次年初转到鹤山,后编入第四战区战时工作队第 156 队和第 12 集团军政工总队。
三队	22	李宗强 副:区永宁	陈寿彭	1939 年 4 月 30 日	东江游击区。后编入第四战区第四游击队纵队司令部政工队。

---

① 黄慰慈主编:《濠江风云儿女:澳门四界救灾会抗日救国事迹》,第 261—262 页。

续　表

队别	人数	领队	队长	出发时间	开赴地点
四队	8	胡泽群	梁铁(女)	1939 年 7 月 7 日	顺德龙眼乡。后因情势恶化,化整为零,转到地方和广游二支队工作。
五队	13	胡泽群	曾宪猷 副:李淑明 (女)	1939 年 8 月 30 日	
六队	29		陆无涯	1939 年 9 月 3 日	翁源县香水,参加第 12 集团军政工人员集训班受训后,分配到该集团军政工总队等单位。
七队			李唯行		
八队	18		李景尹	1940 年 6 月 20 日	4 个队由团长廖锦涛、副团长沈文略率领,携带平版印刷机 1 台及全套铅字、蚊帐 1200 张以及其他物品,药物一批,从香港出发到始兴县东平湖参加集训 3 个月后,八、九、十队队员分配到 12 集团军政工总队,机工队队员分配到汽车营西江修理厂当修理工或汽车司机。
九队	17		黄文敬		
十队	18	卢学诗			
机工队	13		梁满		

资料来源:中共广东省委党史研究室等编著:《澳门归程》,第 139 页。

服务团的工作主要包括以下几个方面:

第一,开展抗日宣传。通过演出话剧、演唱歌曲、出墙报、发传单、开座谈会、找个别群众谈话等方式,动员民众参加抗日。1939 年元旦,第二队连续两晚在赤坎五龙市以游艺形式举行"四乡民众保卫家乡运动大会",有 2 000 余民众前往参加。第三队到达东江后,曾发动东宝地区群众举行"五·九国耻纪念日"活动,参加者达六七千人。第四、五队在顺德县龙眼乡举办妇女识字班、青年读书会等,向群众开展抗日宣传。除此之外,服务团还对广大群众进行防空、防毒、战地救护等教育。

第二,建立民众抗日武装。在宣传抗日的同时,服务团在各地发动群众,建立当地的抗日救亡团体与武装力量。服务团在高明县三洲开展工作时,通过为群众治病、帮助农民做农活、表演游艺等与当地群众联络感情、密切关系,并帮助他们组织起来,成立抗日自卫队。当敌人进攻时,自卫队武装协助地方军队应战。与此同时,服务团在东江各区组织"国民精神总动员委员会",动员民众参加当地抗日游击队。服务团在多处建立的民众抗日武装,为组建华南抗日武装奠定了基础。

第三,开展战地救护。服务团在各地活动时,曾设立服务室或医疗站,为群众治病,解除群众疾苦,深受当地民众欢迎,树立了服务团的威信。1939年1月20日上午,日军出动8架飞机轮番轰炸高明县城。当天正赶上当地的圩期,前来赶集的乡民较多,其中,约有120人被炸死、炸伤。服务团第一队闻讯后,立即派出9名队员赶到现场开展救护工作,并为遇难者举行追悼会。2月11日,敌机袭击鹤山县沙坪一带,炸死民众57人,第二队全体队员冒着生命危险从火海中抢救民众的生命和财产,为伤员敷药并送往医院治疗。国民党鹤山县党部书记长黄汉山曾发给服务团第二队证明书,表彰该队工作努力。日机轰炸广九铁路时,服务团也曾前往参加伤员救护。

第四,担任军队政治工作。澳门四界救灾会回乡服务团和旅澳中国青年乡村服务团都建立了中共党组织。服务团根据党组织的安排,一方面,在各地积极恢复和发展党的组织,壮大抗日民族统一战线力量;另一方面,进入国民党军队担任政治工作。1938年11月初,经中共西江特委批准,陈少陵、包华(中共党员)等率领旅澳服务团转往四会县参加由爱国人士田竺僧任处长的国民党广东省税警总团政训处政治大队,以合法身份坚持抗日。截至1939年5月止,旅澳服务团中的党员已发展至30多名。其时,陈少陵、包华被田任命为上尉视察员,分队长也多由中共党小组长担任。这样,中共党组织就掌握了该政治大队及其属下6个分队的实际领导权。1939年5月,田竺僧出任国民党三水县县长时,在政治大队挑选了20多名政工队员随其到三水赴任,其中有陈少陵等10多名共产党员,包华等仍留在政工队工作,并任政训处特支书记。陈少陵等到达三水后,即成立以其本人为书记的三水县政府中共特别支部(以下简称三水特支)。他积极而慎重地发展党的组织,从5月至8月,先后发展了杜国栋等14名先进分子入党。党员在三水特支的领导下,认真执行党的关于建立抗日民族统一战线的指示,深入国民党部队、地方团队和行政机关中,与三水的头面人物建立良好的抗日合作关系,广泛团结三水抗日民众和国民党抗日部队,推动国民党三水县军政机关和地方团队的抗日工作。[①]

为了争取第十二集团军总司令余汉谋、政治部主任李煦寰等国民党广东

---

① 中共广东省委党史研究室等编著:《澳门归程》,第138页。

地方实力派的部队,中共广东省委还派遣了一批未暴露身份的共产党员参加到第十二集团军政工队,开展统一战线工作,并带动华侨、港澳同胞以及内地青年参加该部队,以利于改造军队,团结抗日。在有关方面的安排下,廖锦涛、沈文略等先后组织了澳门四界救灾会回乡服务团的一、二、六、七、八、九、十和机工队100多人参加了第十二集团军政工总队。其中中共产党员约占三分之一,包括廖锦涛、李信等。根据上级党组织的决定,在政工总队中建立了中共地下党组织,廖锦涛任书记,由中共广东省委直接领导。政工队队员深入连、排加强对士兵的思想教育,激发士兵的抗战热情。同时,做好驻地民众的工作,建立军民合作站,向民众宣传抗日保家和军民合作的道理。农忙时,政工队员与官兵一起帮助群众插秧、割稻;作战时,政工队员部分上前线鼓舞士气,部分做动员民众支援前线工作,政工队的工作对推动国民党广东军队在第一次和第二次粤北战役中的胜利,发挥了重要作用。1940年1月28日,廖锦涛、李信、张钊暨各队员获李煦寰颁发证书,李煦寰表扬来自澳门的四个队(服务团第一、二、六、七队)队员"自去年三月以来,均能实干苦干,努力负责,殊堪嘉许"。余汉谋也于2月2日向服务团颁发证书,表彰服务团各队的优秀表现。

皖南事变发生后,国民党掀起第二次反共高潮,第十二集团军当局的政治态度明显转变,余汉谋等向坚持抗日的优秀青年施加毒手。1941年6月,廖锦涛等政工队员相继被捕。随后,廖锦涛被国民党以"企图颠覆政府"罪名杀害,时年27岁。廖锦涛遇害事件在海外华人、港澳同胞中引发强烈反应,香港有报刊报道了其牺牲经过,表示痛惜和哀悼。为积蓄力量和避免不必要的牺牲,根据中共广东省委指示,在第十二集团军内工作的服务团各团员陆续离开岗位,转移到西江、北江、东江及珠江三角洲乃至广西等地农村,继续从事抗日救亡工作或投身抗日武装斗争。①

第五,投身抗日战斗。随着抗战形势的发展,服务团成员不仅为部队运送弹药、粮食、抢运伤员,而且其中的部分澳门青年直接奔赴抗战前线投身对敌战斗。他们穿上军装,拿起武器,跟随游击队,走上战场。在战斗中,旅澳服务团成员陈少陵、李静山、冯剑青、李伟洪等英勇献身。1939年10月3日,

---

① 中共广东省委党史研究室等编著:《澳门归程》,第143—144页。

日军出动 3 000 余人,大举扫荡东江南岸。澳门四界救灾会回乡服务团第三队随东江游击队参加了对日阻击战。梁捷等 5 名游击队员,承担炸毁观澜附近一座大木桥的战斗任务,以堵截从南头前来增援的日军,达到聚歼敌人的目的。战斗中,梁捷等 3 人壮烈牺牲。梁捷是四界救灾会回乡服务团中较早牺牲的团员之一,牺牲时,年仅 29 岁。1940 年底,参加广游二支队独一中队的侯取谦团员在番禺县沙湾战斗中牺牲,马敬荣团员在顺德广教乡作战中牺牲。此外,服务团的陈寿彭、陈曼、苏达民、黎景尹、梁满、崔楷等先后牺牲在抗敌的战场上,为抗击日军侵略献出宝贵的生命。[①]

表 4 - 3 　 澳门四界救灾会回国服务团牺牲人员表(按时间顺序)

姓　名 (曾用名)	年龄	籍贯	队别与职务	日　期	牺牲经过简述
陈寿彭			第三队队长	1939 年夏	在东江第四游击队的一次反日军扫荡中英勇牺牲
陈　曼			第三队队员	1939 年夏	同上
梁　捷	29	中山县乾务乡	第三队队员	1939 年10 月 3 日	在东江第四游击队奉命炸毁观澜附近的大沙河大木桥战斗中壮烈牺牲
侯取谦			第五队队员,广州市区游击二支队独一中队	1940 年底	在番禺沙湾战斗中,为攻克日军炮楼英勇牺牲
马敬荣			第五队队员		在顺德广教乡对敌作战中牺牲
廖锦涛	27	南海县南庄镇龙津乡	服务团团长,第七战区政治部少校组员	1941 年6 月中旬	在韶关第七战区兵营牢狱中被迫害牺牲
苏达民	21	东莞县	第六、七队队员,广东绥署高射炮营连指导员	1941 年 8 月	在敌机疯狂轰炸韶关时不幸中弹牺牲

---

①　黄慰慈主编:《濠江风云儿女:澳门四界救灾会抗日救国事迹》,第 29、263—267 页。

续 表

姓 名 （曾用名）	年龄	籍贯	队别与职务	日 期	牺牲经过简述
黎景尹（黎灏腾、黎干之）	23	番禺县新造园礼乡	第八队队长，广游二支队北大队小队政训员	1944年7月26日	在禺南席地庄抗击日军战斗中英勇牺牲
黄一平（黄士杰、黄飞）	27	花县黄岐山村	第九队队员，新、恩、开自卫队总长	1948年12月28日	在恩平鹏岗战斗中壮烈牺牲
崔楷（崔楷权）	27	南海县沙头镇山根乡	第四队队员，粤赣湘纵队第三支队先遣纵队政委	1949年7月21日	在禺北冯经嘛村驻地突围中不幸中弹牺牲

资料来源：整理自黄慰慈主编《濠江风云儿女：澳门四界救灾会抗日救国事迹》。

除了参加服务团的活动外，澳门爱国青年可以说是各尽所长参与援助抗战工作。九一八事变后，日机在中国领空上横行，到处投放炸弹。曾参与研制"乐士文"号飞机的机械师吴势，虽身居澳门，但时刻关注着时局的发展。1936年冬，他应杨官宇之召前往南京，编入中央航委会运输大队，任机械长，日日夜夜抢修飞机。一批热血澳门青年投考广东等地的航空学校，学习飞机驾驶技术，其中不少人后来成为飞行员，直接驾机对日空战，保卫祖国领空。例如，澳门青年林耀、蔡志昌，曾多次驾驶飞机与日机作战，后壮烈殉国。随家人流寓澳门的林毓恒，1941年与同学到航空学校受训。1943年8月，敌机轰炸重庆时，林随教官驾机迎敌，由于表现出色，曾被送到美国洛杉矶深造。[1] 澳门琼籍同胞还先后成立了"援八（八路军）援四（新四军）委员会"、"援冯（白驹）委员会"等团体支援内地对日抗战。[2]

此外，值得一提的还有澳门镜湖医院在援助抗战中的特殊贡献。众所周知，澳门镜湖医院创设于1871年，是澳门华人成立的以提供医院服务为主的综合性慈善团体。中日战争期间，共产党员柯麟以镜湖医院为阵地，积极组织开展多项抗日救亡工作。内地抗战爆发后，柯麟亲自挑选一批爱国青年，组成"青年战地救护团"，他亲自上课，讲授抗日救国道理及医疗救护知识，并组织一些在澳门挂牌开诊的华人医生，为团员进行救护技术训练。青年战地

---

① 中共广东省委党史研究室等编著：《澳门归程》，第136页。

② 张涛：《澳门人民的抗日爱国活动》，《民国春秋》，1999年第6期。

救护团先后开赴广州、石岐等地参加战地救护工作。随着广东人民抗日游击队的发展，在中共澳门党组织的安排下，镜湖医院先后派出5名护士到五桂山抗日游击区、1名护士到东江游击队，投身抗战一线救护伤员。

为了加强镜湖医院的诊疗技术力量，柯麟把广州沦陷后迁入澳门的一些名医(如黎铎、王德光、莫培樾、吴鸣、梁心尧、黄耀坚、周贯明等)联络起来，于1941年成立镜湖医院西医顾问团。与此同时，他本人还受聘担任澳门四界救灾会名誉顾问，为开赴广东抗战前线的救护团讲授战地救护技术，秘密救治在广东中山一带抗战的游击队伤员。①

1941年12月香港沦陷后，滞留香港的文化界名人和爱国民主人士处境艰难。12月9日，中共中央南方局和周恩来给八路军驻香港办事处负责人廖承志发出紧急电报，要求坚决执行中共中央指示，不惜一切代价，全力组织营救在港的各界人士和国际友人。廖承志、张文彬、尹林平、乔冠华、连贯等人经过周密部署，决定将澳门作为安全撤离滞港爱国人士的一个重要通道。于是，柯麟所在的镜湖医院也成为保护香港爱国人士撤退的秘密中转地。期间，镜湖医院还留医与照顾多位中共领导与进步人士，如罗明、刘群心(中共领导博古妻子)、曾生(东江纵队司令员)等。② 截至1942年6月底，经过多条撤离线路的紧张工作，广东东江抗日游击纵队营救了300余名重要文化人士和爱国人士，其中包括何香凝、柳亚子、邹韬奋、夏衍、戈宝权、高士其、黎澍仓(黎澍)、胡风、廖沫沙、范长江、茅盾夫妇、沈志远夫妇、张友渔夫妇、胡绳夫妇、于伶夫妇、宋之的夫妇等，还有国民党官员陈汝棠和国民党第七战区司令余汉谋的夫人等。同时，还营救了国际友人及华侨近百人。③ 这次被茅盾称为"抗日以来最伟大的抢救"活动，对抗日统一战线的建立和巩固发挥了重要作用。

在中日战争期间，除了澳门华人贡献颇多外，澳门土生人士也以不同方式支持中国的抗战活动，白乐嘉(José Maria Braga)就是其中的一位。白乐嘉是澳门土生葡人罗莎家族的第九代。他虽1897年出生于香港，却长期生活在澳门，曾参与创办《澳门日报》(*Diário de Macau*)、《澳门视界报》(*The*

---

① 纪毓：《澳门风云录》(长篇连载之六)，《文史春秋》，1999年第6期，第34页。
② 吴润生主编：《澳门镜湖医院慈善会会史》，澳门，澳门镜湖医院慈善会，2001年，第88页。
③ 蒋祖缘、方志钦主编：《简明广东史》，广州，广东人民出版社，1993年，第852—853页。

Macao Review)等多份报章,以及编撰与发表大量关于澳门历史的研究著述。中日战争期间,白乐嘉担任英军与中国自由抵抗力量之间的联络官,组织了秘密通讯站在香港、澳门与重庆之间传递重要情报,并在中国建立敌后电台。[①] 战后,白乐嘉获得了南京国民政府的嘉奖。

可以说,对于中国的抗日战争,澳门以其特殊方式做出了独特贡献。

第三节　难民涌入与赈难救济

日军侵入中国后,所到之地,烧杀淫掠,行为残忍。当地居民莫不扶老携幼闻风而逃,从此流离失所,沦为难民。中日战争期间,澳门因其"中立"地位而未被日军占领,因此而成为周边日占地区,包括广州、香港等地难民的"避难所"。对于国民政府而言,作为"中立"区的澳门,无疑成为分流广东地区和东南沿海难民的最佳选择。而出于减轻国民政府救济压力的考虑,国民党广东当局列澳门为其学校的疏散区。对于澳葡华人社群来说,大量难民同胞涌入澳门,赈济难民成为必须面对的重点工作,澳门华人的救亡赈难运动也由此展开。至1941年12月,随着香港的沦陷,赈救工作进入一个新的阶段。

一、难民涌入

1938年入夏以后,日军对广东地区特别是广州的轰炸越来越频繁,广州市民纷纷外逃,原来150万人口的大城市到6月上旬仅剩下50万人。[②] 与此同时,流落澳门的难民则上升至4万余众。本来就地域狭小的澳门,随着大批流离失所的难民到来,一时间人满为患。实际上,早在1937年12月中旬,中山县属的三灶岛被日军入侵,民众就纷纷弃家逃到澳门。面对露宿街头、

---

① Jorge Forjaz, *Famílias Macaenses*, vol. Ⅲ, pp.333 - 334; Manuel Teixeira, *A Imprense periódica Portuguesa no Extremo Oriente*, pp.137 - 144; *José Maria Braga*(*Breve evocação na sua motre*), in Revista de Culture, no. 5, 1988. 转引自吴志良、汤开建、金国平主编《澳门编年史》第5卷,第2482页。

② 《华侨报》,1938年6月11、13、16日。

无以为生的大批难民同胞,澳门镜湖医院召开值理常会决定施以援手,给予救济。[①] 澳门中西名流等合组难民救济委员会,定期谒见澳督,商议救济事宜。[②] 1938 年 10 月,广州及附近地区沦陷,澳门成为部分难民的避难地,出现了历史上第一次难民涌澳高潮。其时,澳葡政府与热心华人在青洲、路环等地合办难民营,收容大量逃难到澳门的内地居民。1940 年 3 月,日军侵占中山县,中山难民逃难入澳。中山海外同乡济难总会澳门分会立即在澳门设立 10 多处难胞收容所,收容难民总计 12 000 余人,然而,难民仍源源不断地到来。[③]

与此同时,被广州当局列为战时学校疏散区的澳门,接纳了由广州等地迁入的 30 余所学校。而面对大量流落澳门的失学青少年,澳门天主教会等机构积极与流寓澳门的教育界人士创办各类学校,收容流落澳门的青少年难民入学就读。至 1939 年,澳门共有 30 多所中学,学生 3 万余人;小学 140 所,学生约 4 万。[④] 据统计,在 1800 年时,澳门约有 12 000 人左右,在此后的 100 年内,澳门人口一直在缓慢增长。至 1910 年,澳门人口达到 74 866 人。抗日战争爆发前 10 年,澳门的人口约为 157 175 人。而在中日战争发生后的 1939 年,则激增到 245 194 人,也就是说,新接收了约 10 万难民。至 1940 年,澳门人口更一度高达 374 737 人。[⑤] 可见,难民涌澳的程度确为前所未有。

然而,随着战事蔓延,至 1941 年 12 月,日军侵占香港,大批市民争相逃离,由海上涌入澳门者络绎不绝。在港的英籍和其他国籍人士也陆续逃到澳门避难,部分在广州沦陷时逃到香港的难民以及东南沿海沦陷区居民也争相涌进澳门,形成澳门历史上又一次大规模接收难民的高潮。而 1944 年 9、10 月间,广州及香港遭受空袭,三个星期内又有 8 万名难民抵达澳门,导致澳门

---

① 江敏锐:《抗日战争时期澳门华人社团的作用》,杨福昌、陶光元主编《澳门回归论:庆祝澳门回归祖国学术研讨会论文集》,北京,世界知识出版社,1999 年,第 216 页。

② 《华侨报》,1938 年 6 月 16 日。

③ 《华侨报》,1940 年 6 月 16 日。

④ 华侨志编纂委员会:《澳门华侨志》,台北,1964 年,第 73、76 页。

⑤ 古万年、戴敏丽:《澳门及其人口演变五百年(1500—2000)》,澳门,澳门统计暨普查司,第 101 页。

各项物资供给与社会服务处于持续紧绌状态,尤其是住房陷入极度短缺。[①]此时,澳门已成为中国南部的国际性避难区,居民人数一度达到 50 万。

在蜂涌入澳的难民中,除了少量权贵或富商外,大部分都属于在战争浩劫后贫苦无依的逃难者,他们进入澳门后,无所依靠,成为困栖澳门亟待赈济的难民。面对汹涌而至的难民,澳葡政府从人道主义出发,未加拒绝。时任澳葡总督的戴思乐于 1942 年通过电台公开宣布,凡欲避难澳门者来者不拒,"按照 1938 年 9 月 17 日第 579 号立法例之引端已明白表示,凡为政府与人民之职责必须以公益为依归,故凡因战事影响避乱来澳而托庇于葡国国旗之下者,莫不竭力以保护之"[②]。而对待流落澳门的战争难民,澳葡政府同样体现出了对人道主义原则的贯彻和尊重,通过与民间社团合作展开难民赈济工作。至于民间社团,尤其是华人团体,面对难胞,更是秉承中华民族传统文化中的人道主义精神,齐心协力地展开了包括募捐筹款、修建难民营、组织回乡运动、兴办义学等赈难运动,社团、学校、教会、医院、慈善人士、社会名流纷纷加入其中,形成了澳门历史上规模最大、历时最久的赈难救济运动。

二、筹募活动

难民需求殷切,赈济工作不仅需要大量物质资源,而且需要充足的人力资源。显然,财力与人力有限的澳葡政府是无法应付的。实际上,大量的难民赈济性工作都是在民间社团组织主导下进行的。面对流落澳门的大量难民,澳门各界迅速成立各种救亡组织,投入筹募工作。捐赠者不分阶层、不分党派、不分宗教信仰,无论是上层的名流绅士,还是普通基层百姓、青年、妇女、老人或儿童,甚至"花街"女性、歌厅舞娘莫不倾其所有,踊跃捐输。捐助动员之深切、捐助时间之长、捐助范围之广、参加人数之多、捐助规模之巨、影响之深远,在澳门历史上实属罕见。

从时间上看,早在九一八事变之后,澳门华人社群就成立赈灾会,向社会

---

① [澳]杰弗里·C.冈恩:《澳门史:1557—1999》,秦传安译,第 181 页。古万年、戴敏丽:《澳门及其人口演变五百年(1500—2000)》,第 132 页。

② *Boletim Oficial de Macau*,No.44,28 de Outubro de 1944(《澳门宪报》,1944 年 10 月 28 日,第 44 期).

各界募集款项援助东北军抗击日军侵略。七七事变后,澳门华人更是慷慨解囊,全力支援祖国抗日。筹款方式包括献金运动、捐献运动、"一仙(一分钱)救国运动",举办游艺会、水艺会、球类比赛以及义演、义卖、义展、义赛、义唱和捐输服务(如酒店义租、擦鞋童义擦、手车夫义拉等)。仅在 1937 年 8 月至 1940 年的 3 年间,就举行了百余次募捐活动。筹集的善款初期多汇寄抗日前线,后来随着难民人数不断增加,多用于救济难民。

社团赈济性募款活动,既有不同社团之间联合举办的,也有单个社团独立举办的。1937 年 9 月至 11 月间,四界救灾会单独组织 5 期筹款活动,共筹得现款 5 000 余元。首期筹募,社会各界人士积极参与,踊跃购买门券并慷慨捐助,甚至收到殷商傅渔冰、梁洁英夫妇、陈章唐、李淑颜夫妇、苏无逸、陈紫英夫妇等捐赠的结婚戒指。当时,澳葡警方规定,每次筹款须事先向澳葡当局办理申请手续,每次义卖都要申请"许可证"(俗称"人情纸")。四界救灾会主席陈少伟由于通晓葡萄牙语,社会关系良好,便直接与澳葡官员交涉,使得每次募捐活动都可以顺利进行。[①] 1937 年的"双十节",四界救灾会举行献国旗国花筹款活动,澳督巴波沙欣然接受求知学校学生向其献中国国旗,还付葡币 5 元购买中国国花一枝。[②] 四界救灾会的筹募工作成绩斐然,得到了当时国民党与国民政府有关部门的称赞。时任国民政府中央侨务委员会副委员长的周启刚两次到澳门视察宣慰,对四界救灾会的工作表示赞赏。1937 年 11 月 7 日,中央侨委致函该会,称赞该会:"同仇敌忾,踊跃捐输,至足嘉佩。"[③]

翌年的黄花岗起义纪念日,澳门四界救灾会在澳门、中山湾仔等地卖花为第五路军筹款购雨具,共筹得"大洋"近千元,创下澳门一日卖花的新纪录,是次筹款所得全部于翌日交由广东银行汇出,代办雨具。[④] 1938 年 5 月 18 日,澳门四界救灾会收到第五路军司令李宗仁、副司令白崇禧及广西省主席黄旭初联名来信致谢。

除了自主举办筹款活动外,四界救灾会更多地与其他社团机构联合举办

---

① 中共广东省委党史研究室等编著:《澳门归程》,第 129—131 页。
② 邓开颂:《澳门历史》,澳门,澳门历史学会,1995 年,第 86 页。
③ 黄慰慈主编:《濠江风云儿女:澳门四界救灾会抗日救国事迹》,第 18 页。
④ 《第五路军总司令函谢四界救灾会》(1938 年 5 月 19 日),黄慰慈主编《濠江风云儿女:澳门四界救灾会抗日救国事迹》,第 147 页。《昨全澳妇女界卖花筹款成绩,共得款三百元》,《华侨报》,1938 年 3 月 9 日。

或参与协助其他社团的筹款活动。实际上,四界救灾会在历次募捐活动中得到了澳门各界救灾会、中华总商会、妇女慰劳会、中华教育会、同善堂、镜湖医院慈善会等各大社团以及众多社会名流的支持与协助。当时蜚声澳门的粤剧界红伶任剑辉,音乐名家陈鉴波、区才成等均参加义演,崔瑞琛积极发动各界女青年劝销国旗、国花,取得好成绩。中华总商会主席徐伟卿夫妇,"华人代表"梁后源,国民党澳门支部负责人、教育会会长梁彦明,殷商高可宁、崔诺枝、毕侣俭、李际唐,全新织造厂主陈声始夫妇,岐关公司经理郑芷湘,妇女慰劳会主席莫翰声等,都是历次募捐的热心支持者。陈声始、杨惠馨夫妇不但自己热心捐输救国,还教育子女把新年"利是"(压岁钱)全数捐助抗日救亡团体购买药品等。1938 年 9 月初,四界救灾会与澳门妇女慰劳会、澳门体育会联合举办水上游艺大会,筹得约 1 700 元,分别汇给"非常时期难民救济会广州分会"和"战时儿童保育会香港分会"。在一次义卖活动中,中央不夜天酒家别出心裁,制作有特色的"救国翅"、"救国点心",以竞卖形式进行,到场的绅商和热心人士纷纷以高价义购。粤剧界红伶马师曾、谭兰卿也登台演唱募捐,四界救灾会应邀派出 5 个队前往劝销茶券,当天共筹款折合国币 4 400 多元。①

表 4-4 四界救灾会筹款活动不完全统计

时 间	活动地点	主要活动及所得
1937 年 9 月 4 日	清平戏院	游艺大会
1937 年 9 月 4 日	域多利总会旧址	澳埠籍乒乓球赈灾比赛,共筹得 1 200 双毫
1937 年 9 月 28—29 日	添男茶楼	女伶唱曲大会,筹得 370 余元
1937 年 10 月 8—10 日	全澳	献国旗国花筹款活动,共筹得 1 600 余元
1937 年 10 月 11 日	望德女中球场	港澳排球赈灾赛
1937 年 10 月 25 日	得来茶楼	第二次女伶唱曲大会,筹得 540 余元
1937 年 11 月 11 日	中央舞场	跳舞筹款大会,筹得 900 余元
1938 年 2 月下旬	全澳	发动"一仙救国运动",得到孔教学校、望德女中、知行学校等校的热烈欢迎,学生纷纷捐"仙士"

---

① 中共广东省委党史研究室等编著:《澳门归程》,第 131—132 页。

时　　间	活动地点	主要活动及所得
1938 年 3 月 31 日	全澳	黄花节卖黄花筹款,筹得 900 余元
1938 年 7 月初	全澳	"七七"抗战周年纪念捐输活动,筹款折合国币近 2 000 元
1938 年 8 月 12 日	商会礼堂	"八一三"派献金筒劝导献金,制"献金封筒" 10 000 个
1938 年 9 月 3—4 日		与澳门妇女慰劳会、澳侨体育会联合举行水上游艺大会,收入 1 670 余元
1938 年 9 月 4 日		发动"义卖"运动,协助各行商举行义卖。活动持续至 10 月 13 日,筹得毫券 10 余万元(折合国币 9 万余元)
1938 年 10 月上旬		发起捐献戒指运动,所捐戒指交广东银行汇返内地
1938 年 10 月 10 日		协助妇女慰劳会举办售祝捷灯筹款
1938 年 10 月 30 日		组织 40 多个卖花队,为服务团筹募经费
1939 年 8 月 13 日	全澳	发动大规模的"八一三"两周年献金运动,各界人士献金 3 日,得款折合国币 9 万余元

资料来源:整理自黄慰慈主编《濠江风云儿女:澳门四界救灾会抗日救国事迹》。

　　从表 4-4 可以看出,澳门四界救灾会举办的筹款活动非常频繁,甚至一天内就有两场筹款活动,可以说,四界救灾会是当时澳门最为活跃的筹款社团。相对来说,作为澳门救亡赈难运动的枢纽性社团,澳门各界救灾会的筹款活动则以规模与数量而著称。1938 年 8 月 13 日,为响应国民政府号召,澳门各界救灾会主办"八一三献金运动",获得镜湖医院、同善堂、商会、教育会、妇女慰劳会、四界救灾会等社团协助,共筹得款项折合国币 9 万余元,筹款数额之高,打破了各界救灾会主办筹募记录。时隔一年,1939 年 8 月 13 日,在上海军民抗击日军作战两周年时,澳门各界救灾会再次发动全澳同胞,开展了比上年规模更大的"献金活动",在澳门市区和离岛,甚至中山县湾仔镇特设 2 万个献金封筒。在连续两天的献金中,献金封筒前人流络绎不绝,工作人员应接不暇。参加献金活动的有各社团代表、各行业人士、学校师生和工厂的工友等等。工商界表现非常踊跃,献金最多的是银行、金银首饰行、洋货行、洋服行等。就连福隆新街的不少"歌姬"也参加了爱国筹款活动,当时的澳门报刊曾以《商女也知亡国恨》为题,报道她们的爱国行动。[①] 由于献金人数太多,不得不延期一天。此次为期 3 天的献金活动,共筹得款项折合国币近 10 万元,创历次筹款之最高纪录。

在筹募活动中,妇女团体也积极参与并发挥独特作用。澳门中华妇女会自 1937 年 9 月 11 日成立以来,为支援前线将士抗战,10 月 10 日起举行为期一月的缝制棉衣活动。活动共制备棉衣 111 件、棉裤 102 件、棉背心 501 件。同时裁制药棉纱布 285 包、绷带 1 185 卷、三角救伤布 530 条,旧衣物共 80 包,均请香港妇女慰劳会转寄首都总会分配赠献前方将士应用。据记载,该会自 1938—1945 年间均有向广州第四路军、中国青年救护团、旅澳中国青年乡村服务团等捐赠钱物的记录。该会还多次举办足球筹款、演剧筹款、水上游艺筹赈会、午夜茶会筹款、卖花筹款等活动。所得款项或直接汇寄抗战军队,或采办慰问战士物品,或赈济难民。1938 年 6 月 28 日,中国妇女慰劳会将会员月费及筹款所得国币 1 200 元汇寄广东省政府主席吴铁城,以救济广州难民。[②] 七七事变一周年时,花界救灾会自制了"七七纪念章",在全澳劝销劝捐。1937 年 11 月 11 日晚,澳门中央舞场的舞女举办"义舞"筹款,将当晚收入全部用于购买由国内发行的"救国公债"。纪念日当天,全体"歌姬"除了素食和停止"出局"一天外,还纷纷"献金"。在"献金"运动中,许多"歌姬"将自己"出局"和陪酒的钱如数捐出,甚至连佩戴在身的金项链、金手镯等金饰品也当场除下捐出。一些妓院老板也捐出现款,支援抗战。1938 年 7 月 5 日,澳门花界救灾会、澳门洋务工友赈灾会、淘声音乐社和蝴蝶音乐社联合举办筹赈广州受难同胞游艺会,一连两天于清平戏院举行,共筹得善款国币 1 590 元,于 7 月 28 日寄往内地。[③]

除此之外,为本地赈济难民场所而举行的筹款活动也是赈难募捐活动中的重要项目,其中,以澳门慈善团体镜湖医院和同善堂的筹款活动最为声势浩大。

随着大批难民涌入澳门,到镜湖医院求诊的病人不断增加,医院空间有

---

① 金刃:《救国筹募,热火朝天——澳门抗日救国话当年之二》,《澳门日报》,1985 年 7 月 8 日。

② 广东省档案馆编:《澳门中华妇女会八年工作概况》,《广东澳门档案史料选编》,北京,中国档案出版社,1999 年,第 385—391 页。

③ 傅玉兰主编:《抗战时期的澳门》,区慧卿英译、曾永秀葡译,第 189 页。

限,病床不足,病房人满为患,原本救济资源就不宽裕的镜湖医院此时更是重负难承。面对日益窘迫的医疗环境,1940 年 11 月 30 日,殷商郑雨芬、郑鸿祥等发起捐赠木床活动,赠送 50 张病床到镜湖医院,以解医院病床不足之困。域多利戏院举行"义影",将日夜四场收入全数捐赠镜湖医院以作救济之用。此后,各界纷纷举办各种活动为镜湖医院筹款。

1941 年,澳门妇女会为镜湖医院卖花筹款,筹得双毫 13 259.91 元、葡币 2 146.19 元和国币 4 898.96 元。澳督戴思乐亦捐出白米 100 包,高可宁、傅伟生、高福耀、梁流、梁后源等 126 位殷商及商户捐赠双毫 6 557.7 元。卢华东、余贤、卢煊仲和澳门申达置业公司等 66 位名绅及商户捐赠西纸 857 元,梁鸿勋先生等 37 位社会人士及商户共集得国币 3 330 元。而澳门各学校和团体也组成义工队卖花筹款,筹得葡币 1 168.39 元、国币 1 528.96 元、毛券 7.2 元和双毛 260.18 元;赵竹溪国术团筹款合共双毫 1 240.4 元、葡币 120.8 元和国币 40 元。1943 年,全澳歌姬举办筹集寒衣游艺会,筹得港币 15 000 元,购置三等留医病人衣服。

1943 年,澳门新闻协会与各界人士发起阖澳居民为镜湖医院筹款活动,在献旗卖花筹款方面,澳门妇女会劝销筹款合共大洋 1 073.1 元、储券 411.9 元、双毫 2 530.8 元及手票 72.85 元。而华侨体育会举办的国术"义演",共筹款大洋 3 000 元、葡币 4 298 元和手票 300 元。中央、利为旅和国际三大舞厅联合举办"义舞",筹款葡币 12 128.25 元。粤剧界义演共筹得葡币 9 050 元。1941 年至 1945 年,澳门各界为镜湖医院合共筹得救济款项共国币 1 526 036.30元、双毫 64 488.17 元和葡币 299 695.4 元。①

作为与镜湖医院齐名的民间慈善机构,澳门同善堂同样承担繁重的难民赈济工作,赈济项目包括施粥、施药、施棺等。同善堂用于施药、施棺等赈济活动的费用基本依靠各界人士捐赠。不断增加的难民以及因贫病饥饿而导致人口死亡率居高不下,使得同善堂施济费用的缺额大幅增加。据记载,1941 年,同善堂全年施棺费为 1 500 元左右,而 1942 年正月,仅一个月的施棺费支出就高达 3 470.5 元,超出上一年全年施棺费开支的一倍有余。而同善堂的施药费用预算,全年只不过是 6 000 元港币左右,而正月一个月施药

---

① 吴润生主编:《澳门镜湖医院慈善会会史》,澳门,澳门镜湖医院慈善会,2001 年,第 101—108 页。

费就高达双毫 1 200 余元,然而,每年 3 月至 9 月才是病症者最盛之时,历年此数月中的施药数目增至平常月份的 4 倍。① 因此,经费短缺严重束缚了赈济活动的开展。为舒缓同善堂赈济经费困境,社会各界举办多项大型筹款活动支持同善堂难民赈济活动。1942 年 5 月 13 日,义擎天剧社进行义演。门券收入达西纸 10 000 元,外加善士陈学崇在院内买花捐助大洋 25 000 元、高可宁买花捐大洋 10 000 元,院内卖花获款总数达大洋 80 000 元。一日之内募款之高,破了同善堂募款记录。② 此外,还有为难童餐而举办的筹款"义演",筹得双毫 27 000 余元。③

在中日战争期间,澳门的救亡赈难筹募活动彼伏此起,其中,除了救亡赈难社团组织的筹募活动外,社会各界人士,尤其是澳门殷商、艺术界人士贡献颇多。他们在参与救亡团体募捐活动外,也自行利用各种私人场合进行个人捐款,甚至包括自己的婚礼。例如,1938 年 6 月 28 日,澳门"赌王"高可宁主动捐款 10 000 元,汇到广东省政府救济受难同胞,另 10 000 元予港澳各救灾团体,并施贫民米银数千元。④ 1943 年 1 月 15 日,澳门商人马万祺和罗柏心小姐在澳门新中央酒店举行婚礼,来贺嘉宾 500 余人,包括澳门工商巨子和政府官员。婚礼采用简单茶话会形式,而将原计划用于婚宴的 5 万大洋捐献给广东省妇女会下辖的战时儿童教养院,作为教养失去父母的少年儿童经费。新婚不久的马万祺又将大丰银号春茗宴金捐献给澳门两个慈善团体——同善堂和镜湖医院,用作救济贫民、施医赠药、救死扶伤的费用。马万祺的捐款"义举"成为流传一时的佳话。⑤ 1939 年 3 月 12 日,澳门商人姚集礼向驻扎在顺德大良的抗日游击队捐献银元 1 000 元、手枪 2 支,使当时给养困难的游击队员生活得到缓解。⑥

同样,艺术界人士参与救亡赈济捐献活动十分踊跃,除了前述戏曲界人士外,书画名家高剑父、关山月等都先后在澳门举办爱国画展,以募捐、义卖

---

① 《同善堂施棺施药倍增》,《华侨报》,1942 年 3 月 25 日。
② 《同善堂义演成绩美满》,《华侨报》,1942 年 5 月 14 日。
③ 《难民餐义演热烈举行》,《华侨报》,1943 年 6 月 9 日。
④ 傅玉兰主编:《抗战时期的澳门》,区慧卿英译、曾永秀葡译,第 189 页。
⑤ 谢常青:《马万祺传》,北京,中国文史出版社,1998 年,第 72—77 页。
⑥ 《珠江地区现代革命史概要》,佛山现代革命史概要编委会:《佛山现代革命史概要》,广州,广东人民出版社,1995 年,第 32 页。

等形式展开筹款活动,支援内地抗战与澳门的赈济活动。高剑父、冯康侯、杨善深等艺术家特别在澳门组织"协社",并假澳门市政厅举行书画义展,为难童筹款。1939 年 6 月 8—12 日,高剑父在议事亭前地的澳门商会二楼举行了"春睡画院留澳同人画展",高氏师徒共拿出 200 多幅作品义卖,筹措款项,救助灾民。[①] 1944 年 2 月,避难澳门的书画家为筹款赈济难童成立"慈善义展大会"。高剑父及其弟子罗竹坪参加会议。大会连续举办了 8 天,共征集书画 600 余幅,包括 50 多人集体绘出的书画巨卷。此次名家的书画活动共筹得善款 38 000 多元,用于救济难童。[②]

三、难民救助

中日战争期间,澳门以其"中立"地位,成为中国内地(尤其是澳门周边地区)、香港等地难民的避难之地。然而,澳门本是弹丸之地,大量涌入的难民使澳门面临着庞大的人口与资源压力,与难民相关的诸多社会问题也逐一浮现。面对繁重的难民救济事务,澳葡政府放弃战前基本不参与华人社会日常救济活动的做法,改与华人社群合作,由此,战前以民间社团内部救济(如堂会、同乡会、炮会等)及互济为主、澳葡政府个别性救济为辅的社会救济制度开始转向政府与民间社团分工合作共同推进的新社会救济模式。双方在难民救济合作方面,除了政府拨付部分资源供民间社团向难民施粥施药等外,还表现在通过修建难民营、组织回乡运动等方式,安置与舒解流落澳门的难民,维护社会稳定。难民的安置与救助过程,不仅体现了澳门华人社群的炽热爱国情感,同时,也彰显了澳葡政府与澳门民众所秉持的人道主义精神。

(一)收容及施济

面对大批涌入澳门却无处存身的难民,教堂、庙宇、医院、学校等公共性场所几乎都成了难民临时收容中心。镜湖医院、同善堂、各界救灾会等民间社团直接参与对难民的收容活动。在难民涌入澳门之初,同善堂曾办理设于青洲工厂内的难民营。1938 年 11 月,面对涌入澳门的内地难民,镜湖医院尽量收容,两周内收容难民达 2 000 余人,并于 12 月份分三批迁往凼仔难民营。1941 年 3 月 5 日,日军派飞机轰炸中山,大批难民避入澳门,3 天之内镜

---

① 陈继春:《从隔山到濠江:高剑父与澳门》,《濠江画人掇录》,第 89 页。
② 《华侨报》,1944 年 2 月 8 日、3 月 20 日、5 月 8 日。

湖医院收容难民达 1 371 名。①

收留难民已属不易,可是,解决难民的食物供应问题更加困难。难民不仅对粮食需求量大,而且多数无力购买,只能接受低价或免费施济。为此,澳葡当局在政策上采取稳定粮价、实行配售措施,与此同时,与民间慈善社团合作对难民进行施济,主要方式是支持同善堂、镜湖医院等民间慈善团体面向难民进行施粥、赠衣、义诊等活动。其中,施粥是当时慈善团体赈济难民最为常见的施济行为,尤其是同善堂承办的施粥活动,时间久、规模大、施济对象广泛。在太平洋战争之前,同善堂就曾大规模地面向难民施粥。仅 1941 年8 月 23 日一天,同善堂就施粥 50 锅,前往领粥者超过 5 000 人。太平洋战争爆发后,同善堂向政府领米煮粥,运往莲峰庙附近的镜湖长亭施派,每日派粥约千份,最高时达到 16 000 多份。1942 年 6 月,同善堂接办"露宿贫民收容所"(又称青洲难民营)的煮粥施粥工作。同时,同善堂为照顾因战争失去亲人或无法维持生活的儿童,提供"难童餐",从 1943 年开始,每日向流澳难童施粥千份。② 同善堂面向饥民的施粥活动得到了澳葡政府及社会各方面人士的支持。例如,1941 年 1 月 17 日,同善堂组织施粥活动,值理会主席崔诺枝及多位值理蔡文轩、叶子如、郑雨芬、黎卓彬、黄仲良等到场指挥与监督,莲峰义学派出 40 名童子军到场维持秩序,警厅亦派出两名华探协助,令施粥工作有序进行。③ 同时,在粮食及资金方面,同善堂多次开展的施粥活动,得到了澳督戴思乐、主教高若瑟、富商高可宁及美国红十字会等社会人士和团体的捐赠。

面对严重饥荒,除了同善堂的施粥活动外,镜湖医院、中华妇女会、怡兴堂、澳侨赈饥会、精武会、鲍斯高中学、诚修堂、佛教功德林等都设立过粥场,参与对难民的赈济工作。天主教也曾在长亭和妈阁办平民饭堂出售廉价饭。1942 年 1 月,中华妇女会于新口岸填海区设立平民粥场,廉价售粥维持贫民生活,每日前来领粥者众多,至 1943 年 6 月底粥场结束,共售粥13 267 600 份。1943 年 2 月,该会又于望厦平民粥场施粥,至 1945 年 9 月底

---

① 《华侨报》,1938 年 10 月 1 日、11 月 5 日、12 月 30 日;1941 年 2 月 2 日、3 月 8 日。
② 陈树荣主编:《同善堂一百周年特刊》,澳门,同善堂值理会,1992 年,第 89 页。
③ 《同善堂施粥》,《华侨报》,1941 年 1 月 15 日。

始告结束,期间共计售粥 1 332 071 份。① 1942 年 2 月 9 日,成立于年初的施粥机构——怡兴堂改组为"澳侨赈饥会",由刘柏盈担任主席。起初,该会在镜湖医院长亭设一施粥场,每日施粥 1 250 份。3 月,该会在青洲设立第二粥场,4 月中旬,又于妈阁设立第三粥场。后获澳葡政府邀请,赈饥会接替同善堂在青洲难民营的施粥工作。②

饥饿往往与疾病同行,战争时期,在为难民提供义诊及赠医施药方面,澳门镜湖医院担当了重任。自中山及香港沦陷后,涌入澳门的难民数以万计,镜湖医院虽压力沉重,仍想方设法尽其所能地为患病之难民赠医施药,超额收治。据统计,1939 年 6 月至 1940 年 1 月,镜湖医院每日赠诊接诊由 150 人增至 300 多人,三等免费留医者亦是如此,而上述两项所施中药每日增加 180 元,三等免费留医者施西药由 150 人增加到 300 人。从 1943 年至 1945 年,镜湖医院赠医 294 336 人,赠药 417 835 剂。③ 仅收治难童一项,自 1941 年 4 月至 1943 年 4 月,镜湖医院就收容了 383 名,痊愈出院及被带回者共206 名,死亡共 162 名,留医者 15 名。镜湖医院在战时收养了 400 余名难童,并附设难童疗养所。④ 除了救助中国难民外,镜湖医院对外籍难民同样尽力救助,1943 年至 1945 年,共收容了英美籍的难民共有 2 275 人,⑤其中,以因香港沦陷而逃至澳门的英籍难民为多。

此外,民间社团还协助政府以"以工代赈"方式救济难民。对于内地难民中有劳动能力者,澳葡政府实行"以工代赈"的救济办法,由澳门中华总商会、同善堂等社团协助组织与具体实施。于是,流落澳门的难民被组织起来,进行筑路、填濠、平地、耕种等活动,以此获取务工收入。对此,葡萄牙政府属务部专门致电澳门中华总商会表示感谢。⑥

与民间社团一样,澳门的天主教会在中日战争期间展开了大规模的赈难活动,特别是在救济难民方面表现突出。为救济战争难民,天主教教区成立

---

① 广东省档案馆编:《广东澳门档案史料选编》,第 382 页。

② 《华侨报》,1942 年 1 月 31 日、2 月 9 日、3 月 5 日、3 月 10 日、3 月 16 日、4 月 1 日及 4 月 18 日。

③ 吴润生主编:《镜湖医院慈善会会史》,第 99 页。

④ 吴润生主编:《镜湖医院慈善会会史》,第 75、89 页。

⑤ 吴润生主编:《镜湖医院慈善会会史》,第 98 页。

⑥ 《华侨报》,1940 年 12 月 12 日。

了统一的救济组织——教区救济会,其救济范围和对象非常广泛,救济方法则与其他救济组织相同,主要是以派发物资和收容难民为主,通过建立饭场援助难民、设立孤儿院及难童义学救济难童,体现出了超越国籍、超越信仰的人道主义关怀。当难民入澳后,天主教区即将澳门所有教堂和其开办的学校辟为难民中心和伤员接待处。天主教救济会于 1942 年 1 月在澳门东区的长亭与西区的妈阁分别设立平民饭场,日售低价贫民饭 1 000 份。澳城东、西两区贫苦大众多赖此充饥。因每日粮食的消耗量巨大,澳葡政府遂每月拨款 2 000 元购公米款以示支持。后来,因米价上涨,经费困难,于 1943 年 4 月改售饭为售粥,妈阁饭场则于 1944 年停办。① 对于天主教区救济会设立的平民饭场,社会各界抱支持态度。1942 年 1 月 26 日,商会主席高可宁更承包当日全场亏蚀,②故而是日出售的平民饭更名为"高可宁饭",开了承包亏蚀的先河。随后,根据捐赠者的捐赠意愿,陆续出现了"渭波饭"、"振兴饭"、"张老牛饭"、"斑斓饭"、"善人饭"、"老太饭"、"凡影饭"、"银染行饭"等。

天主教教区救济会另一项工作是设立托儿所救济难童,第一所设于三巴仔 6—8 号,收容 2—6 岁孤童;第二所设于无原罪学校,收容 6 岁以上男童;第三所设于白鸽巢育婴堂,收容 6 岁以上的女童。③ 托儿所不但为孤儿提供医疗救治,更设有"难童餐"。位于三巴仔街的教区社会福利服务机构,在马里奥·阿克斯·塔尔帕斯(Mario Acquis Tarpace)神甫的领导下,收留弃婴,由仁爱传教女修会(Mayknoll)修女负责,她们系避难澳门的美国难民。无原罪孤儿院收留孤儿 600 名。④ 1943 年,成立于 1903 年的圣安东尼济贫面包慈善机构(Paodos Pobres de Santo António)每日在澳门分发 12 袋大米。此外,圣若瑟修道院借用青州水泥厂部分场地和将附属奥斯定堂的耶稣十字圣会开放给难民居住。⑤ 每天为难民供应膳食,更在各教堂实施施粥活动。澳门公教进行会,不但参与慈善救济活动,甚至派出人员前赴澳门附近的唐家湾和香洲参与抗战宣传与慰问工作。同期内参与难民救济表现出色的宗教

① 《华侨报》,1942 年 1 月 23 日、2 月 2 日、3 月 13 日、6 月 12 日及 1945 年 2 月 12 日。
② 《明日继续办理》,《华侨报》,1942 年 1 月 25 日。
③ 《华侨报》,1942 年 4 月 14 日及 5 月 12 日。
④ [葡]文德泉:《战争中的澳门》,第 40—43 页。转引自[葡]施白蒂《澳门编年史——二十世纪(1900—1949)》,金国平译,第 293 页。
⑤ [葡]施白蒂:《澳门编年史——二十世纪(1900—1949)》,金国平译,第 276、277、289 页。

组织还有中华天主教救护总会澳门支会、基督教澳门志道堂、澳门女青年会等。

应该说,宗教组织的赈难活动不仅得到了社会各阶层的支持,而且其和澳葡政府的良好关系,使其在政府物资供给方面更易获得便利。同时,教会作为一个国际性组织,国外的慈善组织也以教会作为桥梁,救济澳门难民。如,1941年,美国红十字会就通过天主教救济会在澳门散赈美麦,救助难民。

(二)兴建难民营

随着战祸南延,涌入澳门的难民与日俱增,他们流落澳门后,无依无靠,生活无着,甚至无处安身,有些则暂借古庙栖身。如,1938年11月,观音堂收留了166名难民,分东、西两神殿住宿。然而,天气渐冷,寒衣不敷分配,有难妇因病不耐寒冷而晕倒。[①] 而无处存身、露宿街头的难民比比皆是。因此,安置难民成为当时的社会难题。

为寻求安置难民,澳门主要慈善社团人士前往政府面谒澳督,提出建立澳门救济难民委员会,并由华人参与其中,以便更有效地组织对难民赈济与安置工作。此一设想得到了澳督赞同。在澳葡政府支持下,1938年,澳门救济难民兼管理粮食委员会成立,该会以救济因中国国难来澳食宿无依之难民为宗旨,成员由中葡官民合组而成,初期主席为高固寮,委员包括罗保(Pedro José Lobo)、蒙德宏(Júlio Montalvão da Silva),以及澳门中华总商会主席徐伟卿以及华商毕侣俭、陆电明等。[②] 后来,该会改组,推定葡籍官绅罗保为主席,华籍绅商徐伟卿、毕侣俭、陆电明、戴恩赛、刘玉麟等为常务委员。该会所有给养难民及建设办公各费由中葡委员平均分担,即双方各筹半数。[③]

澳门救济难民兼管理粮食委员会成立后,先后前往氹仔、路环勘地搭建难民营,收容难民,并准许难民在当地难民营周边地区进行种植畜牧,以谋生计。设在路环的难民营,由陈肇文担任主任,至1939年4月间收容难民高达900余名,其中,难童300余名。[④] 1939年,路环难民营被飓风撼塌,加上难民住在那里水土不服,难民救济会决定改在湾仔临时中学附近之蟹地搭盖新营

---

① 傅玉兰主编:《抗战时期的澳门》,区慧卿英译、曾永秀葡译,第190页。

② 《澳门游览指南》(1939年),澳门大学图书馆藏。

③ 《澳门救济难民委员会组织大纲及难民人数表》,澳门历史档案馆藏缩微胶卷:35J-175/116/909/214-231。

④ 《澳门游览指南》(1939年),澳门大学图书馆藏。

地。12 月下旬,新难民营竣工,难民陆续迁往新营地。①

路环难民营的内部格局,其长约 90 丈,分上、下两层,横向分为四列。营中设有饭堂、男女浴室及厨房。建成后,主要将镜湖医院、莲峰庙、观音堂三处的难民迁往,②一度收容难民 2 000 多人。为维护秩序,难民营划分为三个部分:眷属为一部分、孤身男为一部分、孤身女为一部分。难民被分为 10 人一组,设组长一名,方便管理。遇天气寒冷时,管理人员晚上 7 时派发被铺,早上 8 时收回。③

难民营兴建之初,医疗卫生方面存有缺陷。营内虽驻有医生及救护队方便难民求诊,终因场地有限,无法将病人隔离,加上药品的数量和品种有限,难以满足难民医疗所需,只能勉强维持。

澳门难民救济会不仅负责收留难民,也为难民安排工作,传授种植及手工技能,以使难民能够自力更生。其时,难民救济会还在路环难民营中举办人才登记,以备介绍职业。④岭南大学农学院院长等亦前来澳门考察路环难民营,鼓励难民从事种植,并捐赠各种蔬菜及豆类的种子。⑤

在湾仔蟹地搭盖新营地的过程中,澳门难民救济会更施行"以工代赈"方式,安排难民参加修筑道路、挖掘水塘等工作,以节约开支。⑥ 同时,组织难民斩柴、黏火柴盒、制鞋、制造木器、缝衣等。原料由办事处向工厂领取,统一分发给难民,难民在营中进行生产,同时将制成品陈列在营内,若有团体到营内散赈或参观,则请其购买。难民通常可获得日工资的一半,以为其日中零用。如此,不仅减轻了难民营的开支,更可让难民有所储蓄,以备回乡或日后生活所用。办事处还教导难民利用山泥制造泥砖以作建屋之用,鼓励难民自建居所,一方面改善自身的居住条件,另一方面减轻难民营的人口压力。难民救济会还注意到了难民的教育问题,在难民营内成立"义学",教师则从该会职员或有学识难民中挑选,避免难民中的青年荒废学业。难民营还制订了

① 江敏锐:《抗日战争时期澳门华人社团的作用》,杨福昌、陶光元主编《澳门回归论:庆祝澳门回归祖国学术研讨会论文集》,北京,世界知识出版社,1999 年,第 217 页。
② 《在氹仔筑难民营》,《华侨报》,1938 年 11 月 7 日。
③ 《难民营》,《华侨报》,1938 年 12 月 30 日。
④ 《技术人才登记》,《华侨报》,1939 年 3 月 28 日。
⑤ 《岭南大学农学院院长》,《华侨报》,1939 年 4 月 20 日。
⑥ 《华侨报》,1940 年 2 月 15 日。

严格的管理规章。

难民营的运营采用政府与社团合作的方式。当时,澳葡政府开征了慈善税,通过政府专事慈善救济的机构——慈善委员会与品物统制会向民间社团拨付救济款项,由民间社团具体组织施救。难民营的运营资金部分来自于澳葡政府的慈善拨款,部分来自于社会热心人士的捐助。据记载,澳葡政府曾向海岛市行政局赠送 10 588.36 澳门元,用于路环难民营的运作。[①] 1939 年,国民政府中央赈济会汇国币 5 000 元,[②]支援澳门的难民救济。各社团筹款活动得来的资金,部分用于为难民营购置粮食、药品、生活用品等。此外,不时有团体或社会人士前往难民营探望。1939 年 3 月 4—5 日,四界救济会去路环难民营慰问,了解并关心难民生活,替难民代写家书,还提出改善卫生条件、组织难民征募队为难民征募生活用品、加强难民营管理与难民教育等多项工作建议。

(三)组织回乡运动

大量难民长期滞留澳门,使资源匮乏的澳门承受着沉重的压力。每日煮粥施赈,终非长久之计。救济难民所需的粮食消耗量巨大,澳门存粮不足,难以长期支撑。而 1941 年 4 月,日军封锁海上交通,洋米无法运入,从中山、新会等地输入澳门的粮食又为日军和汉奸操控牟利,导致澳门粮价暴涨、物资奇缺,引发澳门前所未有的大饥荒。而恶劣的环境使霍乱、疟疾等传染病蔓延,在饥饿与疾病的双重侵扰下,难民死亡人数增加。面对日益困顿的生活环境,难民思乡心切,唯苦于经济拮据,无法成行。为了帮助难民达成回乡的愿望,同时缓解澳门社会压力,澳葡政府与社会各界人士分工合作,开始有组织地分批遣送难民回乡。

1942 年 3 月,澳门三大华人社团——中华总商会、同善堂、镜湖医院慈善会积极推动成立"澳侨协助难民回乡委员会",由赈饥会主席刘柏盈出任会长,同时推举高可宁、刘叙堂、崔诺枝、梁彦明等 21 人为常务委员。澳督戴思乐受邀担任"回乡会"名誉会长,经济局长罗保为名誉副会长。[③] 经筹商,澳葡政府计划遣返 5 万名难民回乡。费用由政府资助一半,高可宁、傅伟生负

---

① [葡]施白蒂:《澳门编年史:二十世纪(1900—1949)》,金国平译,第 285 页。

② 《华侨报》,1939 年 3 月 5 日。

③ 《华侨报》,1942 年 3 月 30 日、3 月 24 日、5 月 7 日、5 月 10 日。

担十分之一,余下由全澳华人社群捐助。自此,难民回乡工作展开。其后,回乡会在各难民聚集场所,特别是施粥场进行调查、甄别、联络难民,协助难民办理回乡手续,发放路费,然后,分批组织难民回乡。

回乡会成立初期,以积极游说和募捐为其工作重点。中文报刊《华侨报》在此间发挥了重要作用。《华侨报》不断呼吁社会各界为难民回乡捐款,并连续报导回乡运动的工作,引起了社会各界的关注。1942年4月30日,《华侨报》为回乡会的运营筹得大洋 20 000 余元。[①] 在澳葡政府与社会热心人士的支持与协助下,1942年5月,回乡会组织的难民回乡活动进入高潮,获得的捐款数目持续增加。期间,澳葡政府先向回乡会垫支 50 000 大洋。[②] 富商高可宁、傅伟生、毕侣俭等倾力相助,更有佣妇捐出帮佣所得的 300 元工钱及金饰,歌女捐助 1 500 元。与澳门商务往来密切的广州湾商人筹募 14 万元赞助善举。[③] 充足的资金,加快了难民遣送工作的进度。从第 17 批开始,由每周护送一批难民改为护送两批。至 8 月中旬,募捐数额累积至 843 000 余元,资助回乡难民达到 30 批。[④] 之后,随着经费的减少,仍坚持每周护送一批难民。难民回乡的方式,初时,难民以步行方式返乡,后以炭车运送难民,并在中山设接待站,总站设于石岐,三乡设辅助站,[⑤]也曾尝试以船运直航方式,加快工作效率。

连续的难民离境使留澳难民逐渐减少,与此同时,持续捐助也导致市民捐款能力下降,加上澳葡政府财力有限,自 1942 年 8 月开始,回乡会运动因资金不足而陷入困难。8 月 12 日,回乡会召开常务会议,财政组报告存款无多,决议暂行结束。[⑥] 之后,虽然断断续续地收到一些零星捐款,但是,仍难以长期维持。至 1943 年 2 月,回乡会活动正式结束。据统计,回乡运动从 1942 年 3 月开始,到 1943 年 1 月中旬协助最后一批难民回乡止,在前后十个月中,遣返难民约四五十批,共一万七千余人。[⑦]

---

① 《昨一日间得七千元》,《华侨报》,1942 年 5 月 1 日。
② 《当局极力协助回乡会》,《华侨报》,1942 年 5 月 12 日。
③ 《华侨报》,1942 年 3 月 22 日、4 月 28 日、5 月 3、11、7 月 3 日。
④ 《回乡会公布数目》,《华侨报》,1942 年 9 月 10 日。
⑤ 《设立中区接待站》,《华侨报》,1942 年 5 月 21 日。
⑥ 《下星期起暂行结束》,《华侨报》,1942 年 8 月 13 日。
⑦ 《华侨报》,1943 年 1 月 17 日。陈大白:《天明斋文集》,第 159 页。

可以说,难民回乡运动,在澳葡政府和社会各界的协助下,取得了一定成效。大批难民离澳回乡,缓解了澳门社会的压力,同时,也使难民实现了归乡愿望。

(四)兴办难民教育

中日战争期间是澳门教育发展的一个非常特殊的历史阶段。大量涌入的难民在短时间内产生出巨大的教育需求,而对于短期急促增长的教育需求,主要通过创办"义学"与外迁入澳的学校两个"容器"加以满足。

1. 创办"义学"

随着入澳难民的增加,难童教育问题变得越来越突出。对于逃难入澳的难民来说,其衣食都需要救济,更无钱供子女上学。为了不使难童因为战争而失学,澳葡政府、民间社团乃至于私人纷纷兴办形式多样的"难童义学",用于收容难童入学,甚至免费为难童提供食宿。

1939年2月,澳门私立中德中学在校内创办难民学校,由胡肇椿任校长,专门收容失学难童。至6月26日,该校的六个年级共收容130名难童入读。自7月起,国民政府中央赈济委员会以半年为期每月拨付国币400元给予补助。[①] 1939年,嘉诺撒修女会创办了圣心女子英文书院专门收容从上海逃来避难的葡侨女生,初期学生27人,翌年,增至200多人,葡侨男生由慈幼会在1941年予以收容。

成立于1920年的澳门中华教育会,是澳门历史最悠久的教育团体。抗战期间,中华教育会于各会员校内开办了20所难民学校。[②] 早期开设的6所难童学校,包括崇实义学、陶英义学、越山义学、知用义学、孔教义学和知行义学,分别为6岁以上12岁以下的难童提供免费的教育课程,所有费用全免,并由教育会筹备书籍、笔墨纸张,分赠难童。义学课程以基础教育为主,分别设有公民训练、国语、常识、算术和音乐等课程。上课时间设于夜间,为周一至周六晚上的6—9时。义学的规模通常不是很大。学生数量常在100—200人之间。例如,越山义学设有五班,学生人员186人,教员6人;知行义学开设四班,学生120人。同时,庙宇和社团也开办义学,分别有鲍公庙义学、康

---

① 吴志良、汤开建、金国平主编:《澳门编年史》第5卷,第2587页。
② 《中华教育会》,《华侨报》,1939年3月5日。

公庙义学、莲溪义学、望厦坊会义学、永存义学、佛梵社义学、宝觉女子义学和公进义学等。[①]

为难童而开办的各种"义学"往往并非单独的教育机构,多附属于其他教育机构内,而运作经费主要是来自该机构,或通过各种各样的公开筹款与私人捐赠来筹措。例如,粤华中学为开设义学,于1939年3月4—5日,公演名剧《钦差大臣》,收入1 100余元,同时,富商代筹800元,共得2 200余元。[②]此外,该校还创办了与难童义学具有同类性质的习艺所。习艺所在收生对象与学习内容上与难童学校有所不同。习艺所为16岁以上高中毕业生提供实用性知识学习,例如,工商业常识、工业组织、工厂管理、机械维修技术等,比较注重技能层面,成绩优良者可充任习艺所附设工场的工头。

随着难童人数的增加,一些义学的规模也有所扩大。如,华侨公立平民义学的男、女校分别办了六七所,分区收容失学儿童和少年。一些私校为照顾贫苦学生也兼办义学。例如,濠江小学办了免费中学、免费夜学。吴灵芝小学办了"吴灵芝义学"。一些收费较高的私校,也设了若干免费学额,以救济失学儿童。[③]

此外,如前所述,由澳葡政府与民间社团共同成立的澳门救济难民兼管理粮食委员会在难民营中举办难童义学。镜湖医院在救治难民的同时,也为收容的难童设立了难童疗养所,该所以全面救济难童为宗旨,负责难童的医疗、食宿、常识教育、品德教育并资助升学费用。除学龄难童送往镜湖小学肄业外,至于较年幼者,则设启蒙班,每日按时授课,而送往镜湖小学肄业之难童,除正常上课外,每晚7时至9时都要集中在镜湖小学课室温习功课。镜湖医院附设的难童疗养所是应战时所需而设,至1947年,随着战事的结束而结束。

在外籍难侨失学儿童的教育方面,1939年1月6日,嘉诺撒女修会圣心英文书院新校舍在雅廉访大马路落成,由高若瑟主教祝圣启用,13日,正式上课,第一年收取学生27人,翌年,学生增至200人,大半为避难来澳的上海

---

① 《华侨报》,1939年3月5日、3月30日。刘羡冰:《澳门教育史》,北京,人民教育出版社,1999年,第85页。

② 《公演名剧〈钦差大臣〉》,《华侨报》,1939年3月7日。

③ 刘羡冰:《澳门教育史》,第127页。

葡侨女学生。①

2. 外校迁入

内地抗战爆发后,因澳门的"中立"地位,为了保护战火中的学生和教职工,国民政府广东当局将澳门列为学校疏散区。同时,由于澳葡政府实行宽松的教育政策,广州的一些学校陆续迁至澳门,为满足当时澳门的教育需求及促进澳门教育的发展增加了新的机会。

一方面,迁移入澳的学校,大量招生,使澳门学生人数快速增长。这样做,除了增加澳门本地学生的选择外,亦为来澳的青年难民提供了就读场所,使其不至于因战争而荒废学业。据统计,在七七事变后,有 30 多间中学、中专院校自内地迁至澳门,学生人数也从 8 000 人增至 30 000 人。统计资料显示,1937—1938 年学生人数为 10 011 人,而 1938—1939 年、1940—1941 年分别激增至 18 004 人、23 921 人。迁到澳门的中学包括总理故乡纪念中学、岭南中学、执信中学、中德中学、培英中学、协和女子中学、洁芳女子中学、思思中学、教忠中学、广州大学附中、越山中学、培正中学、广中中学、知用中学、中山联合中学、南海联合中学与省临中学等。② 具体可参见表 4-5 所示。

表 4-5　中日战争期间迁来澳门的中学

年份	校名	校长	地址	备注
1937	总理故乡纪念中学	司徒优	白头马路	第二学期校长戴思赛
1937	岭南中学	何鸿平	白头马路	
1938	执信中学	杨道仪	南湾	
1938	中德中学	郭秉琦	妈阁街	
1938	培英中学	区茂洋	望厦唐家花园	
1938	协和女子中学	廖奉灵	巴掌围,高楼下巷	
1938	洁芳女子中学	姚学修	下环龙头左巷	
1938	思思中学	李震	南湾	
1938	教忠中学	沈芷芳	妈阁街	
1938	广州大学附中	谭维汉(主任)	白马行	

① 吴志良、汤开建、金国平主编:《澳门编年史》第 5 卷,第 2585 页。
② 古万年、戴敏丽:《澳门及其人口演变五百年(1500—2000)》,第 299 页。

续　表

年份	校名	校长	地址	备注
1938	越山中学	司徒优	白鸽巢前地	司徒优离"纪中"自办
1938	培正中学	黄启明	贾伯乐提督马路	
1938	广中中学	刘年祐	南湾	
1939	知用中学	张瑞权	青洲英泥厂	
1939	中山联合中学	林卓夫(兼)		
1939	南海联合中学	李兆福		
1939	省临中学	陈家骥		

资料来源:刘羡冰:《第二次世界大战期间的澳门教育》,《澳门中华教育会成立七十五周年会庆教育征文选》,第 7 页。

　　另一方面,大批教育界人士随校迁入澳门。香港沦陷后,喇沙、圣保罗、圣若瑟和英皇等名校教师也纷纷来澳门避难。[①] 例如,张瑞权、谭维汉、区茂泮、廖奉灵、黄启明、郭秉琦、刘年祐、沈芷芳、司徒优等均因教育业绩而知名岭南,来澳后则继续主掌战时校政。其中,部分具有一定行政经验的人士被本地学校聘请,为学校带来先进的教学理念与规范的教学行为,使澳门学校的管理水平得到提升。如,陈道根先生被聘为圣若瑟中学教务主任,朱伯英、林范三两位分别被聘为圣罗撒女中校长与教务主任,钟福佑先生任官校教师。[②] 此外,迁入澳门的学校中,还有一些受欧美教育影响的中学,如培正中学、中德中学、协和中学等,使澳门多元化的教育氛围得以奠定,并为澳门学生提供了更多的选择。

　　1945 年,随着第二次世界大战的结束,来澳避难者纷纷返回原地,迁入澳门的学校部分迁回,部分继续留在澳门办学。迁离澳门的学校包括总理故乡纪念中学中学部、培英中学、知用中学、中山联合中学、南海联合中学、省临中学。还有部分学校在抗日胜利前已迁回,包括洁芳女子中学、思思中学、越山中学、广中中学。[③] 无论如何,外校迁入有效地缓解了澳门在战时急剧膨胀的教育压力,并为澳门教育的多元发展奠定了基础。

---

　　① 古万年、戴敏丽:《澳门及其人口演变五百年(1500—2000)》,第 74 页。

　　② 刘羡冰:《第二次世界大战期间的澳门教育》,《澳门中华教育会成立七十五周年会庆教育征文选》,第 12 页。

　　③ 刘羡冰:《世纪留痕:二十世纪澳门教育大事志》,澳门,刘羡冰个人出版,2002 年,第 85 页。

　　总之,澳门"中立"时期的社会救亡赈难运动贯穿于整个中日战争期间,它缘起于1931年九一八事变,并随着中国内地抗战深入而逐渐走向高潮,同时,发生在世界反法西斯战争背景下的澳门救亡赈难运动显然受到了国际与亚洲政治因素的影响,运动的起伏与强弱,与日本在战争中的胜败,及澳葡政府执行"中立"政策的摆动立场,息息关联。发生于澳门"中立"时期的救亡赈难运动是由澳门华人社群通过社团联合方式发起、组织与领导的,得到了澳葡政府在道义、资源等方面的配合与支持,澳门各社会阶层、各行业界别、各职业身份、各宗教信仰及各不同国籍的人士参与其中,以救亡与赈难为中心,以救亡宣传、回乡服务、难民收容、生存赈济等为内容,对澳门在战后的发展影响深远。

　　救亡赈难运动立足于民族主义与人道主义两种正义价值基础之上,其中,日本对华侵略行径促使澳门华人社群在辨别共同敌人的过程中完成了对自我民族身份的集体建构,由此激发出潜藏于华人社会的民族主义意识,凝聚成强烈的民族认同感与爱国主义情感,并在澳门特殊环境下迸发出共同一致的行动。而人道主义关怀则在澳葡政府、外籍人士及宗教团体对内地难民的救助行动中得到充分展现。就影响与效果而言,内容与形式多样的救亡赈难运动强化了澳门华人社群与祖国内地的血脉联系,也淋漓尽致地展现了澳门作为不同文明、不同民族、不同宗教所认同的正义、友爱、互助等社会价值基础。同时,推动了澳门社会文化教育等多领域的进步与发展。

　　然而,不可忽视的是,救亡赈难运动毕竟是发生在特殊的历史背景之下,是"中立"的澳门对外部激烈战争环境的适应性反应,其动力本身并非根源于社会的自然演进,而是源于民族灾难所引发的"熔炉效应"。随着中华民族生存危机的解除,风起云涌的救亡赈难运动逐渐式微。当然,不可否认,救亡赈难运动在澳门历史上留下了浓墨重彩的篇章。随着抗战的胜利,"中立"地位不复存在的澳门,却无法逃脱发生于内地的国共战争的影响,由此,与内地陆地相连、休戚相关的澳门,又迎来了一个新的历史转折期。

第五章
国、共在澳门的活动及其影响

20 世纪上半叶，中国政治舞台上活跃着决定国家前途与命运的两股政治力量——中国国民党与中国共产党，它们时而合作时而斗争，虽然两者之间始终以内地作为政治角逐的中心舞台，然而，当时的澳门，因其处于葡萄牙管治之下，且地理上与内地相毗连，两党都注意到澳门独具的内外沟通联络的特殊价值，因此，两党都在澳门设立与发展组织，策划并推展有利于其事业的活动，其中，依托社团作为对外的合法组织展开工作是两党在澳门活动的鲜明特征。

第一节　国民党在澳门的活动与发展

中国国民党的前身是中国同盟会，而成立于国外的中国同盟会是一个具有广泛海外组织联系及网络的政治组织，澳门也是其海外网络的节点之一，甚至一度成为革命党人策划与运筹革命的据点。因此，追寻国民党在澳门的活动及其影响应该追溯到它的前身同盟会时期。

一、同盟分会及中华革命党在澳门的活动

众所周知，澳门是孙中山职业生涯和革命活动的起始地。1905 年 8 月，孙中山领导的兴中会联络华兴会等革命团体在日本东京共同组织同盟会，孙中山被推举为总理。同盟会成立以后，孙中山选派冯自由、李自重等人负责同盟会在省港澳的活动事宜。不久，冯自由等在香港成立同盟会组织，并派刘樾航、阮亦周、刘师复等前来澳门开展活动。同盟会在澳门的秘密机关设

在荷兰园和隆街 21 号,对外称"乐群书室"。刘师复热衷暗杀活动,在"乐群书室"试制炸药,伺机潜回内地暗杀清廷大员。因此,忽略了在澳门的革命宣传工作,加之改良派在澳门势力较大,故而,同盟会在澳门经营数月,进展颇微。于是,1907 年同盟会暂时中止在澳门发展会员的活动。[①]

随着内地反清革命的发展,同盟会重新加强对澳工作,并利用葡国国内民主革命取得成功后为澳门带来的有利时机,于 1909 年冬,成立同盟会澳门分会,设机关于南湾街 41 号。主盟人初由谢英伯兼任,谢一度奉派去檀香山,乃改由"香军"参谋林君复继任。其时同盟会澳门分会的主要负责人还有刘公裕、卢怡若、陈峰海、刘卓凡、陈卓平,林了侬、梁倚神、刘大同等。1910年秋,同盟会澳门分会改组为同盟会南方统筹部澳门总支部。[②]

在 1912 年中华民国建立之前,革命党人以同盟会澳门分会(支部)为核心,推动创建了多个以学堂、书报社与戏剧社等形式而出现的教育文化外围社团组织,以公开与秘密相结合的工作模式,推进一系列的反清革命活动,包括设立"濠镜阅书报社"、成立培基学堂、召开"剪辫大会"、筹募经费军械,甚至直接参加运筹与策划内地武装起义,其中,以香山起义的成功为孙氏革命党在澳门活动的最高潮。

在香山起义之前,澳门作为孙中山系革命党人的海外活动基地,已经数次秘密参与策划或支持革命党人在华南地区举行的武装起义。如,在 1895年 10 月孙中山组织广州起义时,就从澳门运入准备用作起义的部分弹药。事败后,孙中山避入澳门,得澳门友人安排,经香港流亡日本。至 1910 年,孙中山指示澳门同盟会分会组织民军进行武装起义。1911 年 3 月,广州黄花岗起义爆发前,同盟会澳门总支部的杨殷,受组织委派,前往广州从事联络工作,负责将澳门运送的武器秘密运至起义地点。黄花岗起义失败后,杨殷往来于澳门、香港、广州等地,进行地下联络工作,收集与传送情报。不久,黄兴、赵声、谢英伯、刘师复、林君复、郑彼岸等同盟会骨干齐聚澳门,在南湾街41 号澳门同盟会机关内召开秘密会议,商讨策动香山起义方案。

---

① 邓开颂、吴志良、陆晓敏主编:《粤澳关系史(1840—1984)》,第 328 页。

② 赵连城:《同盟会在港澳的活动和广东妇女参加革命的回忆》,《辛亥革命回忆录》第 2 册,北京,文史资料出版社,1962 年,第 308 页。中共广东省委党史研究室等编著:《澳门归程》,第 76—77页。

香山起义是由澳门同盟会组织直接策划发动的一次武装起义。事前,同盟会郑仲超、何振(震)等通过同学关系成功说服驻守前山的新军营长任鹤年起义。尔后,同盟会会员分头行动。郑彼岸等人负责联络附近乡村的志士,相约共同起事,并设法控制团练及县署亲兵。而留在澳门主持同盟会机关的林警魂负责向港澳商人及海外华侨募集起义经费,购置武器,并设法送往香山。经过周密部署,1911 年 11 月 2 日,香山起义在小榄爆发。三天后,光复石岐县城。起义取得成功。起义军改编为"香军",进驻广州西关,并编入北伐军,参加北伐。

随着辛亥革命的胜利与中华民国的建立,尤其是香山起义之后,同盟会在澳门的主要领导者随着内地中心城市的光复而离开澳门转往广州、南京等地活动,一些同盟会澳门分会女会员(如许剑魂、陈秉卿、梁雪君等)参加到广东女子北伐队伍中 。同盟会澳门分会(支部)及其推动成立的书报社、戏剧社等活跃一时的社团组织(除培基学堂外)或无形解体,或停止活动。

辛亥革命推翻了帝制、建立了民国,然而,面对袁世凯的专制复辟活动,孙中山被迫重新集结党人进行反袁护国活动,澳门因此而由之前作为同盟会反清革命的秘密基地转变为孙中山及其革命党人的反袁护国活动的重要据点,期间,反袁活动主要是由孙中山创立的中华革命党组织的。

1913 年 3 月 20 日,试图通过改组同盟会为国民党并以此取得国会多数席位而获得组阁权的国民党领导人宋教仁在上海被刺杀。获悉消息后,孙中山自日本东京赶回上海,筹划反袁之"二次革命"。6 月,孙由上海到澳门,在停泊于澳门附近海面的军舰上,会见陈炯明,力促陈同意共同反袁。然而,在袁世凯的武力进逼下,"二次革命"最后以失败告终。袁世凯亲信龙济光率部进驻广东,出任广东都督。龙济光督粤后,原来活动在广州等地的革命党人纷纷避居澳门,其时,同盟会澳门分会已经解散,因此,需要重新成立革命党人的组织。

1914 年 7 月,孙中山痛感于同盟会及后改组为国民党的组织涣散而在东京另组中华革命党,作为集结革命党人继续反袁的工具,并选定广东作为中华革命党打开局面的根据地。为此,孙中山委派李海云、邓铿等返回广东筹划武力驱逐龙济光。李、邓回到广东后,与老同盟员朱执信商讨后,决定派林景云等人以澳门为据点,策动香山的驻军、绿林发动起义。1914 年底,革命党率先策动惠州起义,在澳门活动的中华革命党人积极呼应,唯因负责人陈景桓因"炸药案"在港被捕,林景云也因其澳门住所内有同志在制造炸药时失事身亡而被澳葡官员逮捕审问,惠州起义被迫拖延。待林景云获释后,准备发动香山驻军出击,以配合正在进攻佛山的革命军,可是,因为龙济光军自广州前来弹压而作罢。

1915 年,蛰居澳门的朱执信秘密在澳设"中华革命军"机关,被孙中山委任为中华革命军广东司令长官,统一指挥中华革命党讨袁民军等部,并与陈炯明商谈统一指挥事宜。与此同时,朱执信加入中华革命党后,着手在澳门收集党员、发展组织,通过接受前同盟会会员重新申请登记而重组中华革命党。中华革命党人在澳门的活动地点包括近西街 14 号、深巷仔 18 号,以及新马路"南华印书馆"等处。"南华印书馆"是由革命党人冯秋雪等开设的。朱执信曾计划,中华革命党光复广东后,成立军政府,发行"军用票",并安排由"南华印书馆"秘密印刷。

尽管朱执信等中华革命党人以澳门为据点策划武装驱逐龙济光以光复广东,然而,多次进攻计划或未遂或失败。以梁启超为首的进步党人发起护国运动,蔡锷云南起兵反袁,贵州、广西等省响应,其影响迅速超过中华革命党的讨袁声势。1916 年 6 月,袁世凯忧愤而亡。广东方面,龙济光在护国军、中华革命军等各路讨伐队伍的进逼下,最终也不得不撤离广州,避走海南。自此,由朱执信在澳门领导的中华革命军讨龙反袁运动告终。当年 7 月,中华革命党宣告停止党务,到 1919 年 10 月被孙中山改组为中国国民党。

由上可见,该时期同盟会澳门分会及中华革命党在澳门是以秘密方式存在,并以书报社、文学社等形式进行公开活动,形成了"以秘密的核心机关领导外围社团进行公开活动"的组织格局与工作方式。同盟会澳门分会及中华革命党在澳门既联络社会上层人士,又深入社会底层,动员青年、妇女各阶层力量,扩大革命势力,从而为日后国民党在澳门的存在与发展奠定了一定的思想组织基础。

二、澳门国民党组织的初创

1919 年,中华革命党重组为中国国民党,自此之后直到 1937 年全面抗战爆发,是中国国民党在澳门分支组织的初创期。期间,1927 年南京国民政府建立,国民党在大陆地区取得执政地位。由革命党转变为全国性执政党后,国民党工作重心随之转移,过去在革命时期扮演着重要角色的港澳地区之地位有所减弱,国民党中央亦未予特别重视,虽并未完全放弃,然而,在组织上,澳门一度交由作为地方组织的广东省党部管辖。与此同时,澳门作为葡萄牙殖民管治的地位未曾改变,澳葡当局为避免周边地区动荡局势影响澳门,不时禁止或干扰国民党在澳门的公开活动。因此,在1939年之前,国民党在澳门建立组织的努力几经反复,多次筹备,亦屡遭停顿,工作虽未完全中断,而成效亦不显著。

应当说,1919年10月10日中华革命党改组为中国国民党后,并未停止在海外发展其组织网络。其时,国民党海外组织沿用同盟会成例,分为总支部、支部与分部三个层级。国民党在澳门设立的组织一般属于后两个层级。在1919年前后,国民党广东省支部委派蔡香林、区建邦、林浮生等组织澳门分部,并于蔡香林家里设立筹备办事处。分部成立后,由林炽南任分部长,李君达任演讲兼交际主任,区建邦、黄祥、邓敦夫、梁志远分任文书、党务、宣传、财务等科主任。至1922年,该分部解散。[①]

1924年1月,中国国民党第一次全国代表大会在广州召开。根据大会决议案,国民党海外党部应组织设立香澳总支部。随即,香港支部成立。其后,多次派员筹备成立国民党澳门支部。[②]

1925年3月,孙中山逝世。国民党在澳党员李君达、梁彦明等发起追悼大会,设办事处于李君达牙医所,此举引起国民党香港支部的关注,遂请中央派员赴澳门指导成立党组织。国民党中央派员接洽李君达等人,并在李君达牙医所设立澳门支部筹备处,李君达任常务,负责澳门支部筹备工作,李君达、梁彦明、马普全、尹梓琴、刘紫垣等十人被推举为澳门支部筹备委员。随后,展开分部筹组工作,先期成立五个分部,续组第六至十三分部,并筹备召

---

① 屈仁则:《中国国民党澳门支部沿革史》,《澳门今日之侨运》,澳门,世界出版社,1948年,第3页。

② 屈仁则:《中国国民党澳门支部沿革史》,《澳门今日之侨运》,第3页。

开支部成立大会。① 然而,此时正值省港大罢工,澳葡当局严密防范工运,以避免省港罢工波及澳门。次年 5 月 28 日,李君达突遭澳门警察厅传讯,随即被要求离开澳门。同日,澳门教育会会长兼澳门支部筹备委员梁彦明、习成学校校长刘紫垣等人皆以"扰乱澳门治安行为"之理由被相继要求出境,只是考虑到梁、刘等人均系教育会成员,故而允许其暂留澳门,但禁止参加"五二九"事件追悼会及成立工会组织等,由此,国民党澳门支部筹备活动被迫暂停。② 不久,国民党中央再次任用陈汝超、李君达、梁彦明、刘紫垣、卢季瑞等为澳门直属支部筹备委员,并在香港设办事处。当年,香港办事处迁澳门。1927 年,国民党召开中央政治会议。会后,广东分会委派周守愚、丘允中、邓协池 3 人赴澳门,负责国民党澳门支部的筹组工作。同年 9 月,国民党澳门支部正式成立。经大会选举并报上级决定,澳门支部第一届执行委员由李君达、梁彦明、尹梓琴、马普全、刘紫垣、麦福华、张来等出任。同时,梁麒祥、钟心如、陈贞伯为支部监察委员。③ 1928 年,国民党进行清党,暂停澳门支部执监委员会职权,另组指导委员会指导清党工作,由周润芝、邓协池、梁彦明、李君达、刘紫垣为指导委员。④ 至 1931 年 5 月,国民党中央决定筹备成立国民党澳门直属支部,任用陈汝超、梁彦明、李君达、刘紫垣为直属支部筹备委员,设香港办事处。1934 年,国民党澳门直属支部正式成立,并在香港举行党员通讯投票,选举卢季瑞、刘紫垣、赵祥、谢国兴、欧植棠等为第一届直属支部执行委员,李公民、陈尚廉、李初等为监察委员。1936 年,直属支部第一届执监委员任期届满,于是,在香港再次举行党员通讯投票,选举卢季瑞、刘紫垣、谢国兴、赵祥、许荣基为二届执委,欧植森、李初、李公民为监委,其中,刘紫垣任

---

① 《申报》,1925 年 3 月 12 日。屈仁则:《中国国民党澳门支部沿革史》,《澳门今日之侨运》,第 3 页。李君达,别号子上,广东中山人。旧学国文专修 8 年,牙医专科毕业。兴中会会员。1911 年,追随民军统领李就成在中山起义。1925 年,受中央委任为澳门支部筹备委员兼常委。1927 年,任澳门支部第一届常务执行委员兼秘书。1930—1937 年,连任直属澳门支部第三至七、八届监察常务委员。1944—1945 年,任中央组织部麻章属交通联络站驻广州湾通讯组组长、澳门中华教育会十余届理监事。抗战胜利后,出任国民党澳门支部常务监察委员。李氏还曾出任澳门教育会评议员、精武体育会交际主任、中华基督教志道堂主席等职。

② 《民国日报》,1926 年 6 月 2、7 日。

③ 屈仁则:《中国国民党澳门支部沿革史》,《澳门今日之侨运》,第 3 页。

④ 黎小江、莫世祥主编:《澳门大辞典》,广州,广州出版社,1999 年,第 98—99 页。

常委,赵祥为秘书。同时,结束国民党澳门支部香港办事处。[①] 至 1937 年初,澳门直属支部有正式党员 199 位。[②]

此后直到抗战全面爆发后的一段时间内,国民党澳门支部虽然在澳门从事以党团活动为主的工作,但是,受澳葡当局阻挠,加上国民党中央对港澳工作未予重视,不但令澳门支部听命于广东总支,而且所拨经费甚少,澳门支部每月收到的经费仅为国币 180 元[③],由此,严重制约了国民党在澳门的组织发展与活动开展。

三、抗战时期澳门国民党组织的发展

抗战全面爆发后,在日军猛烈攻击下,大片国土沦陷,东南沿海及华南地区岌岌可危,而其时由英、葡两个中立国管治下的香港与澳门,重要性日益显现。相应地,执掌国民政府的国民党转而着手加强港澳两地的党务工作。此间,国民党澳门党务以 1941 年底香港沦陷后澳门成为华南地区未受战争波及的"孤岛"为标志,划分为前后两个不同时段。

（一）港澳总支部的成立与澳门党务的开展

国民党中央之所以重新关注港澳工作,除了日军不断南侵的因素外,党内背景则是适应战时需要强化"以党统政"体制,因此,在海外,党部往往负责指导侨务工作,组织上也出现了党务人员兼任侨务职位的情形。1938 年 3月末 4 月初,中国国民党在武昌召开临时全国代表大会。大会通过了《改进党务并调整党政关系案》。由于该案较原则化,因此,在接着召开的五届四中全会上,落实了《改进党务并调整党政关系案》,做出了一些具体规定。其中包括,调整国民党中央指导海外党务工作的组织机构;取消海外党务计划委员会,改设海外部,负责海外党务及宣传事宜;国民政府侨务委员会委员长陈树人兼任海外部部长。[④] 1939 年 1 月 29 日,国民党五届中央执委会决议:

---

① 屈仁则:《中国国民党澳门支部沿革史》,《澳门今日之侨运》,第 3 页。

② 林养志编:《中国国民党党务发展史料——组织工作》下册,中国国民党党史会,1994 年,第112 页。转引自李盈慧《战时国民党在澳门的常备与情报活动——兼论香港的国民党党务》,郝雨凡等编《澳门学引论》,北京,社会科学文献出版社,2012 年,第 669—670 页。

③ 《二十八年度中央经费每月支出(各级党部经费)预算表》,中国第二历史档案馆编:《中国国民党中央执行委员会常务委员会会议录》第 24 卷,桂林,广西师范大学出版社,2000 年,第 389 页。

④ 李云汉主编:《中国国民党职名录》,台北,中国国民党党史委员会,1994 年,第 115、126 页。

"今后本党,应该特别郑重海外党务之发展"。①

随着国民党海外部的成立,港澳国民党组织建设逐渐得到重视。1939年3月,国民党海外部提出《改进香港党务纲要》,得到国民党中常会的批准。按照该纲要以及5月由中常会通过的《驻港澳总支部执行委员会组织条例》中的规定,原香港、澳门两个直属支部合并,组成港澳总支部。总支部设执行委员会,由7—9人组成,主任委员主持会务,由中央派员充任,同时,设书记长一人,承主任委员之命,处理日常事务。总支部下设组训、宣传、总务三科及侨民指导委员会。② 中常会决定由吴铁城出任港澳总支部主任委员,高廷梓为书记长。6月,国民党中常会决议派陈策、区芳浦、俞鸿钧、欧阳驹、简又文、陈剑如、陈素、高廷梓为执行委员。港澳总支部下设香港、九龙、澳门三个支部,及调查统计室。1941年底香港沦陷后,原广东省党部下辖的广州湾(今湛江)区党部被划归港澳总支部,③由此,港澳总支部形成"四部一室"的组织结构。其中,澳门支部1939年8月改组后,周雍能、刘中化、刘紫垣、卢季瑞、卢煊仲、刘章、梁彦明等为委员,周雍能任常委,刘中化任秘书。周雍能青年时期追随孙中山先生,曾先后出任国民党中央党部总理办公室秘书、广州大本营机要秘书、国民革命军总司令部秘书处文书科长、上海市政府秘书长、广东省政府顾问等职。其被委任澳门支部常委时,任广东省侨务处处长职,周雍能一身二任,党务、侨务同时进行,也反映了战时国民党的"以党统政"精神。

港澳总支部成立后,于香港设办公地,工作以香港为重。澳门支部作为港澳总支部属下组织,工作上从属于香港。在港澳总支部领导下,澳门支部利用各种机会在澳门开展各种活动,主要包括三个方面:一是组织与宣传工作。在组织建设方面,工作重点在于扩展基层组织与招募新党员。据统计,

① 《中国国民党历次全国代表大会暨中央执行委员会全体会议对海外党务任务重要决议案》,台北,海外出版社,1952年,第13页。

② 《改进香港党务纲要》(1939年3月),中国第二历史档案馆编:《中国国民党中央执行委员会常务委员会会议录》,第55—58页。《中国国民党第五届中央执行委员会常务委员会第120次会议议事日程》(1939年5月4日),《中国国民党中央执行委员会常务委员会会议录》第25卷,第342—343页。转引自金以林《战时国民党香港党务检讨》《抗日战争研究》2007年第4期,第83—106页。

③ 《五届六中全会中央海外部工作报告》(1939年1月 11月),陈鹏仁主编:《中国国民党党务发展史料——海外党务工作》,台北,中国国民党党史委员会,1998年,第143页。转引自金以林《战时国民党香港党务检讨》,《抗日战争研究》,2007年第4期,第86—87页。

在港澳总支部成立之前,国民党澳门支部原有党员不超过 500 人,而总支部成立后的短短 1 年多时间内,即至 1940 年 12 月,澳门支部所属分部增至 11 个,小组 36 个。仅 1940 年 2 月,就有 304 名旧党员报到,及新征党员 832 名,而分部则以学界为多,商界次之。^① 在宣传动员方面,1939 年 12 月,澳门支部成立党义研究会。次年初,筹备成立党员俱乐部。而举办总理纪念周则是澳门支部的常规性活动。与此同时,港澳总支部在港创办的机关报《国民日报》也在澳门有影响。二是防止汉奸敌伪及与异党争夺。由于港澳社会的特殊性与复杂性,敌伪汉奸各色人等活动频繁,为此,国民党港澳总支部专设调查统计室负责相关事项。至于与异党争夺一项,主要指与共产党争夺民众,其方式是通过组织多种形式的社团吸纳与聚集不同职业群体。三是开展支援内地抗战救亡活动。例如,举办各种纪念活动,激发侨胞的爱国热情,并动员为内地抗战捐献。1939 年 7 月 7 日,国民党澳门支部分别在澳湾两地举行七七纪念会。澳门纪念会在平安剧院举行,约有千人参加,由商会主席徐伟卿主持。会上,唱党歌,售章筹款约 4 000 元。湾仔纪念会在湾仔学校操场举行,由支部代表卢季瑞任主席,湾仔乡公所乡长杨洁庐、后援会卢煊仲参加。例如,1939 年 8 月 13 日,为纪念八一三淞沪抗战两周年,澳门各界举办"献金"活动,国民党支部常委周雍能主持活动,号召澳门同胞积极捐款支持内地抗日,献金募款活动得到澳门各行各业响应,甚至有福隆新街的歌姬当场摘下金链捐献,是次献金活动筹得大洋 10 万元,交香港道亨银行转中国银行,汇缴重庆。^② 1940 年,周雍能发起澳门各界劝募棉衣活动,获得各界热烈回应,在各社团中,澳门中华妇女会第一个将筹募所得的棉衣代金汇解中央。^③

国民党澳门支部改组后,加强抗日宣传及救亡活动,多次举办抗日集会,并高调地经各侨团通电声讨汪伪^④,由此引起了日本方面的注意,日方向澳

---

① 《中国国民党驻港澳总支部工作报告(1939 年 7 月至 1940 年 12 月)》《港九澳三支部举行第三十次联席会报(1940 年 2 月)》,南京第二历史档案馆藏澳门资料,见澳门档案馆藏复印微缩胶卷,盘号 35J-175 及 185,影像号 342-367。转引自黑蕊、陈浩东《1927—1949 年国民党澳门支部的党务考察》,《澳门研究》,2009 年第 54 期,第 131—135 页。

② 《华侨报》,1939 年 8 月 28 日。

③ 《澳门中华妇女会八年工作概况》,广东省档案馆编《广东澳门档案史料选编》,北京,中国档案出版社,1999 年,第 389 页。

④ 《华侨报》,1939 年 9 月 5 日。

葡抗议,要求澳葡当局取缔国民党在"中立"的澳门从事抗日活动,并派海军武官与澳葡交涉。

在日本的压力下,1939年9月16日,澳葡警察前往位于妈阁街15号的中德中学搜查澳门支部,结果误入与党部一墙之隔的广东侨务处,抄走一批文件,并将时任广东侨务处长兼澳门支部常委的周雍能带往警局问话,要求国民党驻澳机构停止抗日活动,撤销重庆方面设在澳门对面湾仔的广播电台,以免因日本空袭而妨碍澳门安全。此外,警察还分别召见澳门商会主席徐伟卿、澳绅兼国民会议澳门区选国民代表卢煊仲、中华教育会主席梁彦明,对他们最近进行的抗日活动表示极度不满。

虽然周雍能据理相争①,而澳葡当局也没有过分为难周雍能,查抄的文件获得发还,但是,经此事件,国民党澳门支部的活动转为收敛与隐蔽,更多的是以幕后操纵形式继续在澳门活动,就连报纸上公开报道国民党澳门支部活动的消息也很难找到。国民党党部改设于澳门对面的中山县湾仔,而不是先前澳门市区内的河边新街。

1940年,敌伪派人潜入澳门,破坏国民党澳门组织,并寻机暗杀澳门支部常委周雍能,周闻讯后秘密撤回重庆。至1941年2月,卢季瑞奉调回粤,澳门支部由梁彦明、刘紫垣、卢光功、欧植森四人负责,因"环境恶劣,经费无着,工作几无形中停顿。同年9月,林卓夫为常委,郭秉为秘书,梁彦明、刘紫垣、卢光功、欧植森为执委"②。

(二)"孤岛"时期的澳门支部工作

1941年底,香港沦陷。国民党港澳总支部被迫撤离香港,港九党务陷入停顿。次年8月,港澳总支部改组,产生第二届执行委员会,由陈策、陈素、陈剑如、沈哲臣、刘世达、袁良骅、黄剑菜、王苍雨等担任执委,陈策为主任委员,陈素任书记长。10月初,港澳执委在广西桂林就职。不久,设办事处于曲江,又改组港、九、澳三个支部,在曲江设直属分部,及在惠阳、广州湾设工作站。1943年5月,陈策辞职,陈素任主任委员,黄剑菜为书记长,沈哲臣、刘

① 黄鸿钊编:《中葡澳门交涉史料》第2辑,第323页。
② 屈仁则:《中国国民党澳门支部沿革史》,《澳门今日之侨运》,第3页。

世达、袁良骅、王苍雨、黄令驹、陈子木、胡友椿为委员。[①]

随着香港的沦陷，澳门成为周边地区唯一未被日本占领的"孤岛"，因此，其地位日显重要。相应地，国民党澳门支部工作受到重视，同时也承受着前所未有的压力。其时，在日本威逼下，澳葡当局对国民党在澳门的活动施加管制。然而，转入秘密状态的国民党澳门支部工作却并未停顿，组织基本保持完整，1942 年 10 月时，有 10 个分部。而在工作重点方面，则适应形势发展，国民党澳门支部转向情报搜集、与人员沟通联络、物资运送等与抗战相关的事项。在情报搜集方面，一度成为"国内与港九电讯交通之要点"。香港沦陷后，其情报基地的功能渐失，而日伪等政治势力汇聚的澳门成为各种情报机构的新据点。香港沦陷前，周雍能奉吴铁城之命，于澳门秘密设置电台，该电台始终保持畅通，并及时将搜集的情报向国民党中央党部汇报，以及与港九方面及各区互通电讯。在人员沟通联络、物资运送方面，澳门支部在香港保卫战时，就商请澳葡当局，转向英、日交战方提出派轮船运送港九妇孺老弱离开战区。香港沦陷后，澳门支部从事救济侨胞经澳转回内地工作。"中央各机关汇款接济羁留港九人员，常由澳支部与本部所派驻澳之同志为之办理"。除此之外，"与潜伏在边境伪军中之我方人员有经常联络，离港经澳回国之要员及技术人才，常由其设法护送，抢运物资事项亦得其协助"[②]。

不过，处于艰险环境中的国民党澳门支部也付出了沉重代价，先后两位党部领导者梁彦明与林卓夫遭到暗杀。

梁彦明（1885—1942），号卧雪，广东新会人。1909 年，师范学堂毕业后，梁彦明来澳创办崇实中学，并任校长。期间，与同盟会朱执信、林直勉相识，遂于 1910 年加入同盟会南方支部，成为同盟会在澳门的中坚人物。1920 年 8 月，梁彦明与他人发起组织澳门教育会（后改称中华教育会），设会址于澳门崇实学校内。该会是澳门华人文化教育界最早成立、影响最大的专业性组

---

①　中国国民党中央委员会第三组编印：《中国国民党在海外（下篇）——中国国民党在海外各地党部史料初编》，编者自印，1962 年，第 204—206 页。转引自李盈慧《战时国民党在澳门的常备与情报活动——兼论香港的国民党党务》，郝雨凡等编《澳门学引论》，北京，社会科学文献出版社，2012 年，第 684 页。

②　《中国国民党驻港澳总支部工作报告书》（1942 年 10 月 31 日），南京第二历史档案馆藏澳门资料，见澳门档案馆复印微缩胶卷，盘号 35J－188，影像号 6。转引自黑蕊、陈浩东《1927—1949 年国民党澳门支部的党务考察》，《澳门研究》，2009 年第 54 期，第 131—135 页。

织,在澳门历次重大事件中,扮演过重要角色,而梁彦明长期主持该会工作。① 除了创办学校、教育会以及担任镜湖医院、同善堂等著名社团的领导职务外,梁彦明还积极参与及领导国民党澳门支部工作,自 1927 年国民党澳门支部设立后,梁彦明长期担任国民党支部重要职务,先后任执委、指导委员及常委。抗日战争爆发后,梁彦明投身澳门抗日救亡运动,成为澳门华人救亡赈难运动的发起人与领导者,他参与创办各界救灾会等救亡团体,担任澳门各界救灾会常委、副主席,中国青年救护团副团长,澳门四界救灾会名誉顾问等职,梁彦明奋不顾身的抗日行为与爱国精神感召与引导澳门华人投入募捐与救亡之中,②同时,梁也遭到了日伪在澳势力的忌恨。1942 年 12 月 24 日晚,梁彦明在崇实学校附近的龙嵩街被日本特务枪杀,不治而亡。国民政府誉其为"澳门华侨殉难之第一人"③。

梁彦明死后,日伪并未停止针对抗日人士的暗杀行动。1943 年 2 月,国民党澳门支部另一位负责人林卓夫同样遭日伪暗杀而身亡。林卓夫是与澳门相邻的中山县人,自广东高等师范学校毕业后,历任中山县中学校长、广东省教育厅督学、中山县县长等职。抗战爆发后,林卓夫来到澳门,任澳门中山联合中学校长。1942 年春,出任国民党港澳总支部执委兼澳门支部常委。其时,面对日伪在澳门横行无忌的恶劣环境,林卓夫没有回避退缩,而是以无畏不屈的态度预立遗嘱,留澳继续从事抗日救亡活动。1943 年 2 月 1 日下午,林卓夫参加了镜湖医院新值理就职会,并发表揭露日军暴行的演讲。稍晚,主持国民党支部活动后,林卓夫返回其位于柯高马路的寓所,途中遇刺。凶手向其连开 5 枪,致伤重不治,年仅 46 岁。抗战胜利后,林卓夫被国民党追列为 35 烈士之一。④

---

① 《教育部关于澳门中华教育会呈设澳门分会案》,35J－182/5/13453/398－403。郭辉堂:《梁彦明烈士年谱》、《梁彦明烈士纪念集》。

② 梁彦明在公众集会时的讲话与演说极富激情,如在 1938 年澳门各界纪念八一三淞沪抗战周年集会上,梁彦明声泪俱下的演说,感动了无数与会华人,现场出现捐款献物的热潮。参见《华侨报》(澳门),1938 年 8 月 14 日。

③ 郭辉堂:《梁彦明烈士年谱》、《梁彦明烈士史略》、《梁彦明烈士纪念集》,香港中文大学图书馆藏,1946 年。

④ 李健德:《林卓夫其人其事》,政协广东省中山市委员会文史委员会编《中山文史》第 31 辑,政协广东省中山市委员会文史委员会,1994 年,第 166—167 页。中国国民党驻港澳总支部编:《港澳抗战殉国烈士纪念册》,香港,1946 年,第 1 页。

可见,内地抗战时期,国民党澳门支部利用澳葡当局的"中立"政策以秘密或半公开方式存在于澳门,组织及依托公开的社团,领导澳门的抗日救亡运动,从事情报搜集、沟通联络、物品运送、宣传动员、筹募款物、救亡赈济等活动,发挥着无以替代的作用,直到中国抗战取得胜利。

四、澳门国民党组织的公开及其影响

1945年8月,中日战争以日本宣布无条件投降而结束。国民政府还都南京,作为领导全国抗战并取得胜利的执政党——中国国民党之地位与威望空前。相应地,在"二战"末期日本走向败亡之际,澳葡政府的"中立"态度已开始偏向中国。至中日战争结束后,面对中国国内要求收回澳门的声音,因惧怕中国军队进入澳门,澳葡当局自知完全无力对抗,遂向广东方面表示,愿意将所有在澳门的日本人交由中国当局处置,引渡汉奸并查封其财产,允许中国军民自由出入澳门,允许在澳中国居民有集会、游行的绝对自由等。由此,国民党澳门支部也从战时的秘密状态转为战后的公开活动。据可查知的资料,在日本宣布投降后不久,国民党港澳总支部在澳门报纸上刊出多则通告,以第一时间在澳门公开活动。8月20日,国民党澳门支部特派员屈仁则发表《告澳门侨胞书》。当日,支部召集澳门各侨团在中华总商会开会,成立"澳门华侨庆祝祖国胜利世界和平大会"常务委员会,筹备庆祝事宜。可以说,这些行为标志着国民党澳门支部恢复公开活动。①

在国民党澳门支部方面,在林卓夫遭暗杀后,常委一职由郭秉琦暂代。1943年9月,时任第七战区挺进第三大队副司令的屈仁则被任命为澳门支部特派员,朱伯英、卢季瑞、张启光、麦孔檀等为设计委员,朱伯英兼秘书。之后,配合对日反攻,屈仁则奉令组织杀敌先锋队加以策应。1945年8月日军投降后,国民党澳门支部接收原汪伪汉奸背景的《西南日报》社(澳门南湾街101号)作为党部办公场所,原在中山县从事游击活动的屈仁则进入澳门,重组支部。11月,澳门支部人事变动,取消特派员一职,原特派员屈仁则任常委,委员刘叙堂(中山同乡会主席)、李秉硕(新任秘书)、刘紫垣、陈律平(广州大学附属中学澳门分校主任)。原委员麦孔檀等辞职,原秘书朱伯英免职。

_____

① 《华侨报》,1945年8月20日。

不久,新任委员刘叙堂以私务繁忙为由辞职。① 1946 年 6 月,国民党澳门支部举行第五届代表大会,李秉硕当选执委会常委,李君达当选监察常委,而屈仁则当选国民党港澳总支部监委会常委,不再兼任澳门支部职务。② 1948 年 7 月 12 日,国民党澳门支部举行第六届执监委联席会议,经互选,李秉硕续任常委,马君豪当选为委员兼秘书,李君达续任监委常委。③

国民党澳门支部自公开活动后,利用抗战胜利后的有利形势以及澳葡当局的弱势地位,加强党员征集与组织发展工作。至 1947 年 8 月,国民党澳门支部下属的分部已经发展到 18 个,覆盖到社会各个阶层。而不过 10 个月后,即到 1948 年 6 月,国民党澳门支部下辖的分部由 18 个增长到 40 个。有报纸记载当时国民党澳门支部辖下分部的成立就职典礼,仅到会的各分部常委委员就有 120 人,另有党员及来宾观礼者竟达 400 余人。典礼于国民党澳门支部礼堂举行,支部常委李秉硕、委员张衍日、麦振华等致辞。④

实际上,国民党澳门支部自 1945 年抗战胜利后公开活动以来,其工作并不局限于自身组织建设,而是以澳门华人社群实际领导者的身份指导或参与多项社会活动,主要包括下列事项。

(一)组织社团与动员民众

以社团方式组织与动员民众,是国民党承袭自前身同盟会在澳门活动时就已采用的传统动员民众之方式。抗战胜利后,协助及组织澳门各界华人成立社团成为国民党澳门党部的重要工作。从 1945 年到 1949 年,国民党澳门支部不遗余力地推动澳门华人结社,规范与引导社团活动。其方式有直接与间接两种。⑤

第一,直接推动社团成立

国民党澳门支部恢复公开活动后最早介入改组了"新闻协会"与催生"航商联合会"。澳门"新闻协会"是澳门"中立"时期由汉奸势力渗透控制的新闻团体。1945 年 9 月 26 日,国民党组织筹委会着手改组"新闻协会",由来澳不

---

① 《市民日报》,1945 年 11 月 24 日、26 日。

② 屈仁则:《中国国民党澳门支部沿革史》,《澳门今日之侨运》,第 4 页。

③ 《市民日报》,1948 年 7 月 13 日。

④ 《国民党十二个分部隆重行成立礼》,《世界日报》,1948 年 6 月 7 日。

⑤ 娄胜华:《转型时期澳门社团研究——多元社会中法团主义体制解析》,广州,广东人民出版社,2004 年。

久负责党务宣传工作的袁锦涛出任筹委会主席。袁锦涛曾任职国民党中央宣传机关,历任报社通讯社社长、总编辑等职,来澳后,拟担任即将在澳门出版的《诚报》总编辑。为了联络和推动澳门新闻界对三民主义的宣传,由袁锦涛出面,与朱伯英、黄衡仲、陈大白、何曼公等发起筹组中国新闻学会澳门分会。12月1日,正式成立澳门记者公会,取消"新闻协会"原名。"记者公会"采用常务理事制,选举许国潮、黄浩然、何曼公为常务理事。陈少伟、陈大白等6人为理事。澳门支部常委屈仁则致训词。12月15日,记者公会呈请党部备案。①

"航商联合会"的成立肇因于抗战胜利初期澳门连续发生的沉船事故,其中以"广源轮"的沉没震动最大。1945年10月11日,航行于广州与澳门之间的"广源轮"夜航抵达澳门新口岸外港,突遇龙卷风袭击侧沉,船上乘客多数丧生。澳门"记者公会"组织的"回国访问团"中的4名记者也在事故中遇难。海难发生后,国民党澳门支部于10月18日在党部召开全澳航业界会议,议决五项航运安全办法。考虑到其时社会对航运的迫切需求——遣送避居澳门的香港及华南其他地区的难民离澳与协助政府运送复员军人,国民党澳门支部决定成立航业社团,以便于联络与掌控航商。1945年11月1日,各航商在澳门党部成立筹委会,以谭国华为召集人,草拟组织章程。11月28日,航商联合会成立,推中华总商会主席刘柏盈兼理事会主席。聘报界名宿陈少伟为顾问。不久,刘柏盈因故辞职。12月5日,航商联合会推理事黄缵兆任主席。值得注意的是,该理事会、监事会及办事机构内多名成员系国民党党员,会内相互以"同志"称谓。可见,该社团国民党色彩之浓厚。②

国民党澳门支部不但推动成立社团,及向侨委会备案,还部分参与各社团的监管,一些社团领导层选举及上任时,往往由澳门党部派员监选与监督。

国民党澳门支部直接操纵成立社团,目的在于:① 完成上级或国内有关部门的工作要求。如澳门渔业协会,1946年12月,由国民党港澳总支部委员王苍雨前来澳门支部推动成立,并筹组澳门渔民合作社、水产学校等事

---

① 《市民日报》,1945年9月26日,11月14日,12月2日、15日。陈大白:《天明斋文集》,第160页。

② 《市民日报》,1945年10月13日、18日、23日,11月4日、28日,12月5日。

宜。① 类似的新立社团还有澳门禁烟协会、新生活运动澳门分会。② ② 便利自身领导侨众工作。如劳工福利委员会(工人福利会)。该组织是澳门党部在内设"社会服务处"的基础上,专为调解日益增加的劳资纠纷而设立,为协调劳资关系处理劳资矛盾发挥了重要功能。③ 自身工作与上级部门的双重需要。如澳门文化协进会,从 1945 年 10 月起,澳门支部计划筹组"三民主义文化运动委员会",举办民众训练班,促进侨胞对三民主义的普遍认识。12 月 1 日,港澳总支部委员兼港澳文化协会主任委员吴公虎招待澳门文化教育界人士,决定组织澳门文化协会,振兴三民主义文化。12 月 29 日,吴公虎在澳门党部主持召开联席会议,正式成立"澳门文化协会"。"协会"常务理事多为党团人士,如陈律平、叶剑锋、陈德和等。③

第二,间接推动或指导社团成立

相对于直接推动社团产生及活动的方式而言,国民党澳门支部更为经常采用的是间接推动方式。间接推动可以分为积极方式与消极方式。积极方式之一是从帮助筹备开始,对社团选举监督、成立致训、立案注册全过程参与指导。如,在社团筹备阶段即委派筹备员协助筹备工作。"澳门什货小贩同业公会筹备处启事"称"现奉中国国民党澳门支部执行委员会第 1355 号派令内开'兹派张佐衡同志为什货小贩同业公会筹备员'等函,奉此,现已遵照在新市巷八号三楼设立筹备处由十一月二十七日开始办理会员登记……"④再如,派员洽商引导同类型小规模社团联合组成大规模社团。1948 年 8 月,澳门支部分别派出刘紫垣、王杰、黄德、黎毅、马文驹分别前往茶楼西友公会、酒楼茶室职业公会、粥粉饭面职工联合会、西菜面包业公会,与各负责人洽商合组统一的公会。所以有此行动,既是便于领导,又因为四者行业相同。该业全澳不过百家,工人仅为数千而已。因此易生纠纷,会员入会时也往往无所适从。11 月 3 日,经党部调解,四饮食公会在党部签订会务协约,将各会务范围分别划分,由各会代表及工人福利委员会等见证。⑤ 监督社团选举是党

---

① 《市民日报》,1946 年 12 月 19 日。

② 《市民日报》,1946 年 10 月 1 日、12 月 29 日。两个团体分别由新生活运动总会(蒋介石任会长)与侨务委员会直接函训商会设立。

③ 《市民日报》,1946 年 10 月 17 日、12 月 2 日、12 月、29 日。

④ 《市民日报》,1946 年 12 月 2 日。

⑤ 《市民日报》,1948 年 8 月 11 日、11 月 3 日。

部的一项重要职责。各侨团举行选举时,一般由党部派员监选。少数时候会同侨委会(侨委会也可委托商会主席代表)一起监选。侨团理监事职员就职典礼时,照例会请党部派员致训词。

在间接推动中,党部还可以采用消极方式来表达组织偏好。未经党部备案的社团,在失去正式合法性的同时,也没有了社会合法性,势将因难以获得华人社群系统的认可而失去生存基础。1947 年 5 月,一个名谓"侨青社"的团体,事先未获党部备案试图自行成立。该组织以"侨青社"名义向多个侨团发出邀请信,函请各社团派员出席 6 月 1 日的成立典礼。各侨团接到请柬后,纷纷向党部查询该社性质,因为凡经党部转呈侨委会核准备案的社团,其名称、组织性质以及会员职业均有明确标示,以合乎法律规定。国民党澳门支部接报后,由负责人公开发表谈话,该社未向党部备案,无案可查。① 于是,"侨青社"胎死腹中。

社团成立后,党部仍行使管理监督职责。管理指导的内容与方式多种多样,例如,巡视侨团,听取工作汇报。1946 年 11 月,澳门支部以各公会组织成立已久,为了解各会工作,特派委员视导各会,要求各会接通知后,须于视导时集中于会内,常务理事汇报工作。1948 年 2 月,党部拜访全澳侨团贺年,由支部诸委员与分部常委分三队进行拜访。② 再如,调处社团之间及内部纠纷。除大量的劳资纠纷外,人事纠纷甚至会费纠纷的调解往往都有党部的参与调解。如,1946 年 7 月就造船西友公会内因入会时间不同而缴纳不等额会费之事,新入会会员与理事兼总务主任梁荣争议不下,以致梁荣遭到殴打。其他会员见状急赴党部敦请委员刘紫垣主持公道。刘于深夜 12 时许赶赴该会开会会商,决议肇事者道歉了事。③ 如此细微纠纷尚需党部介入调解,由此不难探知社团对党部权威的认可度与党部对社团日常管理的范围及程度。

国民党澳门支部公开活动后,并非完全取代中华总商会而包揽全澳性侨社联合行动,一些不便于党部直接出面的活动,如葡国国庆、葡国总统与澳葡总督就职庆典、澳门区国民大会代表选举等,仍由中华总商会于前台活动,党

---

① 《市民日报》,1947 年 5 月 28 日。

② 《市民日报》,1947 年 11 月 5 日,1948 年 2 月 13 日。

③ 《市民日报》,1947 年 7 月 7 日。

部分别情形,或仅是参与或后台指导。

应当说,国民党澳门支部采用直接与间接两种方式在推动澳门华人结社与社团活动上成效显著。从 1945 年 8 月国民党澳门支部恢复公开活动到 1948 年 2 月澳门党部拜访各侨团贺岁止,在两年半的时间内,稳定地接受国民党政治影响的华人社团发展到 64 个。[①] 在 20 个月内,社团绝对数增长了两倍多。具体变动列成表 5 - 1。

表 5 - 1　1946—1948 年国民党影响下的澳门社团变动

	1946 年 5 月(个)	1948 年 2 月(个)
工商社团	1	2
职业社团	4	3
同业组织	13	34
工会团体	4	7
乡族社团	4	10
慈善社团	1	3
学术社团	1	3
体育社团	1	2
合　　计	29	64

注:① 1946 年 5 月的社团数系依其时在澳门支部备案社团名录统计;② 1948 年 2 月的社团数系依该月 13 日澳门支部贺年拜访的侨团名录统计;③ 因"五二九"事件,澳门一些工会团体不称"工会"而称"公会",因而同业组织中可能有工会在内,难以分清。

国民党澳门支部推动澳门华人结社取得的"成绩",受到其上级国民党港澳总支部的肯定。据记载,至 1946 年 5 月 20 日,在国民党澳门党部备案的社团就有 30 个。[②] 其中,中华总商会、中华教育会、镜湖慈善会、中华妇女会等早前成立的社团属重新备案者,而更多的是新成立社团。[③] 仅 1946 年,新成立的工会或公会(行业性同业团体,容纳劳资双方)就有水电工会、油糖杂货公会、火柴公会、百货业公会、果菜栏公会、猪肉烧腊公会、人力车公会、金业同业公会、茶楼饭室业公会等。至 1947 年 5 月底,由国民党澳门支部指导成立的各业公会达 50 多个。在 1948 年 6 月召开的澳门支部第二次党员代

① 《市民日报》,1948 年 2 月 13 日。
② 《市民日报》,1946 年 5 月 20 日,逐一刊登的备案社团名称、会址与负责人名录。
③ 《世界日报》,1946 年 5 月 20 日。

表大会上,港澳总支部派赴澳门监选的指导员王苍雨委员在讲话中对"澳门支部领导澳门侨胞成立 70 余公团"表示特别赞赏。[①]

(二)宣传教育及意识形态灌输

1945 年 10 月,国民党澳门党部组织"三民主义文化运动委员会"。12月,筹组文化协会,举办民众训练班,借以强化澳门华人对三民主义的认识。为实施党化教育,澳门支部大力扶持创办的《世界日报》于 1946 年 4 月 27 日创刊。[②] 除了办报外,国民党澳门支部向澳门华人民众进行党国教育及意识形态的灌输仍然依托社团组织加以实施。

实际上,国民党澳门支部倾力推动澳门华人结社,其最终目标在于宣传与引导侨众"报效国家、拥护政府"。基于工作环境与对象的特殊性,国民党党部无法依靠权力通过命令或强制方式来实现工作目标,最有效的方式是对社团施加政治影响,使其倾向三民主义的政治认同。随着大陆国共两党由政治内争向军事内战发展,直到 1949 年共产党在大陆建立新政权、国民党败退台湾的政治格局形成,国民党在澳组织侨运的目标经历了从引导侨众支持"抗战救国"到"戡乱建国"的转变,意识形态色彩从无到有,由浅入深,越来越浓,与此相一致,澳门华人结社的性质迅速从民族主义的非政治化走向三民主义的政治化。

与内地不同,澳门华人族群的意识形态化是无法通过直接的强制方式实现的,而是经由政治影响与思想控制的间接方式而达到的。那么,国民党澳门支部如何通过华人社团对民众施加三民主义[③]政治影响?法律可以靠权力推行,而文化往往从教化养成。仪式即是一种教化方式,借助于仪式力量确立三民主义在多元文化中的优先秩序并培养侨众对三民主义的认同与服膺,是国民党澳门支部采行的有效方式。

在社团当选领导成员的就职典礼上,三民主义教化已成为就职典礼仪式的组成部分。通常就职典礼在齐集、就位、肃立之后,先向国旗、党旗及总理遗像行最敬礼(三鞠躬),继由主席领读《总理遗嘱》,然后再进行其他程序。

① 《市民日报》,1948 年 6 月 25 日、26 日。

② 《世界日报》,1946 年 4 月 27 日。

③ 应当说明的是,虽然国民党崇奉孙中山"三民主义"为党义,但蒋介石建立南京政府后,其所倡言的"力行主义"和"四维八德",实际上是体现了以儒家思想为基础和核心的文化保守主义与强调"一个政党、一个主义、一个领袖"无条件的忠诚和服从的法西斯主义的混合体。

就职典礼是社团仪式的个别化方式,联合性仪式同样设计了三民主义的教化安排。例如,每年由党部发起、各侨团参加的国庆庆典,其全过程几乎就是一次三民主义的政治教育实践课。以1945年的"国庆庆典"为例,其开会程序为:"1) 齐集;2) 肃立;3) 唱中国国歌①;4) 向党国旗暨国父遗像致最敬礼;5) 恭读《国父遗嘱》;6) 主席致开会词;7) 外宾致词;8) 演说;9) 奏乐;10) 高呼口号;11) 鸣炮;12) 礼成。"国民党澳门支部为大会制定12个口号,内容是:"1) 庆祝双十要勿忘先烈的功勋;2) 庆祝双十要实现国父遗教;3) 建设三民主义的新中国;4) 取消不平等条约;5) 实行三民主义;6) 拥护贤明领袖蒋主席;7) 拥护中国国民党;8) 抗战将士万岁;9) 蒋主席万岁;10) 中华民族自由解放万岁;11) 中国国民党万岁;12) 中华民国万岁。"②

其他全澳性社团联合举行的庆典仪式如"纪念国父诞辰"、"纪念抗战胜利一周年"等均与"国庆庆典"相类同。和个别性社团仪式与联合性社团仪式不同,国民党澳门支部举行的联合总理纪念周③是一种专门性仪式。按照国民党港澳总支部要求,澳门支部于1946年3月4日(周一)假平安戏院举行第一次联合纪念周。为此,国民党澳门支部常务委员屈仁则发出通告,"规定中等学校每校派二十人,小学校每校派五人,机关团体商店酌派代表,……依时出席参加"④。

利用多种方式对社团施行三民主义政治教化,取得的成效有诸多表现。有的社团选择国父诞辰日召开会员大会,作为职员改选日。如在澳门有"最

---

① 1937年6月,国民政府正式将中国国民党党歌定为中华民国国歌。歌词即孙中山1924年6月在黄埔军校开学典礼上的训词:"三民主义,吾党所宗,以建民国,以进大同,咨尔多士,为民前锋,夙夜匪懈,主义是从,矢勤矢勇,必信必忠,一心一德,贯彻始终。"参见张宪文等主编《中华民国史大辞典》,南京,江苏古籍出版社,2001年,第272页。

② 《市民日报》,澳门,1945年10月1日、2日、10日。

③ 1926年2月12日,国民党中央执行委员会公布了《总理纪念周条例》。之后,条例做过若干修改。该条例决定:凡中国国民党各级党部,及国民政府所属各机关、各军队、各学校一律于每周(周一)举行纪念周一次,各省市镇及海外,每月第一个星期一举行联合纪念周,由党部领导下联合各机关、各社团、各军队及各学校同在一地点举行。纪念周的主要程序为:(1) 全体肃立;(2) 唱党歌;(3) 向孙中山像"行三鞠躬礼";(4) "主席恭读总理遗嘱,全体同志循声宣读";(5) 向总理像"默念三分钟";(6) "政治报告或谈话"。参见张宪文等主编《中华民国史大辞典》,第1423页。

④ 《市民日报》,1946年3月3日。

高尚之文化团体"之称的中华教育会即以每年 11 月 12 日国父诞辰日为改选期。① 国父诞辰日作为医师节,受到澳门医务界的尊重。镜湖医院还被加冠"国父纪念医院"之名。每逢民国规定的节日,许多社团主动悬旗甚至通知所属行业会员放假志庆,如此等等。

对自"公开办理党务以来"的宣传教育工作,1948 年 6 月,国民党澳门支部在第二次代表大会宣言中进行了全面总结,认为"稍有劳绩,堪以告慰于侨胞"。同时表示,今后党部要在① 宣传三民主义,谋求侨胞福利;② 誓率海外侨胞,拥护政府戡乱;③ 沟通中外舆情,辅助外交行动三个方面继续努力,以期实现天下为公、四海一家的总理精神。宣言特别强调"对于万恶共匪,势无两立,誓率海外侨胞,拥护我政府总动员戡乱,加强力量,扑灭国贼,本大会对此神圣任务,切愿与全澳同志共同担负,奋起致力,以救党救国救世界"②。可见,随着国共对立的加剧,国民党在澳门势力不仅不会减弱党化侨团及借助侨团进行党国宣传与意识形态灌输的努力,而只可能增加工作强度。

(三)联络及统筹由其影响及控制的机构团体,举办祝庆及参与接待内地官员等事务

国民党在澳门举行的大型祝庆性活动,一般由党部直接召集各社团统一筹划,中央、省市各驻澳机构参与。例如,1945 年日本宣布投降不久,国民党澳门支部即于 8 月 20 日假商会二楼召集各社团开会,筹备庆祝大会。9 月 5 日,庆祝大会召开。国民党澳门支部委员兼秘书朱伯英③担任大会主席,众社团参加。澳督受邀莅会致词,高呼中华民国万岁。升中、葡两国国旗,唱中国国歌,向国父遗像敬礼诵读《总理遗嘱》,遥向蒋主席及前沿将士致敬,汇慰劳金。④ 1945 年 10 月初,国民党澳门支部召集各社团会商庆祝"双十节国庆",推定朱伯英为临时主席,主席团成员共 15 位,包括商会、中华教育会、镜湖医院、同善堂、新闻协会、三民主义青年团、江浙同乡会、中山同乡会、妇女会、公进会、学生救济会、华侨联合会、东莞同乡会等多个社团代表。设办事

---

① 《市民日报》,1945 年 11 月 4 日。
② 《国民党澳门支部第二次代表大会宣言》,《市民日报》,1948 年 6 月 25 日、26 日。
③ 时国民党澳门支部特派员(常委)屈仁则未在澳门,几天后的 9 月 13 日方进入澳门。
④ 《市民日报》,1945 年 8 月 20 日,9 月 5 日。

处在商会二楼,决定搭建 5 座牌楼,国民党支部准备口号。① 1945 年 10 月 30 日,党部假平安戏院举行"蒋主席 59 寿辰庆典",中央及省市驻澳机关、各侨团、学校派员参加。1946 年 5 月 5 日,国民政府还都南京,党部召集澳门各侨团庆祝。1946 年 9 月 3 日,党部发起召开澳门各界庆祝抗战胜利一周年大会。1947 年 10 月 10 日,举行庆祝"双十"国庆大会,国民党澳门支部常委李秉硕为大会主席,外交部驻澳专员公署专员郭则范、三青团澳门分团主任刘次修、澳门中华总商会主席刘柏盈、副主席何贤、华人代表卢荣锡等参加。其他还有 1947 年的"庆祝制宪成功大巡行"、1948 年的"阖澳侨胞庆祝总统副总统就职大会"、"全澳侨胞庆国民大会开幕暨纪念革命先烈青年节大会"、庆祝国民大会召开、纪念国父诞辰等。②

在接待方面,主要以接待政府要员为主。其中,1946 年 2 月 15 日,为欢迎国民政府立法院院长孙科前来澳门,国民党澳门支部召集各社团代表商议筹划事宜。会议决定成立"全澳同胞欢迎孙科院长莅澳大会筹备会"。22 日,筹备会举行第二次会议,决议公推 17 个社团为欢迎大会主席团。③ 在接待地方要员方面,如,1947 年 3 月 19 日,中山县长孙乾抵澳。孙乾系孙中山的侄孙。澳门各华人社团代表到关闸迎接。国民党澳门支部常委李秉硕担任欢迎大会主席。④ 又如,1948 年 12 月 28 日,为加强粤港澳警务合作,第一届澳穗港三地警政治安会议在澳门召开,广州警察局局长黎铁汉、秘书潘景翔、探长李彦良等穗方代表与会。国民党澳门支部常委李秉硕连同中华总商会正副理事长、外交专员等前往码头迎接。⑤

在参与内地事务上,其中,最重要的政治参与是"制宪"及选举国大代表参加"行宪"国民大会。1946 年 11 月 15 日,"制宪国大"在南京召开,屈仁则以澳门代表的身份与会。⑥ 1948 年 3 月 15 日,澳门区国大代表选举,结果,澳门支部常委李秉硕获得九成多选票当选。李秉硕,系广东台山人,自美国俄亥俄大学毕业后,追随孙中山参加革命,曾在北美地区担任多个驻外职务,

---

① 《市民日报》,1945 年 10 月 1 日、2 日及 4 日。
② 《市民日报》,1945 年 10 月 30 日,1946 年 5 月 6 日,1947 年 10 月 12 日,1948 年 5 月 20 日。
③ 《复兴日报》,1946 年 2 月 16 日、23 日。
④ 《市民日报》,1947 年 3 月 19 日。
⑤ 《市民日报》,1948 年 12 月 29 日。
⑥ 《世界日报》,1946 年 11 月 1 日。

回国后,又分别在中央与地方任职。中日战争爆发后,李秉硕转任抗战工作,
所任职务包括广州抗敌后援会委员兼总干事、第 4 战区第一游击区政训室上
校主任、第 4 战区长官司令部上校秘书兼战地党政分会上校专员、第 4 战区
挺进第 3 纵队特别党部书记长。抗战胜利后,李秉硕来到澳门担任国民党澳
门支部工作。[①] 除了政治参与外,协助内地赈灾等事务莫不由党部号召及动
员。如,1946 年 3 月 26 日,国民党澳门支部响应筹赈祖国战灾难胞号召,召
集各华人社团组织"阖澳各界筹赈祖国战灾难胞委员会",在 3 个月时间内,
共筹得国币 1 010 多万元,汇呈中央。同年 6 月,澳门党部领导各华人社团
响应国内的节食一日救荒运动,筹得国币 117 万余元。[②] 1947 年 6 月 25 日,
因两广地区发生严重水灾,国民党澳门党部召集各华人社团假商会集议,决
定成立"合澳各界筹赈两广水灾委员会"。此次由国民党澳门支部筹划的赈
济两广水灾活动得到澳门社会各界响应,署理总督卫意礼亦捐助葡币 3 万
元,并饬令全体机关及公务员捐薪一日,所筹赈灾款总数超过葡币 12
万元。[③]

（四）协助澳门华人社群解决民生及协调内部纠纷问题

抗战胜利后,大批难侨需要遣送,同时,军队复员等运输任务繁重,为联
络及协调在澳各航商以提高运输效率,国民党澳门支部于 1945 年 10 月 18
日假党部二楼召开全澳航业界会议,会议决议通过今后航运案例办法五项。
11 月 1 日,各航商在党部成立航商联会筹委会,草拟章程。[④] 不久,航商联会
成立。在航商联会的推动下,澳门航业兴盛一时。1946 年,受邻近地区国共
间战事影响,澳门出现米价风波,柴价亦涨。4 月,国民党澳门支部与中华总
商会、镜湖医院与同善堂商议,并计划联同三大社团负责人前往总督官邸与
澳督戴思乐商谈解决平抑米价办法。[⑤] 此后,澳门党部分别设立工会福利会
与社会服务处,协助处理华人劳资纠纷,推动华人社群社会教育及经济合作。

随着抗战胜利后澳门工商业的恢复与发展,各行各业的劳资纠纷日益凸

---

① 《世界日报》,1947 年 11 月 20 日、11 月 24 日,1948 年 3 月 14 日、19 日。《澳门今日之侨
运》,第 5、13 页。

② 《澳门今日之侨运》,第 9 页。

③ 《市民日报》,1945 年 6 月 5 日、8 月 29 日。

④ 《市民日报》,1945 年 10 月 18 日、11 月 4 日。

⑤ 《市民日报》,1946 年 4 月 29 日。

显,成为澳门华人社群内部纠纷的来源与表现。相应地,作为华人社群的政治领导者,国民党澳门支部将协助处理劳资纠纷作为一项工作内容。其主要方法是鼓励各行业组织由劳资双方参加的行业公会实行劳资合作,一旦劳资双方发生纠纷,则可以通过公会组织进行内部协商,倘若内部协商无法达成一致,则由党部派员指导,务求平息纠纷。例如,1946 年 5 月,理发业店员因粮价飞涨、收入减少,要求资方改善待遇。双方协商未果,5 月 15—17 日连续三天,由理发公会召开劳资代表大会。期间,国民党澳门支部派马君豪出席会议,给予指导。经多次协商,有店东提议,全澳理发店东一律向店员提供膳食,获得附议。经议决,各店一律供给工作膳食。同时,理发公会在协调各店定级与收取价目方面,因意见不一,为求彻底解决,公会呈请党部,召开会员大会,并由支部委派李秉硕委员指导。[①]

由上可见,国民党及其前身同盟会坚持以不同方式或秘密、公开地存在于澳门,没有主动放弃在澳活动,尤其是内地抗战胜利后,国民党挟内地执政之优势,公开高调地在澳门发展组织、开展党化教育。而对于作为澳门管治者的澳葡政府来说,只要国民党在澳门的存在不对其统治构成直接威胁,在本身力量有限的情况下,就会采取容忍或者尽量配合的政治态度。实际上,国民党在澳门的存在与发展从来就不是以推翻澳葡殖民统治为目的,而是始终与内地政治形势相联系的,目标并非反殖,却是服务于内地政治需要。无论是民主革命时期以澳门为反清基地,还是抗战时期利用澳门搜集情报、转运物资及赈济救亡,乃至国共政争及内战时期在澳门强化党化教育、争取民众支持南京政府,莫不是出于内地政治形势变化需要及回应内地政治需求的结果。非此,很难避免与澳葡当局发生冲突。

第二节　中国共产党在澳门的隐蔽活动

相对于国民党所具有的广泛海外组织网络,中国共产党更重视在国内基层社会发展自己的组织网络。可是,澳门毗连内地的特殊地理位置与葡国管

---

① 《市民日报》,1946 年 5 月 17 日、6 月 5 日。

治的特殊政治地位对于中共从事的革命事业具有特别价值,因此,在 1949 年 10 月中华人民共和国成立之前,中国共产党一直以秘密方式维持其在澳门的存在,并从事组织发展、民众动员等活动。

一、中国共产党早期在澳门的组织及活动

自 1921 年中国共产党成立至 1937 年全面抗战爆发,中国共产党与澳门的联系大致可以分为两个方面,一是作为广东等地中共党组织或党员暂时退却或避难之地,二是中共在澳门设立地方组织在本地开展活动。

众所周知,中国共产党自 1921 年成立后,反殖及工农运动乃其工作重心。因此,追溯中共对澳门的关注,不能不提到 1922 年发生在澳门的“五二九”工人抗葡事件。事件缘起于 1922 年 5 月 28 日,一位非洲籍葡兵非礼一名澳门华人妇女,途人见之愤而痛殴葡兵,闻讯而至的葡警拘捕 3 名华人青年,其中一名在事发当夜被澳葡警署监禁。消息传出后,群情激愤的工人、坊众涌往捷成警区(捷成戏院停业后,原建筑改作警署),要求葡警放人。联合总工会就近在江南茶楼(白眼塘前地)设立临时指挥部,并派负责人与葡警交涉保释事宜未果。夜晚,受澳葡当局之命前来增援的葡兵对阻拦的人群开枪射击,致人伤亡。次日上午,冲突加剧,葡兵开枪镇压包围警署的群众,造成震惊中外的血案。随后,澳门华人罢工、罢市、罢课。工人与市民约 7 万人离澳避居内地之前山、湾仔、南屏、石岐等处。是为澳门历史上著名的“五二九”抗葡工人运动,也称“捷成事件”。[①]“五二九”事件引起了中共早期领导人谭平山、张太雷等人的关注。时为团中央执行委员的张太雷在《广东群报》上发表声援澳门工人的文章,又指示社会主义青年团广州执行委员会发表通电,谴责澳葡政府,组织宣讲队揭露澳葡罪行。[②]

1927 年 4 月,随着第一次国共合作的破裂,在国民党严厉清查与镇压下,中共党组织遭到严重破坏,纷纷转入地下。而其时葡治下的澳门就成为

----

① 有关“五二九”事件,可参见吴志良等主编《澳门百科全书》(澳门基金会,2005 年)、吴志良著《生存之道——论澳门的政治制度与政治发展》(澳门成人教育学会,1998 年)、费成康著《澳门四百年》(上海人民出版社,1988 年),以及本书第二章第三节。

② 广东省档案馆等编:《广东区党团研究史料》(1921—1926),广州,广东人民出版社,1983 年,第 19 页。转引自左双文《民主革命时期中国共产党在澳门的活动》,《中共党史研究》1999 年第 5 期,第 51—57 页。后引中共粤省文件均来自此文。

周边地区中共党组织及党员的转移地,澳门因此而成为中共策划内地武装起义等活动的基地。广州"四一五"政变前后,陆续潜入澳门的中共领导人有杨殷(广东区委成员)、潘兆銮(粤汉铁路总工会负责人)、肖一平(广东省农会秘书长)、阮啸仙等。8月,中共"八七"会议决定,组建南方局,负责两广与闽南地区工作。10月,南方局与广东省委召开联席会议,决定由杨殷领导南方局军委和肃反委员会。会后,杨殷在澳门建立南方局军委和肃反委员会领导机关,并派人赴广东各地传达"八七"会议精神及恢复党组织工作。与此同时,为组织及策应广州起义,杨殷在澳门宴诞酒店召开南方局两委联席会议,研究与部署起义武器的准备与组织人员回广州参加起义等事宜。广州起义失败后,大批起义人员从广州撤退到澳门,中共设在澳门的机关给予了接待与安置。[①]

在各地、县级党组织方面,澳门周边地区的江门、中山等地党组织也在此期间撤到澳门,以澳门为驻地领导与指挥原辖区的武装起义等工作。1927年4月23日,中共中山县委因策动的农民起义失败而被迫转入澳门,县委书记李华照在澳门主持县委会议,制订在中山开展秋收暴动的计划,并指挥实施。同样,4月下旬,中共四邑地委书记叶季壮转到澳门,在澳门新桥建立通讯联络所,集合新会等地转移入澳的党员,派遣交通员前往江门,在澳门领导与部署江门、新会两地党的工作。次月,四邑地委改为五邑(台山、开平、恩平、新会、鹤山)地委,设机关于澳门。为配合与接应南昌起义余部,叶季壮在澳门新桥召开五邑地区党员会议,决定派人返回恩平,策动农民暴动。11月初,五邑地委在澳门召开会议,成立由叶季壮亲任总指挥的五邑暴动指挥部,策划暴动,策应广州起义。广州起义失败后,澳门形势日趋紧张,撤退到澳门的中共领导人陆续离开,或避走海外,或返回内地。与此同时,党内叛徒频现,由两广临时工委改称为香港工委的机关在1934年9月遭到破坏,至此,广东省一级党组织陷于停顿。[②]

除了在澳避难的外地党组织,中共也在澳门本地秘密建立党组织及开展党的工作。资料记载,1929年11月,中共澳门特别支部在写给广东省委的报告中规划其工作设想与目标:"1.访寻失踪同志谈话;2.去工厂和码头把工人组织起来;3.吸收新同志"。"在邓来澳之后,曾找着负责同志讨论工作

---

① 中共广东省委党史研究室等编著:《澳门归程》,第102—108页。
② 中共广东省委党史研究室等编著:《澳门归程》,第103—109页。

问题,已决定:1. 工作中心:甲、岐关汽车公司;乙、青洲红毛泥厂;丙、码头工人及该处苦力工人;丁、火柴厂、香铺女工。……以上各事已经积极做去"。[①]可见,当时澳门本地是有党组织的,虽同样遭遇困难,却仍然设法开展工人运动工作。而广东省委在工作部署中,也不时向澳门支部布置具体工作。1931年3月,两广省委计划从澳门等地的党支部调派人员往广州及苏区工作。"省委必须从香港、澳门支部和赤色工会中在两月调10人到广州去"。次月,又发出指示,"澳门市委要根据上面决定的办法进行,尤其要去建立失业工人、烟厂、土敏土厂,……的工作"[②]。但是,在1931年8月时,中共澳门党组织遭到严重破坏,对此,在中央巡视员的视察报告(1932年5月)中提到,"澳门原来有市委,30多个同志,去年8月大破坏,现在没有恢复"[③]。此后,中央及粤省曾关注澳门党的组织,并派人尝试恢复中共在澳组织,但是,几经努力,未达成效,至1934年9月前,由两广临时工委改称的香港工委仍有计划地恢复澳门的党组织,可是,随着香港工委遭到彻底破坏,恢复澳门组织的工作也被迫停顿。

　　从一些零星材料中可以看出,该时段澳门党组织很不稳定,名称也经过从特别支部到澳门市委的变化,其工作主要是按照上级命令进行,集中在工人运动与组织扩展方面。但是,由于澳门环境特殊,境内并无大规模的工厂,产业工人数量少,加上1922年"五二九"工人运动后,澳葡当局取缔了68个工会组织,并加强对成立新工会的管制,因此,澳门党组织在推展工运方面困难重重,成效有限。据1929年11月澳门特别支部致广东省委的报告称:"澳门的环境,大有差别,澳门尺寸之地且交通又不方便,若做伟大的斗争,当然没有可能,……以去年陈联馨香铺要求加工是一个举例,因东主减工钱而至罢工,当时澳政府派差拿人,卒至无条件而屈服。所以,对于行动上略有觉悟的,就非常注意,工人对于组织公开工会,一律被解散,秘密则工人骇怕,若逐渐做去才有可能。对于散派传单等工作,本属很容易,不过全澳门居住人数太少和交通不便,若此种工作发现,差人(警察)就注意到生面人等,而且搜查

　　①　《中共澳门特支给省委的报告——澳门环境及党的工作情况》,1929年11月15日。《中共澳门特支给省委的报告——澳门工运情况》,1929年11月27日。

　　②　《中共两广省委接受中央对广东工作决议的决议》,1931年3月29日。《中共广东省委通告》第1号,1931年4月6日。

　　③　《中共中央巡视员定川汇报两广工作》,1932年5月24日。

非常严厉,只有做完工作离开澳门才有可能。"①同样,在组织发展与党员收集方面,澳门党组织显得被动无力。1931 年 3 月,两广省委要求澳门支部调派人员去广州、汕头发展党组织,动员 20 人参加红军。4 月,又要求动员 30 人参加红军;6 月,再次提出"澳门工作,在'八一'斗争中应该发展 3 个群众组织、3 个同志,建立 2 个自动的支部。同时要举行广大的征调运动,派去参加红军"。面对上级组织布置的紧迫而又繁重的任务,澳门党组织亦曾努力去做,据统计,至 1931 年 7 月时,澳门的党员已发展到 20 余人。然而,不幸的是,此后一个月内,竟有多达 16 名的党员被拘捕。"澳市工作有许多和香港相同地方,如大部分在业,大部是琼崖、海陆丰人。但是都是由香港驱逐出境,或南洋回来的同志,情绪也不很好,一共 20 余人,一贯的和平发展。最近破获被捕同志 16 人。"②尽管澳门党组织遭到严重破坏,两广省委却在 9 月份又要求"澳门,应动员每个同志分别召集谈话会,发展 2 个、3 个到 5 个的反帝小组"③。显然,对于势单力薄的澳门党组织来说,难免力不从心,因而未能完成任务。因此,遭到上级组织的严厉指责与粗暴处罚,甚至解散支部。"澳门工作是非常不能令人满意,那里的工作完全没有推动,而且倒退,这次澳门负责同志来,很严格的(地)谴责了,解散特支,把负责人放工厂中去找职业。"④

尽管本地党组织处于停顿状态,但是,澳门并非没有党的活动,以党员个人身份进行的活动一直未曾中断。其中,1935 年,柯麟抵澳并以医生身份长期立足澳门从事党的秘密工作。柯麟是广东海丰人,中学时与澎湃相识,受其影响,柯麟在 1924 年就读广东公医大学时加入青年团,1926 年转为中共党员。1927 年 11 月,参加广州起义。起义失败后,柯麟与叶剑英一起逃往香港,之后辗转上海、东北、厦门等地,以医生职业作掩护,从事地下工作。1935 年秋,在中共秘密组织领导人潘汉年的安排下,柯麟从香港迁居澳门,负责与移居澳门的叶挺将军的联络工作。实际上,柯麟 1927 年在国民革命军第 4 军供职期间结识时任军长的叶挺。在入党时间上,叶挺于 1924 年入

① 《中共澳门特支给省委的报告》,1929 年 11 月 15 日。
② 《中共两广东省委致中央报告》,1931 年 8 月 20 日。
③ 《中共两广省委通告》第 4 号、第 6 号,1931 年 6 月 30 日、9 月 20 日。
④ 《团广东省委报告——四中全会后广东工作情形》第 2 号,1931 年 4 月 20 日。

党,时间比柯麟还长。但是,1927年,叶挺参加"八一"南昌起义失败后,离开部队。次年春,叶挺避走欧洲,与党脱离了联系。九一八事变的次年秋,叶挺回国,不久,全家移居澳门。柯麟迁居澳门后,在澳门重操旧业,开办私人诊所,养家糊口,并加入澳门镜湖医院,成为义务医师。同时,柯麟与叶挺取得联系,照顾叶挺生活。通过叶挺介绍,柯麟与澳门上层社会中多位人士相识,为在澳门开展党的工作创造了有利条件。国内抗日军兴,叶挺回去出任新四军军长,柯麟则继续留在澳门,一边行医一边从事党的地下工作,配合党的地下工作需要。

柯麟在澳门与上级组织保持单线联系,工作主要是针对上层人士。与此同时,包华、陈少陵、黄健等因失去党组织关系而从不同地方转移到澳门活动的共产党员则依托学校及书店,面向青年学生开展工作。

包华原本在中共日本横滨支部担任宣传委员,1929年10月,日本政府搜捕中共人士,包华被捕入狱。次年初,被驱逐出境,几经辗转于1932年来到澳门,任教于望德女子中学,撰文宣传进步思想,并编辑出版《学生杂志》。之后,包华联同进步人士一起创办濠江中学及濠江夜校。依托两所学校,大量招收青年学生,教授与传播进步知识,启迪人生理想。同时,在校内组织各种读书会、剧社,以演讲、戏剧、座谈等方式进行抗日宣传,激发青年抗日救国热情,组织学生参加救亡筹募活动,培养与发现青年骨干分子,其中不少人后来都成为中共党员。可以说,包华等创办的濠江中学为澳门本地党组织的恢复重建创造了有利的条件。继包华之后,马来西亚共产党员陈少陵因身份暴露于1934年来到澳门。在澳门,陈少陵与他人合作经营书摊,后扩充为书店,取名"小小书店"。该书店大量出售进步书刊,包括《共产党宣言》、《国家与革命》等马列著作,《大众哲学》(艾思奇)等宣传马克思主义的通俗书籍,《呐喊》(鲁迅)、《女神》(郭沫若)、《子夜》(茅盾)等进步文艺作品,以及《生活周刊》(邹韬奋主编)等杂志。陈少陵通过"小小书店"传播进步思想,影响青年学生。后来,陈少陵等组织"旅澳中国青年乡村服务团",担任领队,率澳门青年回乡开展救亡宣传及战地救护工作。[①]

在澳门党组织的恢复重建过程中,黄健与杜岚是两个较为关键的人物。

[①]　中共广东省委党史研究委员会等编:《四会三水"肃托"事件平反资料》,《广东党史资料丛刊》编辑部,1988年,第166—167、177—178页。

黄健（黄汝诚），中山县长洲乡人，1926年入党。同年，出任共青团中山县第一届团委书记、中共中山县委委员等职。1927年4月23日，因发动卖蔗埔农民武装起义失败而被捕。广州起义时，黄健从狱中冲出加入战斗，起义失败后，避走日本学习军事，并在日开展革命活动，并再度被捕。保释回国后，流亡上海。期间，因参加党的宣传活动，又遭拘捕，以共党嫌疑监押于南京，与李少石等同狱。1934年底，黄健出狱。不久，辗转到澳门寻找党组织。其时，澳门党组织尚未恢复，黄健遂留澳工作，并接手管理濠江中学。黄健接办濠江中学后，大量招收贫苦子弟入校就读，同时，凝聚一批爱国进步的教师，包括黄一峰、曾枝西、黄瑞坤、周筱真、郑少康、区白霜（区梦觉）等。自此，濠中校园成为澳门爱国师生汇聚之地。不久，黄健狱友杜岚也来到澳门。杜岚（又名杜晓霞），陕北米脂人。时因参加反帝大同盟而在北京被捕，押解至宁，与黄健同监于南京监狱，因证据不足而被保释出狱，出狱后南下广州、澳门。1936年冬，黄健、杜岚结为夫妇，两人依托濠江中学开展党的工作。此外，其时在澳门活动的共产党员及爱国人士还有黄鼎臣、黄新英、周楠、谢英等人。①

1936年12月，随着西安事变的和平解决，以国共两党合作抗日为中心的抗日民族统一战线逐渐形成，内地的高压环境得以改善，原来在国统区遭到破坏的中共组织也陆续恢复，澳门党组织的恢复重建工作也提上日程。

二、抗战时期中共在澳门的救亡工作

1936年9月，以薛尚实为负责人的中共南方临时工作委员会成立，自此，中断两年多的广东省级党组织重新建立。此后，南临委着手恢复原辖的各地党组织工作。广州、中山、香港等地党组织相继重建，恢复澳门党组织的条件也已经成熟。1937年春，经南临工委介绍，广州市工委恢复了救济会华南区总部（香港）周楠的党组织关系。不久，周楠回到澳门，发展救国会成员、时任职于澳门岐关车路公司统计科的廖锦涛为中共党员。是年夏，广州市工委将廖锦涛的党员关系交濠江中学杜岚。1938年，廖锦涛将高中毕业后热心救亡戏剧的澳门青年余化（余美庆）发展成党员。至此，澳门本地的党员越

---

① 杜岚：《黄健同志革命的一生》，政协广东省中山市委员会文史委员会编《中山文史》第23辑，政协广东省中山市委员会，1991年。中共广东省委党史研究室等编著：《澳门归程》，第115页。

来越多,已经可以独立成立支部组织了。

与此同时,随着1937年七七事变的爆发,中共中央加强了广东党组织的建设。澳门党组织重建工作也得到重视,成立了中共澳门工委。10月,南方工委成立。11月,中共澳门支部正式成立,支部书记由杜岚担任,组织委员廖锦涛,宣传委员余化。12月,支部设两个党小组,廖锦涛与余化各领导一个小组,支部党员分别参加基层职工和青年学生组织的读书会和救亡剧社,开展救亡宣传与动员群众工作。

1938年1月,澳门支部改为中共澳门特支。不久,广东省委明确澳门特支由中共香港市委领导,香港市委宣传部长周伯明具体指导澳门特支工作。8月,周伯明携林蒂①一起赴澳门召开特支会议,宣布成立中共澳门工委,林蒂任工委书记。同年10月,广州为日军占领,部分广东省委人员转移到香港,在港成立粤东南特委,特委书记由广东省委常委梁广兼任,吴有恒任特委组织部部长,宣传部部长为杨康华。同时,明确澳门工委划归粤东南特委领导,具体由特委宣传部部长杨康华负责指导。② 工委书记转由廖锦涛担任,余化任组织部部长,宣传部部长林枫。之后,中共澳门工委领导迭经变动。1939年初,廖锦涛率澳门四界救灾会回乡服务团往内地工作,澳门工委书记由余化担任,宣传部部长仍为林枫,而组织部部长改由邓平担任。邓平,时为澳门一织布厂青年女工。4月,余化调任粤东南特委青年部长,林枫接任澳门工委书记一职。7月,林枫调往内地,任职于抗日武装珠江纵队前身之一的广游二支队。澳门工委书记一职由邝任生接任。邝任生是毗邻澳门的中山县小濠涌乡田岩村(今属珠海市斗门区)人,1937年入党,在调任中共澳门工委书记之前,曾先后担任中共中山县委青年部部长、八区区委书记、宣传部长等职。1940年2月,邝任生调任中共香港工委宣传部部长。

1939年11月,粤东南特委撤销,澳门工委改由广东省委直辖。1940年6月,广东省委一分为二,分为粤北省委和粤南省委。12月,粤南省委在香港成立,梁广担任新成立的粤南省委书记。澳门工委划归粤南省委负责。1942

---

① 是否林枫或林锋? 待考。参见张量《澳门同胞支援祖国抗战初探——兼谈抗战时期中国共产党在澳门的活动》,《抗日战争研究》,2003年第1期,第114页。

② 李信:《"七七"抗战前后澳门中共党组织的建立和活动》,《广东党史》,1999年第6期,第8—10页。

年2月,粤南省委撤销。时因国统区环境险恶,中共党组织连遭破坏,南方局遂于8月决定"国民党统治区党组织一律暂行停止活动"。1943年1月,广东党组织在粤南省委撤销、粤北省委遭到破坏后,新成立了由尹林平、连贯、梁广组成的临时工委,设机关于广州、香港及澳门,由梁广负责指导,"各城市分设特派员一人,采取单线领导方式"。然而,从现有的材料看,当时澳门方面与临时工委的联络并不顺畅,以至于1943年2月临时工委致中央报告中无法具体列明澳门党组织之详情。至1944年10月,尽管广东各地党组织因环境改变而陆续恢复活动,"澳门仍坚持原来方针",也就是说,澳门中共党组织仍然隐蔽活动,党员之间不发生横向关系。[①] 如此,就不难理解1943年柯正平奉命从香港调往澳门工作,与当时在澳门为党工作的兄长柯麟之间并不发生横向组织联系的原因。而事实上,在澳门活动的中共组织或党员个人似乎属于不同的组织系统,相互之间很少联系及配合。

无论如何,在国内抗日战争时期,在作为中立地区的澳门,尽管中共组织始终处于隐蔽状态,但是,澳门党组织及党员活动从未停止,主要工作包括中共自身组织发展以及协助配合内地抗战工作。

(一)组织建设及党员发展

内地全面抗战爆发后,中共在澳门的党组织得以重建。当时负责指导澳门党组织工作的香港市委周伯明要求重建后的中共澳门工委"加强党的领导,发展进步力量,扩大党的组织",因此,发展党员成为当时澳门党组织的一项重点工作。党员发展工作的重点,在于对一些党的骨干分子恢复党员关系或重新入党的同时,依托救亡社团、工厂及学校、报馆等,从中物色与发展新党员。

当时,流落在澳门的党组织骨干分子包华、陈少陵、黄健等都有着恢复关系或重新入党的经历。陈少陵则是经过中山县委的考察与审查,在澳门接收其党员关系,并于1937年末或1938年初转交澳门党组织。陈少陵恢复党组织关系后,又介绍原在广西入党因参加左江起义失败而流落到澳门的谢英重新入党。包华同样是通过重新入党方式而回到党组织中的。1938年秋,经

---

① 尹林平:《艰难曲折的战斗历程——回忆中共广东党组织的斗争历史》,《广东文史资料》第38辑;《林平给中央并恩来电——关于临委对所辖各地工作的意见》,1943年2月;《林平给中央转恩来电——关于香港沦陷后的一般情况》,1943年2月;《省临委会决议报告》,1944年10月23日。

余华介绍,并经香港市委与粤东南特委的审查,包华被批准重新入党。黄健在 1936 年与华南工委陈曼云接上组织关系,受华南工委秘书长、东江特委书记饶彰风直接领导。之后,受华南工委特派,黄健先后出任广州附近五县特支书记、博罗县特派员及县委书记。直至 1938 年底,黄健因病赴香港治疗,与李少石在港相见。经李少石建议,黄健被调到八路军驻香港办事处,从事情报收集工作,派驻在澳门,以濠江中学为掩护,设立党在澳门的秘密联络站,同时开展统战和策反工作。①

当然,在恢复部分党员组织关系的同时,重建后的澳门党组织十分重视培养与发展新党员,尤其是从产业工人与青年学生中发展。通过努力,至 1937 年 10 月,党员人数发展到 20 余人,先后建立了学生支部、妇女互助社支部、拱北海关支部、岐关车路公司支部、纱厂女工支部。②

此后,中共组织继续发展,并进一步扩大发展党员的范围,从工厂转向医院、学校、报馆等机构的人员。到广州沦陷时,澳门党的组织有了相当发展,党员人数达 50 人。③ 而 1939 年 7 月邝任生任书记后,党组织工作较前有所进步。尽管有不少党员回内地服务,但通过不断发展,在澳党员人数并未明确减少。至 1939 年 11 月,中共澳门工委下设 8 个支部,有党员 46 人,其中,产业工人 25 人,教员 12 人,学生 6 人,商人 2 人,自由职业者 1 人。许多都是抗战后新入党的党员,包括 8 名支部书记。④

1942 年 8 月之后,按照南方局指示,各地党组织暂停活动。而据 1943 年 2 月广东临时工委尹林平给中央的电报,至 1942 年 7 月,澳门有党员 28 人。同时,广东临时工委要求澳门党组织"着重巩固,慎重发展(主要工人、海员、学生)"⑤。此后,未见有澳门党组织及党员资料。

---

① 杜岚:《黄健同志革命的一生》,政协广东省中山市委员会文史委员会编《中山文史》第 23 辑,政协广东省中山市委员会,1991 年。

② 《中共广州市委外县工作报告——外县简况》(1937 年 11 月 7 日),参见中央档案馆、广东省档案馆编《广东革命历史文件汇集》(1937—1940),广州,广东省档案馆,1982 年。李信:《"七七"抗战前后澳门中共党组织的建立和活动》,《广东党史》,1999 年第 6 期,第 8—10 页。中共广东省委党史研究室等编著:《澳门归程》,第 119 页。

③ 《吴有恒关于粤东南特委工作给中央的报告》(1941 年 1 月 13 日),中央档案馆、广东省档案馆编:《广东革命历史文件汇编》甲 41,北京,中央档案馆,1987 年,第 114 页。

④ 《粤东南特委地方党干部党员统计表》,1939 年 11 月。

⑤ 《林平给中央转恩来电——关于香港沦陷后的一般情况》,1943 年 2 月。

（二）救亡宣传与筹募款物

日本侵华战争爆发后,中华民族面临生死存亡关头,抗击日本侵略成为全国各族人民共同的任务,国共两党放下前嫌,合作抗日,达成最广泛的抗日民族统一战线。正是在这样的时代背景下,恢复重建的中共澳门党组织一开始就围绕着如何团结与动员澳门爱国进步力量支援祖国抗战作为中心工作。而开展的主要活动包括组织救亡团体进行抗日宣传、参加筹募活动以及动员青年回乡服务等。

在组织与参加救亡团体方面,早在日本的九一八事变之后,流落在澳门的中共党员包华等人就在自己任教的望德女子中学等校组织文艺社、读书会、剧社等抗日救亡团体开展救亡宣传活动,如"焚苦文艺研究社"、"炎黄读书会"、"呐喊文艺社"、"绿光剧社"等。尽管这些救亡宣传团体的规模不大,却吸引及团结了一批澳门进步青年。1936 年,廖锦涛、陈少陵等人在澳门成立文化界抗日救国会理事会。廖还以岐关车路公司为基地,成立读书小组、中华青年救护队等,又与邹焰等人组织"大众救亡歌咏团"、"前锋剧社"等救亡宣传社团。各种形式的救亡宣传团体通过街头演讲、编演戏剧、张贴标语等形式向民众宣传抗日救国的道理,激发民众的爱国热忱,其中,绿光剧社、大众歌咏团等救亡宣传团体还前往与澳门毗连的中山县前山、湾仔、吉大、香洲、白石等地进行抗日宣传活动,既动员与启发了民众,也锻炼了参加宣传的青年团员。

七七事变激起了澳门华人社群的民族主义热忱,形式多样的救亡团体一时如雨后春笋般地涌现。其中,由中共领导与掌握的社团是澳门四界救灾会[①]。时任粤东南特委组织部部长的吴有恒给中央的报告中称:"党所能够掌握领导的一个大的、公开的、合法团体是澳门四界救灾会,这个团体下面包括了一些剧社、音乐团体及学校等。"[②] 四界救灾会成立于 1937 年 8 月 12 日,时由《朝阳日报》社长陈少伟倡议,得到《大众报》响应,联合全澳学界、音乐界、体育界、戏剧界人士,派出代表在孔教学校召开成立大会,出席大会的

---

① 澳门学界、体育界、音乐界、戏剧界救灾会,简称澳门四界救灾会。当年之"学术界"大致上相等于今天的"文化界",新闻、教育等都包括在内。"四界"实际上包括了新闻、教育、学术、体育、音乐、戏剧、美术等各方面的单位和人士。有关澳门四界救灾会的筹募等活动可参见第四章内容。

② 《吴有恒关于粤东南特委工作给中央的报告》1941 年 1 月 13 日,中央档案馆、广东省档案馆编:《广东革命历史文件汇编》甲 41,北京,中央档案馆,1987 年,第 114 页。

有澳门中小学校、报社、学术研究社、音乐社、戏剧社、体育会等50多个团体及机构的100余位代表。会议选举产生11名理事,其中,代表前锋剧社参加大会的中共党员廖锦涛当选理事,并策划及组织救亡宣传与筹募活动。

款物筹募的工作主要是通过公开合法的社团进行的。中共澳门党组织一方面号召党员、进步青年参与及协助澳门各界救灾会等社团发起多次募捐活动,进步学校派出学生组成募捐队,上街募款及维持秩序。另一方面,依托"澳门四界救灾会"开展救亡捐输,支持内地抗战,协助进行难民救济与安置工作。例如,1937年9月至11月间,澳门四界救灾会组织5次筹款活动,通过游艺会、乒乓球赛、义演、义舞、卖旗、卖花等方式,筹款5 000余元。1938年9月,四界救灾会与妇女慰劳会、体育会联合举办水上游艺会,筹款1 700元,汇寄内地与香港,救济难民与儿童。①

(三)组织回乡服务与参加抗日武装

中共澳门党组织在动员青年回乡服务及参加抗日武装方面更是发挥了领导作用。实际上,当时在澳门最为活跃的青年救灾团体——"旅澳中国青年乡村服务团"、"澳门四界救灾会回乡服务团"以及由港澳会宁籍华侨组成的"会宁华侨回乡服务团",都是由共产党直接领导的。抗战爆发后,中共中央、南方局和广东党组织都重视面向华侨、港澳同胞的抗日统一战线工作。1938年1月,由廖承志任主任的八路军办事处在香港成立,该处主要工作是动员和推动华侨及港澳同胞支持和参加内地抗战。办事处成员连贯多次直接向廖锦涛、陈少陵、包华等布置工作,要求动员青年回内地服务。

旅澳中国青年乡村服务团是由中共澳门党组织直接领导创立及指挥的。1937年8月,经陈少陵、杨梅岭等人提议,召开了澳门抗日救亡工作联席会议。会议从配合内地长期抗战需要出发,决定组织救亡宣传及服务团体到内地农村进行宣传动员,发动民众支持与参加抗日行动,并由陈少陵与杨梅岭具体负责组团及筹办回乡事宜。组建"旅澳中国青年乡村服务团"(简称"旅澳服务团")的决定得到了广泛的社会支持,青年报名参团者众多,在商会、学校等社会各界的支持下,回乡经费及排练场地等问题均得到落实。于是,10月2日,第一批16名"旅澳服务团"团员在陈少陵、杨梅岭带领下离开澳门开

――――――――――

① 中共广东省委党史研究室等编著:《澳门归程》,第130—131页。

赴江门乡村进行抗日宣传。团员们在江门、台山等地进行以时事演讲、话剧演出、歌曲教唱、张贴标语、绘制壁报、散发抗日宣传品等方式向农民、学生及地方军政人员进行抗日救亡宣传,号召与动员青年参加抗日武装,受到地方人士的重视与民众的欢迎。之后,"旅澳服务团"转往中山等地乡村进行救亡宣传。然而,服务团的工作虽然获民众欢迎,却受到了广东绥靖公署的阻挠,12月30日,广东绥靖公署密探拘捕了服务团成员,后经党组织营救以及各界压力下而被释放。1938年8月1日,继续派出第二批回乡服务团。此次服务团有成员46名,在陈少陵等率领下,服务团进入内地后,先后前往中山、顺德、高明、高要、罗定、四会、三水等各地城乡进行抗日救亡宣传。服务团坚持了2年多时间,直至1939年11月,受困于政治环境恶劣与经济来源中断,旅澳中国青年乡村服务团被迫解散。[①]

继旅澳中国青年乡村服务团第一批开赴内地后,1938年10月,当日军向广州推进时,澳门地下党组织遵中共粤东南特委之令,开始动员和布置澳门地下党员和爱国青年回内地服务。中共澳门区工委通过澳门青年救亡团体"四界救灾会"召开全澳青年团体代表联席会议,商讨发动青年回内地参加战地服务,即席议决成立"澳门四界救灾会回乡服务团工作委员会"。21日,广州沦陷,"澳门四界救灾会回乡服务团"即日成立,中共澳门区工委成员、岐关车路公司职员廖锦涛任团长。从1938年11月到1940年6月,澳门四界救灾会回乡服务团先后组织10个工作队与1个机工队共167名队员,前往广东的高明、开平、鹤山、顺德、番禺、东莞、宝安等城乡地区,从事抗日救亡宣传、战地救护、民众动员、部队政工、机械修理等多种抗日救国工作。[②]

为了加强对动员青年回内地服务的领导工作,澳门四界救灾会回乡服务团于1939年4月成立中共动员青年回乡服务支部,以胡泽群为书记,组织委员沈章平,宣传委员梁铁。服务团各工作队都秘密建立了中共支部或党小组。实际上,旅澳中国青年乡村服务团也建立了中共党组织。根据党组织的安排,"旅澳服务团"的部分成员直接进入国民党军队中担任政治工作。1938

① 黄哲军:《光荣和坎坷的历程:记旅澳中国青年乡村服务团》,《澳门日报》,1985年12月22、23、24、25日。中共广东省委党史研究室等编著:《澳门归程》,第125—126页。

② 邓开颂、吴志良、陆晓敏主编:《粤澳关系史(1840—1984)》,第457—466页。黄慰慈主编:《濠江风云儿女:澳门四界救灾会抗日救国事迹》。

年11月初,中共西江特委批准陈少陵、包华等率领旅澳服务团参加国民党广东省税警总团政训处政治大队,陈少陵、包华出任上尉视察员,他们利用合法身份发展党员。至1939年5月,旅澳服务团已有党员30多名。其时,分队长也多由中共党小组长担任。后来,陈少陵随原税警团负责人调任三水县政府,包华等留在政工队,担任政训处中共特支书记。陈少陵到达三水后,即成立以其本人为书记的三水县政府中共特别支部。他积极扩展党的组织,至当年8月,发展党员14名,以组织力量推动当地抗日民族统一战线工作。①

以余汉谋为总司令的第12集团军是国民党广东地方实力派部队。为团结与推动该部抗日,在上级党组织的安排下,廖锦涛等率澳门四界救灾会回乡服务团第一、二、六、七、八、九、十和机工队100余人加入第12集团军政工总队。其中,约有1/3的队员为中共党员,廖锦涛在政工总队秘密建立中共组织,并出任书记,直辖于广东省委。政工队员在部队对官兵进行抗日教育,同时,协助驻地农民的生产活动,动员驻地民众支援军队抗日。政工队的工作成效得到第12集团军的肯定,1940年2月,余汉谋颁发证书对服务团的表现加以表彰。

在回乡服务团中,一些队员直接参加抗日武装,战斗在抗日前线,为抗日贡献了宝贵的生命。其中,旅澳服务团牺牲的成员包括陈少陵、李静山、冯剑青、李伟洪等。澳门四界救灾会回乡服务团遇难的队员有梁捷、陈寿彭、陈曼、苏达民、黎景尹、梁满、崔楷等,他们先后牺牲在抗日战场上,而作为中共党组织的重要领导人的廖锦涛则在"皖南事变"后被国民党以"企图颠覆政府"的罪名加以杀害。②

除了"旅澳中国青年乡村服务团"与"澳门四界救灾会回乡服务团"外,中共澳门党组织还先后动员和组织进步青年加入"会宁华侨回乡服务团"、"惠阳青年回乡服务团"回到广东的东江、西江等地,从事抗日救亡工作。此外,柯麟以镜湖医院为依托,招募青年组成"青年战地救护团",经医护训练后,前往广州、石岐等地参加战地救护工作。中共澳门党组织也安排镜湖医院派出护士到五桂山抗日游击区与东江游击队工作。

①　中共广东省委党史研究室等编著:《澳门归程》,第138页。
②　中共广东省委党史研究室等编著:《澳门归程》,第143—144页。黄慰慈主编:《濠江风云儿女:澳门四界救灾会抗日救国事迹》,第29、263—267页。

（四）营救护送与情报收集

中日战争时期，作为"中立"地区的澳门成为周边战争环境下的"孤岛"。因此，较为适合中共利用澳门开展营救护送中共或民主人士、转运物资及收集情报等秘密工作。

在营救护送工作方面，曾经在中央特科工作，后被派到澳门仅与潘汉年等保持单线联系的柯麟发挥了重要作用。自从 1935 年由香港转来澳门工作后，柯麟利用自身掌握的医疗技术很快在澳门立住脚，并通过与华人社群上层人士接触，被介绍进入镜湖医院担任医师，在柯麟的精心运筹之下，镜湖医院成为中共在澳门的秘密交通站。初时，柯麟在澳门的一项重要工作是照顾滞留澳门的叶挺将军。抗战爆发后，柯麟成功地安排张云逸与叶挺见面，促成叶挺将军奔赴抗日疆场，出任新四军军长。之后，柯麟继续留在澳门从事党安排的秘密工作。

1941 年 12 月 8 日，太平洋战争爆发。25 日，在日军的猛烈攻击下，香港沦陷。中共中央与南方局要求广东及港澳党组织想方设法营救滞留在港的文化名人与民主人士。这些人原本生活在重庆、桂林等国统区，因揭露与批评蒋介石而受到迫害，为了人身安全，在中共协助下，他们由国统区转移到香港，利用香港特殊的管治环境，继续从事抗日爱国的民主活动。日本占领香港后，必须尽快将这批文化名人与民主人士转移内地，以免日军加害。[①]

考虑到转移途中的安全，需要尽量避免途经敌占区，因此，由香港乘船到澳门，再由中共澳门党组织安排前往附近的台山、斗门等非敌占区，就成为一条比较安全的转移路线。于是，柯麟与中共澳门地下党组织在镜湖医院设立接待站，承担了转移从香港偷渡出来的民主人士经澳门返回内地的繁重的地下交通任务。最先撤出香港，经澳门转到内地的是范长江及其率领的一批新闻界进步人士，他们由香港仔渔民区乘渔船偷渡至澳门，再由澳门转乘小木船至广东台山县的都斛港。接着，夏衍、蔡楚生、司徒慧敏、金山、金仲华、张云乔、郁风、谢和赓、王莹等 16 位电影戏剧界进步人士，按同样的路线转到内地安全地带。据被营救者司徒慧敏后来回忆，"我们在（香港）长洲停了一天，第二天凌晨坐船去澳门。在澳门，我们遇到一些人，一个是柯麟医生，他在那

---

① 有关内容可参见黄秋耘等《秘密大营救》，北京，解放军出版社，1986 年。

里开镜湖医院；……我们利用这些关系，化装成富人，坐走私船离开澳门。我们从澳门经过北水，到了台山的都斛，然后步行"①。另一位被营救者华嘉（《华商报》记者）回忆："到了澳门，按址找到了一条小街的楼房。这里已经住了不少从香港来的人。……后来我被通知，装做病人去镜湖医院找一个人，他（柯麟）告诉我，从澳门回内地去，有两条路：陆路就是走岐关路，水路是坐船到台山都斛。……这样我才知道范长江已到澳门，镜湖医院有我们的人，一路也有人接应，心里也踏实了。"②

在柯麟的精心组织与安排下，先后有上百名从香港脱险出来的爱国民主人士和文化名人经澳门中转安全回到内地。

除了镜湖医院外，濠江中学也是香港沦陷后接纳与护送多位抗日人士的中共地下交通联络站。其中，由香港转移到澳门的李少石、廖梦醒夫妇就是通过濠江中学校长黄健的安排在澳门居住了一段时间，甚至在廖梦醒等转往重庆后，李少石留在澳门工作了一年多。

李少石原本是南方局派到香港负责情报工作的，早在1938年，李少石就到澳门找到时任澳门濠江中学校长的黄健，要求他留在澳门负责情报收集工作，于是，黄健利用濠江中学校长身份，与澳门的各方人士（包括敌伪、地方实力派、富商等）广泛接触与交往，从中获取情报，又派人前往广州、中山等沦陷区收集敌伪情报，黄健的情报工作得到了上级党组织的肯定。

此外，1943年初，柯正平在曾生、尹林平、连贯等安排下，转到澳门从事党的地下工作。柯正平20世纪30年代入党后曾在香港以西药房店东身份从事革命活动。日军攻陷香港后，柯正平返回内地，参加中共领导的东江人民抗日游击队。柯正平被派到澳门后，很快打开工作局面，恢复和加强了东江抗日根据地与南路、海南岛等抗日根据地的联系，开辟了澳门经广州湾（今湛江）至重庆南方局的交通线，还按上级指示将电台和东纵报务人员张小章等人安全送往琼崖纵队，使琼崖纵队恢复了与中央的电讯联系。柯正平在澳门卓有成效的工作得到了曾生等人的赞许，他也因此而被要求一直留在澳门

---

① 司徒慧敏：《一九四二年从香港撤出的经过》，黄秋耘等《秘密大营救》，第335页。
② 华嘉：《香港脱险记》，黄秋耘等《秘密大营救》，第346—347页。

从事党的地下工作。[①]

总之,在中日战争期间,中共澳门党组织贯彻中共中央建立广泛抗日民族统一战线的指示,利用澳门的特殊政治环境,发展党员,扩大组织,建立秘密交通站,团结各界人士,成立救亡团体,开展救亡宣传、募集款物、动员青年回内地服务支援抗战等活动,以及收集情报、营救护送等形式多样的工作,为内地抗战胜利做出了不可忽视的贡献,同时,也为中共在澳门的长期存在及迎接全国胜利奠定了相当稳固的工作基础。

三、国共争夺全国政权时期的澳门中共组织

与抗战胜利后国民党在澳门公开活动不同,此时中共组织仍然以秘密方式在澳门活动。

1945 年,广东区党委成立。对区、县党组织的领导,沿用自 1943 年后设立的政治特派员制度。当年 9 月,广东区党委在澳门设立中共澳门中山特派员,黄佳任特派员,罗明林(罗光连)为副特派员,负责领导澳门、中山和顺德的中共地下党组织工作。澳门中山特派员在利用澳门特殊环境协助部队转移、指挥留守中山五桂山等地对敌斗争以及建立经过澳门的地下交通线等方面发挥了重要领导作用。

1947 年 2 月,中共澳门中山特派员被撤销,改设中山特派员,由曾谷担任特派员,管辖中山特派室,包括中山县及部分顺德县党组织。特派员隶属中共香港分局。1948 年 2 月,中共珠江三角洲地方工作委员会(珠江地工委)成立,隶属中共香港分局,中山特派室归珠江地工委领导。1949 年 3 月,中共中山县委成立。3 月下旬,中共珠江三角洲地方委员会(珠江地委)成立。中山县委、珠江地工委的领导机关均曾设在澳门。[②]

澳门本地中共组织同样归 1947 年设立的中共中央香港分局指导,具体由中共香港分局下设的城市工作委员会负责。"城委,下分香港市委、广州市

① 中共广东省委党史研究室等编著:《澳门归程》,第 148、152—154 页。
② 中共中山市委党史研究室编:《中共中山党史大事记》(1924—1949),1996 年。中共广东省委党史研究室等编著:《澳门归程》,第 159 页。中共中山市委史办:《中国共产党中山市组织机构沿革》,政协广东省中山市委员会文史委员会编《中山文史》第 23 辑,政协广东省中山市委员会,1991 年。

委、澳门市委、湛江市委、桂林工委,有党员约 1 500 名"①。与中共香港分局
管辖的其他城市党的力量相比,其时澳门中共党组织,若以党员规模计,则处
于相对弱小状态。据 1948 年 9 月中共香港分局城市工作委员会的一份电报
称:"澳门则有党员 19 人,中有黑名单 10 人,无的 9 人,前者不敢活动,后者
则领导弱,作风保守。党员分散,联系不密。……我们澳之方针为:深入群
众,发展新生力量;首先从改造领导、教育旧基础做起,纠正保守作风,展开群
工,才能挽救'从少到无'的危险。"②从该电报可知,当时中共在澳门的工作
环境仍然十分困难,与抗战胜利后国民党在澳门的高调发展形成鲜明对比,
而中共香港分局对澳门中共组织的现状是不满意的,要求加以改进与强化。

然而,在澳门活动的中共组织并非实行统一领导,除了曾经设在澳门的
中山县委与珠江地工委外,即使是澳门本地的中共组织也没有完全统一,而
是围绕着共同目标,各自承担着不同的工作任务。

与中共党组织保持单线联系的柯麟以镜湖医院为依托展开对澳门工商
界、教育界人士的影响与争取工作,从事爱国民主活动,支持内地民主解放事
业。与此同时,内地的国共对立的政治形势越来越朝有利于中共的方向转
变,一些澳门工商界上层人士也有意识地开始接近中共人士。马万祺是香港
沦陷后滞留在澳门的青年商人,其思想进步,经寓居澳门的桂系旧部冯祝万
介绍,马万祺得以与柯麟相识,作为医生的柯麟还为马万祺诊病③,很快,志
趣相通的两人结成好友。通过马万祺的介绍,何贤、林炳炎、崔德祺等澳门工
商界名人逐渐与柯麟相熟。在林炳炎、何贤等的支持下,1946 年,柯麟出任
实行院长制的镜湖医院第一任院长,由此镜湖医院作为柯麟领导下的中共在
澳秘密工作据点的地位得到进一步巩固。镜湖医院等中共在澳工作站继续
成为内地受迫害人士的庇护所。如,1947 年 7 月,广州中山大学梅龚彬教授

---

① 《罗迈致尧电——华南党组织分布状况》,1947 年 8 月 27 日。
② 《香港分局港城委致中央及中城部电》,1948 年 9 月。
③ 据《何贤传》(关振东、陈树荣:《何贤传》,澳门,澳门出版社,1999 年)记述,马万祺与柯麟相
识是"30 年代末,马万祺得了肺病,到南华医社请柯麟治病,病治好了,两人也成了朋友"。此说似不
确,因为马万祺是 1941 年 12 月 7 日从香港到澳门处理业务,恰遇太平洋战争爆发而留居澳门的。
柯麟确实为马万祺治病,但马万祺的肺病是在 1946 年使用了林炳炎从美国帮助购买的治肺病特效
药链霉素后痊愈的。这里采用《马万祺传》(谢常青:《马万祺传》,北京,中国文史出版社,1998 年)
之说。

因参加"反内战、反饥饿、反迫害"运动而受到迫害,逃到澳门,柯麟等人予以接待及照顾生活。

此外,1943年被中共派到澳门工作的柯正平,也与其兄柯麟一样,主要以工商界人士为主开展工作,尤其是注重经济领域,在创建经贸机构、协助通过澳门采购与运输战略物资方面功绩卓著。

国共战争在内地爆发后,为了冲破国民党对中共控制地区的物资封锁,柯氏兄弟联络澳门工商界人士马万祺,在澳门开办新中行的贸易公司①。该公司设在澳门新马路,代理经营"屈臣氏"汽水、洋酒、西药等品牌物品,以合法方式经营与内地及海外的进出口贸易。实际上,新中行也成为中共在澳门地下工作的据点之一。

1948年9月,受周恩来的委派,朱慎修到达澳门,在柯氏兄弟及马万祺的安排下,通过葡籍律师左次治的协助,一条从山东、苏北联结澳门的海上运输线悄然开通。经过该航线,北方解放区出产的大豆、花生、药材等农副产品被运到港澳出售,然后在港澳采购解放区急需的西药、布匹、纸张、五金器材等运往山东、苏北等地,从而弥补解放区的短缺物资,支持解放区经济建设。②

随着中共在内地对国民党战争的节节胜利,对各种战略物资的需求也日益扩大,加上考虑到应付战后可能出现的物资封锁,中共中央决定加强在澳门的进出口贸易方面工作。1948年,南光贸易公司(南光公司)设立,柯正平担任总经理,自此,柯正平陆续在澳门创办一些贸易、金融、旅游等经济组织,逐渐变身为中共在澳门经贸机构的"老板"。

依托濠江中学开展工作的黄健夫妇③,其工作对象与任务有别于柯氏兄弟。1945年,抗战胜利后,濠江中学面临着经济困难、政治迫害等问题,因此,在中共澳门地下党组织中出现要求停办濠江中学的意见。黄健前往香港,经请示上级领导饶彰风,决定设法维持濠江中学,以作为中共在澳的工作据点与文化阵地。1947年,因中共组织交给黄健新的任务,即在澳门开展爱

---

① 新中行为南光贸易公司之前身。参见吴志良、杨允中主编《澳门百科全书》(修订版),澳门,澳门基金会,2005年,第630页。

② 谢常青:《马万祺传》,北京,中国文史出版社,1998年,第161页。

③ 有关该时期黄健夫妇的工作可参见杜岚《黄健同志革命的一生》,政协广东省中山市委员会文史委员会编《中山文史》第23辑,政协广东省中山市委员会,1991年。中共广东省委党史研究室等编著:《澳门归程》,第157—163页。

国民主的统战工作，收集情报，发展武装，研究策反，协助珠江地工委、中山县委设立交通联络站，准备迎接解放的来临。因此，黄健卸任濠江中学校长职，由杜岚接任。濠江中学继续承担着掩护与转移党员及其家属的地下交通任务。在 1949 年新中国成立前夕，经过黄健、杜岚安排，包括李少石夫人廖梦醒及其女儿亲属、邓发夫人陈慧清等在内的多位人士，以及一些在香港或内地身份暴露需要转移的中共党员，都曾在黄健夫妇的家里或濠江中学经过一段时间的停留或躲避，最后安全离开澳门，前往解放区或其他地区重新投入工作与生活。

1949 年 3 月，饶彰风机要秘书方源湜及汤生、施展三人被派到澳门，协助黄健进行工作。其时，黄健等人的主要工作任务包括：(1) 开办青年训练班。培训班吸收进步的青年工人、知识分子和学生参加，经过短期培训后，输送到各游击区，担任武工队或从事政治工作；(2) 策动黄森起义。黄森时任国民党中(山)新(会)联防主任兼中山县联防大队长，管辖武装联防队员；(3) 开展武装斗争。通过建组武工队，配合五桂山游击队活动，迎接中山县的解放。

为策动黄森起义，黄健与方源湜一起拜访陈满医生。陈满是黄森的至交，也是一位爱国进步人士。通过与陈满的交往，得到了他的信任，在黄健的动员下，陈满直接参与到革命工作之中。1949 年 4 月，以黄健为主任的中(山)新(会)边境武装工作委员会成立，方源湜担任宣传工作，黄健兼任组织工作，汤生、施展分别负责军事与交通联络工作，陈满负责财经工作。随后，增派周挺联络中山县中共组织及五桂山游击队，并负责策划黄森部的武装起义具体工作。"中新边境武装工委"先利用濠江中学秘密开办了 12 期青年训练班，采取夜间授课，讲授新民主主义论、军事常识、民运常识、政治形势等内容的课程，学员在课程结束后，多数被输送到游击区，也有直接组成武工队的。例如，第一期学员结业后，组成了中山"马迳武工队"。按照香港饶彰风的指示，马迳武工队被移交中山党组织领导。

策动起义的工作同样取得成功。1949 年，在陈满医生的协助下，黄健指挥周挺等人在澳门接洽黄森，成功动员黄森率其部 280 余人起义。其后，黄健又先后动员广东保安师一师、东江护路总队、顺德糖厂驻军等武装人员起义，获得成功。他还耐心说服逃到澳门的国民党某部汽车连归降中山，发动前山拱北海关人员起义。可以说,黄健策划起义的工作取得了相当大的成功,为迎接中山解放立下卓著功勋。

此外,中共澳门党组织也团结与协助民盟在澳门的活动,并与之建立沟通与联系渠道,民盟在情报收集与传递、援助游击队以及策反国民党部队等方面,展开与中共的密切合作,为华南地区解放做出了一定贡献。

1949年10月1日,中华人民共和国在北京举行成立大典,天安门城楼上升起了五星红旗。当天,在澳门,濠江中学也挂起五星红旗。10月10日,柯麟、马万祺在澳门平安戏院主持召开庆祝中华人民共和国成立大会。

随着中共在全国取得政权,需要大量人才回内地工作。1949年12月,黄健调入中山县军管会工作,从此结束在澳门的工作生涯。另一位重要的地下党成员柯麟也于1951年离开澳门回广州出任广州中山医学院院长。柯正平则留在澳门以企业负责人的公开身份继续进行秘密战线上的工作。继南光公司之后,柯正平又陆续在澳门创办南通银行(今中国银行澳门分行前身)、中国旅行社等多个中资企业,并成为澳门中共地下党组织的主要负责人。

总之,从1921年中国共产党成立到1949年取得全国政权,中共在澳门的党组织虽时有中断且以秘密方式存在,然而,中共党员却坚持不懈地在澳门活动,大革命时期就有党员50名,[①]至于中共在澳门的活动与影响更是始终没有停止,其活动范围及影响人群可分为两个层次。负责联络及影响澳门工商界上层人士的是柯氏兄弟,两人在不同时间经不同的中共党组织体系派到澳门,其中,柯麟以镜湖医院为工作据点,而柯正平则着重与内地联络以及在经济领域进行工作。除上层工作外,组织动员社会民众及青年分子一向是中国共产党工作重心及优势所在。中共地下党组织在澳门发展党员与建立组织同样注重面向产业工人与青年学生,澳门地下党员中,不少是汽车工人和纱厂工人,而骨干力量中同样有不少是青年知识分子。除了自身组织建设与党员发展外,中共地下党组织在澳门的主要工作并非反对或推翻澳葡殖民主义统治,而更多的是利用澳门特殊的政治环境,配合中共在内地的斗争需要,从事统一战线、动员及训练进步人士回内地服务、地下掩护、情报收集、经

---

① 广东人民武装斗争史编委会编著:《广东人民武装斗争史》第3卷,广州,广东人民出版社,1994年,第410页。

费募集、物资转运等工作。应该说,经过长时期的锻炼与探索,中共澳门地下党组织逐渐发展出适应澳门特殊环境的工作策略与方式,工作成效越来越好,既有力地配合与支援了中共在内地的斗争,又为中共取得全国政权后更好地在澳门开展工作奠定了基础。

回顾 1912 年到 1949 年国、共两党在澳门的政治势力及其影响,不难看出,几乎完全受制于国内政局的发展。尽管两党在澳门没有发生像内地那样的直接军事冲突,但是,两党在澳门的合作与争夺、限制与反限制是与国、共两党在内地的政治关系走向完全一致的,也是两党在内地合作、冲突与互争在澳门的延伸。从发展过程看,国民党由小到大、由弱到强、由秘密到公开,至内地抗战胜利时,更是一党独大、人多势众,控制与影响着澳门大多数侨团组织,其政治势力可谓达到巅峰状态。其后,却开始走向衰落。与此相反,共产党在澳门的组织却时断时续、时进时退,其组织及活动也始终处于秘密工作状态,然而,随着中国共产党及其领导的政治力量在国内取得压倒性胜利并建立全国性政权,中共在澳门的党组织及其影响的由小到大、由弱转强,国、共双方在澳门的力量对比就此开始发生逆转。然而,因为其时澳门特殊的管治环境,即使当国、共两党在内地的政治军事互争以新中国的诞生与国民党败退台湾而告终时,中国共产党与中国国民党两股政治势力在澳门的互争仍在延续,但以中共胜利而国民党势力退出澳门的历史趋势却已经无法扭转。

结　语
风云变幻中尴尬图存

　　在人类历史上,20 世纪上半叶是革命与战争的年代,也是世界历史波澜壮阔的时期。风起云涌的工农革命运动与民族解放运动席卷全球,主要资本主义国家遭遇空前经济危机,纷纷对外寻求转嫁与解决危机的出路,进而导致世界政治力量之间原本脆弱的平衡受到严重冲击,面临着不可避免的重新分化与改组,新崛起国家试图以武力扩张势力,打破旧体系,建立新霸权,由此引发半个世纪内的两次世界大战,其中,以 20 世纪三四十年代的世界反法西斯战争影响最为深远。就卷入战争中的国家之多与伤亡人数之众来看,可以说,那是迄今为止人类历史上最惨烈的战争,它为战后的世界安排了不同以往的全新秩序,却也给人类带来了无可估量的灾难。

　　置身于革命与战争年代的澳门,自然难以独善其身。实际上,从政治地位看,澳门作为一个西方老牌殖民帝国——葡萄牙管治下的东方殖民地,其宗主国在那些年所经历的由民主革命走向独裁统治的每一个政治细节无不影响到对澳门的管治安排,而通过里斯本,澳门又与东、西方的多种政治势力之间发生着千丝万缕的联系与纠葛。从地缘上看,地处南海之滨的澳门,与内地陆地相连,与香港隔海相望,内地与香港的政局变化不时牵动着澳门的政治神经。而 20 世纪上半叶中国适逢“千年未有之变局”,神州大地上连续爆发了史无前例的两场革命与两次战争。一场革命是 1911 年孙中山领导的辛亥革命,那是中国历史上首次资产阶级革命,它推翻了延续几千年的帝制统治,建立起以共和政体为特征的中华民国。另一场革命则是毛泽东领导的新民主主义革命,此次以工农为主体的革命取得成功,中国共产党成功取代中国国民党执掌政权,建立起中华人民共和国。而在战争方面,既有内部不同政治势力之间争夺政权的战争,也有抗击外来侵略者的殊死战争。前者包括武昌起义后革命军与清军之间的战争、国民革命军的北伐战争、新旧军阀之间的混战、中共领导的工农武装与国民党军队之间的战争,其中,以国共两大政治力量之间的较量与战争影响至为深远,不但导致内地政权易手,更重要的是,直接影响了中国社会的走向。后者则是面对日本军国主义疯狂入侵中国,国共两党摒弃前嫌联手抵抗,从1931年九一八事变起,经过前后14年的殊死抵抗,并得到了世界反法西斯力量的支持,最终击败不可一世的日本军国主义,取得了抗日战争的全面胜利。其间,尽管澳门跟随其宗主国葡萄牙宣布为"中立"地区,但是,在周围炮火纷飞的环境中,澳门的"中立"地位虽可以使其某种程度上免受炮火的直接侵袭,却无法保证其免受战争的影响。

事实上,澳门处于各种外部关系的交叉点上,国际范围内的革命与战争形势,尤其是葡萄牙与中国的每一次政局波动无不深刻影响着澳门。客观地看,在某种程度上,正因为澳门所独具的特殊管治环境,中国内地的政治反对力量往往选择澳门作为其革命运筹与藏身之地,换句话说,澳门聚集与投射了诸多外部政治力量之间的矛盾与冲突,这些复杂的外部因素牵制并形塑了20世纪上半叶澳门的内部社会形态,从政制变革到日常生活。

一、政府管治:"自治"与集权

1910年,葡萄牙迎来了新时代。当年10月,里斯本爆发民主革命,王室被废除,共和体制取代君主体制,葡萄牙共和国成立了。葡国政局变化对澳门的影响并非仅仅体现在澳门的某街道被以与共和相关的事件命名,而是澳门的政治地位与管治方式都发生了变化。

虽然在葡萄牙新宪法中,澳门作为其海外"领土"的地位没有改变,但是,自1914年起,葡萄牙开始为海外殖民地制定专门的组织法,此举意味着自19世纪末葡国提出的海外殖民地管理"自治"进程得以加速。1917年,根据葡萄牙海外省组织法而制订的《澳门省组织章程》颁布实施。按照该章程,澳门首次获得行政与财政自主权,且有属于地区本身的机构,即澳门总督与政务委员会。所以,该章程的颁布被视作葡萄牙中央政府在"新殖民"思想指导下推行海外殖民地自治"实验"的产物。

此后,在1920年葡国修宪及修订其海外省民政组织、财政组织法律,与调整1917年通过的各组织章程过程中,包括澳门在内的海外殖民地自治权得到尊重,澳门地区的政治、行政、司法等组织架构亦逐步建立。

然而,葡萄牙政局的动荡多变导致其海外政策的左右摇摆。1926 年,右翼势力发动政变,建立第二共和国,葡国政局开始右转,中央集权得到加强。当年通过了殖民地组织纲要等法律,强化中央政府对各殖民地的权力,尤其是突出了殖民地部的地位与作用,随后颁行的《澳门殖民地组织章程》体现了中央集权的思想。至 1930 年,萨拉查(António Oliveira Salazar)出任殖民地部部长后,更通过《殖民地条例》,进一步加强中央集权,减少各殖民地"自治权"。而在萨拉查成为葡萄牙新首相之后,更是提出了"新国家"、"新秩序"的理念,强调本土与殖民地帝国的道德、政治和经济联系和统一,削减殖民地自治权,实行独裁与集权统治。在涉及海外殖民地管理方面,不再为单一殖民地制订组织章程,而是制订统一的殖民帝国组织章程,以体现葡萄牙殖民帝国的一体性。为此,1933 年,先后公布了《葡萄牙殖民帝国组织章程》与《海外行政改革法》。自此,澳门的管治就是按照上述两部法律进行的,直至1955 年颁行新的组织章程。

可见,1911 年至 1949 年间,葡萄牙对澳门的管治经历了从民主革命胜利后的"自治"向萨拉查独裁统治确立后的集权转化。集权管治体现在两个方面:一方面是葡萄牙中央政府对澳门的集权,即葡国中央政府通过其殖民地部拥有对澳门事务的绝对主导权,殖民地部部长代表中央政府对澳门殖民地行使除议会保留立法权之外的所有权力,俨然"总督的总督";另一方面,在澳门内部,建立起以总督为中心的集权体制。代表葡萄牙中央政府利益的澳葡总督职权则不断膨胀,与此相反,"协同总督运作"的政务委员会职权则日益萎缩,至 1933 年,更沦为一个纯粹的"咨询机构",其对总督权力几乎没有制约,形成总督权力独大的格局。事实上,此一安排同样反映出葡萄牙中央集权趋势,因为加强总督的职权,其主要目的仍然是为了更好地保障葡萄牙中央利益的实现。

二、经济民生:赈难与"繁荣"

人口是社会经济活动的基础,也是影响社会经济活动的基本因素。对于20 世纪上半叶的澳门来说,人口的剧烈变动导致经济活动的异常表现。具体地说,周边地区的连绵战争引发难民蜂涌入澳,导致当时澳门社会的经济民生发展出现重大变化。

从 1910 年至 1949 年期间澳门人口的变动情况看,1910 年时,澳门人口为 74 866 人,其后 10 多年,人口总数一直徘徊在七八万左右。至 1924 年,因广州发生商团叛乱,民众涌入澳门,导致澳门人口激增至 193 175 人。不过,随着叛乱的平息,居民回流,澳门人口回落。至中日全面战争爆发前的 1936 年,澳门人口约为 12 万。之后,随着战争爆发及战事向南扩展,大量难民流落澳门,澳门人口在 1939 年时升至 245 194 人,1940 年更高达 374 737 人,是战前人口的 3 倍多。

人口的暴增,尤其是难民的到来,使澳门原本正常的生活秩序被打乱,澳门的经济民生开始转入"战时"状态。其中,基本生活品供应开始出现严重短缺,尤其是粮食供给紧缺。众所周知,澳门是一个海岛型的港口城市,地形并不适合农耕业,因此,长期以来,澳门的粮食、蔬菜等生活必需品主要由内地供应。正常情况下,来自毗邻地区香山(中山)等地的粮食是足以应付澳门日常所需的。而在战时,一方面,澳门难民激增,对粮食的需求量剧增;另一方面,周边地区为日本占领后,交通受阻,纵然购到粮食,也无法运入澳门。由此引发了澳门历史上最为严重的粮食危机与大饥荒。从 1940 年至 1944 年,澳门先后出现三次严重饥荒。特别是 1941 年底香港沦陷至 1945 年 8 月日军战败期间,更因为粮价昂贵、饥民遍地、贫病死亡者众多而被称为澳门历史上的"风潮时期"。

面对涌入澳门的大量难民以及随之而来的粮食短缺,澳葡政府与社会各界发动及投入到赈难运动之中。澳葡政府方面先后推出多项措施,包括派代表前往外地寻找粮源,成立物品统制委员会管制粮食、燃料等,限制商人囤积粮食,设立货仓及米站,分区域按户发放米粮券,实行凭券定量供应。而在难民赈济方面,政府设立难民营,收留难民,并拨地让难民自行耕种。拨款交同善堂、妇女会等民间社团面向难民办理施粥等赈济活动。成立由中华总商会等多个华人社团领袖参加的协助流澳难民回乡的委员会,疏散难民,减轻粮食消费压力。在民间社团方面,镜湖医院、同善堂等传统慈善社团在难民收留、赈济、医疗等方面承担着大量的工作。而中华总商会、教育会、妇女会,以及多个社团联合成立的"各界救灾会"、"四界救灾会"等多次发起形式多样的筹款、赈济、救灾等活动,为缓解难民生存危机发挥重要作用。

应当承认,战争引发的难民大量涌入使澳门面临着严重的社会危机,为赈济难民,社会付出了高昂的代价。但是,从另一个角度看,战争也使当时维持"中立"地位未经炮火直接袭扰的澳门面临着发展机遇,在涌入澳门地区的难民中,部分经济富裕的"难民"也为澳门经济发展注入新的动力。事实上,在周边地区战事不断而澳门"中立"期间,澳门某些行业(如博彩业)确实出现了前所未有的畸形"繁荣"。

与贫困潦倒的难民不同,一些殷商巨富逃难到澳门之后,给澳门带来了财富,也带动了澳门消费业的发展。旅店业是直接受惠的行业之一。资料显示,1939 年时,澳门的旅店数量及住客人次较两年前大幅增长了一倍。为满足越来越多的顾客住宿需求,当时澳门著名的中央酒店还进行了扩建。新马路与福隆新街附近的中、小型酒店纷纷开张,热闹一时。

同样,金融业也是受惠行业。一方面,一些原本在内地经营的银号与金铺因战争而转移至澳门继续经营;另一方面,虽然当时澳门市场流通多种货币,但是,不同币值之间的价值起伏较大,外来者往往愿意将其携带的货币兑换成澳门当地流通的价值更大的货币,此外,一些难民们出于度日之需而将随身携带的金银兑换成银圆,正是在这种货币兑换需求的推动下,以经营兑换生意的银号、钱庄繁荣起来。香港沦陷后,一些原本在港经营的银号迁到澳门,加上大量的黄金、白银与外币也流入澳门,导致澳门的金融业进入蓬勃发展时期。到 1944 年底,澳门有 300 多家银号、钱庄及兑换店,经营十分兴旺。所以,抗战时期也是澳门金融业发展的"黄金时期"。

与酒店餐饮业及金融业一起"繁荣"的还有被称为"偏门"的特殊行业,包括博彩业、鸦片业、娼妓业、走私业等。

合法化的博彩行业在澳门行之经年。早在 1847 年,葡萄牙宣布博彩活动在澳门属合法。此后,博彩业开始在澳门经济发展中扮演角色,但是,由于缺乏整体规划和管理,博彩业处于各自经营、自由竞争状态,博彩规模受到限制。直到 1912 年,澳葡政府首次对博彩业中的"番摊"经营引入全面性招商开投,包税经营。之后,逐渐引入其他博彩品种,如白鸽票、闹姓等。至 20 世纪 30 年代,澳葡政府全面推行博彩专营政策,即以暗标竞投和价高者得的形式公开招标,批出赌场专营权,由此形成澳门博彩业垄断经营的格局。此间,澳门赌权两度易手,先是由卢九家族、范洁朋和霍芝庭等来自省港澳商人组成的豪兴公司取得了澳门首个赌场专营权合约。

1937 年,由港澳富商高可宁、傅老榕组成的泰兴娱乐总公司以每年承诺缴税 180 万元的条件取得了澳门的赌场专营权,从此,赌税成为澳葡政府的重要财政收入来源。与此同时,泰兴公司引入更加多元化的旅游博彩项目,又以崭新的促销手法吸引外来的客人,加上周边地区战事纷起,大量难民涌入澳门,部分富裕"难民"也成为赌场消费客,从而令博彩业在战时出现非正常的繁荣景象,澳门由此发展成为著名"赌城",以东方的"蒙地卡罗"而名闻世界。

伴随着赌博业的发展,典当业、娼妓业、鸦片烟业等行业也得到相应发展空间。当押业是博彩业的伴生行业,澳门的赌场周围街道,押铺密布,其中,大型押铺,称"按";小型押铺,叫"押"。据不完全统计,在 1940 年前后,澳门有大押或按 14 家,押 20 余家,收买回料店 50 多家。这些押铺以按期之长短抽利。在博彩业的带动下,典当生意十分兴旺。

长期以来,澳门是远东地区鸦片贸易与转运的中心。同时,也是合法进行鸦片加工制作与消费的地区。澳门不但设有贮存鸦片的"洋药货栈",而且开设了生产鸦片烟膏的加工厂。澳葡政府也设立专门的鸦片管理机构,负责鸦片的开标承投等专营事宜。鸦片承投所获税收也是澳葡政府财政收入的重要来源之一,最高时,约占到财政收入的三分之一。

进入 20 世纪之后,因受到欧洲国家及国联的压力,葡萄牙政府分别于1926 年及 1931 年签署限制与规范鸦片贸易的协议。澳葡政府亦于 1927 年与 1931 年先后针对本土鸦片行业管理颁行了两项措施。一项是停止原来鸦片由政府招标、私商承充的经营方式而改行政府自身专营,禁止私买私卖。另一项则是撤销鸦片专理局,职权交由经济局稽查员负责。可见,上述两项措施并非是完全禁止鸦片经营,只是改变鸦片经营方式,禁止私商出口外销鸦片。实际上,直到 1946 年之前,在澳门经营鸦片生意仍然是合法的,尤其是本地的鸦片销售与吸食。而其时,周边地区的香港、内地,早已禁绝鸦片烟。因此,澳门作为鸦片烟的"孤岛"而成为周围地区吸食者的"天堂"。据统计,在 20 世纪二三十年代,澳门公开买卖鸦片烟的商店有八十余家,提供吸食鸦片烟的烟馆多达五十余个,每间烟馆烟桌多则三四十张,少则十余张,总数计有千余张。故而,以烟馆林立、生意兴隆来形容当时之情景实不为过。

1946 年 5 月,澳葡政府正式颁令,取消与封闭全部烟馆,吸毒、贩毒者将被予以严厉刑事处分。至此,澳门的鸦片贮存、转运与消费活动被禁止,烟馆被取缔,烟具被销毁,贩卖、吸食者获刑,远东地区最后一个鸦片合法化地区,最终难逃关闭的命运。

与博彩业、鸦片业一起"繁荣"的另一特殊行业是娼妓业。民国时期,内地虽然没有完全取消娼妓制度,但是,自 1928 年之后,政策走向是规范公娼、打击私娼,而香港也于 1935 年 6 月禁止妓院营业。相比之下,在同一时期的澳门,娼妓业却是公开合法的。因此,吸引了众多内地及香港寻芳客来澳"消费"。而在战时,作为非战区的澳门,更一度成为享乐者趋之若鹜的"天堂",娼妓业愈加兴盛。据有关资料介绍,其时,澳门的娼妓业大致可分三类①:第一类是被称作"大寨"的高级妓院,主要集中在福隆新街、怡安街一带,约有六七十家。每家有妓女 20 人,少则六七人,共计 1 000 余人。第二类被称为"二寨",集中在通商街一带,共 30 余家。每家有妓女 10 余人,共计 300 余人。第三类称"三寨",属下等妓院,主要分布于草堆街附近的骑楼街、聚龙里,妓女的人数时多时少。

澳门特殊的地理位置与管治状态,素为走私商人所青睐。不同形式、不同物品的走私活动从未停止过,包括军火在内的大量物资通过澳门在周边地区之间进行转送,其中,战后一段时间内,澳门因成为国际黄金走私的重要通道而名噪一时。其时,中国内地因爆发内战,严重的通货膨胀导致对黄金的需求量大增,而香港则对黄金进口管制,相反,澳门因不是国际货币基金组织成员,金价不受该组织制定的黄金国际公价之限制,由此,澳门立刻成为国际黄金走私的中转站,黄金走私生意也成为澳门经济的重要支撑。② 来自南非、英国、马尼拉等地的黄金经澳门偷运回内地。战后早期,澳门黄金走私被五福堂垄断和操纵,还有泰兴娱乐公司的一家分号也有所参与。而 1948 年后,则主要由澳葡政府经济局局长罗保、商人何贤、钟子光等组成的恒昌公司经营。其时,每年澳门的黄金生意可达到数千万元,澳门俨然成为"远东金城"。

---

① 芮立平:《民国时期澳门的社会经济》,《党史研究与教学》,1999 年第 6 期,第 53 页。

② Richard Louis Edmonds, *Macau.* 转引自吴志良、汤开建、金国平主编《澳门编年史》第 5 卷,第 2733 页。

由上可见,20世纪上半叶的澳门社会经济处于两极挣扎之中,一极是包括博彩业、鸦片业、娼妓业、走私业在内的特殊行业非正常"繁荣",另一极则是战乱引起难民急增,封锁导致的粮食危机,政府与民间赈灾乏力,饥民贫累而亡者不计其数的凄惨情境。纸醉金迷与饿殍遍地相并存的"奇幻"景象恰是澳门作为资源缺乏的消费型城市,在外围恶劣的战争环境下,挣扎图存的历史事实。

三、文化教育:发展与奠基

20世纪上半叶是澳门文化教育曲折发展的特殊时期。以中日战争爆发为界,之前,属澳门现代文教事业的初创期;之后,澳门文教事业进入较快发展时期,并为日后文教发展奠定了人才基础。

进入20世纪后,现代文教开始在澳门发展,尤其是华人教育方面,尽管旧式私塾并未完全绝迹,但是,新式的学校教育逐渐兴办起来。至30年代,澳门已先后开办培基小学、孔教学校等多所学校,提供中文、英文、数学等科目的教学。与此同时,一向重视兴办教育事业的天主教会也开办圣若瑟学校与圣罗撒中学等。虽然在民间力量的推动下,澳门教育有所发展,然而,由于作为殖民政府的澳葡当局在教育投入与规划方面较少作为,除了少数官校(利宵中学和商业学校)外,基本上放任自流,因此,其时澳门教育的发展受到限制。

中日战争爆发后,出于安全考虑,国民政府广东当局将属于"中立"地区的澳门作为学校疏散区。因此,广东地区的一批学校及教师陆续迁至澳门,从而为澳门本地教育的发展提供了新的机遇,注入了新的动力。据统计,在七七事变后,30多间中学、中专院校自内地迁至澳门,包括总理故乡纪念中学(1937年)、岭南中学(1937年)、培正中学(1938年)、执信中学(1938年)、中德中学(1938年)、培英中学(1938年)、洁芳女子中学(1938年)、广州大学附中(1938年)、知用中学(1939年)、中山联合中学(1939年)、南海联合中学(1939年)与省临中学(1939年)等。其中,不乏像岭南中学、培正中学等名校。迁移入澳的学校,面向澳门本地及来澳青年大量招生,使澳门学生人数快速增长,学生人数从8 000人增至高峰时的30 000余人。

与此同时,面对大量的难民子弟,民间社团乃至于私人纷纷兴办形式多样的"难童义学"。抗战期间,中华教育会于各会员学校内开办了 20 所难民学校,为 6—12 岁的难童提供免费教育课程。[①] 1939 年 2 月,私立中德中学在校内创办难民学校,专门收容失学难童。[②] 1939 年,嘉诺撒修女会创办了圣心女子英文书院,专门收容从上海逃来避难的葡侨女生,翌年,学生增至200 人。[③]

另一方面,内地与香港的大批教育界人士或随校入迁澳门,或避难入澳,其中,不少为知名教育人士,如张瑞权、谭维汉、区茂泮、廖奉灵、黄启明、郭秉琦、刘年祐、沈芷芳、司徒优等,他们为澳门教育界带来了先进的教学理念与方法,提升了澳门学校的教学质量与管理水平。在抗战胜利后,这些人虽然大多数随校迁回内地,但是,也有部分人就此留在澳门,继续服务于澳门教育事业。此外,不同背景、不同教学模式与不同教学语言的学校的并存,除了可以使澳门学生有更多的选择外,更重要的是,推动了澳门教育的多元发展,为现今澳门多元化教育模式奠下基础,影响可谓十分深远。

与教育界情况相类同,戏剧界、美术界等文化领域内的一批艺术家也在同一时期从邻近地区来到澳门避难。其中,美术界有著名画家高剑父、邓芬、张谷维、沈仲强、鲍少游、罗宝珊、方人定等,戏剧界的粤剧名伶任剑辉、红线女等亦于同一时期于澳门居住。尤为难得的是,这些艺术名人来到澳门后,并非隐居起来,而是积极参与澳门当地的艺术活动,包括慈善筹款表演及展览活动等。例如,避居澳门普济禅院妙香堂的高剑父及其弟子司徒奇、关山月等在澳门续办春睡画院,吸收会员,研习画艺,并多次在澳门举办画展,包括 1944 年由高剑父亲任主席的"筹募同善堂难童餐经费书画展览会"等。再如,1943 年初,在平安戏院,由薛觉先、任剑辉、赵兰芳等主演粤剧《雷雨》。可以说,这些居于澳门的艺术家及其活动从多方面对澳门产生影响。他们不仅为澳门带来了高水平的艺术作品,更重要的是,为澳门培养了一批艺术人才,推动及影响了澳门的绘画、戏剧艺术的长远发展。

可见,在二战时期,作为"中立"区的澳门,其文教事业反而因祸得福,由于周边地区的名校迁入及文教界名流的避居而获得发展机会,文教精英人才

---

① 《中华教育会》,《华侨报》,1939 年 3 月 5 日。
② 吴志良、汤开建、金国平主编:《澳门编年史》第 5 卷,第 2587 页。
③ 吴志良、汤开建、金国平主编:《澳门编年史》第 5 卷,第 2585 页。

汇聚澳门,推动澳门文教事业出现繁荣景象。即使是战争结束后,仍然有不少人才留在澳门继续从事文化教育工作,例如,陈道根先生被圣若瑟中学聘为教务主任,朱伯英、林范三分别被圣罗撒女中聘为校长与教务主任。[①] 画家司徒奇则留在岭南中学从事美术教育工作。可以说,因战时而汇聚澳门的这批文教英才改变的不仅仅是战前澳门文教落后的状况,更重要的是,为日后澳门文教事业奠定了发展之基。

四、对外关系:平衡与自保

20 世纪上半叶是国际风云变幻的年代,在世界范围内,国际政治力量激荡争锋,逐渐形成法西斯与反法西斯两个同盟、两个阵线之间的对立与战争,并以不同方式影响到全球几乎所有的国家与地区。然而,澳门作为葡萄牙殖民地,因其宗主国葡萄牙宣布"中立"地位而奉行在战争中不站边的政策。即使如此,作为澳门管治者的澳葡政府若要从"中立"政策中收获最符合其利益的结果,就仍然需要应对内外部不同政治势力及其所牵涉的错综复杂关系。其中,最为重要的是三国四方关系,即中国、葡萄牙、日本,以及港英当局。

澳门自古以来就是中国领土,虽然 1887 年通过《中葡和好通商条约》,葡萄牙取得了对澳门的全面管治权,但是,澳门与中国的历史及地理联系却并不是一个条约所能够彻底割断的,事实上,澳门的生存无不仰赖于中国大陆。与此同时,中国每一次政局变化也无不牵动着澳门。因此,澳葡政府把处理与中国政府(通过葡萄牙中央政府)及广东当局的关系摆在其对外关系的首要位置。

然而,20 世纪上半叶是中国政局变幻莫测的时代。1911 年,孙中山领导的辛亥革命推翻了清朝统治,建立起中华民国。此后,军阀混战导致政府几经更迭。至 1927 年,国民政府正式定都南京,然而,南京政府并未能够统一全国,中共势力崛起,工农武装割据。到 1937 年,更爆发中日战争,国共两党合作抗日,而自国民党内分裂出的汪精卫却在日本势力的支持下另立伪国民政府。1945 年,经 8 年艰苦抗战,中国终于迎来了对日战争的胜利。然而,不幸的是,国共两党分道扬镳,内战再起,经 3 年激战,以国民党政权垮台而

---

① 刘羡冰:《第二次世界大战期间的澳门教育》,《澳门中华教育会成立七十五周年会庆教育征文选》,第 12 页。

告终。1949 年,中共领导的中华人民共和国诞生。也就是说,从 1911 年至 1949 年,中国经历了从帝制、共和,直到人民民主专政的多次政权转移与政府更迭。在此过程中,中国内部的主要政治力量都在澳门伸展其影响,或以澳门为其政治活动及军事斗争的筹划与运作基地,或者视澳门为其躲避政治追缉的避难所及组织物品资源供给的渠道。因此,对于澳葡政府来说,不可避免地需要在不同时期面对不同的中国政府,同时,又需要处理在澳门活动的中国内部不同政治力量,尤其是国民党与中共组织。前者多半纳入了正式的外交关系之中,而后者则属于非正式的内部监控与治安管理。两者都离不开恰当的政治平衡以及因时而变的策略。

在正式的外交关系层面,对于澳葡政府来说,在管治澳门上,其取得的最大条约保障莫过于《中葡友好通商条约》的签署了。尽管围绕着划界问题,中葡双方各派代表历数次会谈终因无法达成协议而夭折,然而,1928 年,国民政府竟然同意与葡萄牙政府签署《中葡友好通商条约》,条约保留了 1887 年《中葡和好通商条约》对澳门地位的规定,也就是说,澳门继续由葡萄牙"永居管理"。对于澳葡政府来说,在"废除不平等条约"呼声响彻中华大地的当时,不能说不是一个"惊喜"。该条约为澳葡政府管治澳门提供了基本法律保障。

有了上述条约,加上葡萄牙与南京国民政府有正式外交关系,所以,在中日战争爆发之前,澳门政府对于南京国民政府侨务等机构以及中国国民党在澳门的存在及活动,持承认及谨慎的态度。而随着中日战争的爆发,澳葡政府的态度开始出现微妙的变化。

尽管早在中日全面战争之前,澳葡政府管治下的澳门已随葡萄牙中央政府宣布的战争"中立"政策而取得"中立"地位,然而,可以肯定的是,澳葡政府执行所谓的"中立"政策并非是始终如一的,而是因时而变的。在中日战争初期,澳葡政府尚且能够保持"中立",甚至可以说,是偏向中国的。而随着日军南侵,尤其是广州沦陷后,日军逼近澳门,至 1941 年底香港沦陷,澳葡政府在日军的直接威逼之下,出于自保及免于澳门被日军占领的考虑,不但不能真正执行所谓的"中立"政策,甚至还与日本签署秘密条约,允许日本在澳门设立领事馆,并应日本要求,严厉限制与打击澳门境内的抗日救亡活动,而汪伪汉奸的行径亦得到纵容与庇护。不过,随着 1945 年世界反法西斯战争的胜利,澳葡政府的态度再次改变,至抗战胜利,重新恢复了对国民政府及国民党的友好姿态。国民政府的外交、侨务机构可以在澳门存在,并得到保护;国民党组织可以公开在澳门活动,并不受干涉。澳葡政府甚至对国民政府及广东当局惩处汉奸的行动予以配合,千方百计化解抗战胜利后中国内地出现的收回澳门之主张。

对待中共在澳门存在的态度,澳葡政府同样是因时而变的。由于宗主国葡萄牙在萨拉查(António Oliveira Salazar)独裁统治时通过的"政治宪法"(1933 年)要求葡萄牙公民抵制共产主义思潮,澳葡政府专门颁布法令要求公务人员在就职前进行"反共"宣誓,因此,对中国共产党在澳门的活动,澳葡政府始终保持高度警惕,尽管他们知道中共在澳门的活动并非以推翻澳葡统治为目标,但是,仍然没有放松对中共组织的监视,也不允许中共组织公开合法在澳门活动。所以,虽然中共自 20 世纪 20 年代后期就一直在澳门从事组织发展、民众动员等活动,却始终以秘密形式存在。然而,随着国共战争中共产党取胜的形势逐渐明朗化,澳葡政府对待中共的态度开始发生变化,即使是 1949 年 10 月中共组织在澳门悬挂五星红旗及召开庆祝大会的活动,澳葡当局也未予干涉,相反,还开始寻求与中共组织的合作,为与新中国展开交往做准备。

至于澳葡政府与港英政府的关系方面,由于澳门与香港两地作为殖民地的政治地位是相同的,且地缘相近,两地交往密切。而作为管治者,澳葡当局与港英当局之间既有合作,也有竞争。在处理与中国当局的关系时,往往相互支持;而涉及两地具体利益问题时,则时有竞争。在两地殖民政府主导下,澳门与香港的关系始终在合作与竞争中蹒跚前行。

纵观 1912 年至 1949 年之间澳葡政府的对外关系,尽管摇摆反复,然而,基调却是一致的,即在保持葡萄牙在澳门的利益存在之前提下因时而变。与中国政府的联系与交往,以不失去对澳门的管治权为底线。对日本的关系,以保证日军不入侵澳门、维持澳葡对澳门管治为目的来执行其所谓的"中立"政策。至于对待在澳门活动的各种政治势力,只要不是以推翻澳葡政府管治为目的,就尽量保持克制与平衡,并根据不同时期各种政治势力之间力量消长而进行适当调整。可见,澳葡政府所采取的"随风倒"策略完全出于"自保"目的。

从政府管治到对外关系,从经济民生到文化教育,回顾 20 世纪上半叶澳门的历史进程,可以说,每一个细节都映射了当时世界范围内风云变幻的时代特征以及革命与战争的时代主题,虽然澳门没有经历二战炮火的洗礼,却仍然能够从难民的无助与哀嚎中,感受到澳门之外反法西斯力量与法西斯势力之间的艰苦鏖战,从澳葡政府执行"中立"政策的微妙变化中,探悉中日战争的未来走向。

严格地说,澳门并没有"民国时期",因为从1912年到1949年,澳门仍然由葡萄牙进行殖民管治。因此,那段澳门史通常被看作"殖民管治"(1849—1976)的一个历史段落。然而,无论如何,其时的澳门却与中国及世界一起共同见证了人类所经历的、属于那个历史段落所特有的战争与苦难,革命与梦想。对于澳门来说,那是一个风云变幻的时代,也是一个挑战与机遇并存的时代。

参考文献

一、中文部分(按笔画排序)

(一)档案、史料汇编

1. 机构编纂

广东省档案馆等编:《广东区党团研究史料》(1921—1926),广州,广东人民出版社,1983年。

广东省档案馆编:《广东澳门档案史料选编》,北京,中国档案出版社,1999年。

广东省档案馆编:《民国时期广东省政府档案史料选编》第10辑,广州,广东省档案馆,1989年。

王彦威纂辑,王亮编,王敬立校:《清季外交史料》,北京,书目文献出版社,1987年,卷74。

中央档案馆、广东省档案馆编:《广东革命历史文件汇集》(1937—1940),广州,广东省档案馆,1982年。

中央档案馆、广东省档案馆编:《广东革命历史文件汇编》甲41,北京,中央档案馆,1987年。

中共广东省委党研究委员会等编:《四会三水"肃托"事件平反资料》,1988年。

《革命源流与革命运动》第14册,台北,正中书局,1961年。

中华全国总工会省港罢工委员会编:《工人之路特号》第23期,1925年7月17日及第24期。

中国人民政治协商会议广东委员会文史资料研究委员会编:《广东辛亥

革命史料》,广州,广东人民出版社,1981 年。

中国人民政治协商会议广东省广州市委员会文史资料研究委员会编:《纪念辛亥革命七十周年史料专辑》,广州,广东人民出版社,1981 年。

中国人民政治协商会议广东省委员会、文史资料研究委员会编:《广东文史资料》第 25 辑,广州,广东人民出版社,1979 年。

中国戏剧家协会广东分会、广东话剧研究会编:《广东话剧运动史料集》第 2 集,广州,中国戏剧家协会广东分会、广东话剧研究会,1987 年。

中国国民党中央委员会党史委员会藏原件,"汉口类·号 13999、14567"。

中国国民党中央委员会第三组编印:《中国国民党在海外(下篇)——中国国民党在海外各地党部史料初编》,编者自印,1962 年。

中国国民党驻港澳总支部编印:《港澳抗战殉国烈士纪念册》,香港,1946 年 3 月。

中国第一历史档案馆、北京师范大学历史系编选:《辛亥革命前十年间民变档案史料》,北京,中华书局,1985 年。

中国第一历史档案馆、澳门基金会、暨南大学古籍研究所合编:《明清时期澳门问题档案文献汇编》,北京,人民出版社,1999 年。

中国第一历史档案馆编:《中葡关系档案史料汇编》,北京,中国档案出版社,2000 年。

中国第一历史档案馆编:《明清澳门问题皇宫珍档》,杭州,华宝斋书社,1999 年。

中国第一历史档案馆:《清政府镇压孙中山革命活动史料选》,载《历史档案》,1985 年第 1 期。

中国第二历史档案馆编:《五卅运动和省港罢工》,南京,江苏古籍出版社,1985 年。

中国第二历史档案馆编:《中华民国史档案资料汇编》,第 1 辑《辛亥革命》(1911 年),南京,江苏人民出版社,1979 年。

中国第二历史档案馆编:《中国国民党中央执行委员会常务委员会会议录》第 24 卷,桂林,广西师范大学出版社,2000 年。

中国第二历史档案馆藏澳门资料,澳门档案馆藏复印微缩胶卷,35J –

175、185、188。

台北中国国民党中央委员会党史委员会档案,(中国国民党中央委员会秘书处)谭平山、林祖涵:《省澳交通恢复》,(1925年)10月27日送缮。

台北中国国民党中央委员会党史委员会档案,国民政府·中央一秘书处:《速件一件:函国民政府必办澳门放逐难民案》,(1925年)7月7日。

全国图书馆文献缩微复制中心编:《民国珍稀短刊断刊》之《广东卷》15。

《中国国民党党员请求救济案》,国民政府,1926年7月1日至1945年9月8日,125-0552.1893。

商务印书馆编印:《澳门指南》,澳门大学图书馆藏,1941年。

澳门历史档案馆馆藏民政厅档案:AH/GGM/4,总督致殖民地大臣,1933年3月30日。

2. 学者编纂

丘权政、杜春和选编:《辛亥革命史料选辑》,长沙,湖南人民出版社,1981年,第27页。

李云汉主编:《中国国民党职名录》,台北,中国国民党党史委员会,1994年。

张海鹏主编:《中葡关系史资料集》,成都,四川人民出版社,1999年。

陈树荣主编:《同善堂一百周年特刊》,澳门,同善堂值理会,1992年。

陈鹏仁主编:《中国国民党党务发展史料——海外党务工作》,台北,中国国民党党史委员会,1998年。

苑书义、孙华峰、李秉新主编:《张之洞全集》,石家庄,河北人民出版社,1998年。

林养志编:《中国国民党党务发展史料——组织工作》下册,台北,中国国民党党史会,1994年。

郑勉刚:《澳门界务录》(手抄本)第7卷。

政协广东省中山市委员会文史委员会编:《中山文史》第23辑,政协广东省中山市委员会,1991年。

莫世祥等编译:《近代拱北海关报告汇编(1887—1946)》,澳门,澳门基金会,1998年。

黄鸿钊:《澳门史料拾遗:〈香山旬报〉资料选编》,澳门,澳门历史文化研究会,2003 年。

黄鸿钊编:《中葡澳门交涉史料》(第 2 辑),澳门,澳门基金会,1998 年。

黄福庆、庄树华、王玥合编:《澳门专档》第 1 册,台北,1992 年。

黄福庆、庄树华、谢晶如、周碧华合编:《澳门专档》第 2 册,台北,1993 年。

黄福庆主编:《澳门专档》第 4 册,台北,1996 年。

编著者不详:《澳门今日之侨运》,澳门,世界出版社,1948 年。

3. 原始档案

《国民政府派杨西严为港澳调查专员令》(1925 年 11 月),中国第二历史档案馆馆藏,全宗号 19,案卷号 171。

《委冯自由、李自重为港粤澳主盟人通知书》(1905 年 8 月 10 日),台北中国国民党中央委员会党史委员会藏,中国国民党中央委员会党史委员会档案原件,一般类,第 051.9 号。

《政治委员会议决港澳调查专员权责致国民政府的函》(1925 年 12 月),中国第二历史档案馆馆藏,全宗号 19,案卷号 171。

《革命文献》,台北,1953 年。

《省港罢工委员会关于港政府勾结邓平殷破坏封锁港澳口岸情形》(1925 年),南京第二历史档案馆馆藏,全宗号 19,案卷号 16。

《梁彦明烈士纪念集》,北平,民国三十五年,香港中文大学图书馆藏。

《澳门中华总商会成立 75 周年纪念特刊(1913—1988)》。

《澳门年鉴:1927 年》,澳门历史档案馆铅印本,1927 年。

《澳门年鉴:1933 年》,澳门历史档案馆铅印本,1933 年。

《澳门政府宪报(*Boletim Oficial de Macau*)》(1879—1945 年)。

4. 文集、回忆录、访谈录

三民出版部:《廖仲恺先生哀思录》,广州,三民出版社,1926 年。

广东省社会科学院历史研究室、中国社会科学院近代史研究所中华民国史研究室、中山大学历史系孙中山研究室编:《孙中山全集》,北京,中华书局,1981 年。

中国人民政治协商会议全国委员会文史资料研究委员会编:《辛亥革命回忆录》第 2 集,北京,文史资料出版社,1962 年。

中国人民政治协商会议全国委员会文史资料研究委员会编:《辛亥革命回忆录》,北京,中华书局,1961—1963 年。

苏东国编:《廖仲恺先生殉难资料及哀思录》,近代中国史料丛刊三编,第 3 辑,25,台北,文海出版社,1983 年。

沈云龙访问、谢文孙记录:《傅秉常先生访问纪录》,台北,1993 年。

陈卓平著、陈鹏超编:《爱竹斋全稿·爱竹斋诗钞初编》,台北,文海出版社,1972 年。

罗香林:《傅秉常与近代中国》,香港,中国学社,1973 年。

政协广东省中山市委员会文史委员会编:《中山文史》第 31 辑,政协广东省中山市委员会文史委员会,1994 年。

郭廷以校阅,王聿均访问,谢文孙纪录:《莫纪彭先生访问纪录》,台北,1997 年。

爱新觉罗·溥仪:《我的前半生》,北京,群众出版社,2007 年。

廖仲恺先生纪念筹备委员会:《廖仲恺先生哀思录》,广州,廖仲恺先生纪念筹备委员会,1925 年。

谭永年主编、甄冠南编述:《辛亥革命回忆录》,台北,文海出版社,1976 年。

(二) 报纸、期刊

(上海)《民立报》,1912 年 5 月 28 日。

(上海)《民国日报》,1922 年 6 月 15 日、18 日。

(广州)《民国日报》,1922 年、1926 年。

《工人之路特号》,广州,中华全国总工会省港罢工委员会,1925 年 7 月至 1926 年 5 月。

《大公报》,1937—1940 年。

《广东日报》,1904 年十二月初五。

《广东社会科学》。

《广东党史》。

《中山日报》。

《中共党史研究》。

《世界日报》,1946—1948 年。

《东方杂志》,第 6、7 卷。

《申报》,1908—1922 年、1925 年。

《市民日报》,1945—1948 年。

《民国日报》,1922 年、1926 年。

《民国春秋》。

《民国档案》第 4 期,1999 年。

《西南日报》,1945 年。

《华字日报》,1909 年 5 月 4 日。

《华侨报》,1937—1945 年。

《华商报》,1941 年 12 月 3 日。

《抗日战争研究》。

《香港工商日报》,1933 年 1 月 14 日。

《香港时报》,1957 年 3 月 27、28 日。

《复兴日报》,1946 年。

《朝阳日报》,1937 年 8 月 13 日。

《澳门日报》,1985 年、1992 年 8 月 24 日、1994 年 6 月 5 日。

《澳门杂志》。

《镜海丛报》,1895 年 5 月 8 日。

二、著作(含译著)

[美]查·爱·诺埃尔(Charles E. Nowell):《葡萄牙史》,南京师范学院教育系翻译组译,南京,江苏人民出版社,1974 年.

[葡]古万年、戴敏丽(Custódio N. P. S. Cónim & Maria Fernanda Bragança Teixeira):《澳门及其人口演变五百年(1500—2000)》,澳门,澳门统计暨普查司,1998 年。

[葡]马尔格斯(A.H. de Oliveira Marques):《葡萄牙历史》,李均报译,北京,中国文联出版公司,1995 年。

[葡]马楂度(Joaquim José Machado):《勘界大臣马楂度葡中香港澳门勘界谈判日记(1909—1910)》,舒建平、菲德尔译,澳门,澳门基金会,1999 年。

[葡]卡洛斯·高美士·贝萨(Carlos Gomes Bessa):《澳门与共和体制在

中国的建立》,澳门,澳门基金会,1999 年。

〔葡〕施白蒂(Beatrize Basto da Silva):《澳门编年史:二十世纪(1900—1949)》,金国平译,澳门,澳门基金会,1999 年。

〔葡〕莫嘉度(Vasco Martins Morgado)著,萨安东(António Vasconcelos-de Saldanha)编:《从广州透视战争:葡萄牙驻广州领事莫嘉度关于中日战争的报告》,舒建平、菲德尔译,上海,上海社会科学院出版社,2000 年。

〔葡〕萧伟华(Jorge Noronhae Silveria):《澳门宪法历史研究资料(1820—1974)》,沈振耀、黄显辉译,澳门,法律翻译办公室,澳门法律公共行政翻译学会,1997 年。

〔葡〕廉辉南(FernandoLima):《澳门:她的两个过渡》,曾永秀译,澳门,澳门基金会,2000 年。

〔澳〕杰弗里·C.冈恩(Geoffrey C. Gunn):《澳门史:1557—1999》,秦传安译,北京,中央编译出版社,2009 年。

广东人民武装斗争史编委会编著:《广东人民武装斗争史》第 3 卷,广州,广东人民出版社,1994 年。

王文达:《澳门掌故》,澳门,《澳门教育》出版,1999 年。

中共广东省委党史研究室:《怀念张文彬》,广州,中共广东省委党史研究室,1998 年。

中共广东省委党史研究室等编著:《澳门归程》,广州,广东人民出版社,1999 年。

邓开颂、陆晓敏主编:《粤港澳近代关系史》,广州,广东人民出版社,1996 年。

邓开颂:《澳门历史》,澳门,澳门历史学会,1995 年。

邓开颂、吴志良、陆晓敏主编:《粤澳关系史(1840—1984)》,北京,中国书店,1999 年。

叶士朋(António Manuel Hespanha):《澳门法制史概论》,周艳平、张永春译,澳门,澳门基金会,1996 年。

冯自由:《中国革命运动二十六年组织史》,《民国丛书》第 2 编,第 76 种,上海,上海书店,1990 年。

冯自由:《革命逸史》,台北,商务印书馆,1969 年。

华侨志编纂委员会:《澳门华侨志》,台北,华侨志编纂委员会,1964 年。

刘义章:《中国现代化的起步》,香港,华风书局,1995 年。

刘羡冰:《世纪留痕:二十世纪澳门教育大事志》,澳门,刘羡冰个人出版,2002 年。

刘羡冰:《澳门教育史》,北京,人民教育出版社,1999 年。

刘羡冰:《澳门教育史》,澳门,澳门出版协会,2007 年。

关振东、陈树荣:《何贤传》,澳门,澳门出版社,1999 年。

关肇硕、容应萸:《香港开埠与关家》,香港,广角镜出版有限公司,1997 年。

李坚主编:《杨匏安传论稿》,广州,广东党史数据丛刊编辑部,2003 年。

杨福昌等主编:《澳门回归论:庆祝澳门回归祖国学术研讨会论文集》,北京,世界知识出版社,1999 年。

李福麟:《澳门四个半世纪》,澳门,澳门松山学会,1995 年。

吴志良、汤开建、金国平主编:《澳门编年史》第四、五卷,广州,广东人民出版社,2010 年。

吴志良、杨允中主编:《澳门百科全书》,澳门,澳门基金会,1999 年。

吴志良等主编:《澳门史新编》第 1 册,澳门,澳门基金会,2008 年。

吴志良:《东西交汇看澳门》,澳门,澳门基金会,1996 年。

吴志良:《生存之道——论澳门政治制度与政治发展》,澳门,澳门成人教育学会,1998 年。

吴志良:《澳门政制》,澳门,澳门基金会,1995 年。

吴志良:《澳门政治制度史》,广州,广东人民出版社,2010 年。

吴润生主编:《澳门镜湖医院慈善会会史》,澳门,澳门镜湖医院慈善会,2001 年。

吴醒濂编:《香港华人名人史略》,香港,五洲书局,1937 年。

佛山现代革命史概要编委会:《佛山现代革命史概要》,广州,广东人民出版社,1995 年。

汪宗猷:《广州满族简史》,广州,广东人民出版社,1990 年。

张玉法主编,林载爵、朱云汉、王可文编辑:《中国现代史论集》,第 3 辑《辛亥革命》,台北,联经出版事业公司,1980 年。

张宪文等主编:《中华民国史大辞典》,南京,江苏古籍出版社,2001 年。

陈大白:《天明斋文集》,澳门,澳门历史学会,1990 年。

陈乔之主编:《港澳大百科全书》,广州,花城出版社,1993 年。

陈锡祺顾问、吴伦霓霞编辑:《孙中山在港澳与海外活动史迹》(*Historical Traces of Sun Yat-sen's Activities in Hong Kong , Macao , and Overseas*),广州,中山大学孙中山研究所;香港,香港中文大学联合书院,1986 年。

陈锡豪:《抗日战争时期的澳门》,华南师范大学历史系硕士论文,1998 年。

林广志:《晚清澳门华商与华人社会研究》,暨南大学中国古代史博士论文,2005 年。

郝雨凡等编:《澳门学引论》,北京,社会科学文献出版社,2012 年。

查灿长:《转型、变项与传播——澳门早期现代化研究》(鸦片战争至1945 年),广州,广东人民出版社,2006 年。

施华:《澳门政府船坞:造船修船 100 年》,澳门,澳门海事博物馆,1996 年。

娄胜华:《转型时期澳门社团研究——多元社会中法团主义体制解析》,广州,广东人民出版社,2004 年。

娄胜华等:《自治与他治:澳门的行政、司法与社团(1553—1999)》,北京,社会科学文献出版社,2013 年。

费成康:《澳门四百年》,上海,上海人民出版社,1988 年。

徐萨斯(Montalto de Jesus):《历史上的澳门》,黄鸿钊、李保平译,澳门,澳门基金会,2000 年。

黄庆华:《中葡关系史 1513—1999》,合肥,黄山书社,2006 年。

黄启臣:《澳门通史》,广州,广东教育出版社,1999 年。

黄季陆主编,中国国民党中央委员会党史史料编纂委员会编辑:《革命人物志》,台北,1969—1983 年。

黄秋耘等:《秘密大营救》,北京,解放军出版社,1986 年。

黄健敏:《孙眉年谱》,北京,文物出版社,2006 年。

黄鸿钊:《澳门史》,福州,福建人民出版社,1999 年。

黄慰慈主编：《濠江风云儿女：澳门四界救灾会抗日救国事迹》，澳门，星光书店，1990年。

盛永华等编：《孙中山与澳门》，北京，文物出版社，1991年。

常青：《百年澳门》，北京，作家出版社，1999年。

〔日〕深町英夫：《近代广东的政党·社会·国家：中国国民党及其党国体制的形成过程》，《近代中国における政党·社会·国家：中国国民党の形成过程》，北京，社会科学文献出版社，2003年。

蒋祖缘、方志钦主编：《简明广东史》，广州，广东人民出版社，1993年。

傅玉兰主编：《抗战时期的澳门》，区慧卿英译、曾永秀葡译，澳门，澳门文化局、澳门博物馆，2002年。

谢常青：《马万祺传》，北京，中国文史出版社，1998年。

臧小华：《陆海交接处：早期世界贸易体系中的澳门》，北京，社会科学文献出版社，2013年。

谭志强：《澳门主权问题始末：1553—1993》，台北，永业出版社，1994年。

黎小江、莫世祥主编：《澳门大辞典》，广州，广州出版社，1999年。

三、论文

〔日〕柳泽武：《帝汶岛与澳门》，《当代日本》第10期，1941年10月。

〔日〕宜野座伸治：《太平洋战争时期的澳日关系：关于日军不占领澳门的初步考察》，《澳门研究》第5期，1997年。

〔葡〕若昂·哥德斯（João Guedes）著，北风译：《孙逸仙与澳门和革命》，《文化杂志》第17期，1993年。

庄吉发：《从故宫档案看国民革命运动的发展》，《近代中国》卷63，1988年。

杨继波：《中国第一历史档案馆藏澳门问题档案评介》，《历史档案》1999年第1期。

何文平：《清末广东的新军建设及成就》，《中山大学学报论丛》，2000年第3期。

邱捷、何文平：《民国初年广东的民间武器》，《中国社会科学》，2005年第1期。

陈三井:《故宫清档所见的辛亥革命》,中国史学会编:《辛亥革命与 20 世纪的中国》,北京:中央文献出版社,2002 年。

欧初:《孙中山故乡抗日斗争二三事》,《炎黄春秋》第 11 期,1995 年。

金丰居士:《鸦片专理局旧地处犁头之楔难以生发》,《新报》,2008 年 9 月 25 日。

金英杰:《乐儿咖啡,轮盘扑克吸引西洋人》,《新报》,2009 年 4 月 24 日。

房建昌:《从日本驻澳门领事馆档案看太平洋战争爆发后日寇在澳门的活动》,《广东文史》第 4 期,1998 年。

房建昌:《有关太平洋战争爆发后日本外交与特工人员在澳门活动的几点补正》,《民国档案》第 4 期,1999 年。

赵立人:《辛亥光复前后的广东民军》,《近代史研究》,1993 年第 5 期。

理卡多・平托 Ricardo Pinto:《中立区的炮火》,《澳门杂志》第 2 期,1997 年。

臧小华:《不自由的自由城市——从早期澳门城市制度看文化并存》,《澳门研究》总第 45 期,2008 年 4 月。

二、西文部分(按字母顺序)

(一)档案、史料汇编

"Advance Account-Expenses of Strike-Land Office Staff",CSO 1301/1925,07.07.1925 – 29.07.1925,HKRS58 – 1 – 135 – 72,Government Records Service of Hong Kong.

"Chinese Revolution",F. D. Lugard to Lewis Harcourt,from 1911 – 11 – 23 to 1911 – 11 – 23,CO 129/381,Colonial Office records,the national archives of UK.

"Continua movimento forças contra-revolução tendo havido alguns combates continuando comunistas prender oficiais desarmar tropa suspeita",Arquivo Histórico Ultramarino,Lisbon,Portugal.

"Extradição Pedidapelo Governode Cantão de Chu-Chap-Son,Tang Kin,Chea-Ying-Pake Sham Hok Lu",1914/3/27 – 1914/3/30,AH/AC/P-4388.

"Strike and Boycott",R. E. Stubbs to Amery,M. P.,from:1925 –

10 - 30 to: 1925 - 10 - 30, CO 129/489, Colonial Office records, the national archives of UK.

"Strike Situation", R. E. Stubbs to Secretary of State, from: 1925 - 06 - 26 to: 1925 - 06 - 26, CO 129/488, Colonial Office records, the national archives of UK.

Dias, Alfredo Gomes, Antonio Vasconcelos de Saldanha et al. eds., *Coleccao de Fontes Documentais para a Historia das Relacoes entre Portugal e a China: Documentos Relativos as Greves de Hong Kong e Cantao e a sua Influencia em Macau, 1922 - 1927*, Macau: Fundacao Macau, Centro de Estudos das Relacoes Luso-Chinesas, Universidade de Macau, 2000.

Jaime do Inso, *Macau: A Mais Antiga Colonia Europeia no Extremo Oriente*, Escola Tipográfica do Orfanato, 1929.

Kotewall report: The Strike of 1925, BK001993, 2740 - 1925 - KOT, Government Records Service of Hong Kong.

Luís Andrade Sá, *Aviation in Macau: One Hundred Years of Adventure*, Macau: Livros Oriente, 1990.

Manuel Teixeira, *Macau e a Sua Diocese: As ordens e congregações religiosas em Macau*, Vol.3, Tipograpfia Soi Sang, 1956.

Moisés Silva Fernandes, *Sinopse de Macau nas relações Luso-Chinesas, 1945 - 1995: Cronologia e Documentos*, Fundação Oriente, 2000.

Serviços de Administração Civil de Macau, " Pedido de Reforços do Governo de Macau ao Governo da Matrópolo, por Oasião da Revolução Chinesa", Macau, November 13 to 16, AH/AC/P-03320, Historical Archives of Macau.

Serviços de Administração Civil de Macau, "Conflito com a China: Protesto do Governo desta Província junto das Autoridades Chinesas contra a Existência e Permanêcia de Grevistas em Terreno Neutro, Além das Portas do Cerco" 1925/12/26 - 1928/02/17, AH/AC/P - 10318, Historical Archives of Macau.

Serviços de Administração Civil de Macau, "Relatório do Chefe da Repartição do Expedimente Sínico sobre a Situação Política da China", 1926/9/10 - 1926/9/11, AH/AC/P - 10796, 1927/1/7, AH/AC/P-11041. Historical Archives of Macau.

（二）报刊

O Liberal, *June* 1922.

（三）著作

Álvaro de Mello Machado, *Coisas de Macau*, Macau: Kazumbi, 1997.

（四）论文

Fung, Edmund S. K., "Military Subversion in the Chinese Revolution of 1911", in *Modern Asian Studies*, Vol. 9, No. 1(1975).

索　引

276

283

后　记

　　纵观澳门开埠以来 400 多年的历史,风云变幻,波澜壮阔。风云变幻,是因为她作为中西相遇、相交、相撞、相融第一城,作为中国对外交往的一个桥头堡,既要随着古老帝国的改朝换代、祖国的兴衰以及世界局势的变局而顺天应人,潮起潮落,又要在西方列强弱肉强食、国际政治舞台刀光剑影中左闪右避,遭受风吹雨打,更要在中国与西方发生冲突时保持民族尊严、在夹缝中找到生存空间,可能时,还要为缓冲其间的矛盾寻求折衷之道。波澜壮阔,是因为她从开埠那天起,就与祖国的命运、全球化的进程息息相关,丝丝相扣,身临其境地见证和参与了全过程;她的历史,在相当程度上是中国近代史、世界近代史和中外交通史的一个缩影,中国和世界近代化过程中的许多重大事件,多少与澳门都有显性或潜在的关联,令这个弹丸之地扮演着一个与其规模极不相称的重要角色,也因此成就了其人类文明"实验室"的地位。

　　正是此一风云变幻、波澜壮阔的历史画卷,吸引了不少历史学者对这个港口城市的关注。在中国诸多城市中,澳门为我们留下的历史档案文献数量之多、质量之高,也是很多城市羡慕不已的。然而,长期以来,人们研究澳门的关注点多在明清之际,且着力处落在中西交流和中葡交往方面,对清末之后的历史以及澳门社会内部演变的研究显得不足。此外,澳门历史研究具有周期性特征,即当澳门问题在中国政治或中葡关系中成为议题时,通常热闹一时,然后归于寂静,19 世纪中葡争议澳门主权时如是,20 世纪前、中叶反帝反殖民时期和 20 世纪末中葡谈判澳门前途和移交政权前后亦然。

　　澳门特别行政区成立初期,因"回归热"而兴盛与喧哗一时的澳门历史研究一度沉寂。然而,在经历了短暂的冷清之后,澳门历史研究再遇勃兴良机。2005年澳门历史城区被列入世界文化遗产名录事件再度点燃学界关注澳门史的热情,加上"澳门学"重新启航,推动了澳门历史研究成为学术热点。应该说,近三十年,是澳门历史研究新作迭出、硕果累累的时期。

然而,梳理既有的澳门历史研究成果,就不难发现,在澳门断代史研究方面,存在越是接近现、当代,研究成果越为薄弱的现象,而20世纪以来的近百年澳门史研究更是成果稀疏。因此,加强现、当代澳门史研究已经成为澳门历史学界的基本共识之一。而本书讲述的1911年至1949年38年澳门史就是属于尚待深入开拓与耕耘的现代澳门历史时段。

严格地说,澳门或许并无民国时期的划分,因为中华民国时期的澳门由葡萄牙管治,而葡萄牙本土虽然在1910年结束了布拉甘萨(Bragança)王朝统治,建立共和体制,却并没有改变澳门作为其殖民地的政治地位,也没有放弃管治澳门的殖民总督制度,相反,葡萄牙还一度强化对澳门的中央集权统治,所以,就澳门内部管治来说,澳门并无所谓的"民国时期"。尽管如此,澳门自开埠以来的历史是连续的,同时,也始终无法割断澳门与中国历史千丝万缕的联系,因此,纵然未必一定要将1912年至1949年的澳门史称作"民国时期的澳门",却不能无视澳门在其间所经历的特殊历史进程,以及期间澳门历史细节与中华民族命运的同构共振关系,还有与那段革命、战争两大主题相互交织的世界历史之密切联系。正因此,本书以"革命与战争影响下的澳门"来叙述、概括那段澳门历史上令人难忘的曲折岁月。

本书能够顺利面世,应该感谢南京大学中华民国史研究中心张宪文教授与台湾张玉法院士,他们在设计与组织两岸四地中华民国专题史研究时,热情地邀请我们参与,倘若无此契机,即使我们有意研究1911年至1949年间的澳门历史,也难以在短时间内成书出版。此外,还要感谢审稿人与南京大学出版社责任编辑耐心细致的审校,使本书可以避免不必要的舛误,更臻完善。

本书属于集体合作的成果。绪论、第一章与第三章由本人负责,第四章、第五章与结语由澳门理工学院教授娄胜华负责,而澳门大学历史系助理教授何伟杰则负责第二章。此外,在资料整理与文稿撰写过程中,还得到了赵新良、臧小华、白爽的协助。南京外国语学校张若望同学也协助查找了一些历史资料。在此,我们一并表示感谢。

最后,需要说明的是,尽管在动笔之前,我们共同讨论写作提纲,撰写过程中,数次沟通协调,书稿完成后,又经多次修改及统稿,然而,作为一本分工协作撰写而成的著作,因撰稿者表述习惯等差异,难免仍旧存在诸如文风不尽统一等问题,在此,祈请读者宥恕及批评指教。

吴志良　谨识

2013 年 12 月 3 日